BERND SCHILCHER

Theorie der sozialen Schadensverteilung

Schriften zum Bürgerlichen Recht

Band 42

Theorie der sozialen Schadensverteilung

Von

Univ.-Doz. Dr. Bernd Schilcher

DUNCKER & HUMBLOT / BERLIN

Gedruckt 1977 bei Buchdruckerei Bruno Luck, Berlin 65
Printed in Germany
ISBN 3 428 03989 0

Vorwort

Die traditionelle Schadenersatzdogmatik ist in Schwierigkeiten. Diese Schwierigkeiten haben Namen: „Mittelbarer Schaden“, „Verkehrssicherungspflichten“, „culpa in contrahendo“, „Vorteilsausgleichung“, „überholende Kausalität“, „Frustrierungsschaden“, „Rechtswidrigkeitszusammenhang“, „Vorhaltekosten“ usw.

In allen diesen Begriffen, die sich inflationsartig in Lehrbüchern und Entscheidungen ausbreiten, steckt meist weniger eine Erklärung als ein neuerliches Problem. Ja, es hat den Anschein als würde das ganze Schadensrecht überhaupt nur noch eine Summe von (ungelösten) Problemen sein. Kein Grundsatz, der nicht im nächsten Augenblick von einer „Ausnahme“ durchbrochen würde. Das Verschuldensprinzip von der Gefährdung; der Differenzschaden vom objektiv-normativen Schaden; die Kausalität der conditio sine qua non von der alternativen Verursachung. Dem „Totalersatz“ setzt man eine „billige Reduktion“ bei außergewöhnlich hohen Schäden entgegen (Deutscher Referentenentwurf 1967); bestimmte Vorteile werden dem Geschädigten angerechnet, andere wieder „ausnahmsweise“ nicht. Warum — das kann niemand wirklich begründen.

Vergeblich sucht man in diesem Irrgarten von Lehren und Begriffen, Prinzipien und Regeln, Grundsätzen und Ausnahmen nach einem roten Faden, nach einer systematischen Verbindung. Aber selbst hier, bei der Gretchenfrage nach dem systematischen Halt für alle diese zahllosen schwammigen Wucherungen begnügt sich die herrschende Dogmatik mit bloßer Problembeschreibung. Das System, so heißt es, sei eben „zweispurig“ (Esser) oder gar „dreispurig“ (M. v. Bieberstein) geworden. Das ist aber wohl nur ein anderer Ausdruck für theoretische Resignation.

Eine reine Beschreibungsdogmatik wie die gegenwärtige hat offenbar nicht mehr die Kraft, diese „Spuren“ zu lenken — geschweige denn aufeinander abzustimmen. Die Schadenersatzwissenschaft übernimmt zusehends die Rolle des Chors in der griechischen Tragödie: Sie kann die Erscheinungen auf der Bühne beklatschen oder bedauern — ändern kann sie diese nicht mehr.

Dementsprechend sind die Folgen.

Unter dem sozialen Druck, ja jedem alles zu vergüten und niemanden auf seinem Schaden sitzen zu lassen, degenerieren die alten, noch ethisch fundierten Instrumente der individuellen Zurechnung zu wertfreien

Auslösungsmechanismen für kollektiven Versicherungsschutz. Auf diese Weise wird der Zufall zum Hauptsteuerungselement des Haftungsrechts. Ob bei einem leichtfahrlässigen Tankwagenunfall das ausfließende Benzin lediglich einen Fleck am Asphalt verursacht, eine größere Wiese verunreinigt oder das Grundwasser einer ganzen Stadt auf Monate hinaus ruiniert, hängt von Entwicklungen ab, die der Schädiger mit Sicherheit nicht beherrscht — die ihm aber ebenso verläßlich zugerechnet werden. Und zwar ohne Rücksicht darauf, ob er diesen Schaden tatsächlich zu tragen imstande ist oder nicht. Denn die herrschende Dogmatik weigert sich hartnäckig, derartige „soziale" Überlegungen offiziell in ihr Programm aufzunehmen. Solches gehört, so wird gesagt, in den Bereich des Sozialrechts.

Diese Mischung aus sozialer Askese bei gleichzeitiger Verdünnung der individuellen Zurechnung, insbesondere des Verschuldens, macht das Schadensrecht „sozialisierungsreif". Kein Wunder, daß allerorts der Ruf der Reformer ertönt, das Haftpflichtrecht seiner letzten Reste an persönlicher Verantwortung zu entkleiden und jedenfalls bei Kfz-Unfällen durch einen großen Versicherungstopf zu ersetzen.

Die vorliegende Arbeit unternimmt es, die geschilderte Situation zunächst einmal zu belegen. Auch mit empirischen Material, was im Zivilrecht noch eher selten ist.

Weiters wird zu zeigen versucht, daß neben Verschulden und Gefährlichkeit als Zurechnungselementen immer schon auch die Frage nach der tatsächlichen Fähigkeit, Schaden zu tragen, normativ bedeutsam war. Bei manchen Autoren ganz bewußt und ausdrücklich, in manchen Gesetzen sporadisch und kaum beachtet, in der Praxis verborgen aber wirksam.

In diesem Punkt setzt die Arbeit beim Werk Walter Wilburgs ein. Er hat erstmals den Versuch unternommen, mehrere Wertungsgesichtspunkte nicht gegeneinander auszuspielen (Regel — Ausnahme) oder resignierend nebeneinander herlaufen zu lassen („Zwei- und Dreispurigkeit"), sondern sie systematisch miteinander zu kombinieren.

Mit Hilfe der neueren komparativen Logik (Otte) wird dieses Wilburgsche System schärfer gefaßt und für seine Aufgabe, einen Wertpluralismus auch dogmatisch zu bewältigen, vorbereitet. Im Ergebnis kommt es grundsätzlich zu einer Schadensverteilung nach individuellen und sozialen Gesichtspunkten, die deshalb als eine „Theorie" bezeichnet wird, weil sie kritik-offen und auf Falsifikation hin formuliert ist, d. h. im Gegensatz zu jenen überkommenen Argumentationsweisen steht, die entweder „aus" irgendwelchen Begriffen und Lehren jene praktischen Lösungen deduzieren, die sie zuvor eben dort hineingepackt haben; oder die durch immer neue Zusatzannahmen (ad-hoc-Erklärungen) bzw. Regel-Ausnahme-Spiele jede wissenschaftliche Nachprüfung unmöglich machen.

Ich darf an dieser Stelle meinem verehrten Lehrer, Herrn Prof. Walter Wilburg für die zahllosen Gespräche über die Jahre hin danken, die mich nicht nur zu dieser Arbeit angeregt, sondern, wie ich glaube, mein juristisches Denken insgesamt nachhaltig beeinflußt haben.

Für zivilistische bzw. methodologische Hilfe schulde ich den Professoren Viktor Steininger und Ota Weinberger großen Dank. Ohne meinen Freund Willibald Posch schließlich wäre mein Hang zur „Großzügigkeit“ in Zitaten und Literaturhinweisen ohne entscheidende Korrektur geblieben. Ihm danke ich besonders.

Die vorliegende Arbeit wurde von der Juristischen Fakultät der Universität Graz im Sommersemester 1975 als Habilitationsschrift angenommen. Ich bin dem Verlag Duncker & Humblot und insbesondere seinem Inhaber, Herrn Prof. Dr. J. Broermann für die freundliche und entgegenkommende Aufnahme der „Theorie der sozialen Schadensverteilung“ in die Schriftenreihe zum Bürgerlichen Recht sehr dankbar.

Graz, September 1977

Der Verfasser

Inhaltsverzeichnis

ERSTER TEIL

1. Kapitel

Zur Situation der Schadenersatzdogmatik: Symptome, Tendenzen und Selbsteinschätzungen

3. Kapitel

Die neue rechtspolitische Diskussion

ZWEITER TEIL

1. Kapitel

Die Reformpläne

2. Kapitel

Lageskizze der österreichischen Situation

DRITTER TEIL

1. Kapitel

Der unbekannte dritte Weg: Die soziale Abwägung im Haftungsrecht

2. Kapitel

Grundzüge einer Theorie der sozialen Schadensverteilung

3. Kapitel

Das soziale Element im Haftungsrecht

ERSTER TEIL

1. Kapitel

Zur Situation der Schadenersatzdogmatik: Symptome, Tendenzen und Selbsteinschätzungen

A. Probleme am Horizont

I. Das klassische Programm des Schadensrechts

„Erleidet jemand einen Schaden, so hat er ihn grundsätzlich selbst zu tragen: Jeder trägt das Risiko für seine Güter." Helmut Koziol hat diesen programmatischen Satz an den Anfang seines „Österreichischen Haftpflichtrechts" gestellt[1]. Aus ihm folgt alles weitere: „Wenn grundsätzlich jeder das Risiko bezüglich der ihm gehörenden Rechtsgüter trägt, da diese ihm zugeordnet sind und seinen Interessen dienen, so bedarf es besonderer Gründe, die es gerechtfertigt erscheinen lassen, die Schadenstragung einem anderen aufzubürden." Der gewichtigste Grund dafür ist nach wie vor das Verschulden: „Die Haftung wegen Verschuldens stellt auch heute noch den wesentlichen Kern des Haftpflichtrechts dar[2]."

Damit ist das klassische Programm des Schadensrechts in aller Kürze skizziert: „Prinzipiell", das heißt mit Ausnahme besonderer „Gefährdungstatbestände" wird nur der zumindest fahrlässig zugefügte Schaden vergütet. Denn Schadenersatz ist immer noch primär „Haftung für Unrecht" (Larenz), das heißt, „Verantwortlichkeit für das eigene Tun, die sich daraus ergibt, daß sich ein Mensch durch seine Handlung mit den Forderungen der Rechtsordnung in Widerspruch gesetzt hat und ihm ein Schuldvorwurf zu machen ist[3]."

In diesem Ergebnis sind sich die herrschenden Auffassungen in Deutschland und Österreich einig. Unterschiede bestehen allerdings in den Gründen. So gibt es auch heute noch Anhänger von Kant und Stuart Mill, für die das Verschulden eine moralische Kategorie bleibt: Rechtsgrund des Ersatzes ist demnach der „böse Wille" oder doch zumindest der

---

[1] *Koziol*, Österreichisches Haftpflichtrecht I (1973), 1. Ebenso *Widmer*, Die abenteuerliche Wissenschaft vom Haftpflichtrecht, ZBJV 1976, 211.

[2] *Koziol*, Haftpflichtrecht I 1,2.

[3] *Larenz*, Lehrbuch des Schuldrechts II[11] (1977), 523.

Mangel an „gutem Willen“[4]. Diese Auffassung muß naturgemäß den Sanktions- und Präventionsgedanken in den Vordergrund stellen[5].

Andere betonen die Rechtswidrigkeit, das heißt den Verstoß gegen das Gesetz und begeben sich damit — wie etwa Larenz — in die Nähe eines Hegelschen Rechtspositivismus[6]. Der Ersatz erscheint aus dieser Sicht als Reaktion des verletzten Gesetzes, die Buße und Ausgleich nebeneinander meinen kann.

1. *Die liberale Schadenskonzeption und ihre Folgen*

Weitgehend frei von solchen ethischen Elementen ist schließlich die liberale Konzeption des Schadensersatzes, wie sie beispielsweise dem deutschen BGB zugrunde liegt. Sein Ziel ist der „Schadensausgleich“. Buße und Prävention spielen keine wirklich entscheidende Rolle. „Die Heranziehung moralisierender oder strafrechtlicher Gesichtspunkte“, so heißt es in den Motiven zum BGB, „muß bei der Bestimmung der zivilrechtlichen Folgen unerlaubten Verhaltens durchaus fern gehalten werden“[7].

Das Verschulden dient nur noch als technisches Mittel zur Abgrenzung der Risikobereiche. Mit ihm soll vor allem die „Bewegungsfreiheit“ des einzelnen geschützt werden. Das ist auch der wesentliche Grund weshalb man „Kausalhaftungen“ um die Jahrhundertwende besonders vehement abgelehnt hat.

Solche Haftungen würden, meint Max Rümelin „die individuelle Freiheit der Bewegung in unerträglicher Weise beschränken“[8]. Ähnlich befürchtete der berühmte Planiol, daß eine Haftung ohne „faute“ „la plus stupide immobilité“ der Gesellschaft zur Folge hätte[9]. Und für das österreichische Recht forderte Mauczka damals, daß die Verantwortlichkeit nicht überwiegende Interessen des Haftenden stören dürfe[10].

Die individuelle Bewegungsfreiheit, der diese massive Aufmerksamkeit galt, war freilich in erster Linie die des Unternehmers. Er sollte im Dienst des industriellen Fortschrittes von den Kosten einer strengen Haftung soweit wie möglich verschont bleiben. Für nicht unternehmerisch tätige Personen wiederum waren Haftungen bei größeren Schäden ohne-

---

[4] Vgl. *Jørgensen*, Ersatz und Versicherung, VersR 1970, 196 f.

[5] *Heinrich Lange*, Vom alten zum neuen Schuldrecht (1934), 64; *derselbe*, Herrschaft und Verfall der Lehre vom adäquaten Kausalzusammenhang, AcP 156, 114.

[6] *Larenz*, Schuldrecht I[11] (1976), 344 f.

[7] *Mugdan*, Die gesamten Materialien zum Bürgerlichen Gesetzbuch für das Deutsche Reich II (1899). 10.

[8] *Max Rümelin*, Die Gründe der Schadenszurechnung (1898). 28.

[9] *Planiol*, Rev. crit. lég. 34 (1905), 277, 289 f.; zit. nach *Kötz*, Haftung für besondere Gefahr, AcP 170, 1. (4 Anm. 5).

[10] *Mauczka*, Der Rechtsgrund des Schadenersatzes (1904). 235.

hin ziemlich platonisch: Weyers berichtet, daß um die Jahrhundertwende rund 80 % aller Schadenersatzforderungen mangels irgendeines vollstreckbaren Vermögens wertlos waren[11].

Die relativ hohe Schwelle der Fahrlässigkeit, die zu dieser Zeit zumindest in Österreich vorwiegend am pater bonus familias gemessen wurde[12], formte damit gleichzeitig ein bedeutsames wirtschaftspolitisches Instrument[13]: Gemeinsam mit einer ebenfalls durch das Verschulden eng begrenzten Gehilfenhaftung und einer Praxis, die in punkto „eingetretener Schaden" ungleich zurückhaltender war, als etwa die heutige, half das Verschuldensdogma mit, die Industrialisierung zu finanzieren.

Der Private, oder wie wir heute sagen würden, der Konsument, der nicht in der Lage war, dem schädigenden Unternehmer die Verletzung der zumutbaren Sorgfalt nachzuweisen, mußte selbst große Schäden als „Zufall" hinnehmen. Es entspricht der fatalistischen Komponente des laisser — faire — Prinzips, daß man solche Schäden, auf denen der Betroffene sitzen blieb, als Opfer ansah, die der einzelne im Interesse des Fortschritts zu erbringen hatte[14].

Da man sich diesen einzelnen in der liberalen Sozialordnung überdies als autonom und selbstverantwortlich handelnden, mit ausreichender Vernunft begabten und in der Regel ökonomisch auch tüchtigen Bürger vorstellte, der noch dazu Nutznießer jenes Fortschritts wurde, der ihn bisweilen schädigte, zerbrach man sich über derartige „Unglücksfälle" nicht weiter den Kopf. Stand es doch nach der offiziellen Philosophie jedermann frei, sich für solche Wechselfälle des Lebens einzurichten — sei es durch die Anhäufung privaten Vermögens oder durch eine ausreichende Versicherung. Wer das nicht tat, oder nicht tun konnte, der hatte eben „Pech" oder war selbst „schuld".

An dieser Grundhaltung änderte sich auch nichts, als der Gesetzgeber in nahezu allen europäischen Staaten dazu überging, die Unfälle der Arbeiter aus dem Schadensrecht auszuklammern und versicherungsrechtlich bzw. nach den Grundsätzen der sozialen Vorsorge zu lösen[15]. Planiol empfand das keineswegs als „une raison d'ordre juridique", sondern als Akt der Fürsorge und Armenpflege, als ein pures „sentiment de charitè", das sich völlig außerhalb der Jurisprudenz abspielte — und auch abspielen sollte[16].

[11] *Weyers*, Unfallschäden. Praxis und Ziel von Haftpflicht und Vorsorgesystemen (1971). 117.

[12] Vgl. etwa § 228 ABGB; dazu *Ehrenzweig*, System des österreichischen allgemeinen Privatrechts², II/1, 56.

[13] Auch *Esser* sieht im Verschuldensdogma der Liberalen eine wirtschaftspolitische Entscheidung: *Esser*, Grundfragen der Reform des Schadensrechts, AcP 148, 121.

[14] So auch *Kötz*, AcP 170, 2 ff.

[15] Das geschah in Deutschland schon 1884; dazu *Kötz*, Haftung, 7 f. Das österreichische Unfallversicherungsgesetz datiert vom 28. 12. 1887.

2. *Schadensrecht contra „Charitè": Das Trennungsprinzip überdauert den Staatsliberalismus*

Selbst die gewaltige Ausbreitung dieser „Charitè" im Laufe der letzten 70 Jahre, die man staatsrechtlich und politisch gewöhnlich als Übergang vom liberalen zum Sozialstaat kennzeichnet, vermag offensichtlich an der prinzipiellen Auffassung der Schadenersatztheorie nichts zu ändern.

So lehnt es Stoll heute noch ausdrücklich ab, die Idee der sozialen Sicherheit aus dem Bereich der Arbeitsunfälle auf das übrige Haftungsrecht zu übertragen[17]. Ihm fehlt nicht nur die „vergleichbare Interessenlage", sondern jede Vergleichbarkeit überhaupt: Wie für Planiol ist auch für ihn die „soziale Notwendigkeit" *eine* Sache, die „juristische Argumentation" eine völlig andere (Trennungsprinzip)[18].

Ganz ähnlich meint Koziol, daß die heutige „Tendenz, jedem Geschädigten möglichst jedes Risiko abzunehmen", in Fragen der Existenzsicherung „sicherlich gerechtfertigt" sei, „allerdings nicht durch schadenersatzrechtliche Gedanken, sondern durch soziale"[19].

Das heißt, die „schadenersatzrechtlichen Gedanken" belassen offenbar im Gegensatz zu den „sozialen" jeden Schaden, wie wir schon eingangs sahen, nach wie vor beim Geschädigten. Jedenfalls prinzipiell, wenn kein besonderer Überwälzungsgrund vorliegt. „Wer das Risiko der selbst zu tragenden Schäden scheut", meint Koziol, „hat jederzeit die Möglichkeit, dieses durch eine freiwillige Versicherung zu vermindern." Denn: „In einer Gesellschaft, die noch grundsätzlich auf der Selbstbestimmung und Selbstverantwortung aufbaut und diese nur soweit einschränkt, als wirklich übergeordnete allgemeine Interessen dies verlangen, muß es dem einzelnen überlassen bleiben, wie weit er selbst eine Risikotragung übernehmen möchte und wie weit er sie durch Versicherung vermindern will[20]."

3. *Zweierlei Recht im herrschenden System?*

Gerade auf diese Auffassung konzentriert sich nun in letzter Zeit eine weltweite Kritik. Interessanterweise nimmt sie ihren Ausgang im klassi-

[16] *Planiol*, a.a.O., 282, 289. Ähnlich für das österreichische Recht, *Edlbacher*, Wandel und Krise des Haftungsgrundes des Verschuldens, FS-Wilburg (1965), 89, dagegen *Steininger*, Schadenersatz bei Arbeitsunfällen, GedS-*Gschnitzer* (1969) 395.

[17] *Stoll*, Reform des Kraftfahrzeughaftpflichtrechts? Rabels Z 36, 285. (302 f.).

[18] *Stoll*, Rabels Z 36, 299; zum Trennungsprinzip vor allem auch *Weyers*, Unfallschäden, 42 und 118. Für eine scharfe Trennung auch *Deutsch*, Grundmechanismen der Haftung nach deutschem Recht, JZ 1968, 721 (727).

[19] *Koziol*, Ersatz der Haftpflicht bei Verkehrsunfällen durch Unfallversicherung? ZfRV 1970, 19.

[20] *Koziol*, ZfRV 1970, 22.

schen Land des Wirtschaftsliberalismus: Amerika. Ihr Hauptaugenmerk ist auf die Kraftfahrzeugunfälle gerichtet, die in allen Ländern nahezu seuchenhafte Ausmaße angenommen haben[21].

2 500 Verkehrstote pro Jahr und Sachschäden, die längst schon die 5-Milliarden-Grenze erreicht haben, machen derartige Unfälle auch in Österreich zu einer wirtschaftlichen und sozialen Bedrohung[22]. Bereits seit Jahren sind die Schäden aus Verkehrsunfällen beträchtlich häufiger und höher als jene aus Arbeitsunfällen. Dies, obgleich die Leistungen für die Verkehrsunfallgeschädigten ganz erheblich hinter jenen der Arbeitsunfallversicherung zurückbleiben. So liegt die durchschnittliche Versehrtenrente aus der Unfallversicherung durch ihre Verknüpfung mit dem Monatsgehalt des letzten Jahres bei schweren Fällen ziemlich genau 100 % über der durchschnittlichen Invaliditätsrente, die bei Straßenverkehrsunfällen bezahlt wird[23].

Auf diese Weise entstehen nicht zuletzt massive Gerechtigkeitsprobleme. Ein Arbeitnehmer, der von einem Auto überfahren und schwer verletzt wird, ist in vielen Fällen doppelt so gut gesichert, wenn ihm das auf dem Heimweg vom Arbeitsplatz passiert, als etwa eine halbe Stunde später, wenn er mittlerweile schon zu Hause war und sich nur noch „privat" in den Verkehr mengte. Der Unterschied in der sozialen Schutzbedürftigkeit des Verletzten und seiner Angehörigen ist schwer zu erkennen. Wer das mit dem Hinweis bestreiten wollte, daß es sich im ersten Fall eben um ein Ergebnis im Rahmen der Arbeitsunfallversicherung handelt, also um eine rein „soziale Frage", im zweiten Fall hingegen um eine echte Schadenersatzhaftung, der dürfte wohl kaum verstanden werden. Denn das ist ja letztlich nichts weiter, als die Beschreibung einer — wenig einsichtigen — Divergenz, keinesfalls aber eine Erklärung dafür.

Dasselbe giht für die soziale Situation des Schädigers. Wer als Fußgänger fahrlässig einen Verkehrsunfall verursacht, der haftet auch heute noch im Koziolschen Sinne, nämlich individuell und selbstverantwortlich und zwar auch dann, wenn ihn der Umfang der Ersatzpflicht in größte finanzielle Schwierigkeiten bringt; ja sogar hart an den Ruin.

Setzt sich derselbe Mann hinter das Steuer seines Autos und leistet er sich dort denselben Fehler, dann haftet er zwar auch noch — die finanziel-

[21] Zu den Hauptvertretern der Reformer kann man etwa zählen: *Albert Ehrenzweig*, „Full Aid" Insurance for the Traffic Victims — A Voluntary Compensation Plan, Berkley (1954); *Keeton/O'Connell*, Basic Protection for the Traffic Victim — A Blueprint for Reforming Automobil Insurance, Boston (1965)§ *Tunc*, La sécurité routière. Esquisse d'une loi sur les accidents de la circulation, Paris (1966); *Eike von Hippel*, Schadensausgleich bei Verkehrsunfällen, Haftungsersetzung durch Versicherungspflicht (1968); *Güllemann*, Ausgleich von Verkehrsunfällen im Lichte internationaler Reformprojekte (1969); *Weyers*, Unfallschäden. Vgl. auch unten S. 76.

[22] Statistisches Handbuch für die Republik Österreich (1974) 194, 253.

[23] Wirtschafts- und sozialstatistisches Taschenbuch des Österreichischen Arbeiterkammertages (1974) 372, 279.

len Folgen seiner Handlung braucht er aber nicht mehr zu tragen. Er überwälzt sie auf das Kollektiv aller Kraftfahrer und genießt solcher Art eine ansehnliche Portion „sozialer Sicherheit" — und das durchaus im Rahmen des traditionellen Haftungsrechts.

Umsomehr fragt man sich, warum ihm das als Fußgänger verwehrt wird? Schwerlich um der „Selbstverantwortung willen. Das würde ja sonst heißen, daß diese in dem Augenblick aufhört, in dem sich jemand ans Steuer seines Autos setzt. Daß es also sozusagen zwei Klassen von Schadenersatzpflichtigen gibt: Selbstverantwortliche Fußgänger und sozial gesicherte Autofahrer.

II. „Systeminflation" und verlorene Proportionalität

1. *„Zweispurigkeit": Ein neuer Begriff für ein altes ungelöstes Problem*

Nun ist aber zweierlei Recht im überkommenen System zum Teil sogar so etwas wie ein konstitutives Merkmal: So zum Beispiel bei der Trennung der Verschuldenshaftung und Gefährdungshaftung. In der Diktion der neueren Dogmatik spricht man hier von „Zweispurigkeit"[24].

Wer heute von einem Moped mit 5 km/h angefahren wird, erlangt — (theoretisch) Ersatz ohne Verschuldensnachweis. Denn für Mopeds gilt ein Spezialgesetz, das EKHG. Wird derselbe Mann hingegen von einem Fahrradfahrer mit 40 km/h angefahren, so muß er Verschulden nachweisen[25]. Dasselbe gilt für zahllose andere Fälle. Der Besitzer eines Schlepplifts haftet für Verschulden[26], der Besitzer eines Sessellifts hingegen bereits bei bloßer Gefährdung. Wer Erdarbeiten mit einer Feldbahn durchführt, unterliegt der strikten Haftung, wer dasselbe mit einer Planierraupe macht, braucht nur für Verschulden einzustehen[27].

Der Sinn solcher „dogmatischer" Unterscheidungen wird besonders dunkel, wenn man die Folgen der verschiedenen Behandlung betrachtet: Sie sind nämlich dieselben. Das heißt, daß derjenige, der auf Grund eines Spezialgesetzes wegen eines bloß objektiven Fehlers haftet, genau dasselbe ersetzen muß, was ein schuldhaft handelnder ersetzt — nämlich den eingetretenen (adäquat verursachten) Schaden. Ob daher der Lenker eines Kfz jemanden schuldlos oder schuldhaft verletzt, spielt keine Rolle: Seine Ersatzpflicht bleibt immer dieselbe. Jedenfalls theoretisch.

---

[24] *Esser*, Die Zweispurigkeit unseres Haftpflichtrechts, JZ 1953, 129.

[25] Vgl. dazu: *Wilburg*, Die Elemente des Schadensrechts (1941) 99.

[26] SZ 39/69 (Schlepplift); SZ 26/75 (Sessellift).

[27] Gemeint sind hier die deutschen Gesetze: vgl. *Kötz*, Haftung, 14 ff. Ein Katalog von Widersprüchen auch bei *von Caemmerer*, Reform der Gefährdungshaftung (1971) 18.

In der Praxis schwankt der OGH zwischen analoger Ausdehnung seiner „Grundsätze über die Haftung gefährlicher Betriebe“ und jenem fatalen Satz, wonach „ohne Verschulden nur in den gesetzlich ausdrücklich geregelten Fällen“ gehaftet werde[28].

Verlassen kann man sich jedenfalls auf diese Praxis nicht. Sobald ein Richter eine Haftung für unbillig hält, braucht er sich nur an Gesetz und Theorie zu halten: Sofort wird die Haftung ohne Verschulden wieder zur „Ausnahme“. Womit wir bei dem wären, wovon eingangs gesprochen wurde: Bei zweierlei Maß. Wer mit giftigen Sprühmitteln hantiert, haftet ohne Verschulden, wenn sie in das Grundwasser geraten. Denn dafür gibt es ein Gesetz. Trägt der Wind das Gift auf eine Kornernte, die verseucht wird, so bedarf es für die Haftung eines Verschuldensnachweises[29].

Unter solchen Divergenzen muß nicht zuletzt die Rechtsicherheit Schaden leiden. Denn ob sich ein Gericht zur faktischen Überwindung der Zweispurigkeit bereit findet oder seine soziale Wertung hinter dem Satz von der „Ausnahme“ der Gefährdungshaftung verbirgt, läßt sich von niemanden vorhersagen[30].

2. Und noch eine „Spur“: Versicherung und soziale Vorsorge

Viele sprechen heute bereits von der „Dreigliedrigkeit“ oder „Dreispurigkeit“ des Haftungssystems[31]. Manche, wie z. B. v. Caemmerer, sehen geradezu drei „Schadenssysteme“: „Verschuldenshaftung, Gefährdungs- und andere Kausalhaftung, Sozialversicherung und obligatorische Haftpflichtversicherung“[32].

Diese Inflation von Haftungsordnungen hat aber keineswegs die Probleme verringert. Im Gegenteil. Durch das ungeklärte Nebeneinander erhöht sich die Unsicherheit, vor allem an den Grenzlinien. Einen solchen

[28] Vgl. OGH JBl 1958, 550 (Industriebahn); SZ 31/26 (Industrieanlage); SZ 25/84; SZ 34/111; Übersicht in OGH EvBl 1973/175. Für eine großzügige Analogie im Anschluß an *Wilburg* tritt nunmehr *Koziol* ein; *Koziol*, Umfassende Gefährdungshaftung durch Analogie? FS-Wilburg (1975) 173.

[29] Vgl. in Anm. 27.

[30] Schlichtes Bedauern über die Kasuistik der Haftung ohne Verschulden auch bei *Koziol*, Haftpflichtrecht I 3.

Teilweise sieht man heute bereits das Gerechtigkeitsproblem. So fragt etwa *Weitnauer*, Diskussionsbeitrag in Deutsch-französisch-schweizerisches Colloquium über die Grundlagen und Funktionen des Haftpflichtrechts (1973) 274: „Warum sollte der Fußgänger, dem ein Mann von einem Baugerüst einen Hammer auf den Kopf fallen läßt, rechtlich ganz anders dastehen, als derjenige Fußgänger, der von einem unvorsichtigen Autofahrer überfahren wird?“

[31] *Marschall v. Bieberstein*, Haftungsbefreiung im dreispurigen Schadensausgleich, VersR 1968, 509.

[32] *v. Caemmerer*, Diskussionsbeitrag im Haftpflichtcolloquium, 254.

Fall haben wir bereits erwähnt: Den Arbeitnehmer, der bei einem Unfall am Heimweg vom Arbeitsplatz doppelt so gut gesichert ist wie bei einem „normalen“ Straßenverkehrsunfall. Ähnliches gilt für Kinder, Schüler und Studenten. Sie sind in Deutschland schon seit 1971 in die gesetzliche Unfallversicherung eingebaut in Österreich seit dem ersten Jänner 1977[33]. Vorgesehen ist weiters eine Unfallversicherung für Hausfrauen bei Hausarbeit[34].

Dadurch entstehen nicht nur mehr soziale Sicherheit und Vorsorge, sondern auch mehr Gerechtigkeitsprobleme. Erleidet ein Kind einen Verkehrsunfall am Weg zu seinem Freund, dann gilt Verschuldenshaftung. Ist das Kind am Weg zum Kindergarten, gibt es Ersatz ohne Suche nach dem Schuldigen. Freilich nur für das Kind. Die Mutter, die es begleitet, muß bei gleichen Unfallsfolgen erst einen Verantwortlichen finden, um Ersatz zu erlangen[35].

Raufen zwei Mädchen im Schulhof, so ersetzt die Unfallversicherung die Verletzung. Raufen sie im heimatlichen Garten, dann bleibt es beim bürgerlichen Recht. Wobei solche Konstellationen naturgemäß zu schwierigen Abgrenzungsfragen führen. So berichtet Kötz von einem Fall, den das deutsche Bundessozialgericht unlängst zu entscheiden hatte[36]. Eine 15jährige Schülerin wollte in einer Freistunde ein Rechenheft kaufen und verunglückte auf dem Weg ins Papiergeschäft. Das Bundessozialgericht gewährte Ansprüche gegen die Unfallversicherung, weil es sich um die „Wiederbeschaffung von Arbeitsgerät“ gehandelt habe. Mit Recht fragt Kötz, wie das Gericht wohl entscheiden würde, wenn das Kind eine Brezel und einen Radiergummi kaufen wollte.

„Mit einer Mischung von Bangigkeit und Amusement sehe ich dem Tag entgegen“, fährt Kötz fort, „an dem in Kassel darüber entschieden werden wird, ob es sich bei dem Weg der Hausfrau zum Friseur um Hausarbeit oder vielleicht doch nur um ‚eigenverantwortliche Tätigkeit‘ handelt[37].“

Aber das sind noch keineswegs die ärgsten Probleme. Mindestens so unsicher wie die Abgrenzung der einzelnen Tätigkeitsbereiche ist die Frage des Ausgleichs zwischen den einzelnen Haftungs-„Systemen“. Was geschieht, wenn die Unfallversicherung bezahlt hat, und noch ein „Schuldiger“ am Schaden vorhanden ist? Praktisch werden heute alle nur denk-

---

[33] § 539 Abs. 1 Nr. 14 RVO i. d. F. d. Ges. über die Unfallversicherung für Schüler und Studenten sowie Kinder in Kindergärten v. 18. 3. 1971 (BGBl I, 237) vgl. dazu *Kötz,* Zur Haftung bei Schulunfällen, JZ 1968, 285; Für Österreich. 32. ASVG-Novelle.

[34] Vgl. die Empfehlung des 50. DJT: „Die Tätigkeit im Haushalt sollte in den Schutz der gesetzlichen Unfallversicherung einbezogen werden.“

[35] Vgl. dazu *Kötz,* Sozialer Wandel im Unfallrecht (1975) 36.

[36] Ebenda, 39 Anm. 56.

[37] Ebenda, 39.

baren Antworten gegeben[38]. Oftmals entlastet die Drittzahlung den eigentlichen Schädiger, bisweilen darf der Geschädigte beide Zahlungen kummulieren und in vielen Fällen gilt die „Zessionslösung“: Der zahlende Dritte regressiert kraft Legalzession auf den schuldigen Schädiger. Schließlich kennt das neue Entgeltfortzahlungsgesetz noch eine Sondervariante. Hier erhält nicht der lohnfortzahlungspflichtige Dienstgegner das Regreßrecht, sondern die Sozialversicherung, die aber ihrerseits dem Dienstgeber erstattungspflichtig ist[39]. Das alles gilt freilich z. B. nicht für Angestellte, so daß auch hier wiederum Gerechtigkeitsprobleme entstehen.

Wann und mit welcher Begründung nun der Gesetzgeber oder die Rechtsprechung die eine oder andere Variante des Ausgleichs zwischen Haftungsordnung und sozialer Vorsorge wählt (Entlastung, Kumulierung, Zession) bleibt allerdings weitgehend ungeklärt[40]. Wodurch die erwähnte „Gemengelage“ der drei „Haftungssysteme“ auch noch massive Schwierigkeiten mit der Rechtssicherheit bekommt.

3. *„Alles oder Nichts“ — ein Glücksspiel?*

Solche Probleme mit der Rechtssicherheit sind aber offenkundig „systemimmanent“. Jedenfalls im „Verschuldenssystem“. Dort pflegt die überkommene Praxis und Dogmatik ihre Entscheidungen grundsätzlich auf des Messers Schneide zu treffen. Angenommen, ein Arzt mit gutgehender Praxis und einer fünfköpfigen Familie, deren drei Kinder alle noch schulpflichtig sind, hat eines Tages einen Autounfall, an dessen Folgen er stirbt. Tunc weist darauf hin, daß die Entscheidung darüber, ob diese Familie nun halbwegs ausreichend versorgt bleibt, oder hart an den Ruin gerät, allein von den „Reaktionen“ des Arztes in den letzten Zehntelsekunden seines Lebens abhängig gemacht wird[41]. Stellen die Sachverständigen — meist nach Jahren — fest, daß der Arzt seinen Wagen richtig verrissen hat, schnell genug gebremst hat usw. so kann die Familie aufatmen. Waren die Reaktionen „falsch“, sieht ihre Zukunft düster aus.

Mit einem Wort, die Entscheidung hängt an einem, zum bloßen „Fehler“ verdünnten Verschuldensbegriff, der den subjektiven Wertungen des Richters ausgeliefert ist. Damit sind die zahlreichen Möglichkeiten des Prozeßausganges allerdings drastisch auf zwei reduziert: *Alles* —

[38] Übersicht jetzt bei *Schuhmacher*, Schadenersatz und soziale Sicherheit. ÖJZ 1976, 477.

[39] § 10 EFZG BGBl 1974/399; dazu *Krejci*, Haftpflicht- und Regreßprobleme des neuen Entgeltfortzahlungsrechts, Vers. Rdsch. 1974, 192.

[40] Dazu ausführlich unten.

[41] *Tunc*, Diskussionsbeitrag in Haftpflichtcolloquium, 210.

oder *Nichts*. Wer darin Rechtssicherheit erblickt[42], meint aber sicher etwas anderes als Kalkulierbarkeit der Ergebnisse: Wofür sich der Richter entscheiden wird, kann niemand voraussagen. Er überläßt diese heikle Aufgabe daher auch gerne den Sachverständigen, die freilich im Grunde genau so überfordert sind wie er: Wissen sie doch wie der Richter, welche sozialen Folgen ihre „Feststellungen" haben können.

4. Die verlorene Proportionalität

Das sind nun keineswegs Ausnahmefälle. Der Lenker eines Tankwagenzuges, der durch einen kleinen Fehler von der Straße abkommt, löst damit einen Haftungsrahmen aus, der von Null bis unendlich reicht. Ob das ausfließende Benzin bloß einen kleinen Fleck am Asphalt erzeugt, eine unbenützte Wiese verschmutzt, oder über die Verseuchung des Grundwassers die Versorgung einer ganzen Stadt in Frage stellt, bestimmt oft nur ein Spiel des Zufalls. Ein Ersatzsystem, das den Haftungsrahmen ausschließlich nach den Launen der Götter ausrichtet, kann aber schwerlich noch als normativ, geschweige denn als gerecht und überzeugend bewertet werden[43].

Große Probleme haben Lehre und Rechtsprechung in Österreich augenblicklich mit verletzten „Stromkabeln". In einem Fall des achten Senats war auf Grund einer solchen fahrlässigen Beschädigung eines Kabels ein Überspannungsschaden an einem Fernsehgerät und einer Tiefkühltruhe entstanden. Der OGH fand diesen Schaden vergütungsfähig[44]. Fast zur gleichen Zeit entschied der erste Senat entgegengesetzt: Hier hatte ein Unternehmen infolge der Stromkabelbeschädigung eines anderen Unternehmers einen Produktionsausfall in der Höhe von einigen tausend Schilling erlitten. Der Senat hielt diesen Schaden für einen „mittelbaren Schaden", was soviel heißt, daß er nicht ersetzbar war[45].

Die beiden Entscheidungen sind auf unterschiedliches Echo in der Literatur gestoßen[46]. Aber weder jene Autoren, die der differenzierenden Behandlung von „Geräteschäden" und bloßen „Produktionsausfällen" zustimmten, noch jene, die sie ablehnten, konnten eine überzeugende Antwort auf die Frage nach der Grenze des Ersatzes geben.

---

[42] So statt vieler *Mertens*, Der Begriff des Vermögensschadens im Bürgerlichen Recht (1967). 105 f.

[43] So auch *Bauerreiss*, Zur Auslegung der §§ 1301 und 1302 ABGB, in: GedS-*Gschnitzer* (1969) 53.

[44] OGH EvBl 1972/296 = JBl 1973, 581.

[45] OGH EvBl 1972/297 = JBl 1973, 579.

[46] *Posch*, Der ungeschützte Strombezieher als Fall des „mittelbaren Schadens" in der Rechtsprechung des OGH, JBl 1973, 564; *Kramer*, Noch einmal: Zum Problem des „mittelbaren Schadens", ZVR 1974, 129; *Migsch:* Ist die Theorie vom mittelbaren Schaden überwunden? VersRdSch 1975, 109; *Welser*, Der OGH und der Rechtswidrigkeitszusammenhang, ÖJZ 1975, 1 und 37 (41).

Wer mit Welser die Differenzierung des OGH billigt, muß erst einmal die Willkürlichkeit in der Unterscheidung zwischen S 10 000,— Produktionskostenausfall und S 10 000,— Geräteschaden erklären. Denn dafür, daß ein Produktionsausfall vom Standpunkt des Geldersatzes hergesehen etwas „ganz anderes" ist als ein Geräteschaden, liegt demjenigen, der solches behauptet, der Beweis ob. Umsomehr als die Vertreter dieser Lehre jeden Produktionskostenausfall in dem Augenblick voll vergüten, da zuvor auch ein winziger Schaden an einer konkreten Sache eingetreten ist. Womit letztlich allein der technische Zufall über die Ersatzfähigkeit entscheidet: Entsteht durch eine Überspannung auch an einer Maschine ein Schaden von sagen wir S 10,—, dann kann der volle Produktionskostenausfall von S 10 000,— vergütet werden. Bleibt der 10,—-S-Schaden aus, dann fällt der Unternehmer auch um seine S 10 000,— um.

Gleichzeitig wird aber mit der Beschränkung auf den „Verletzungsschaden" an den Geräten auch gerade das nicht erreicht, was man so sehr anstrebt: Die Einschränkung der drohenden „Uferlosigkeit" des Ersatzes[47]. Welser gibt selbst zu, daß natürlich auch Schäden an Geräten genauso „uferlos" werden können[48].

Andererseits müßten jene Autoren, die mit Kramer beide Stromkabelentscheidungen nach der Adäquanz — bzw. Rechtswidrigkeitszusammenhangstheorie lösen wollen, den Gerechtigkeitsgehalt dieser Grenzenziehung unter Beweis stellen. Und das ist einigermaßen schwierig. Sobald sich nämlich der Haftungsumfang vom Gewicht der Haftungsgründe gelöst hat — und dies ist seit der Jahrhundertwende der Fall — wird der Inhalt anscheinend beliebig: Man kann in den Schadensumfang jede Menge „Zufall" und „Unglück" hineinstopfen. Ein proportionslos gewordenes Schadensrecht scheint dagegen unempfindlich zu sein. Es hat das Gefühl für Grenzen verloren. „Der Umfang des verursachten Schadens", heißt es in den Motiven zum BGB, „bestimmt den Umfang des zu leistenden Schadenersatzes"[49].

Dieser Verlust an innerer Proportionalität kann durch Adäquanz — und Rechtswidrigkeitszusammenhangsformeln offenbar nicht wettge-

---

[47] So etwa der OGH, EvBl 1972/297 und *Welser*, ÖJZ 1975, 42.

[48] *Welser*, ÖJZ 1975, 42. Wie unsicher diese Rechtsprechung gegen die „Uferlosigkeit" von Ersatzanspruch ist, zeigt die Stromkabelentscheidung des OGH JBl 1976, 210: Hier führte die Beschädigung des Kabels zu einer Vernichtung von Bakterienkulturen. Der OGH lehnte einen Ersatz dieses Schadens mit dem Hinweis auf seine „Mittelbarkeit" grundsätzlich ab — räumte aber ein, daß bei Einschaltung eines „Subunternehmers" als Beschädiger ein Anspruch wegen Verletzung „vertragliche Schutzpflicht zugunsten Dritter" denkbar sei. Mit anderen Worten, wird ein Stromkabel vom Generalunternehmer selbst beschädigt, dann gibt es keinen Ersatz. Bedient sich dieser aber z. B. einer Ausbaggerungsfirma, dann gibt es Ersatz, eine offenkundig willkürliche Differenzierung, die keinerlei Schutz vor „Uferlosigkeit" bietet.

[49] Mot. II, 72 f.

macht werden. Das läßt sich vor allem bei der üblichen Interpretation der Adäquanz zeigen. Demnach darf der Schaden zumindest nicht gänzlich „außerhalb der Erfahrung" liegen[50]. Da wir aber mit jedem eingetretenen Schaden eine neue Erfahrung machen, drückt schon die bloße Tatsache des Eintritts eines Schadens die — normative — Grenze immer weiter hinaus. Was gestern vielleicht noch vollkommen unwahrscheinlich sein mochte, ist heute bereits eine Weisheit aus Readers' Digest. Eine Grenze, die sich aber nur an diese Erfahrung hält, die also praktisch einen Anpassungsauftrag hat, ist im Grunde keine mehr: denn das, was verantwortlich macht, fällt mit dem, was tatsächlich geschieht, immer mehr zusammen. Das Schadensrecht wird „entnormativisiert".

[50] Vgl. *Larenz*, Schuldrecht I[11] (1976), 354 f.

B. Der Prozeß der „Entnormativisierung“ und seine Auswirkung auf das System der Verschuldenshaftung

I. Die Erweiterungen der Risikobereiche des Schädigers

Eine Auswirkung dieser „Entnormativisierung“ ist die verbreitete Neigung, die Risikosphären des Schädigers ständig zu erweitern. Wie Friedmann für das anglo-amerikanische Recht gezeigt hat, dürfte der Höhepunkt dieser Tendenz zwar schon überschritten sein[1]. Ihre Auswirkungen sind aber noch deutlich sichtbar.

1. Das Vermögens-, Einkommens- und Anlagenrisiko

So trägt nach herrschender Ansicht der Schädiger das Risiko des Vermögens und Einkommens des Geschädigten[2]: Wer einen Armen verletzt hat Glück — er zahlt weniger. Wer einen Reichen erwischt, hat Pech, denn das kostet mehr. Aber auch sonstige „Sphären“ wechselten im Laufe der Zeit ihren Besitzer. Wer jemanden eine kleine Schramme beibringt, haftet auch für dessen Tod, wenn sich der Verletzte im Ambulatorium ansteckt und stirbt[3].

Dasselbe gilt für alle Anlagen und sonstigen Risikobereiche des Geschädigten: Auch sie gehen aufs Konto des Schädigers. Die schlechten Nerven, seine Blutereigenschaft, eine heimliche Krankheit, das Versagen des Arztes und Krankenpersonals, die Dazwischenkunft von Kindern, Unzurechnungsfähigen, Tieren, von Witterung und sonstigem Zufall — alles das muß der Schädiger tragen, wenn er es nur einmal „schuldhaft ausgelöst“ hat[4]. Wer einen (unverkennbaren) Neurotiker beleidigt, haftet für dessen Selbstmord[5]. Wer jemanden verletzt hat, sodaß dieser eine Beinprothese tragen muß, haftet für die weitere Verletzung, die sich der Prothesenträger nach Jahren im Krieg zuzieht, weil er beim Alarm nicht schnell genug in den Luftschutzkeller gelangt und von einem Granatsplitter erwischt wird[6].

[1] *Friedmann*, Abschnitt „Unerlaubte Handlung und Versicherung“, in: Recht und sozialer Wandel (1969) 135 ff.

[2] Beispiele dafür bei *Lüer*, Die Begrenzung der Haftung bei fahrlässig begangenen unerlaubten Handlungen (1969), 5 ff. Auch für das Schadensrecht von Interesse: *Burgstaller*, Das Fahrlässigkeitsdelikt im Strafrecht (1974) insbes. 114 ff.

[3] So etwa der berühmte „Grippe-Infekt-Fall“ RGZ 105, 264.

[4] Mot. II.

[5] OGH GlUNF 2736; aM GlU 15.283.

[6] RGZ 119, 204; ähnlich nun auch der OGH SZ 41/72.

2. *Culpa in contrahendo, Organisationsverschulden und Gehilfenhaftung als Instrumente der Haftungsausweitung*

Um einem Geschädigten möglichst sicheren Ersatz zu verschaffen, sucht die gegenwärtige Haftpflichtdogmatik vor allem auch nach Instrumenten, die den Griff nach dem „potenten" Schädiger erlauben — in der Regel nach dem, der versichert ist bzw. dem eine Versicherung zugemutet werden kann. Auch dadurch kommt es zu beachtlichen Ausweitungen der Risikosphäre des Schädigers.

So plädiert beispielsweise Welser für die Übernahme der sog. „Warenhausfälle" in die Lehre von der culpa in contrahendo[7]. Und zwar auch im österreichischen Recht. Demnach würde schon ein Unfall, der sich auf dem Weg zu einem Kaufhaus ereignet hat, über die Figur des „geschäftlichen" oder des „sozialen" Kontakts im Rahmen der Lehre von der cic dem Warenhausinhaber zugerechnet werden[8]. Diese Praxis ist vor allem in Deutschland sehr beliebt, da auf diese Weise bei Gehilfenhaftung der lästige Entlastungsbeweis des § 831 BGB ausgeschaltet wird[9].

Der OGH braucht diesen Umweg nicht. Er gelangt bereits über eine entsprechende Auslegung des Begriffes der „Untüchtigkeit" in § 1315 ABGB zu ganz ähnlichen Ergebnissen[10]. Den „sozialen" oder „geschäftlichen" Kontakt wiederum kann er durch die Statuierung von „Verkehrssicherungspflichten" ersetzen, so daß bislang kein Bedürfnis nach der Übernahme der deutschen Lehre und Praxis entstand.

Wie sehr die Gehilfenhaftung im Mittelpunkt der Bemühungen nach Haftungsausweitung steht, zeigt sich nicht zuletzt in den zahlreichen Versuchen, Unternehmer, juristische Personen und Geschäftsherrn für die Handlungen ihrer Angestellten, Organe und Gehilfen verantwortlich zu machen. So benützt etwa Ostheim die innerbetriebliche „Weisungsdelegation als Haftungsgrund", um über die Analogie zu § 2 RGH zu einer weitgehenden Verantwortung des Geschäftsherrn zu gelangen[11].

Bei juristischen Personen schließlich ist auch der OGH bereit, den Kreis der statutenmäßig berufenen Organe zu sprengen und unter dem Gesichtspunkt des „körperschaftlichen Organisationsverschuldens" neue

---

[7] *Welser*, Das Verschulden beim Vertragsabschluß im österreichischen bürgerlichen Recht, ÖJZ 1973, 281.

[8] So schon RGZ 78, 239 (Linoleumteppich-Fall); weiters BGH NJW 1962, 31 (Bananenschalen-Fall); anders jedoch OGH EvBl 1958, 19: zum ganzen Problem nunmehr rechtsvergleichend *Posch*, Zur Haftung des Kaufhausunternehmens für seine Angestellten, ZfRV 1974, 165.

[9] So schon *Brox*, Schuldrecht[3] (19), 34; *v. Caemmerer*, Wandlungen des Deliktsrechts, in: FS 100 Jahre DJT II (1960), 56. Kritisch: *Frotz*, GedS-Gschnitzer, 168 ff.

[10] Vgl. OGH SZ 39/170; OGH EvBl. 1974/109 dazu *Posch*, ebenda 179.

[11] *Ostheim*, Weisungsdelegation als Haftungsgrund. JBl 1969, 535.

Zurechnungen zu potenten Haftungsträgern zu gewinnen[12]. Demnach wird jede fehlerhafte Organisation zum zusätzlichen Belastungsgrund: Die juristische Person haftet auch, wenn andere als satzungsmäßig berufene Organe handeln.

Zählt man zu diesem Ergebnis noch die häufige Übernahme des Liquiditätsrisikos durch die Annahme von Solidarhaftungen und — wie wir noch sehen werden — nicht minder häufig die Übernahme des Risikos der Unaufklärbarkeit eines Sachverhaltes durch den Schädiger (Beweislastumkehr, Prima-facie-Beweis) so ergibt das ein Bild der Risikoverteilung, das mit dem der Verfasser des ABGB, aber wohl auch des BGB kaum noch viel gemeinsam hat.

II. Die Objektivierung des Verschuldens

Gleichzeitig wird das Verschulden selbst immer mehr objektiviert, d. h. zum bloßen Fehler hin verdünnt. Dafür stehen der Praxis eine Reihe von Instrumenten zur Verfügung.

1. Der Sorgfaltsmaßstab

Das einfachste und verbreitetste ist die Anhebung des Sorgfaltsmaßstabes. So muß eine Gemeinde jeden Gemeindeweg so sichern, daß selbst Ortsunkundige des Nachts vollkommen ungefährdet sind und z. B. nirgendwo in einen Graben oder in einen Bach fallen können[13]. Dies ohne Rücksicht darauf, ob die Gemeinde das personell oder finanziell überhaupt leisten kann. Gefragt wird nur noch nach der „gebotenen Sorgfalt"[14]. Das gilt insbesondere auch für Skifahrer. Sie müssen jederzeit mit den Fehlern der anderen rechnen. Das heißt, wer selber schlecht fährt, und daher bestenfalls mit eigenen Fehlern rechnen kann — haftet[15].

2. Verkehrssicherungspflichten

Gleichzeitig werden zahlreiche neue „Sorgfaltspflichten" oder „Verkehrssicherungspflichten" gefunden. So hat ein Schiliftbesitzer nicht nur die Pflicht, die Lifttrasse in Ordnung zu halten, er hat auch dafür zu sorgen, daß übermütige Schifahrer diese Lifttrasse nicht kreuzen können[16].

---

[12] OGH JBl 1969, 557; *Ostheim*, Organisation, Organschaft und Machthaberschaft im Deliktsrecht juristischer Personen, in GedS-Gschnitzer (1969) 317.

[13] OGH ZVR 1957/96.

[14] Vgl. RGZ 119, 204 und BGH NJW 1952, 1010 (dort allerdings ablehnend).

[15] OGH ZVR 1968/154; JBl 1971, 252.

[16] OGH JBl 1970, 36. Dazu *Pichler*, Pisten, Paragraphe, Schiunfälle (1970), 75 ff.

Ganz erhebliche Ausdehnung erfährt auch die Streupflicht der Gemeinden und der Hauseigentümer[17]. Dasselbe gilt für die Sorgfaltspflichten der Unternehmer bei Abdeckung von Baustellen: So genügen nicht einmal Absperrmaßnahmen für die Sicherung von Baugruben[18].

3. *„Werkhaftung"*

Zunehmender Beliebtheit erfreuen sich auch die §§ 1318 und 1319 ABGB. Wenn der Schlauch einer Waschmaschine platzt und das ausfließende Wasser das Häute-Lager eines Lederhändlers im unteren Stock ruiniert, so haftet die Hausfrau solidarisch mit dem Waschmaschinenhändler[19]. Erstere nach § 1318 ABGB, letzterer aus Verschulden. Um einem Hotelgast Schadenersatz für eine Verletzung zu verschaffen, die durch eine alte Gartentüre erfolgte, wurde diese Gartentüre als „Werk" im Sinne des § 1319 angesehen[20]. Bisweilen erspart man sich auch bei Baugrubenunfällen die Konstruktion besonderer „Sorgfaltspflichten" und erklärt eine Grube einfach zu einem „Werk" im Sinne des § 1319[21]. Immer häufiger findet sich auch der Satz, daß die „einmalige Untüchtigkeit" eines Gehilfen bereits ausreiche, um den Unternehmer für dessen „Verschulden" haften zu lassen[22].

4. *Produzentenhaftung*

Auf diese Weise wird, ähnlich wie in Deutschland[23], auf kaltem Wege so etwas wie eine „Produzentenhaftung" nach Vorbild der „product liability" eingeführt. Der zweite Schritt dazu ist die Beseitigung von Vertragsschranken. So erlaubt der OGH ähnlich wie die amerikanischen Gerichte seit der berühmten Entscheidung Donoghue v. Stevenson[24] bisweilen den Durchgriff auf Dritte. Wer ein schlechtes Hydrauliköl bekommt, das seinen Wagen schädigt, braucht sich nicht an den ersten Käufer zu halten, von dem er es hat, sondern kann direkt auf den Verkäufer durchgreifen[25]. Ähnliche Erweiterungen der Gehilfenhaftung werden mit Hilfe von „Schutzpflichten zugunsten Dritter" erreicht[26]. Wer Sprengarbeiten

---

17 SZ 41/146; vgl. auch OGH JBl 1953, 384; ZVR 1973/185: dagegen *Koziol*, Haftpflichtrecht II, 57 f. m. w. N.

18 OGH ZVR 1968/155.

19 SZ 39/170.

20 SZ 41/27.

21 OGH JBl 1970, 623; vgl. auch SZ 30/22 für den Fall einer kleinen Brücke.

22 SZ 39/170; OGH EvBl 1974/109.

23 Dazu *Weyers*, Unfallschäden, 84 ff.

24 (1932) A. C. 563; dazu *Friedmann*, Recht, 143 f.

25 SZ 41/156.

26 Beispiele bei *Bydlinski*, Vertragliche Sorgfaltspflichten zugunsten Dritter, JBl 1960, 365. Vgl. auch *Canaris*, Ansprüche wegen „positiver Vertragsverletzung" und „Schutzwirkung für Dritte" bei nichtigen Verträgen, JZ 1965, 475.

bestellt, „schützt" in seinem Vertrag angeblich alle Nachbarn gegen alle Arten von Schädigungen durch diese Arbeiten mit[27].

Mit Hilfe aller dieser Instrumente wird der Umfang der Haftpflichtschäden in doppelter Hinsicht erweitert. Einmal der Zahl nach, da bloß fehlerhaftes Verhalten naturgemäß viel häufiger vorkommt als die ursprünglich gemeinte vorwerfbare Fahrlässigkeit. Zum zweiten nimmt auch der Schadensumfang jedes einzelnen Haftpflichtfalles als Folge der fehlenden Proportionalität zu: Kleine Fehler vermögen nunmehr denselben Haftungsumfang zu rechtfertigen wie schwere.

III. Das Beweisrecht

Erhebliche Verschärfungen der Haftung sind schließlich über das Beweisrecht möglich. Dieses hat heute für die Schadenstragung „eine Bedeutung ... die kaum hinter der materieller Regeln zurücksteht"[28].

1. Prima-facie-Beweis

Nach der anerkannten Lehre vom Prima-facie-Beweis genügt nicht nur für das Verschulden, sondern auch für die Verursachung, daß gewisse Prämissen eines Geschehens bewiesen werden, deren typischer Ablauf bekannt ist[29]. Die österreichische Rechtssprechung bedient sich dabei vor allem des Mittels der „Schutznorm". Ist eine „Übertretung" festgestellt, so „ist es Sache des Beschuldigten (!), die mangelnde Kausalität seines Verhaltens zu beweisen"[30]. Das heißt, derjenige, der die Norm übertritt, muß dartun, daß derselbe Schaden bei „rechtmäßigem Alternativverhalten"[31] eingetreten wäre, oder daß der Geschehensverlauf doch anders war und der Schaden auch nicht „adäquat" verursacht wurde. Schließlich könnte er auch noch beweisen, daß die verletzte Norm nicht den Schutz des konkreten Rechtsgutes „bezweckt"[32].

Daß es auf diese Weise faktisch sehr häufig zu einer verdeckten Umkehr der Beweislast kommt, wird man mit Rabel, Fasching und Hauss durchaus annehmen können[33]. Wer heute eine Schutznorm oder auch nur

[27] SZ 40/58.

[28] *Weyers*, Unfallschäden, 86.

[29] *Prölss*, Beweislastverteilung im Schadensersatzprozeß (1966); *Koziol*, Haftpflichtrecht I 259 ff., *Rechberger*, Der Anscheinsbeweis in der österreichischen Judikatur, ÖJZ 1972, 425 ff.

[30] So ausdrücklich SZ 39/186 — ein Schadenersatzfall (!).

[31] Dazu *Koziol*, Haftpflichtrecht I 123 ff.

[32] Vgl. die wuchernde Rsp. zur „Übertretung der Schutznorm" MGA ABGB[29] § 1311/19 b ff.

[33] *Rabel*, Umstellung der Beweislast, RheinZ 1923, 428; *Fasching*, Kommentar zu den Zivilprozeßgesetzen III; 236. *Hauss*, Entwicklungslinien des deutschen Schadensersatzrechts, ZVersWiss 1967, 157 und OGH JBl 1954, 226; ZVR 1956/17 u. a. A. M. *Koziol*, Haftpflichtrecht I 260.

eine Verkehrs- oder Sorgfaltspflicht verletzt, ist damit sozusagen „ins Unrecht" versetzt. Er „versiert" in re illicita und muß nun seinerseits alles das tun, was sonst der Geschädigte zu beweisen hätte, um wieder aus diesem Unrecht herauszukommen. Rabel hat in solchen Fällen mit Recht von materieller Haftungsverschärfung gesprochen[34].

In der Praxis sind es daher auch vor allem typisch gefährliche oder typisch schwer aufklärbare Situationen, in denen der Anscheinsbeweis am häufigsten vorkommt. Hainmüller nennt folgende Gebiete: Heilkunde, Bauwesen, Straßenverkehr, Badeanstalten, Taxiunternehmer und Produzentenhaftungen[35].

2. *Beweislast-Umkehr*

Für den letzteren Bereich ist der deutsche BGH mittlerweile zur offenen Beweislast-Umkehr übergegangen[36]. Aber auch auf den verbleibenden Gebieten findet jetzt bereits eine neuerliche Ausweitung des Risikobereichs des Schädigers statt: Er haftet auch für das Risiko der Aufklärbarkeit. Der Schritt zur reinen Gefährdungshaftung ist in beiden Fällen (Prima-facie-Beweis und offener Beweislastumkehr) nur noch klein: Bisweilen begründet etwa der deutsche BGH den Anscheinsbeweis nicht mehr mit der Wahrscheinlichkeit typischer Geschehensabläufe, sondern bereits damit, daß die Beweislastträger die „bessere Möglichkeit der Information" haben, weil sie die „Gefahrenquelle beherrschen"[37].

Moser hat für die österreichische Praxis ähnliche Beobachtungen gemacht[38]. Daß auf diese Weise natürlich praktisch sowohl für bloß wahrscheinliche Verursachung und wahrscheinliches Verschulden gehaftet wird, zeigt den Grad der Veränderung des Systems an[39]. Hinzu kommt, daß der OGH in der Frage eines gefährlichen Betriebes zum Teil auch noch weitergeht als der deutsche BGH. In vielen Fällen haften Betriebe ohne Nachweis eines Verschuldens des Unternehmers oder der Gehilfen. Die reiche Kasuistik der „Anerkennung" oder „Ablehnung" eines Betriebes als „gefährlicher Betrieb", läßt freilich ebensowenig eine gemein-

---

[34] *Rabel*, RheinZ 1923, 428.

[35] *Hainmüler*, Der Anscheinsbeweis und die Fahrlässigkeit im heutigen Schadensersatzprozeß (1966) 164 f.; vgl. auch *Diederichsen*, VersR 1966, 211 und BGH VersR 1963, 67.

[36] Hühnerpestfall, BGHZ 51, 91. Dagegen meldet nunmehr *Stoll* Bedenken an: *Stoll*, Haftungsverlagerung durch beweisrechtliche Mittel, AcP 1976, 143 ff. (179). Vgl. auch *Weitnauer*, Beweisfragen in der Produktenhaftung, in: FS *Larenz* (1973), 905 ff. (920).

[37] BGH VersR 1957, 231.

[38] *Moser*, Beweiserleichterungen im Haftpflichtprozeß, ÖJZ 1967, 589.

[39] So auch *Prölss*, Beweislastverteilung, 28.

same Linie erkennen, wie die diesbezüglichen deutschen Entwürfe zur Reform der Gefährdungshaftung[40].

IV. Widersprüche und gegenläufige Tendenzen als Folgen der Entnormativisierung

Die rechtspolitische Zielsetzung der liberalen Schadensauffassung, wonach das Ersatzrecht primär dem Zweck des Schadensausgleichs dient, findet in der bekannten „Differenzhypothese“ ihre dogmatische Entsprechung. Schade ist demnach die rechnerische „Differenz zwischen dem Betrage des gegenwärtigen Vermögens einer Person, wie dasselbe nach einem beschädigendem Ereignis sich darstellt und dem Betrage, auf welches das Vermögen ohne die Zwischenkunft dieses Ereignisses sich belaufen würde“ (Mommsen)[41].

Brigitte Keuk hat mit Recht darauf aufmerksam gemacht, daß hinter dieser Definition der Wunsch steht, Ersatz zu gewähren „unabhängig von der Eigenart des haftungsbegründenden Tatbestands, ohne Rücksicht auf die Vorhersehbarkeit des einzelnen Nachteils ... Losgelöst von der Beschränkung des Ersatzes auf den gemeinen Wert“[42]. Mit einem Wort, ersetzt wird grundsätzlich der „eingetretene Schaden“ (Réparation totale). Das ist nun wohl auch herrschende österreichische Lehre[43].

1. Die Schwierigkeiten bei der „überholenden Kausalität“

Dieser Grundsatz der Totalreparation wird zumeist mit dem „Gläubigerinteresse“ begründet. Der Geschädigte sei immer noch bedauernswerter und schutzwürdiger als der Schädiger, ihm sei daher nicht zumutbar, auf seinem Schaden sitzen zu bleiben[44]. Nun gerät diese Auffassung ausgerechnet mit jener Differenzhypothese in Widerspruch, die sie angeblich stützen soll. Sobald nämlich feststeht, daß der (verschuldete) Schaden auch durch andere (zufällige) Ereignisse eingetreten wäre, liegt nach der wertfreien Rechenoperation der Differenzhypothese kein ersatzfähiger Schaden vor, was so viel heißt wie: Gerade der (doppelt) Geschädigte erhält überhaupt nichts[45]. Tatsächlich ziehen sogar jene Autoren diese Konsequenz, die sich grundsätzlich dazu bekennen, „daß das Schadens-

---

[40] Vgl. in Anm. 28.

[41] *Mommsen,* Zur Lehre vom Interesse (1855) 4.

[42] *Keuk,* Vermögensschaden und Interesse (1972) 19.

[43] *Koziol,* Haftpflichtrecht I 28 f. m. w. N.

[44] *Esser,* Schuldrecht I^4 268; *Bydlinski,* Probleme der Schadensverursachung nach deutschem und österreichischem Recht (1964) 57 f.; *Hauss,* Referat am 43. DJT 1960, Verhandlungen des 43. DJT II (1962) C 33.

[45] *von Caemmerer,* Das Problem der überholenden Kausalität im Schadensersatzrecht (1962) 14 f.; *Lehmhöfer,* Die überholende Kausalität und das Gesetz, JuS 1966, 337.

recht nicht so sehr der Erhaltung statischer Freiheitsräume dienen kann, als vielmehr auch neue Freiheitsbereiche erschließen soll, die gerade der nichtbesitzenden Bevölkerung offenstehen müßten"[46]. Was nützt aber der „nichtbesitzenden Bevölkerung" ein neuer Freiheitsraum, bei dem sie im Namen des Vorrangs des Ausgleichsprinzips gerade dann auf ihren Schäden sitzen bleibt, wenn zu dem „Unrecht", das sie trifft, auch noch ein „Zufall" hinzutritt?

Dieser eklatante Widerspruch ist daher schon seit langem Gegenstand heftiger Kontroversen. Im zunehmenden Maße stehen den Vertretern des wertfreien Differenzschadens solche eines „normativen" Schadens gegenüber[47]. Dieser läßt sich aber in welcher Gestalt auch immer (objektiver, abstrakter, abgeschlossener, Sozialschaden usw.) in einem System des Vorrangs des Ausgleichsgedankens und der Differenzhypothese nur äußerst schwer rechtfertigen. Tatsächlich mußten daher auch Wilburg und Neuner, die den objektiven Schaden gründlich erforscht haben[48], einen zusätzlichen Gesichtspunkt, nämlich den der „Rechtsfortwirkung" einführen: Demnach ist der Schaden als Sanktion des verletzten Rechtes anzusehen, der sozusagen automatisch an dessen Stelle tritt. Bydlinski und Steininger haben die Nutzanwendung dieser Lehre am Problem der überholenden Kausalität und der abstrakten Rente aufgezeigt[49]. Ihre Ergebnisse sind prinzipiell überzeugend. Ungeklärt bleibt aber die Frage, in welchem Verhältnis diese Idee der Rechtsfortwirkung in einem „entpönalisierten" System zum Prinzip des „Schadensausgleichs" und damit zur Differenzhypothese steht?

Die Ansicht Bydlinskis, nach der der Geschädigte jedenfalls bei schwerem Verschulden des Schädigers die Wahl zwischen dem objektiven Schaden und dem Interesse hat, dürfte noch nicht die endgültige Lösung sein[50]. Denn sofort fragt man sich, woher dieses Wahlrecht kommt? Es läßt sich offenbar nur begründen, wenn man mit Bydlinski annimmt, daß der objektive Schaden stets das Minimum des Ersatzes ausmacht, das auch durch kein hypothetisches Ereignis zu beseitigen ist[51]. Nur dann

---

[46] *Eike Schmidt*, Grundlagen des Haftungs- und Schadensrechts, in: Grundlagen des Vertrags- und Schuldrechts (1972) 481; dagegen für die Anrechnung: 597.

[47] Vgl. die Zusammenstellung bei *Mertens*, Vermögensschaden, 51 ff. Allerdings ist *Mertens'* eigener Schadensbegriff, den er als „natürlich" bezeichnet, genauso voller zusätzlichen Wertungsannahmen; vgl. etwa 216, 224 ff., 208 ff. So auch gegen *Mertens: Keuk*, Vermögensschaden, 13 und *Koziol* in der Buchbesprechung zu *Mertens*, ZfRV 1969, 22.

[48] *Neuner*, Interesse und Vermögensschaden, AcP 133 (1931) 277 ff.; *Wilburg*, Zur Lehre von der Vorteilsausgleichung, JherJB 82 (1932) 51 (127 ff.).

[49] *Bydlinski*, Schadensverursachung, 26 ff.; *Steininger*, Minderung der Erwerbsfähigkeit ohne Verdienstentgang, FS-*Wilburg* (1965), 181; *derselbe*, Zur abstrakten Rente, JBl 1966, 543.

[50] *Bydlinski*, Schadensverursachung, 29, 94 ff.

[51] *Bydlinski*, Schadensverursachung, 29 ff.

kann man mit Koziol behaupten, daß der Schädiger sich nicht beschweren dürfe, „daß er, obwohl er grob fahrlässig gehandelt hat, so gestellt wird, als sei ihm nur leichte Fahrlässigkeit anzulasten“[52].

Offen bleibt bei dieser Erklärung freilich erstens wie das Verhältnis „objektiver Schaden“ — Differenzhypothese im Fall des leichten Verschuldens aussieht? Denn da gibt es ja kein Wahlrecht. Und zweitens, wieso nach herrschender Verursachungslehre ausgerechnet der „objektive Schaden“ von jeder überholenden Ursache verschont bleibt? Die Behauptung, daß sei so, weil dieser objektive Schaden eben als „Reaktion des verletzten Rechtes“ sofort an dessen Stelle trete, ist wohl kaum mehr als ein begriffliches Spiel[53]. Ebenso ließe sich ja behaupten, daß jeder weitere Schaden, der noch mit dem Recht in Verbindung steht und daher ersatzfähig ist, gleichfalls „sofort“ an die Stelle dieses verletzten Rechtes tritt. Das heißt, das Problem wird nur auf die Frage Recht — Rechtsfolgen verschoben: Wer die Differenzhypothese grundsätzlich nicht in Frage stellt[54], der kann auch schwerlich zwischen „dem verletzten Recht“ selbst und den Folgen dieser Rechtsverletzung unterscheiden. Denn gerade diese Unterscheidung wollte die Differenzhypothese ja überwinden.

Wenn daher Bydlinski lehrt, daß beim objektiven Schaden „nicht das Vermögen im ganzen, sondern nur das isolierte jeweils betroffene Rechtsgut“ zu betrachten ist[55], so ist gerade diese Einschränkung vom Standpunkt der Differenzhypothese erklärungsbedürftig. Warum darf man plötzlich isolieren? Wieso hier — wieso nicht immer? Mit einem Wort, wie ist diese „Zusatzannahme“ mit dem Prinzip der Differenzhypothese und der conditio sine qua non vereinbar?

2. *Die Schwierigkeiten bei „alternativer Kausalität“*

Weitgehend unerklärlich ist vom Standpunkt der herrschenden Ansicht die Haftung auch dann, wenn mehrere Täter gleichzeitig handeln, wobei aber nicht festgestellt werden kann, welcher von ihnen tatsächlich kausal wurde. Häufig kommen solche Fälle bei Jagdgesellschaften vor: Zwei Jäger schießen mit gleichen Gewehren unabhängig von einander auf einen Treiber, den sie für einen Rehbock halten. Es läßt sich

[52] *Koziol*, Haftpflichtrecht I 66.

[53] Die weitere Behauptung *Bydlinskis* (97) — „Diesen objektiv verursachten Schaden hat der Täter wirklich herbeigeführt. Hinsichtlich des darüber hinausgehenden Interesses ist er hypothetisch kausal“ — überrascht um so mehr, als *Bydlinski* an anderer Stelle (gegen Niederländer) mit Recht geltend gemacht hat, daß die Formel von der „realen Erscheinung“ gerade nicht in die Verursachungslehre paßt (33). Von ihr aus gesehen, ist der „reale“ Schaden im Augenblick eines überholenden Ereignisses „hypothetisch“ geworden.

[54] So *Bydlinski*, Schadensverursachung, 24 f., 111.

[55] *Bydlinski*, Schadensverursachung, 31.

nicht feststellen, aus welchem Lauf die verletzende Kugel stammt. Dasselbe passiert nicht selten bei Raufhändeln. In letzter Zeit kommen derartige Fallgestaltungen aber auch im Straßenverkehr vor. So wenn jemand von zwei PKW überfahren wurde aber nicht feststellbar ist, wer den Verletzungserfolg tatsächlich verantwortet[56]. Lehre und Rechtsprechung lassen in solchen Fällen beide „Täter" voll haften[57]. Die „Ausnahme" vom Grundsatz der conditio sine qua non wurde von der Lehre ursprünglich mit dem „subjektiven Zusammenwirken" der Täter oder doch zumindest mit dem „einheitlichen Vorgehen" zu rechtfertigen versucht[58]. Das erklärt aber im Grunde nichts: Mit Recht haben Bydlinski und Koziol aufmerksam gemacht, daß derartige Begründungen den Grundsätzen der Verursachungslehre widersprechen[59].

Dasselbe gilt wohl auch für die neuerdings von Reischauer vorgetragene Ansicht, wonach sich die Haftung beider Täter aus den Regeln der Beweislast ergäbe. Da jeder eine „unwertbeladene" Handlung begangen habe, liege ihre Haftung im Rahmen der richtigen Beweislastverteilung[60].

Das ist nun freilich keine Erklärung, sondern bestenfalls die beweislastmäßige Umschreibung des zu erklärenden Problems. Denn wieso auf einmal ohne erwiesene Kausalität gehaftet wird, läßt sich aus den Beweislastregeln mit Sicherheit nicht entnehmen.

Der BGH hat daher nun auch offiziell auf solche und ähnliche Gründe verzichtet[61]. Womit die Haftung freilich in den vollen sichtbaren Widerspruch zur conditio sine qua non geraten ist[62]. So meint denn auch Larenz resignierend: „Der innere Grund ... der Bestimmung (des § 830 BGB) ist problematisch[63]."

Bydlinski geht einen anderen Weg. Er stützt die Haftung des alternativen Täters auf seine „potentielle" Verursachung[64]. Diese genüge eben schon für eine Haftung, vor allem im Zusammenspiel mit einem schweren Verschulden, das bei den gegenständlichen Fällen regelmäßig vor-

---

[56] BGHZ 33, 286.

[57] Nach §§ 1301 f. ABGB, bzw. § 830 BGB; Nachweise bei *Bydlinski*, Haftung bei alternativer Kausalität, JBl 1959, 1 (6); *Buxbaum*, Solidarische Schadenshaftung bei ungeklärter Verursachung im deutschen, französischen und anglo-amerikanischen Recht (1965).

[58] GlUNF 4329; OGHZBl 1909/91.

[59] *Bydlinski*, JBl 1959, 6 f.; *Koziol*, Haftpflichtrecht I 48.

[60] *Reischauer*, Der Entlastungsbeweis des Schuldners (§ 1298 ABGB) (1975) 113.

[61] BGHZ 33, 286.

[62] So auch *Koziol*, Haftpflichtrecht I 49.

[63] *Larenz*, Schuldrecht II 590.

[64] *Bydlinski*, JBl 1959, 10 ff.; zustimmend *Rummel*, Ersatzansprüche bei summierten Immissionen (1969) 24 f.

liegt. So einleuchtend diese Kombination von Verursachungsstärke und Verschuldensschwere ist, so sehr fragt es sich, woher denn nun mit einem mal die Abschwächung der Kausalität kommt, die auch Bydlinski sonst durchaus als fixe Größe sieht. Mit Recht meint Koziol: „Das Prinzip der conditio sine qua non ist damit eindeutig verlassen[65]." Seiner Meinung nach ist die Haftung der beiden möglichen Täter „nichts anderes als eine Haftung bei alternativer Kausalität". Dieser Satz ist freilich tautologisch: Gehaftet wird bei alternativer Kausalität, weil alternative Kausalität vorliegt.

3. Die Schwierigkeiten mit der Adäquanz

Dieselben Schwierigkeiten wirft aber auch die Adäquanztheorie auf. Als Verursachungslehre hängt sie, wie Bydlinski gezeigt hat, im luftleeren Raum: Sie ist ja gerade dazu bestimmt, den Haftungsrahmen der conditio sine qua non einzuengen[66].

Die Lehre hat die Adäquanztheorie daraufhin zur „normativen Zurechnungslehre" erklärt. Larenz führt sie auf die Idee der „Selbstbestimmung" des Handelnden zurück. Zu entfernte Schäden würden den Verantwortungsgedanken widersprechen[67]. Noch deutlicher stellt Bydlinski den Zusammenhang mit dem Präventionsgedanken her: Kann selbst objektiv mit den einzelnen Folgen einer Handlung nicht mehr gerechnet werden, so vermag die Haftung auch nicht mehr motivierend auf das Verhalten des Schädigers einzuwirken[68].

Auf diese Weise bekam die Adäquanztheorie zunächst einmal Schwierigkeiten mit der Gefährdungshaftung. Heinrich Lange und Larenz wiesen darauf hin, daß sie dort, wo der Vorwurf eines verbotswidrigen Verhaltens fehlt, keinen Anwendungsbereich habe[69]. Koziol meint dagegen, daß die Beschränkung auf typische Gefährlichkeit auch bei der Gefährdungshaftung sinnvoll sei[70]. Dem wird man im Ergebnis sicher beipflichten können, nur läßt sich nicht aus der Welt schaffen, daß die vollkommen herrschende Lehre und mit ihr auch Koziol erstens dem Präventionsgedanken nur eine sehr eingeschränkte Rolle beimißt[71] und daß

[65] *Koziol*, Haftpflichtrecht I 49.

[66] *Bydlinski*, Zum gegenwärtigen Stand der Kausalitätstheorie im Schadensrecht, JBl 1958, 2.

[67] *Larenz*, Schuldrecht I 354.

[68] *Bydlinski*, Schadensverursachung, 60.

[69] *Heinrich Lange*, Gutachten für den 43. DJT, I Gutachten, 11; *Larenz*, Verhandlungen des 43. DJT II (1962) C 50: „Während bei der Gefährdungshaftung ein anderes Prinzip anzuwenden ist."

[70] *Koziol*, Haftpflichtrecht I 108.

[71] Vgl. *Koziol*, Haftpflichtrecht, 3: „Die primäre Funktion des Haftpflichtrechtes liegt in der Verwirklichung dieses Ausgleichsgedankens"; ebenso: *Mertens*, Vermögensschaden, 95 ff.

zweitens die Entwicklung der Gefährdungshaftung eindeutig in die Richtung einer Haftung gerade für untypische Folgen geht. So ist etwa Koziol selber bereit, über die Beseitigung der Einschränkung des „unabwendbaren Ereignisses“ im Zusammenhang mit dem EKHG zu diskutieren[72]. Das heißt aber soviel, daß nach EKHG künftig auch für untypische Betriebsgefahren gehaftet werden soll[73]. Nimmt man aber vor allem die Fälle der sogenannten Produzentenhaftung, so geht es dort ersichtlich um ganz unwahrscheinliche Konstellationen. Man denke etwa an den schon erwähnten Hühnerpestfall des BGH[74]. Oder man denke daran, daß ein einziges Fahrrad aus einer langen Serie einen Fehler aufweist. Das sind aber die üblichen Haftungsfälle in der Produzentenhaftung[75].

Aber auch der Schadenersatz im Impfschadenfall[76] oder in zahlreichen Bestimmungen des ABGB, die erkenntlich ohne Rücksicht auf typische Gefährlichkeit Vergütung gewähren (§ 1311, 460, 965, 979) zeigen, daß die Grenze des Typischen längst überschritten ist.

Aus diesem Grund nimmt der deutsche BGH ja auch einen „optimalen“ Beobachter als Maßstab, von dem Larenz treffend bemerkt, daß ihm „so gut wie nichts verborgen“ bleibt[77]. Derselben Ansicht ist aber auch im Grunde der österreichische OGH. Koziol selbst zitiert etwa jene Entscheidung, wonach der leicht fahrlässige Verletzer, der einen Beinbruch beim Beschädigten zu verantworten hat, auch für die weiteren Verletzungen einstehen muß, die nach geraumer Zeit wegen der Einschränkung der Bewegungsfreiheit des Verletzten entstehen[78].

Das heißt, sogar im Rahmen der sogenannten Verschuldenshaftung wird die Grenze bis an den Rand der jeweils möglichen Erfahrung ausgedehnt[79]. Damit erscheint die Beurteilung der Folgen nach der Adäquanztheorie tatsächlich als „Spiel des Allwissenden, der eines seiner vielen Augen zudrückt, um nicht alles, was geschehen wird, sehen zu

---

[72] *Koziol*, ZfRV 1970, 23.

[73] Dazu ausführlich noch unten.

[74] BGHZ 51, 91 (Anm. 69).

[75] Weitere Beispiele bei *Esser*, Schuldrecht II 419, *Canaris*, JZ 1968, 494 und vor allem *Lorenz*, Die Haftung des Warenherstellers (1966) 47 und *Simitis*, Grundfragen der Produzentenhaftung (1965) 63 ff., sowie derselbe, Gutachten zum 47. DJT (1968) C 35 ff.

[76] BGHZ 18, 286.

[77] *Larenz*, Schuldrecht I 354.

[78] *Koziol*, Haftpflichtrecht I 112.

[79] Vgl. etwa den bekannten englischen Fall Smith v. Leech Brain & Co Ltd (1962) 2. Q. B. 405, auszugsw. bei *Weir*, A Casebook on Tort (1974) 169; dazu *Lüer*, Begrenzung, 70: Hier war einem Arbeitnehmer ein Tropfen Schmelzmasse auf die Lippen gespritzt, was nach drei Jahren eine Krebsdisposition des Arbeiters zum Ausbruch brachte. Der Court of Appeal ließ den Arbeitgeber wegen „mangelhafter Abdeckung“ des Schmelztiegels haften.

müssen" (Wilburg)[80]. Mit einem Wort: die Adäquanztheorie ist als Verursachungslehre vollkommen unerklärlich und als „normative Zurechnungslehre" nicht nur theoretisch begründungsbedürftig (woher kommt die Abweichung von der conditio sine qua non?), sondern auch praktisch fragwürdig, da sie ihre Aufgabe, wie schon gesagt, normativ-wertend nicht mehr wahrnimmt: Ersetzt wird praktisch der eingetretene Schaden.

4. Die Schwierigkeiten bei der Theorie des Rechtswidrigkeitszusammenhangs

Eben wegen dieser zahlreichen Probleme der Adäquanztheorie hat Ehrenzweig schon vor etlichen Jahren vorgeschlagen, die Haftungsbegrenzung nicht nach dieser, sondern nach dem Zweck der verletzten Norm vorzunehmen[81]. Als Beweis für die Leistungsfähigkeit seiner Theorie nennt er das Beispiel des Holzfällers, der gegen die Forstrechtsgesetze einen Baum schlägt. Dabei verletzt er einen Waldbesucher. Ehrenzweig meint, daß diese Verletzung zwar adäquat sei aber nicht rechtswidrig, weil die Rechtswidrigkeit als relativer Begriff nur zwischen der Handlung des Schädigers und der Verletzung selbst geprüft werden dürfe, und sich nicht schon aus der bloßen Forstrechtswidrigkeit ergebe.

Ähnliche Beispiele werden auch beim Fahren ohne Führerschein aber ohne Fahrfehler genannt[82].

Schwieriger werden die Fragen nach der Grenze aber bereits, sobald diese Normen, deren Zweck zu überprüfen ist, sehr allgemein und abstrakt geraten. Das gibt auch Welser zu, der im übrigen der Theorie des Rechtswidrigkeits-Zusammenhanges anhängt. Er meint zum Beispiel, daß Straßenverkehrsvorschriften „eher zufällige Abhilfe" und keine „absolut zwingende Grenze" bieten würden[83]. Tatsächlich lautet die Frage: Was bezwecken sie eigentlich? Alle nur denkbaren Sach- und Personenschäden zu verhindern — so der OGH im JBl 1965, 518 — oder nur die Schäden des „unmittelbar Geschädigten" zu ersetzen? Oder wenigstens jene „mittelbar Geschädigten" zu versorgen, für die der unmittelbar Geschädigte unterhaltspflichtig ist (SZ 35/32)?. Die Praxis zeigt, daß in den einzelnen Fällen fast jede denkbare Auslegung der Straßenverkehrsvorschriften vorgenommen wurde.

Mit Recht weist Larenz schließlich darauf hin, daß die Schutzzweck-Theorie dort generell versage, wo sich das Gesetz mit der Normierung absolut geschützter Rechtsgüter begnügt.

---

[80] *Wilburg*, Referat am 43. DJT, Verhandlungen (1962) C 6.

[81] *Ehrenzweig*, System, II/1, 47 f.

[82] *Welser*, ÖJZ 1975, 4 ff.

[83] *Welser*, ÖJZ 1975, 37 f.

„Es ist dem Gesetz auch nicht andeutungsweise zu entnehmen, daß die körperliche Unversehrtheit, die Gesundheit, das Eigentum ... nur insoweit geschützt sein sollten, als aus ihrer Verletzung dem Geschädigten ganz bestimmt geartete Schäden erwachsen[84]."

Es sieht also so aus, als würde die Theorie des Rechtswidrigkeits-Zusammenhangs dort zu brauchbaren Ergebnissen führen, wo die verletzten Normen so konkret sind, daß ohnehin kein Zweifel existiert. Fehlen derartig konkrete Normen, dann fehlt auch die Erklärungskraft der Schutzzwecklehre.

5. *Die Schwierigkeiten mit der „Vorteilsausgleichung"*

Erhebliche Probleme entstehen nach herrschender Ansicht dann, wenn mit dem Schaden Vorteile für den Geschädigten verbunden sind. „Ebenso wie die ... Differenzmethode die Berücksichtigung von nachteiligen Reserveursachen verlangt", meint Eike Schmidt, „drängt sie dazu, aus dem Verletzungsereignis resultierende Vermögensnachteile in die Schadensberechnung einzubeziehen[85]." Wenn also ein unter Denkmalschutz stehendes Gebäude abbrennt und das dazugehörende Grundstück durch die Löschung des Gebäudes aus der Denkmalliste an Wert gewinnt, so braucht der Schädiger nach Thiele nichts mehr zu ersetzen[86].

In den meisten Fällen geht es freilich um Gehaltsforderungen, Unterhaltsleistungen, Versicherungsleistungen, zusätzliche Einkünfte und dergleichen mehr. Also hätte sich nach der Theorie der Differenzhypothese derjenige, der so schwer verletzt wurde, daß er seinen Posten aufgeben muß, die Abfertigung anrechnen zu lassen, die er vom Arbeitgeber bekommt; so wie sich das Kind des Getöteten die Waisenrente, der arme Schlucker die Spenden warmherziger Mitmenschen, Blinde die Blindenbeihilfe usw. anrechnen lassen müßten.

Tatsächlich entscheiden die österreichische Lehre und Rechtsprechung in solchen Fällen genau entgegengesetzt. Niemand braucht sich hier etwas anrechnen zu lassen[87]. Aber die Praxis ist keineswegs einheitlich. So muß der Geschädigte nach Ansicht des OGH das Krankengeld, die Unfallversicherungsrente und die staatlichen Pensionen durchaus anrechnen lassen[88]. Wieso das so ist, läßt sich schwer erklären.

---

[84] *Larenz*, Schuldrecht I 360.

[85] *Eike Schmidt*, Grundlagen, 598.

[86] *Thiele*, Gedanken zur Vorteilsausgleichung, AcP 167 (1967) 207.

[87] *Koziol*, Haftpflichtrecht I 160 ff. OGH JBl 1967, 484; SZ 33/140 (Abfertigung); ZVR 1967/161 (freiwillige Spenden); ZVR 1961/169 (Arbeitslosenentgelt); SZ 42/161; ZVR 1966/124 (Witwen- und Waisenrente, Blindenbeihilfe) JBl 1971, 310 (Notstandsbeihilfe).

[88] SZ 33/101 (Krankengeld); ZVR 1967/234 (Unfallsrente); SZ 26/123 (staatliche Pension): weitere Fälle: Kollektivvertragliche Zuschußrenten ZVR 1961/

Währen die Lehre für die Nichtanrechnung auf den „Zweck der Drittbestimmung“ hinweist[89], will der OGH selbst meist nur verhindern, daß der Schädiger „bereichert“ würde[90]. Beide Erklärungen führen nicht zum Ziel. Denn einerlei, ob man auf das Bereicherungsverbot oder den Zweck der Zuwendung abstellt, bleibt unerklärlich, warum ein Krankengeld aus den Fonds der Ärztekammer nicht angerechnet wird[91], wohl hingegen eines aus dem allgemeinen Sozialversicherungsgesetz[92]. Noch unerklärlicher ist etwa jene Entscheidung, die zwar das Arbeitslosenentgelt nicht anrechnet, wohl hingegen die Notstandshilfe[93]. Koziol weiß denn auch keine andere Erklärung als die Feststellung, daß das Bild der Rechtsprechung „recht unterschiedlich“ sei[94].

Nicht viel besser ist die Lage im Bereich des BGB. Da man dort unter der unmittelbar herrschenden Differenzhypothese noch viel eher alle Vorteile anrechnen müßte, bedarf es besonderer Kunststücke, um unpassende Ergebnisse zu vermeiden. Hier wird daher seit der Ablehnung der Adäquanzformel[95] für die Beschränkung der Vorteilsausgleichung nach einem „unlösbaren inneren Zusammenhang“ geforscht (Thiele)[96] oder danach, ob Schaden und Vorteil „so nahe beieinander liegen, daß man nach der Lebensauffassung von einem einheitlichen Vorgang sprechen kann“[97]. Im übrigen bildet man einfach apodiktische Fallgruppen, in denen angerechnet, nicht angerechnet, oder über eine Legalzession abgewälzt wird[98]. Eine durchgehende Erklärung kann dazu ebensowenig gefunden werden wie überzeugende Ergebnisse: Warum Leistungen eines Dritten, kraft eines mit dem Geschädigten „geschlossenen Vertrages“ nicht anzurechnen sind, wohl aber solche kraft eines „Versicherungsvertrages“, ist bereits schwer einzusehen[99]. Noch undurchsichtiger ist die Unterscheidung Eike Schmidts. Seiner Meinung nach werden

175; beim Entgeltfortzahlungsanspruch vor dem EFZG 1974 BGBl 1974/399 — ZVR 1962/15; JBl 1959/319.

[89] *Wilburg*, JherJB 82, 76 ff.; *Koziol*, Haftpflichtrecht I 158 f. *Schuhmacher*, Schadenersatz und soziale Sicherheit, ÖJZ 1976, 478. *Deutsch*, Haftungsrecht I (1976) 456 m. w. N.

[90] SZ 33/140.

[91] SZ 28/46.

[92] EvBl 1959/204.

[93] JBl 1971, 310.

[94] *Koziol*, Haftpflichtrecht I 160. Einen Überblick gibt nun auch *Schuhmacher*, ÖJZ 1976, 477.

[95] *Cantzler*, Die Vorteilsausgleichung beim Schadensersatzanspruch, AcP 156, 29 (36 ff.). Zustimmend *Larenz*, Schuldrecht I 363; *Esser*, Schuldrecht I 340.

[96] *Thiele*, AcP 167, 201.

[97] *Larenz*, Schuldrecht I[10] 364.

[98] So ohne jede weitere Erklärung, *Larenz*, Schuldrecht I[11] 419; *Esser*, Schuldrecht I 343 f.

[99] BGHZ 49, 561 *Larenz*, Schuldrecht I 419 f.

Vorteile, die ohne „menschliches Zutun" eintreffen, angerechnet: Also zum Beispiel die Wertsteigerung des Gebäudes im Fall des abgebrannten Denkmals. Ebenso merkwürdigerweise eine Lebensversicherung als Sparversicherung[100]. Nicht hingegen eine normale Lebensversicherung. Wie das vom grundsätzlichen Standpunkt Schmidts aus zu begründen ist, bleibt dunkel.

Esser hält die Adäquanzformel ebenso für unhaltbar wie die Abwägung nach dem „Sinn und Zweck" und dem „unlösbaren inneren Zusammenhang" Thieles[101]. Seiner Meinung nach kommt es auf die Zweckbestimmung an, die der jeweils Leistende seiner Leistung objektiv gegeben hat: Damit wird aber die Anrechnung vollkommen beliebig, weil nur noch vom Willen des Dritten abhängig. Also bleibt Esser letztlich auch nur die resignierende Aussage, daß man „nach formalen Gesichtspunkten" nicht weiter kommt, sondert eine „Wertung" braucht[102]. Die Frage ist nur, woher man diese Wertung nehmen soll, nachdem man sie grundsätzlich mit Hilfe der wertfreien Differenzhypothese aus dem Schadenersatzrecht verbannt hat?

---

[100] *Eike Schmidt*, Grundlagen, 603.

[101] *Esser*, Schuldrecht I 342 f.

[102] *Esser*, Schuldrecht I 339; zu diesem Wertproblem, *Diederichsen*, Argumentationsstrukturen in der Rechtsprechung zum Schadenersatzrecht, in FS-Klingmüller (1974) 65 (66).

C. Systemverlust und die Folgen

I. Gegenläufige Tendenzen: Ersatz ohne Schaden und Schaden ohne Ersatz

Im ersten Fall handelt es sich um sehr „moderne“ Fragen, jedenfalls, was die Begriffsbildung anlangt. Stichworte sind hier „merkantiler Minderwert“, „Ersatz von Gebrauchsvorteilen“, „Frustrierungsschäden“ und „Vorsorgekosten“. Allen diesen Fällen ist gemeinsam, daß Ersatz für Schäden gewährt wird, die nach herrschender Vorstellung überhaupt nicht existieren.

1. Merkantiler Minderwert

So wird der merkantile Minderwert nach ständiger Rechtsprechung in Österreich und Deutschland ohne Rücksicht darauf vergütet, ob das Fahrzeug tatsächlich verkauft wird, die vermutete Minderung also auch praktisch eintritt[1]. Diese Rechtsprechung korrespondiert mit der allgemeinen Ansicht, daß der Geschädigte mit seinem Ersatz machen könne, was er wolle. So sagt Zeuner: Wie sich der Verletzte zu den zunächst eingetretenen Wertverlusten stellt ..., wird grundsätzlich als Sache des Verletzten angesehen[2].“ Im Grunde wird damit die Differenzhypothese natürlich verlassen[3]. Denn die Auswirkung auf das Vermögen des Geschädigten könnte nach dieser Hypothese natürlich erst nach dem Verkauf festgestellt werden.

2. Frustrierungsschäden und Vorhaltekosten

Frustrierungsschäden und Vorhaltekosten wiederum unterscheiden sich nur in ihrer Auswirkung: In beiden Fällen werden vor dem Schadensereignis Aufwendungen gemacht. Im Frustrierungsfall werden diese Aufwendungen durch das Schadensereignis nutzlos: Man hat zum Beispiel für eine Seereise große Toiletten eingekauft, der Schiffskoffer

---

[1] OGH JBl 1971, 364; *Waldherr*, Merkantiler Minderwert und Abzug „alt für neu“, ZVR 1961, 217; *Koziol*, Haftpflichtrecht I 167 ff.; BGHZ 35, 396, dazu *Baur*, Einige Bemerkungen zum Stand des Schadensausgleichsrecht, in: Funktionswandel der Privatrechtsinstitutionen, FS-*Ludwig Raiser* (1974), 122; *Zeuner*, Gedanken zum Schadensproblem, in GedS-*Dietz* (1973) 100.

[2] *Zeuner* in GedS-*Dietz*, 107; ebenso *Grunsky*, Aktuelle Probleme zum Begriff des Vermögensschadens (1968) 21; a. M. *Keuk*, Vermögensschaden, 220 f.

[3] So auch *Baur* in FS-Raiser 129 f.; *Koziol*, Haftpflichtrecht I 169.

bleibt aber durch ein Versehen an Land[4]. Dasselbe gilt nunmehr auch für frustrierte Urlaubsbuchungen: Der Flug nach Teneriffa fällt wegen eines Unfalls aus[5]. Aber auch frustrierte Theaterkarten, Tennisausrüstungen und dergleichen gehören in diese Fallgruppe[6].

Anders bei den Vorhaltekosten. Hier hat zum Beispiel eine Straßenbahngesellschaft vorsorglich für den Fall Reservefahrzeuge angeschafft, daß eine aktive Straßenbahn, aus welchen Gründen auch immer, ausfällt. Der OGH hat nunmehr in einem solchen Fall entschieden, daß der Schädiger die Vorsorgekosten ersetzen müsse[7]. Diese Entscheidung entspricht auch der deutschen Rechtsprechung[8]. Der Differenzhypothese entspricht sie nicht. Eike Schmidt betont mit Recht, daß sich alle diese Ergebnisse „mit dem geltenden Schadensrecht ... nicht vereinbaren (lassen)“[9].

Hingegen hält er den Ersatz für frustrierte Aufwendungen für richtig. Dies obgleich er zugeben muß, daß „die Vermögensbilanzen des Betroffenen vor und nach dem Verletzungsereignis einander gleichgeblieben“ sind[10]. Er stützt sich bei seiner Befürwortung des Ersatzes auf eine differenzierende Lösung von Larenz und Mertens. Danach können die „normalen“ Kosten für den Lebensaufwand nicht erstattet werden, wohl hingegen die besonderen zusätzlichen Mittel für besondere Ziele[11].

Baur empfindet wohl richtig, wenn er diese Differenzierung als verkehrte Adäquanzregel sieht[12]. Ersetzt wird nicht das Erwartete, sondern ausdrücklich das Außergewöhnliche. Daß damit den „uferlosen“ Schäden Tür und Tor geöffnet wird, ist ebenso deutlich, wie das Fehlen jeder Erklärung: Wenn die Differenzhypothese einen aktuell zugefügten Schaden verlangt, der in all diesen Fällen erweislich fehlt[13], wieso dürfen

---

[4] Schiffsreisefall: BGH NJW 1956, 1234.

[5] Für die „Kommerzialisierung“ des Urlaubs: BGH NJW 1970, 474; OLG Saarbrücken DAR 1965, 299; neuerdings: BGHZ 63, 98. In der Literatur vor allem für die Kommerzialisierung des Urlaubs, *Grunsky*, JZ 1973, 425; dagegen *Baur* in FS-Raiser, 136.

[6] Deutlich *Stoll*, Begriff und Grenzen des Vermögensschadens (1973): „Von einem Vermögensschaden im Sinne der Differenzlehre kann auch hier nicht die Rede sein.“

[7] JBl 1973, 476.

[8] BGH NJW 1960, 1339; NJW 1961, 729.

[9] *Eike Schmidt*, Grundlagen, 588.

[10] Ebenda, 572.

[11] *Larenz*, Nutzlos gewordene Aufwendungen als erstattungsfähige Schäden, in: Revolution der Technik — Evolution des Rechts, FS-Oftinger (1969) 163; *Mertens*, Vermögensschaden, 160.

[12] *Baur*, in FS-Raiser, 135.

[13] So auch *Koziol*, Haftpflichtrecht I 170 f.

dann ausgerechnet auch noch außergewöhnliche Aufwendungen liquidiert werden[14]?

3. *Entgangene Gebrauchsvorteile*

Ganz ähnlich ist schließlich die Situation bei den berüchtigten Vergütungen für „entgangene Gebrauchsvorteile". Gemeint sind stets Gebrauchsvorteile eines Kraftfahrzeuges, zum Beispiel im Falle seiner unfallbedingten Reparatur. Der österreichische OGH hat sich entschlossen, diesen Entgang jedenfalls dann zu ersetzen, wenn ein Ersatzfahrzeug tatsächlich gemietet wurde[15]. Das ist im Vergleich zur Rechtsprechung des deutschen BGH eine deutliche Einschränkung. Dort werden derartige Nutzenausfälle auch ohne nachgewiesene Kosten ersetzt (sogenannte „fiktive Mietwagenkosten")[16].

Die Frage ist zunächst, wie sinnvoll der österreichische Standpunkt für den Fall ist, daß sich jemand ein Ersatzfahrzeug nur deshalb nicht mieten kann, weil es in seinem Bereich keines gibt: Hier ist der Geschädigte offenbar doppelt schlecht daran[17].

Zum zweiten wird man aber mit Koziol und Bydlinski überhaupt die Frage stellen, was hier für ein Schaden eigentlich vorliegt[18]? Kann man denn ohne spezielle Vereinbarung (Miete) überhaupt den Gebrauch einer Sache von der Substanz trennen[19]? Diese Frage scheint um so berechtigter, als die deutsche und österreichische Rechtsprechung derartige Gebrauchsvorteile überhaupt nur im Zusammenhang mit Automobilen ersetzt. Werden Bilder, Bücher, Skulpturen und dergleichen entzogen, so gewährt man keinen Ersatz[20].

---

[14] *Baur*, in FS-Raiser, 137: Die Differenzierung von *Larenz* und *Mertens* ließen eine „Orientierung am Begriff des Vermögensschadens ... vermissen".

[15] JBl 1969, 334.

[16] BGHZ 40, 345; BGHZ 45, 212 ff.; BGH MDR 1970, 578.

[17] Das übersieht wohl auch *Mayer-Maly*, Schadenersatz für Gebrauchsentbehrung? ZVR 1967, 281 (286); im übrigen dürfte der harmlose Gedanke des „Naturalersatzes" als eine Grundlage der Ablehnung des Gebrauch-Nutzens wohl überfordert sein. Besser wäre hier eine offene Ablehnung aus Gründen der Bewertung. Vgl. dazu auch *Raber*, Gebrauchsentzug und gemeiner Wert, in FS-Hämmerle (1974) 269.

[18] *Koziol*, Haftpflichtrecht I 36 f.; *Bydlinski*, Der unbekannte objektive Schaden, JBl 1966 439 (440).

[19] Gemeint ist freilich nicht die konstruktive Frage, sondern die Frage nach der Bewertung: Ist es sinnvoll, eine solche „Verselbständigung" ausgerechnet beim Auto hinzunehmen? Schroff ablehnend auch *Diederichsen* in FS-Klingmüller, 73: „Der Kommerzialisierungsgedanke ist hier gesetzwidrig."

[20] Vgl. *Esser*, Schuldrecht I 289 f. Ob man über den Umweg „vermehrter materieller Bedürfnisse" (*Zeuner*, AcP 163 [1964], 380 ff.) auch hier zu einem Ersatz gelangen könnte, ist eine andere Frage; vgl. auch *Koziol*, Haftpflichtrecht I 174 f., OGH ZBl 1927/284.

4. *Immaterieller Schaden*

Während man also auf der einen Seite immer grozügiger mit Ersatzleistungen wird, wozu dann vor allem noch die gießkannenartige Verteilung des Schmerzensgeldes ohne Rücksicht auf die Schwere des Eingriffs kommt[21], ist man auf der anderen Seite merkwürdig engherzig. Neben den schon erwähnten Fällen der entzogenen Bilder und Bücher sind vor allem die Fälle der Denunziation und Verleumdung berühmt geworden.

So hat der OGH in zwei Fällen, da jemand durch Verleumdung grundlos ins Zuchthaus bzw. Untersuchungshaft kam, jeden Schadenersatz verweigert[22].

Aus Frankreich berichtet Thirrion ähnlich seltsame Widersprüche. So bekommt die Konkubine bei Tötung ihres Lebensgefährten nicht einmal den erweislichen Schaden vergütet, geschweige denn einen immateriellen Schadenersatz. Hingegen kann der Eigentümer eines Pferdes bei dessen Tötung neben dem erlittenen Schaden auch eine Vergütung für seinen Kummer über den Tod des Pferdes beanspruchen[23].

5. *Benachteiligte Personengruppen: Hausfrauen, Kinder, Rentner und kleine Unternehmer*

Große Schwierigkeiten hatten bis vor kurzem auch noch alle jene Personen, die unentgeltlich oder nicht gegen volles Entgelt arbeiten und dabei verletzt werden[24]. Das galt vor allem für Hausfrauen, und im Betrieb mitarbeitende Verwandte. Da man bei ihnen keinen Schaden entdecken konnte blieben sie häufig ohne Ersatz[25].

Dasselbe gilt für Kinder und Rentner: Sie können, wie Grunsky gezeigt hat, im Gegensatz zu erwachsenen Arbeitnehmern keinen Schadenersatz wegen „frustrierter Freizeit" beanspruchen[26]. Dies obgleich Gruns-

---

[21] Dagegen mit Recht *Steininger* in FS-Wilburg (1965), 202.

[22] JBl 1952, 465; JBl 1962, 161; Dagegen *Strasser,* Der immaterielle Schaden im österreichischen Recht (1964) 33 ff. und *Bydlinski,* Der ideelle Schaden als sachliches und methodisches Problem, JBl 1965, 179 ff. Nunmehr hat der OGH in JBl 1975, 645 aufgrund des Art. 5 Abs. 5 der Menschenrechtskonvention den Ersatz immateriellen Schadens bei rechtswidriger Festnahme anerkannt. Ob diesem „ersten Schritt" — so Strasser in seiner Urteilsanmerkung JBl 1975, 645 ff. — weitere folgen werden, bleibt abzuwarten. Die Begründung des OGH weckt Skepsis: Er fühlt sich durch die positivrechtlichen Bestimmungen der MRK offenbar weit mehr beeindruckt, als durch eigene Überzeugung.

[23] *Thirrion,* Diskussionsbeitrag, Haftpflicht-Colloquium, 188.

[24] Übersicht bei *Zeuner,* in GedS-Dietz, 102 ff.; kritisch *Baur,* in FS-Raiser, 127 ff.; BGHZ 54, 45. *Fenzl,* Der Anspruch des Ehemannes aus einem Unfall der Ehefrau auf Schadenersatz wegen entgangener Mithilfe, ÖJZ 1961, 7 ff.

[25] *Welser,* ÖJZ 1975, 38 ff.

[26] *Grunsky,* Aktuelle Probleme, 78.

ky den Grund für die Vergütung frustrierter Freizeit oder Urlaubszeit vor allem in der eingeschränkten Dispositionsfähigkeit sieht — was im übrigen wieder im Vergleich zur Differenzhypothese eine durchaus erklärungsbedürftige Erklärung zu sein scheint[27]. Wenn man sie schon akzeptiert, so fragt es sich, mit welcher Begründung man erwachsenen Arbeitnehmern dieselben Dispositionseinschränkungen vergütet, die man Kindern und Rentnern verweigert?

Nicht viel besser geht es manchen Unternehmern. Nach der Rechtsprechung des OGH werden sie häufig dazu verhalten, den Verdienstentgang eines Arbeitnehmers zu bezahlen, der von einem Dritten verletzt wurde, ohne gegen diesen Dritten vorgehen zu können[28]. Die Rechtsprechung erklärt sie nämlich zu „mittelbaren Geschädigten". Das trifft natürlich kleine Unternehmer besonders schwer.

Das Entgeltfortzahlungsgesetz 1974 hilft nun zwar in einigen Fällen (z. B. bei Arbeitern), aber selbst dort um den Preis innerer Widersprüche und zusätzlicher Probleme, auf die wir zum Teil schon aufmerksam gemacht haben[29].

Aber auch sonst ist die Lage des „Dritten" denkbar ungünstig. Wenn eine Mutter angesichts ihres Kindes, das soeben überfahren wurde, einen Nervenschock erleidet, bleibt sie ohne Vergütung[30]. Das ist um so seltsamer, als man die Begründung für die Ablehnung eines Anspruchs auf den Schutz vor „Uferlosigkeit" stützt: Wer also jemanden verletzt, der soeben hohe Aufwendungen für Schiffsreisen, Jagdausflüge, Urlaubsgenüsse und dergleichen getätigt hat, der bekommt das alles ersetzt, weil es so außergewöhnlich ist. Hingegen bleibt der im Vergleich dazu durchaus gewöhnliche Nervenschock einer Mutter ohne jede Vergütung.

6. Spiegelbild des herrschenden Materialismus

Wollte man nach all diesen Fällen einen Katalog von Gütern in der Reihenfolge ihrer Schutzwürdigkeit aufstellen, so kann man jedem Schä-

---

[27] *Grunsky*, Aktuelle Probleme, 44. Dasselbe muß man gegen *Mertens* einwenden, der die Idee der Dispositionsschäden besonders stark in den Vordergrund stellt: *Mertens*, Vermögensschaden, 165 ff.

[28] JBl 1959, 319; ZVR 1960/126; u. a. Dazu *Steininger*, Schadenersatz bei Lohnfortzahlung, JBl 1959, 469 ff.; *Kramer*, Schadenersatz bei Lohnfortzahlung, ZS 1979, 207 ff.

[29] Vgl. auch *Schuhmacher*, Schadensersatz und soziale Sicherheit, ÖJZ 1976, 477; *Krejci*, Haftpflicht- und Regreßprobleme des neuen Entgeltfortzahlungsrechts, VersRdSch 1974, 192.

[30] ZVR 1958/144; ZVR 1972/27. Dazu mit Nachweisen aus der deutschen Rechtsprechung, *Selb*, Ein Problem der „mittelbaren Schädigung" im deutschen und österreichischen bürgerlichen Recht, in: Rechtsvergleichung und Rechtsvereinheitlichung, FS-50jähr. Bestehen des Instituts für ausländisches und internationales Privat- und Wirtschaftsrecht Heidelberg (1967) 261 ff.

diger nur raten, sich lieber Kinder als Erwachsene; lieber Mütter, Hausfrauen und Rentner als Erwerbstätige; lieber kleine Gewerbetreibende als Großbetriebe; lieber Bilder und Kunstgegenstände als sonstige Sachen für eine Beschädigung auszusuchen. Ja vor allem vor dem Auto ist dringend zu warnen: Dieses genießt heute in der Wertschätzung der Gerichte und Dogmatik offensichtlich den allerersten Rang: Angefangen vom Metalisée-Lack, der jedenfalls zu vergüten ist, bis hin zum Mietwagen während der Reparatur gibt es kaum was am Automobil, das sich einer Ersatzleistung entziehen könnte[31].

II. Neue Wucherungen außerhalb des Systems: Eingriffshaftung, Aufopferung, soziale Entschädigung

1. *Haftung ohne Verschulden*

Der Wunsch, Schäden möglichst immer und überall zu ersetzen, war, wie wir sahen, der Vater ganzer neuer „Systeme". Da die Verschuldenshaftung vielfach nicht mehr ausreichte, wurde auch bei bloßer Gefährdung Schadenersatz gewährt. Wobei die Entwicklung von den voraussehbaren Gefährdungen bis hin zu ganz unwahrscheinlichen Schadensfolgen — etwa im Rahmen der sog. Produzentenhaftung — gegangen ist. Schließlich trat auch noch ein System der sozialen Vorsorge und Versicherung neben die beiden Haftungsordnungen.

Aber selbst diese Zellteilung des Haftungsrechts reichte nicht aus, um alle erwünschten und praktizierten Vergütungen auch theoretisch zu erfassen. So besteht schon seit altersher ein Bedürfnis nach Ersatz bei bestimmten schuldlosen Handlungen, wie z. B. von Unmündigen, Geisteskranken oder im Notstand handelnden Personen[32]. Ähnliches gilt für Wildschäden, gewisse Immissionen und nachbarrechtliche Ansprüche, Eingriffshaftungen von Infrastrukturträgern, wie z. B. die Post nach dem Telegrafenwegegesetz, den E-Gesellschaften für Leitungsschäden, den Eisenbahnen und Wasserrechtsträgern[33].

Manche zählen auch noch die Enteignung dazu[34], weiters nachbarrechtliche Verfolgungs- und Wegschaffungsrechte, sowie Überbau- und Notwegeregeln[35]. Allen diesen Fällen ist gemeinsam, daß ein Bedürfnis nach Haftung besteht, ohne daß die herkömmlichen Gründe der Verschuldens-

[31] Mit Recht spricht *Diederichsen* in FS-Klingmüller von einer „Kraftfahrzeugideologie" der Gerichte.

[32] Vgl. *Bienenfeld,* Die Haftung ohne Verschulden (1933); *Koziol,* Haftpflichtrecht II (1975), 235; *Deutsch,* Haftungsrecht I (1976) 389.

[33] Vgl. in Anm. 32.

[34] *Koziol* betont die Verwandtschaft, Haftpflichtrecht II (1975), 243; vgl. auch *Rummel,* Erfolgshaftung im Nachbarrecht?. JBl 1967, 122.

[35] So *Deutsch,* Haftungsrecht I (1976), 389.

und Gefährdungshaftung zur Erklärung ausreichen. Die Lehre versucht daher bisweilen, diese Ansprüche unter dem Sammelbegriff einer „Haftung ohne Verschulden“ zu archivieren[36].

2. *Die neuen Tatbestände*

Neuerdings gibt es auch noch einige moderne Tatbestände. Bekannt ist die Vergütung für Impfschäden nach § 51 des deutschen Bundesseuchengesetzes und verschiedene weitere Ansprüche, die bisweilen als „unechte Unfallversicherungsleistungen“ bezeichnet werden[37]. Hierbei hat sich vor allem in Deutschland eine reiche Kasuistik entwickelt. So soll der Staat Gesundheitsschäden vergüten, die durch den Ausfall von technischen Einrichtungen wie z. B. Verkehrsampeln entstehen[38]; oder durch die Lieferung gesundheitsschädlichen Wassers[39], durch einen Rohrbruch einer gemeindlichen Wasserleitung u. a. m.[40].

Auch die „summierten Immissionen“ (Rummel)[41] als Folge multikausaler Risiken des modernen Lebens gehören hierher: Gesundheitsschäden durch Umweltverschmutzung, vergiftete Lebensmittel, Epedemien und Naturkatastrophen[42].

Interessant ist nunmehr auch, daß Opfer von Verbrechen in Österreich unter gewissen Umständen eine staatliche Entschädigung erhalten. Ist „mit Wahrscheinlichkeit“ anzunehmen, daß eine „mit einer mehr als sechsmonatigen Freiheitsstrafe bedrohte rechtswidrige und vorsätzliche Handlung eine Körperverletzung oder eine Gesundheitsschädigung“ hervorgerufen hat, so erhält das Opfer nach einem Gesetz aus 1972 einen Anspruch auf staatlichen Ersatz für Heilungskosten und Verdienstentgang bzw. auf reale Heilbehandlung[43].

In Deutschland, wo eine ähnliche Regelung in Aussicht genommen ist, wird diese Entschädigung mit der „gesteigerten Verantwortung des Staates“ gegenüber seinen Bürgern in solchen Notfällen begründet. Derselbe

---

[36] So *Koziol*, II (1975), 235.

[37] *Kötz*, Sozialer Wandel im Unfallrecht, 18.

[38] BGHZ 54, 332; dazu *Bull*, Ampelunfälle als Schicksalsschläge? DÖV 1971, 305.

[39] BGHZ 17, 191.

[40] BGHZ 55, 229.

[41] *Rummel*, Ersatzansprüche bei summierten Immissionen (1969).

[42] *Kötz*, Sozialer Wandel, 20.

[43] §§ 1 (2) und 2 des BG 9. 7. 1972 BGBl 288 über die Gewährung von Hilfeleistungen an Opfer von Verbrechen i. d. F. des BG 20. 6. 1973 BGBl 330 — Bemerkenswert ist die juristische Konstruktion der Entschädigungsleistung: sie erfolgt in Gestalt einer „Auslobung“ des Bundesministers für soziale Verwaltung an den unbestimmten Kreis der potentiellen Verbrechensopfer i. S. des § 860 ABGB.

Gedanke soll auch den sog. „Aufopferungsanspruch" stützen, unter welchem die deutsche Lehre eine Reihe von Tatbeständen subsumiert, die in Österreich als Eingriffshaftung oder „Haftung ohne Verschulden" auftreten[44].

Ganz allgemein fordert nun § 5 des deutschen Entwurfes eines Sozialgesetzbuches, daß derjenige einen Entschädigungsanspruch gegen den Staat haben soll, der einen Gesundheitsschaden erleidet, „für dessen Folge die staatliche Gemeinschaft in Abgeltung eines besonderen Opfers ... einsteht"[45].

3. *Ungeklärtes Verhältnis zu Verschulden und Gefährdung*

Abgesehen davon, daß sich der deutsche Gesetzgeber gegen die solcherart drohende „Uferlosigkeit" von Ansprüchen durch die salvatorische Klausel schützt, wonach nur in gesetzlich ausdrücklich geregelten Fällen tatsächliche Ansprüche geltend gemacht werden können (§ 2 des Entwurfes), überzeugen auch die gebotenen Begründungen nicht. Weder das „besondere Opfer" noch die „gesteigerte Verantwortung" können zunächst einmal ihren Anwendungsbereich definieren. Warum sollte daher nicht auch ein schuldloser Fehler eines Staatsorgans in jedem Fall mit einem „besonderen Opfer" bzw. mit der „gesteigerten Verantwortung" begründet und damit zur Basis für eine Haftung gemacht werden können? Das heißt, daß auf diese Weise bereits die Amtshaftung ad absurdum zu führen wäre.

Hinzu kommt, daß so unterschiedliche Tatbestände wie Notstand, Wildschäden, Immissionen, Verletzung durch Geisteskranke, soziale Entschädigungen für Verbrechensfolgen und Haftungen von Eisenbahnen schwerlich unter einen Hut zu bringen sind.

4. *„Eingriffshaftung" und „soziale Entschädigung"*

Koziol versucht daher auch, einen engeren Bereich der Eingriffshaftung (bei Notstand und § 364 a ABGB) herauszuschälen, den er mit dem Gedanken der „Inanspruchnahme fremden Rechtsgutes zu eigenem Nutzen" begründen will[46]. Nun abgesehen davon, daß das Bild einer Inan-

---

[44] *v. Hippel;* Staatliche Entschädigung für Verbrechensopfer ZRP 1971, 5; *Kötz,* Verbrechensopfer als Staatsrentner? ZRP 1972, 139. *Rüfner,* Empfiehlt es sich, die soziale Sicherheit für den Fall von Personenschäden, für welche die Allgemeinheit eine gesteigerte Verantwortung trägt, neu zu regeln? Gutachten E zum 49. DJT (1972) E 41 f. — Zum Aufopferungsanspruch und den darunter subsumierten Tatbeständen vgl. *Deutsch,* Haftungsrecht I, 389; *Kötz,* Sozialer Wandel, 17 f.

[45] BT Drucks. 7/868.

[46] *Koziol,* Haftpflichtrecht II, 235 im Anschluß an *Konzen,* Aufopferung im Zivilrecht (1969).

spruchnahme fremden Rechtsgutes selbst bei den erlaubten Immissionen des § 364 a ABGB wenig lebensnah ist — der Betrieb nimmt ja kaum das Rechtsgut „Gesundheit" seiner Nachbarn zu seinem Nutzen „in Anspruch", wenn er z. B. durch Partikelausscheidungen Staublungen erzeugt — erklärt diese Formel hier ebensowenig wie im Bereich der Gefährdungshaftung, aus dem sie „verborgt" wurde. Nimmt man den Wortlaut nämlich ernst, dann fällt z. B. jede Haftung dahin, sobald die Inanspruchnahme zu keinerlei Nutzen erfolgt.

Daß in einem solchen Falle zumindest bei § 364 a ABGB keine Genehmigung erteilt würde, bzw. eine erteilte zurückgezogen würde, ist richtig, lenkt aber den Blick gleichzeitig auf das eigentliche Argument — den Ausgleich für den versagten Unterlassungsanspruch der Nachbarn wegen eines übergeordneten Interesses[47].

Die Nähe zur Enteignung fällt auf — macht die Lösung des Problems aber nicht einfacher. Denn wann ein solcher Ausgleich zu gewähren ist und wann nicht, läßt sich aus dieser allgemeinen Formulierung nicht entnehmen. Kann z. B. ein Knopfgeschäft in der City stets eine Entschädigung wegen des Baulärms einer U-Bahn-Ausschachtung verlangen? Wenn ja: Wofür ist diese Entschädigung — für Gehörschäden oder Verdienstengang? Warum erhält ein Bundesheersoldat mit nicht erkennbarem Herzfehler keine Entschädigung, wenn er nach einer Übung schwer erkrankt[48]? Ist sein „Gesundheitsopfer" weniger wert als das „Gewinn-Opfer" des Knopffabrikanten?

Mehr Fragen als Antworten provozieren auch die „Erklärungen" für die sog. „sozialen Entschädigungen": „Wo der Staat haftungsrechtlich nicht erfaßbare oder ungenügend erfaßte Personenschäden, die aus gesellschaftlichen Spannungslagen resultieren und individuelle Not- oder Bedürfnislagen hervorrufen, durch sozialstaatlich-dezise Zuwendung an sich ausgleicht" — dort liegen nach Gitter/Schnapp soziale Entschädigungen vor[49]. Mit Recht bezweifelt Kötz, daß „diese Umschreibung einen greifbaren operationalen Wert hat"[50].

Dasselbe gilt für den Versuch, die soziale Entschädigung negativ zu definieren, d. h. durch die Forderung, das allgemeine Risiko des Lebens mit Hilfe von sozialen Entschädigungen nicht auf die Allgemeinheit ab-

---

[47] So auch *Deutsch*, Haftungsrecht I, 393; *Koziol*, Haftpflichtrecht II, 243 m. w. N.

[48] Vgl. den ähnlich gelagerten Fall einer Schülerin im staatlichen Turnunterricht, bei der der BGH eine Entschädigung ablehnte: BGHZ 46, 327. Dazu nun auch kritisch *Däubler*, in: Eigentum und Recht, Die Entwicklung des Eigentumsbegriffs im Kapitalismus, 156.

[49] *Gitter/Schnapp*, Erhöhte Verantwortung der Allgemeinheit für Personenschäden als Problem sozialer Sicherung, JZ 1972, 474, 478.

[50] *Kötz*, Sozialer Wandel, 19 Anm. 24.

zuwälzen[51]. Auch hier fragt es sich gerade, wo denn diese ominöse Grenze zwischen dem allgemeinen Lebensrisiko und dem entschädigungsfähigen liegt.

5. *„Dogmatischer Pluralismus"?*

Zusammenfassend läßt sich daher feststellen, daß es heute in der Praxis zahlreiche Vergütungsarten gibt, die eigentlich nur eines gemeinsam haben: Ihr ungeklärtes Verhältnis zu den traditionellen Formen der Verschuldens- und Gefährdungshaftung. Wobei auch keinerlei Hoffnung auf baldige Verbesserung der Lage besteht. Denn allein aus der Tatsache, daß sich sämtliche Autoren bemühen, Kriterien zu finden, mit deren Hilfe sie die neuen Haftungsformen als etwas ganz „anderes", von Verschuldens- und Gefährdungshaftung völlig verschiedenes darstellen können, wird schon der systematisch fragwürdige Weg sichtbar: Statt sich um die Eingliederung der neuen Tatbestände in ein Gesamtsystem der Haftung zu bemühen, versucht man die metastatischen Wucherungen vordergründig durch Überstülpen von Begriffshülsen zu legitimieren — „Eingriffshaftung", „Aufopferung", „Soziale Entschädigung". Vordergründig ist diese Legitimation deshalb, weil in diesen Begriffen nicht die Spur einer normativen Begründung liegt. Es sieht vielmehr so aus, als würde mit der pausenlosen Vermehrung der Begriffe nur die Verwirrung steigen. Dogmatischer Pluralismus ohne systematischen Halt — das ist Vielfalt um ihrer selbst willen.

Resümee I

Das gegenwärtige System des Schadenersatzes ist nach dem Gesagten sichtlich in Schwierigkeiten. Diese Schwierigkeiten haben Namen. „Zwei- und Dreispurigkeit", „Alles oder Nichts", „Mittelbarer Schaden", „Adäquanz", „Überholende Kausalität", „Alternative Kausalität", „Vorteilsausgleichung", „Objektiver Schaden", „Merkantiler Minderwert", „Frustrierungsschaden", „Vorsorgekosten" usw. Es sieht so aus, als würde in allen diesen Begriffen stets weniger eine Erklärung eines Problems als bloß seine Beschreibung liegen.

1. *Systemverlust*

Diesem zunehmenden Erklärungsschwund der theoretischen Begriffe folgt automatisch ein Systemverlust: Man fragt sich immer mehr, nach welchen Kriterien eigentlich festzustellen ist, welcher Begriff und welche Theorie im Einzelfall die richtigen sind. Ja welche der vielen Begriffe

---

[51] So *Gitter*, Probleme bei der Modifizierung des deutschen Sozialrechts, FS-Fechner (1973) 223, 226.

man vielleicht als überholt ausscheiden könnte und welche von ihnen beizubehalten sind. Mit einem Wort: es fehlt die selektive Funktion eines Systems.

2. *Orientierungsmängel*

Zum zweiten sucht man vergeblich nach einem roten Faden, der durch all diese Begriffe, Theorien, Lehren, Prinzipien, Gesichtspunkte, Regeln und Ausnahmen einen Weg zeigt. Wie hängen diese einzelnen Lehren eigentlich zusammen — und was ist das nun für ein Schadenersatzrecht, vor dem wir gegenwärtig stehen? Das heißt, es fehlt die Orientierungsfunktion eines Systems.

3. *Regel-Ausnahme-Dialektik*

Geringe Selektion und Orientierung führen zwangsläufig zu Widersprüchen und Regelabweichungen, ohne daß dafür überzeugende Erklärungen vorliegen. Was nicht unter ein Prinzip paßt, wird einfach zur Ausnahme: Der objektive Schaden wird Ausnahme von der Differenzhypothese, bestimmte Vorteile werden ausnahmsweise nicht angerechnet, es gibt eine ausnahmsweise Drittschadensliquidation usw.

Auf diese Weise können ganze Komplexe „ausnahmsweiser" Entschädigungen entstehen. So etwa die „Haftung ohne Verschulden", der „Aufopferungsanspruch", die „Eingriffshaftung", die „soziale Entschädigung". Mit dem restlichen System der Haftung sind diese Wucherungen nur noch negativ in Verbindung: Im durchgehenden Bemühen ihrer Erfinder und Darsteller nämlich, sie davon möglichst eindeutig abzugrenzen und zu isolieren.

4. *Düstere Prognosen*

Es ist daher nicht verwunderlich, wenn manche Autoren bereits von „Begriffsverzerrungen und Kriterienwirrwarr" (Hagen)[52] oder überhaupt davon sprechen, daß sich „das Schadensrecht derzeit in einem desolaten Zustand" befindet (Lieb)[53]. Der bekannte deutsche Bundesrichter und literarisch ausgewiesene Schadenersatzrechtler Fritz Hauss beginnt einen Vortrag über „Entwicklungslinien des deutschen Schadenersatzrechts" mit den Worten: „Es besteht Anlaß, daß wir uns über die Entwicklung des deutschen Haftungs- und Schadenersatzrechts ... Sorgen machen[54]."

[52] *Hagen*, Funktionale und dogmatische Zusammenhänge zwischen Schadens- und Bereicherungsrecht, in FS-Larenz (1973) 877.

[53] *Lieb*, „Wegfall der Arbeitskraft" und normativer Schadensbegriff, JZ 1971, 358.

[54] *Hauss*, ZVersWiss 1967, 151. Von geradezu ätzender Schärfe ist die Bestandaufnahme *Pierre Widmers* für das schweizerische Recht. *Widmer*, Stand-

5. *Gerechtigkeitsprobleme*

Das alles sind nun keineswegs akademische Geplänkel und Befürchtungen. Ein theoretisch erklärungsschwaches, widerspruchsvolles und wenig grundsätzliches System führt offensichtlich zwangsläufig zu massiven Gerechtigkeitsproblemen. Wieso ist ein Arbeitsunfall um soviel günstiger für den Geschädigten als ein Verkehrsunfall? Wieso besitzen Fußgänger nicht jenes „kollektive Netz", das die Autofahrer schützt? Warum haften einige Unternehmer streng, das heißt ohne Verschulden, andere aber nur ab erwiesener Fahrlässigkeit? Warum billigt man einem lärmgeplagten Knopfgeschäftsinhaber unter Umständen zu, ein „Sonderopfer" mit Ausgleichsanspruch zu sein — nicht aber einem Bundesheersoldaten, der der Allgemeinheit seine Gesundheit opfert?

Wie ist es mit dem Gleichbehandlungsgrundsatz vereinbar, daß zwei Schädiger bei gleich schwerem Vorwurf einmal eine Bagatelle, dann aber wieder Schäden ersetzen müssen, die den einen von ihnen hart an den Ruin bringen? Nimmt ein Ersatzrecht überhaupt noch seine Gerechtigkeitsaufgabe wahr, wenn es den Zufall zum Hauptsteuerungselement werden läßt? Wenn wir etwa daran denken, daß nach österreichischer Rechtsprechung und Dogmatik letztlich die technische Eigenart einer Beschädigung darüber entscheidet, ob der Stromkabelgeschädigte vollen Ersatz oder überhaupt nichts erhält. Oder denken wir an jenen Tankwagenunfall, wo einzig und allein der Zufall den Haftungsrahmen bestimmt.

Ich glaube, niemand versteht, weshalb eine Notstandshilfe auf den Ersatzanspruch angerechnet wird, ein Arbeitslosenentgelt hingegen nicht. Sowenig, wie begreiflich ist, daß man für die Entbehrung eines Autos durch einige Tage vollen Ersatz, für die Entbehrung eines wertvollen Buches überhaupt keinen bekommt. Gar nicht zu reden von den krassen Fällen des Freiheitsentzuges.

6. *Stille Sozialisierung?*

Bei all diesen Fällen liegt schon der Verdacht nahe, daß hier eine sehr enge Verzahnung gerichtlicher und dogmatischer Wertungen mit dem blanken Materialismus unserer Zeit gegeben ist[55]. Das zeigt schon der Rangordnungskatalog der schutzwürdigen Güter: Autos vor Fußgängern,

---

ortbestimmung im Haftpflichtrecht, ZBJV 1974, 289. *Widmer* spricht von „rostigen Schrauben", auf die die Rechtsprechung manche Gerechtigkeitsprobleme hänge (293); von einem „Geschwür der Spezialgesetzgebung" und vom „Fiktionspflaster" der „Sorgfaltsverletzung" (295); von „Schleichwegen" der Dogmatik usw. (297). Die Gefährdungshaftung sieht er als „Patch-work-System" (301).

[55] So wohl auch *Diederichsen*, in FS-Klingmüller, 77 ff. und *Widmer*, ZBJV, insbes. 328 ff.

Erwachsene vor Kindern, Erwerbstätige vor solchen, die schon aus dem Prozeß der Erhöhung des Bruttonationalprodukts ausgeschieden sind. Ein Recht auf „Disposition" haben offenbar nur Erwerbstätige. Diesen wird sogar der außergewöhnlichste Aufwand ersetzt, wenn die Disposition frustriert worden ist. Wer nicht mehr erwerbstätig ist, kann nicht mit einem auch nur vergleichbaren Schutz rechnen.

Dieser Verdacht einer stillen Koexistenz zwischen der sozialen Entwicklung und dem individuellen Schadensrecht verstärkt sich, wenn man sieht, wie sehr die gesamte Aufmerksamkeit von Lehre und Rechtsprechung auf den „eingetretenen Schaden" konzentriert ist: Er muß jedenfalls vergütet werden. So meinte Fritz Hauss in dem erwähnten Referat: „Nicht nur der lebensuntüchtige Querulant fragt sofort nach dem Ersatzpflichtigen. Auch in der Allgemeinheit setzt sich zunehmend die Auffassung durch, daß Schäden, die jemand als Folge unserer komplizierten technischen Entwicklung treffen, entweder vom Beherrscher des Gefahrenbereichs oder von der Gesellschaft zu kompensieren sind[56]."

Ähnlich sieht es auch der berühmte Tunc: „Die öffentliche Meinung läßt es nicht mehr zu, daß Menschen durch andere zu Schaden kommen, sei es auch nur zufällig[57]."

Mit der Notwendigkeit, den Schaden jedenfalls vom Konsumenten weg und hin zum „Beherrscher des Risikos" zu verlagern, wird letztlich auch die enorme Ausweitung der Gefährdungshaftung begründet[58]. Die ursprüngliche Beschränkung auf typische Betriebsgefahr wird immer mehr aufgegeben. Künftig sollen nach einer verbreiteten Ansicht Kfz-Halter sogar über das „unabwendbare Ereignis" hinaus haften müssen. Ebenso soll die Beschränkung des „Mitverschuldens" als Anspruchsminderung fallen[59].

Eine ganz ähnliche Entwicklung nimmt die Produzentenhaftung. Auf der einen Seite wird dem Verhalten des Geschäftsherrn und seiner Ge-

---

[56] *Hauss*, ZVersWiss 1967, 153.

[57] *Tunc*, Grundlagen und Funktion der Haftpflicht nach französischem Recht, in Haftpflicht-Colloquium, 24.
Plastisch formuliert auch *Gernhuber*, Haftung bei alternativer Kausalität, JZ 1961, 151, wenn er hinter § 830 BGB noch „das auf sich gestellte Individuum" sucht, „das den Schrei nach Ersatz aller erlittenen Schäden noch nicht kennt".

[58] So schon *Esser*, Grundlagen und Entwicklung der Gefährdungshaftung (1941) (2. unveränderte Auflage 1969); Schuldrecht II 476 f.; *von Caemmerer*, Reform, 15.

[59] *Conseil de l'Europe*, Projét de convention européene sur la responsabilité civile en cas de dommages causés par des vehicules automoteurs et projét de rapport explicatif: Dir. Jur. (71), 1, Strasbourg 1971, Art. 4, 7, 10; zustimmend dazu *Stoll*, RabelsZ 36, 302, 308; *von Caemmerer*, Reform, 21 ff. *Deutsch*, Haftpflicht-Colloquium. 230; teilweise auch *Koziol*, ZfRV 1970, 18. Zur Konvention v. 14. 5. 1973 nunmehr *Bartsch*, Die Harmonisierung des Kfz-Haftpflichtrechts als Beispiel europäischer Rechtspolitik, ZRP 1975, 240.

hilfen immer weniger Bedeutung beigemessen. So will Caemmerer wegen des „völlig geänderten Charakters moderner technischer Herstellungsprozesse“ eine generelle gesetzliche Haftung ohne Verschulden wie sie etwa im Entwurf des niederländischen bürgerlichen Gesetzbuches vorgesehen ist[60].

Auf der anderen Seite dehnt man den Ersatz selbst auf immer unwahrscheinlichere Folgen aus. In der berühmten Entscheidung Grant v. Australian Knitting Mills (1936) erlitt der Käufer von wollener Unterwäsche infolge eines zu hohen Schwefelanteils im Gewebe Hautverletzungen. Obwohl dies in Millionen Fällen der erste war, wurde ihm der Schaden ersetzt[61].

Aber auch in der deutschen und österreichischen Rechtsprechung sind es gerade die ungewöhnlichen Fälle, die über die „Regeln der Produzentenhaftung“ bzw. über die Figur der Verträge mit „Schutzwirkung zugunsten Dritter“ entschieden werden. So wenn aus einer großen Serie einmal ein Fahrrad einen Fehler hat oder ein Auto einen fast nicht erkennbaren Materialriß (Schubstrebenfall)[62]. Solche Schäden, meint von Caemmerer, „müssen dem Betroffenen abgenommen werden“[63].

Um der engen Kasuistik von Gefährdungshaftungstatbeständen zu entgehen, wie sie etwa der deutsche Referentenentwurf von 1967 vorsieht, oder wie sie auch durch die Praxis des österreichischen OGH erzeugt wird, wollen Kötz, Deutsch, von Caemmerer und Weitnauer eine Generalklausel für Gefährdungshaftung einführen[64].

Es ist ganz offensichtlich, daß hinter all diesen Bemühungen die soziale Idee steht, dem Geschädigten jeden nur denkbaren Schaden abzunehmen. Ebenso offensichtlich lassen sich so weitgehende Haftungen nur unter zwei Voraussetzungen verstehen: Entweder gibt es genügend reiche Individuen, die solche Schadensbeträge verkraften können, oder es gibt kollektive Lösungen in Gestalt von Versicherung. Da individueller Reichtum schon statistisch nachweisbar auf kleinste Gruppen beschränkt bleibt, kann die Erklärung nur in einer umfassenden kollektiven Sicherung liegen. Kaum jemand könnte die enormen Beträge privat aufbringen, die heute allein die Kfz-Haftpflichtversicherungen jährlich für Sachschäden aufwenden müssen: Sie liegen bereits bei über 5 Milliarden Schilling. Gar nicht zu reden, von den geradezu gigantischen Summen der allgemeinen sozialen Vorsorge.

---

[60] *von Caemmerer*, Reform, 25.

[61] (1936) A. C. 85; dazu *Friedmann*, Recht, 144 ff.

[62] BGH NJW 1968, 247.

[63] *von Caemmerer*, Reform, 12.

[64] *Kötz*, AcP 170, 41; Referate von *Deutsch* und *Weitnauer*, Karlsruher Forum 1967 und 1968 (noch unveröffentlicht!) *von Caemmerer*, Reform, 18 ff.

2. Kapitel

Methoden, Wertungen und Verfahrensweisen

I. Die verborgene Ausstrahlung der Haftpflichtversicherung

Die entscheidende Frage ist nun, ob und in welcher Form sich derartige kollektive Auffangvorrichtungen auf das individuelle Schadenersatzrecht auswirken?

Die Antwort der herrschenden Lehre ist sehr einfach: Sie behauptet, daß sich zumindest die Haftpflichtversicherung schon deshalb nicht auf das System der individuellen Zurechnung auswirke, weil die Versicherungen ohnehin nur zahlen würden, wenn nach allgemeinem Schadenersatzrecht ein Anspruch gegeben ist[1]. Stoll spricht ausdrücklich von einer „individuellen, wenngleich kollektiv getragenen Haftung"[2].

Abgesehen davon, daß auf diese Weise die Auswirkung der Sozialversicherung auf keinen Fall erklärt werden kann, ist nun aber schon mehrfach der Verdacht ausgesprochen worden, daß auch die „Ausstrahlungen" der Haftpflichtversicherungen viel weiter gehen würden, als das die herrschende Auffassung zugestehen möchte[3].

So kann man sich etwa vorstellen, daß ein Richter, der den Fall jenes Arztes zu entscheiden hat, der tödlich verunglückt und 4 unversorgte Menschen hinterläßt, in erster Linie versuchen wird, den Hinterbliebenen zu helfen. Fehlt nun aber eine soziale Vorsorge, so wie das gerade bei Ärzten häufig der Fall ist, so wird sich der Richter wahrscheinlich bemühen, ein „Verschulden" des Getöteten nach Möglichkeit nicht zu entdecken. Deutsch spricht hier einprägsam von einer „Auspendelung des Mitfühlens", welches „auf die nicht versicherte Haftpflicht abfärbt"[4].

Eine ähnliche Beeinflussung des Richters ist aber auch dort anzunehmen, wo ein verletzter Fußgänger einem versicherten Kfz-Halter — oder

---

[1] *Koziol*, ZfRV 1970, 22 (Anm. 23), Haftpflichtrecht I 7, ebenso BGH NJW 1958, 1631; dagegen nun *Deutsch*, Haftungsrecht I, 401.

[2] *Stoll*, RabelsZ 36, 287.

[3] *Sieg*, Ausstrahlungen der Haftpflichtversicherung (1952) *Hans Möller*, Die Überwindung der Haftpflichtversicherung, JW 1934, 1076. *Weyers*, Unfallschäden, 55 ff.; *Krause*, Das Risiko des Straßenverkehrsunfalles, Zuordnung und Absicherung (1974), 79.

[4] *Deutsch*, Haftungsrecht I, 402.

wie das nunmehr überhaupt der Fall ist, der Versicherung selbst gegenüber steht. Man wird nicht fehlgehen in der Meinung, daß der Richter dem Fußgänger selbst bei erheblichem Eigenverschulden helfen möchte. Die Brücke zu dem Versicherungsunternehmen liefern die Objektivierung des Verschuldens und das Beweisrecht. Das heißt, der Richter ist einfach vom Verschulden des versicherten Kfz-Halters erheblich mehr überzeugt, als vom Verschulden des Fußgängers. Mit einem Wort, die stark subjektive Zuspitzung unseres Systems auf den „Fehler" des Schädigers in seiner Beurteilung durch den Richter, kann für den Geschädigten häufig den Vorteil haben, daß sein sozialer Schutz still und heimlich den entscheidenden Ausschlag gibt.

Solche stummen Beeinflussungen dürften nicht zuletzt auch beim Umfang des zu ersetzenden Schadens eine Rolle spielen. Wenn es richtig ist, was Hauss vermutet, nämlich daß „der große Topf des Kollektivs dazu reizt, alle Möglichkeiten einer Schadensvergütung auszunützen"[5]; so würden darin manche Tendenzen der Praxis in der Dogmatik mehr reale Erklärung finden können, als es heute mit zahllosen Begriffen und Prinzipien geschieht. Wie schließlich ja auch die psychologische Wirkung eines solchen „großen Topfes" auf die Neigung der Gerichte zur Objektivierung des Verschuldens nicht unterschätzt werden sollte.

Der deutsche BGH setzt jedenfalls die Höhe eines Schmerzensgeldanspruchs bzw. eines Billigkeitsanspruchs nach § 829 BGB dann erkennbar hinauf, wenn eine Haftpflichtversicherung besteht[6]. Das alles sind freilich mehr oder weniger starke Verdachtsmomente, die einer eingehenden Untersuchung bedürfen. Sollte sich ihre Richtigkeit herausstellen, so würde das zweifellos erhebliche Auswirkungen auf die Struktur der herkömmlichen Dogmatik haben. Denn daß diese offiziell die Idee der sozialen Sicherheit, des kollektiven Versicherungsschutzes und der wirtschaftlichen Tragfähigkeit eines Schadens in keiner Weise einkalkuliert, wird durch einen einzigen Blick in die herkömmlichen Lehrbücher des Schadenersatzrechts offenkundig.

II. Zur Argumentationspraxis

1. *Das Problem der „verschämten" Wertungen*

Es wäre nun freilich das Einfachste, die Ansichten der Gerichte und die Wertungen der Literatur heranzuziehen und zu prüfen, in welchem Ausmaß sie der sozialen Tragfähigkeit eines Schadens Bedeutung beimessen. Es stellt sich aber sehr bald heraus, daß die meisten Lehrbücher des Schadenersatzrechtes das Stichwort „Versicherung" nicht einmal im

---

[5] *Hauss*, ZVersWiss 1967, 160 f.

[6] BGHZ 23, 99 (Billigkeitsanspruch); BGHZ 18, 165 (Schmerzensgeld).

Register führen[7]. Aber auch sonst erfolgt dort kaum eine offene Auseinandersetzung mit dem Problem des kollektiven Schutzes in seiner Auswirkung auf die individuelle Zurechnung. Das ist schon die erste Schwierigkeit. Die zweite ist vielleicht noch größer. Es läßt sich nämlich zeigen, daß sowohl die Theorie als auch die Praxis Argumentationsformen bevorzugen, bei denen die eigentlichen Wertungen auch sonst niemals offen dargelegt werden, sondern hinter den zahllosen Begriffen verborgen bleiben[8].

So sagt der OGH zum Beispiel nicht einfach, daß ihm dieser oder jener Ersatz im konkreten Fall zu weit wird, weil er den Schädiger aus dieser oder jener Wertung heraus zu sehr belastet. Vielmehr sucht und findet er immer neue Begriffe, die diese Bewertung zu einem quasiontologischen Akt machen. Wenn ihm etwas zu weit geht, so entdeckt der OGH darin einfach einen „mittelbaren Schaden", der (woher?) nicht ersetzt wird. Oder er diagnostiziert einen „Drittschaden", eine „bloße Seitenwirkung" des Angriffs, einen „entgangenen Gewinn" usw. Wo er aber dann doch einen „Drittschaden" vergütet, dort tut er es „ausnahmsweise", kraft einer „distinction without difference"[9].

Ganz ähnlich verfährt der deutsche BGH. So wenn er häufig „aus" der Adäquanztheorie die jeweils richtige Grenze für den Einzelfall ableiten möchte oder eine Haftung „aus dem Zweck der Norm" heraus ablehnt[10].

Auf diese Weise erreichen die Gerichte zweierlei: Einmal können sie so tun, als würden nicht etwa ihre Wertungen fallentscheidend sein, sondern das Gesetz, der „mittelbare Schaden", der „entgangene Gewinn". Das entlastet jedenfalls von Verantwortung: Im Zweifel kann das Gericht nichts dafür — schuld war das Gesetz oder die Theorie. Jeder Angriff seitens der Gesellschaft, die einzelne Ergebnisse der Praxis für unerträglich hält, wird mit derartigen Hinweisen pariert.

Zum zweiten kann der Anschein der Kontinuität und Beständigkeit der Rechtsprechung erzeugt werden. Wenn man zum Beispiel den Umfang des Ersatzes „in ständiger Rechtsprechung" aus dem „Schutzzweck der Norm" gewinnt, so erzeugt das einen psychologisch überaus wichtigen Eindruck von Rechtssicherheit. Und zwar äußerlich selbst dann, wenn man im Einzelfall durchaus „invers" verfährt — also schon zuvor alles

---

[7] Kurze Erwähnungen finden sich nun bei *Deutsch* (Haftungsrecht I, 401 ff.) und *Koziol* (Haftpflichtrecht I, 5). Bezeichnend ist allerdings der Umfang: Bei *Koziol* sind es 2 Seiten von insgesamt 772 Seiten, die sich mit diesem Problem befassen, bei *Deutsch* sind es 16 von 497 Seiten. Wobei die dort gewonnenen Ergebnisse keinerlei Auswirkungen zu haben scheinen.

[8] Dazu nun eindrucksvoll *Diederichsen*, in SF-Klingmüller, passim.

[9] Zu dieser Praxis der englischen Gerichte *Friedmann*, Recht, 36 ff. Zur Praxis des OGH nunmehr *Welser*, ÖJZ 1975, 1.

[10] BGHZ 3, 267; BGHZ 40, 306; BGHZ 46, 17.

das in den „Zweck der Norm" hineinlegt, was man schließlich für eine bestimmte Entscheidung braucht. Wer kann schon überprüfen, ob zum Beispiel „die Verkehrsvorschriften" den Schutz aller Verkehrsteilnehmer vor allen nur denkbaren Schäden bezwecken oder nur bestimmte Personen vor ganz bestimmten Schäden bewahren wollen?

Aber auch die Lehre ist nicht frei von solchen Argumentationsverfahren. So hat beispielsweise Burgstaller erst unlängst in einer materialreichen und umfassenden Studie über die Fahrlässigkeit versucht, die auch von uns diagnostizierte Verlagerung von Risikobereichen des Geschädigten zum Schädiger zumindest teilweise wieder zurückzunehmen[11]. Burgstaller hält es zum Beispiel für zuweitgehend, jemanden, der einen anderen fahrlässig verletzt, für dessen Tod zu bestrafen, der letztlich durch einen Fehler des behandelnden Arztes eintritt. Auch soll der fahrlässige Verursacher eines Brandes nicht für die Verletzung oder den Tod eines neugierigen Zuschauers einstehen müssen[12]. Alles das gilt wohl auch für das Schadenersatzrecht.

Nun fällt aber auf, daß Burgstaller diese durchaus beifallswerten Einschränkungen nicht als selbständige Wertungen formuliert, sondern jeweils „aus" irgendwelchen Theorien und Begriffen deduzieren will.

So meint er, daß die Verletzung des neugierigen Zuschauers an sich noch „im Rahmen der Adäquanz" liegt[13]. Wer daher die Haftung auf die Adäquanztheorie stütze, müsse zu einer Bestrafung bzw. einem Schadenersatz gelangen. Um ein solches Ergebnis zu vermeiden, bekennt sich Burgstaller zu einer neuen Theorie, zur „Theorie des Risikozusammenhanges". „Aus" dieser soll sich nunmehr die Haftungsfreiheit des ersten Täters ergeben. Die Begründung sieht Burgstaller im fehlenden Risikozusammenhang. Dieser sei deshalb nicht gegeben, „weil der Zuschauer seine in die Verletzung bzw. Tötung umgeschlagene Gefährlichkeit selbst ausgelöst hat, indem er sich als vom primär Geschädigten gar nicht Betroffenen von sich aus der Gefahrensituation ausgesetzt hat"[14]. Das ist nun aber eine durchaus selbständige und beachtliche Wertung: Ein erwachsener Mensch soll für seine selbst geschaffenen Risiken auch selbst einstehen. Darüber kann man aber nur diskutieren, wenn diese Wertung so offen auf den Tisch gelegt wird. Das heißt, wenn sie nicht in eine „Theorie des Risikozusammenhanges" hineingeheimst wird, aus der man sie dann im Bedarfsfall wieder „heraus"-deduzieren muß. Ganz abgesehen davon, daß diese Wertvorstellung auch schon immer im Rahmen der „Adäquanztheorie" behauptet wird[15].

[11] *Burgstaller*, Fahrlässigkeitsdelikt, insbes. 114 ff.

[12] Ebenda, 114 ff., 116.

[13] Ebenda, 114.

[14] Ebenda, 114.

[15] Vgl. etwa *Stoll*, Das Handeln auf eigene Gefahr (1961) 241 ff.

Wie sehr sich die herrschende Lehre aber an derart verschämte Wertungsargumentationen gewöhnt hat, zeigt etwa ihr vehementer Widerstand, sobald ein Gericht zu offenen Wertungen übergeht. So hat der deutsche BGH sowohl im berühmten „Impfschadenfall" des dritten Senats als auch im nicht minder bekannten Neurose-Urteil des sechsten Senats ausdrücklich erklärt, daß die Grenze der Adäquanz sowohl nach oben als auch nach unten „wertend" verändert werden könne[16].

Im Fall der Impfschäden meinte der BGH, daß die Ausdehnung der Haftung bis hart an die Grenzen der Unvorhersehbarkeit gerechtfertigt sei. Umgekehrt argumentierte er im Neurose-Urteil: Er meinte, daß in einer vom Versorgungsdenken beherrschten Gesellschaft selbst die sogenannte Begehrungsneurose noch durchaus zu den „typischen" Erscheinungen zähle. Dennoch müsse man eine Grenze finden, die dem Schädiger noch „zumutbar" sei. Später sind noch eine Reihe ähnlicher Urteile ergangen[17]. Sie stießen aber fast allesamt auf die einmütige Ablehnung der Literatur[18]. Jedenfalls was die Begründung betrifft.

Vor allem Larenz hat die „Wertungen" des BGH „im Interesse einer gleichmäßigen Rechtsanwendung durch die Adäquanztheorie" zurückgewiesen[19]. Da er aber gleichzeitig das Ergebnis, vor allem im Impfschadenfall ausdrücklich gebilligt hat, wurde fraglich, worauf Larenz nun die offenkundige Beseitigung der Adäquanztheorie im Impfschadenfall stützen wollte. Larenz hält den Impfschadenfall nunmehr einfach für eine „Ausnahme"[20]. Ebenso behandelt Esser den Neurose-Fall[21].

2. *Die „Regel-Ausnahme-Dialektik" der herrschenden Auffassung*

Derartige Qualifikationen des jeweils Unerklärlichen als „Ausnahme" gehören, wie wir schon gesehen haben, zu den gebräuchlichsten Mitteln der traditionellen Dogmatik. Sie ergänzen und verschärfen die Praxis der „verschämten Wertungen". Überall, wo eine Theorie oder ein Prinzip für eine Erklärung nicht mehr ausreichen, genügt die Bereitstellung des Begriffes der Ausnahme. Canaris hält derartige Durchbrechungen geradezu für ein „Charakteristikum" der gegenwärtigen Systembildung: „Die Prinzipien gelten nicht ohne Ausnahme und können zueinander in Gegensatz und Widerspruch treten[22]."

---

[16] BGHZ 18, 286; BGHZ 20, 137.

[17] BGHZ 24, 263; BGHZ 27, 137 u. a.

[18] Vgl. bei *Bydlinski*, Schadensverursachung, 58 ff.

[19] *Larenz*, Schuldrecht I 361 Anm. 2.

[20] Ebenda, I 360 f.

[21] *Esser*, Schuldrecht I 290.

[22] *Canaris*, Systemdenken und Systembegriff in der Jurisprudenz (1969), 53. Zum Regel-Ausnahme-Schema, vgl. auch *Luhmann*, Rechtssystem- und Rechtsdogmatik (1974), 32.

Als Beispiel nennt Canaris u. a. auch das Verschulden, dem wegen „seiner historischen Bedeutung“ und seiner „rechtsethischen Evidenz“ eine „gewisse Vorrangstellung“ zukomme. Gefährdungshaftungen sind demnach also die Ausnahme[23].

Diese Auffassung ist unhaltbar. So erscheint zunächst einmal der „historische Vorrang“ mehr als zweifelhaft. Zu fragen ist schon, wie weit man in die Geschichte eindringen muß? Das heißt, der historische Vorrang würde einmal von der individuellen Bereitschaft abhängen, das naturrechtliche Schadenersatzsystem als Basis zu nehmen, oder das mittelalterliche, das germanische oder das römische, das griechisch-byzanthinische oder das aristotelische[24].

Dementsprechend tautologisch ist daher auch die Begründung, die schon Max Rümelin für dieselbe Lehre vom geschichtlichen Vorrang des Verschuldens gegeben hat. So wendet er sich zunächst gegen die Ansicht Mauczkas, der vom Vorrang der Verursachung ausgehen will: „Eine solche Darstellung steht im Widerspruch mit der Geschichte. In der für uns maßgebenden neuzeitlichen Entwicklung ...[25].“ Die Frage ist nur, warum gerade die neuzeitliche Entwicklung maßgebend ist? Rümelin meint, daß die germanistischen Auffassungen von der historischen Priorität der Verursachung deshalb nicht überzeugten, weil schon „seit langer Zeit die Vorstellungen der Juristen wie der Laien auf das Schuldprinzip des römischen Rechts eingestellt sind“[26]. Damit ist der Zirkelschluß perfekt: Der Vorrang des Verschuldens steht deshalb fest, weil man heute vom Verschulden ausgeht[27].

Genauso beliebig und unüberprüfbar ist der Hinweis auf die „ethische Evidenz“. Für Binding beispielsweise war die reine Verursachung „ethisch“ bedeutend evidenter als die Verschuldenshaftung[28]. Seinen Standpunkt haben zahlreiche andere Autoren geteilt[29]. Das heißt, die ethische Evidenz ist kaum mehr als eine hermeneutische Annahme, die, wie wir noch sehen werden, wegen ihrer Unüberprüfbarkeit gegen einen der wichtigsten Grundsätze der Wissenschaftlichkeit verstößt, nämlich gegen den Grundsatz der Kritisierbarkeit und Nachvollziehbarkeit von theoretischen Aussagen.

---

[23] *Canaris*, Systemdenken, 54.

[24] Vgl. *Jørgensen*, VersR 1970, 196 ff.

[25] *Rümelin*, Schadensersatz ohne Verschulden (1910) 16.

[26] Ebenda, 16 Anm. 3.

[27] Scharf gegen dieses Regel-Ausnahme-Denken bei Verschuldens- und Gefährdungshaftung *Widmer*, ZBJV 1974, 299 ff.

[28] *Binding*, Die Normen und ihre Übertretung I (1890) 471 f.

[29] Dazu *Zachert*, Gefährdungshaftung und Haftung aus vermutetem Verschulden im deutschen und französischen Recht (1971) 17 ff.

Die Schwierigkeiten liegen aber nicht nur am Beispiel. Sie liegen in erster Linie an der Grundauffassung. Ich glaube nicht, daß Canaris seine Lehre vom Verhältnis zwischen Regel und Ausnahme heute noch im gleichen Umfang aufrechterhalten würde. Aber sie gibt zweifellos in erfrischender Offenheit die herrschende Ansicht wieder. Dort macht man eben den unerklärlichen Impfschadenfall und Neurosefall ebenso zur Ausnahme von der Adäquanz wie den objektiven Schaden zur Ausnahme von der Differenzhypothese oder den § 1304 ABGB bzw. § 254 BGB zur Ausnahme vom Totalersatzprinzip. Ebenfalls in diese Kategorie gehört die noch zu erörternde „ausnahmsweise" Reduktion eines „außergewöhnlich hohen Schadens"[30].

Damit wird ein solches „System" zusammenhanglos. Denn in allen Fällen kann schon deshalb nicht mehr nach einer sinnvollen Beziehung der Ausnahme zur ursprünglichen Regel geforscht werden, weil ja gerade die Unerklärlichkeit der diesen Ausnahmen zugrundeliegenden Fälle ihre Abtrennung von der Regel erforderlich machen. Deshalb geht bei diesen Verfahren der rote Faden mit Sicherheit verloren, der die Zusammenhänge konstituieren sollte.

Vom Standpunkt der Wissenschaftslogik her gesehen handelt es sich in all diesen Fällen um sogenannte „Immunisierungen", das heißt, um ad hoc-Erklärungen, die den Zweck haben, die Schwäche einer Theorie vordergründig zu übertünchen, indem sie gegen Kritik abgeschirmt wird[31]: Wer die Erklärungskraft der „Regel" bezweifelt, wird einfach auf die „Ausnahme" verwiesen und umgekehrt. So müßte die Verursachungslehre in Wahrheit ihren Geltungsbereich von vornherein auf jene Fälle beschränken, die sie tatsächlich stets erklären kann. Daß eine solche Bescheidenheit natürlich mit ihrem universellen Geltungsanspruch als „Grundprinzip" des Schadenersatzrechts kollidieren muß, ist eindeutig. Ebenso eindeutig wie die Tatsache, daß das von der herrschenden Lehre gerade nicht erwünscht ist. Das Prinzip der conditio sine quo non soll unter allen Umständen bleiben.

Darin liegt nun gemeinsam mit dem Verzicht auf offene Wertungen die große Gefahr dieser Argumentationsweisen: Sie können ein System pro forma aufrecht erhalten, das längst keines mehr ist, weil die inneren Zusammenhänge ebenso fehlen, wie die sie tragenden Wertungen. Sie sind damit Abschirmungsmechanismen gegen Kritik und Innovation.

Ein System, in dem sich Regeln „widersprechen" dürfen, ist kein System im wissenschaftlichen Sinn, weil der Satz vom Ausschluß des logi-

---

[30] Referentenentwurf eines Gesetzes zur Änderung und Ergänzung schadensersatzrechtlicher Vorschriften (1967).

[31] *Hans Albert*, Probleme der Theoriebildung, in *Albert*, Theorie und Realität (1964), 48 ff.

schen Widerspruchs ein Grundsatz der wissenschaftlichen Systembildung bleiben muß. Ein widerspruchsvolles System sollte man tatsächlich in topoi auflösen, wie das bekanntlich Viehweg vorgeschlagen hat[32].

Das sind nun keineswegs blutleere methodologische Spekulationen, sondern Einsichten, die beachtliche Auswirkungen auf das materielle Recht und seinen Gerechtigkeitsgehalt haben. Nehmen wir zum Beispiel eine Argumentationskette wie sie Welser zur Stützung der unterschiedlichen Stromkabelentscheidungen verwendet, die nach unserer Auffassung zu höchst ungerechten Ergebnissen führt.

Grundsätzlich bekennt sich Welser zunächst zum Rechtswidrigkeitszusammenhang: Ersetzt werden solche Schäden, die den Zweck der Gebots- oder Verbotsnormen entsprechen[33].

Für die Stromkabelfälle stellt Welser fest, daß sich aus solchen Ge- und Verbotsnormen „kaum Wesentliches ableiten" läßt[34]. Daraufhin verwendet er ein neues Argument: Bei „für jedermann vorhersehbarer" Gefährlichkeit müsse eine Haftung „mit fast zwingender Notwendigkeit zu begründen"sein[35].

Das gelte aber — und damit führt Welser das zweite Zusatzargument ein — nicht für reine Produktionsausfälle. Der Grund: Ihr Ersatz würde zur Uferlosigkeit führen. Kurz darauf räumt Welser selbst ein, daß auch Verletzungsschäden, die er immer ersetzen will, zu eben derselben Uferlosigkeit führen, „wenn zum Beispiel in einer ganzen Stadt bestimmte Geräte zerstört werden"[36].

Dadurch ist Welser gezwungen, ein drittes Zusatzargument anzuführen. Demnach sollen selbst Schäden an Geräten nicht ersetzt werden, wenn zwischen dem Schädiger und dem Geschädigten ein Dritter, zum Beispiel das E-Werk, eingeschaltet ist. Daß die Haftung auf diese Weise rein zufällig von Dazwischenschaltung eines Dritten abhängt, sieht auch Welser ein[37]. Er führt daher sein viertes Zusatzargument ins Treffen: „Am ehesten könnte man den Ersatz ausschließen, wenn die Primärschädigung zur Folge hat, daß die erwartete Leistung ganz ausbleibt[38]."

---

[32] *Viehweg*, Topik und Jurisprudenz[5] (1974). Wohl zu milde zu diesem Vorschlag: *Kriele*, Theorie der Rechtsgewinnung (1967) 50; eher gerecht wird der *Viehweg*schen Auflösungsstrategie jedes System die Kritik bei *Weinberger*, Topik und Plausibilitätsargumentation, ARSP 59 (1973), 26 ff.; ebenso *Canaris*, Systemdenken, 141 ff.; und *Diederichsen*, Topisches und systematisches Denken in der Jurispurdenz, NJW 1966, 697.

[33] Welser, ÖJZ 1975, 43 ff.

[34] Ebenda, 42.

[35] Ebenda, 42.

[36] Ebenda, 42.

[37] Ebenda, 42.

[38] Ebenda, 42, 43 Anm. 82.

Am Ende dieser Argumentationsreihe stellt sich die Frage, was nun eigentlich gelten soll? Der Ersatz aller Stromkabelschäden, oder nur der Geräteschäden, oder dort auch nur jener Geräteschäden, die ohne Dazwischenkunft eines E-Werks entstehen oder schließlich jener Geräteschäden, die zwar über ein E-Werk entstehen, das aber noch teilweise leistungsfähig bleibt? Mit einem Wort, die Welsersche Argumentation fördert eher die Unsicherheit als die Schlüssigkeit einer einsichtigen Lösung.

Dabei ist aber die Unsicherheit der Ergebnisse nur die eine Folge. Die vielleicht noch gefährlichere liegt im Verlust der unbefangenen Wertung[39]: Was will man denn eigentlich noch? Kann man über alle diese begrifflich-konstruktiven Wege zwischen Regel und Ausnahme, Grundsätzen und ihren Einschränkungen, die Interessen der Beteiligten überhaupt noch im Auge behalten? Bekommt die Dogmatik hier nicht ein Eigenleben — losgelöst von jener unbefangenen Betrachtung, wonach ein Produktionsausfall, der sich in Grenzen hält, durchaus gleich zu behandeln wäre, wie ein mittlerer Geräteschaden? Ja man fragt sich, ob das alles hier nicht Schwierigkeiten sind, die schon Celsus 287 v. Ch. mit der Frage hatte, ob auch derjenige für „occidere" hafte, der sein Opfer nicht erschlägt, sondern „nur" ins Wasser wirft, wo es dann ertrinkt? Celsus hat das Problem bekanntlich gemeistert: Er meinte, daß beide Fälle gleich zu behandeln seien, weil sie ja letztlich die gleiche Auswirkung auf den Geschädigten hätten[40].

Mit einem Wort, je größer die Begrifflichkeit, desto gefährdeter offenbar die schlichte Wertung. In dem Moment, wo ein System Regeln und Ausnahmen zuläßt, heizt es die Begrifflichkeit weiter an, und verdunkelt damit den Blick für die eigentliche Wertungsaufgabe noch mehr.

Das „Inversionsverfahren" schließlich, wie wir es am Beispiel der Überlegungen Burgstallers gezeigt haben, verstärkt diesen negativen Zirkel noch. Denn wenn man vom Richter nicht offen verlangt, daß er zum Beispiel das selbstbestimmte Handeln des neugierigen Zuschauers beim Brand auch als selbst-verantwortliches einstuft, sondern ihm die Wahl zwischen zwei Begriffen läßt, so erleichtert man nur die Flucht aus der Wertung. Ein Richter, der insgeheim nichts von Selbstverantwortung hält, braucht das niemandem zu sagen, sondern einfach die „Adäquanztheorie" anstelle der „Theorie des Risikozusammenhanges" zu wählen.

III. Zurück zur Realität

Ich glaube, es ist ein Beobachtungsfehler, wenn man meint, daß jenes begriffsjuristische Verfahren eine Domäne des 19. Jahrhunderts gewesen

[39] Das Wertungsproblem stellt nun auch *Diederichsen* in den Vordergrund, in FS-Klingmüller 74.

[40] Vgl. dazu *Selb,* Kausalität in der dogmengeschichtlichen Betrachtung, in FS-Herdlitczka (1972) 215.

sei, das heute längst überwunden wurde. Das stimmt in zweifacher Hinsicht nicht. Einmal gehört das „Inversionsverfahren" auch heute noch zum Rüstzeug unserer Dogmatik. Zum anderen waren es gerade die Juristen des ausgehenden 19. und des beginnenden 20. Jahrhunderts, die alles andere als dürre Begrifflichkeiten verbreiteten.

Man braucht nicht auf die vielzitierte Schrift Mengers zu verweisen[41]. Schon Gierke hat in seiner Schrift über „Die soziale Aufgabe des Privatrechts" 1889 gezeigt, wie sehr man sich damals der rechtspolitischen Aufgabe der Jurisprudenz bewußt war. Die Schadenersatzstudien eines Ihering, Windscheid, Degenkolb, Steinbach, Unger, Pfaff, Strohal, Mataja, Mauczka sind durchaus realitätsbezogene, rechtspolitisch argumentierende Schriften[42].

Das gilt auch noch für die Arbeiten der mittleren Generation (Reinhardt, Wilburg, Larenz). Erst seit dem 2. Weltkrieg nimmt die Lust der Autoren an wertenden Stellungnahmen und rechtspolitischen Überlegungen zum Schadenersatz ab. Ja es hat den Anschein, als würde sich die traditionelle Dogmatik in dem Ausmaß isolieren, in dem sich die soziale Realität verändert. Der erste Schritt in diese Richtung erfolgte wahrscheinlich schon mit der völligen Ausklammerung der Arbeitsunfälle aus dem individuellen Schadenersatzrecht. Kötz meinte unlängst, daß die Dogmatik schon damals „Erleichterung verspürt" habe, da sich „damit ein Vorwand bot, die diesem Gebiet zugrundeliegende versicherungsrechtliche Lösung aus dem allgemeinen Problembewußtsein zu verdrängen und sich weiterhin in ruhigem Sinne der Pflege eines von sozialpolitischen Rücksichten ungetrübten Schadenersatzes zu widmen"[43].

Die damit vorne verdrängte soziale Wirklichkeit kam aber schon wieder durch die Hintertür des Regreßrechts in das Schadenersatzrecht zurück. Die zahlreichen Probleme der Vorteilsausgleichung, des Drittschadens und der überholenden Kausalität scheinen sich unmittelbar aus den problematischen Verzahnungen des Haftpflichtrechts mit der sozialen Fürsorge zu ergeben.

---

[41] *Menger,* Das bürgerliche Recht und die besitzlosen Volksklassen (1890).

[42] *von Jhering,* Das Schuldmoment im römischen Privatrecht (1867); *Windscheid,* Lehrbuch des Pandektenrechts[7]; *Degenkolb,* Der spezifische Inhalt des Sachdenersatzes AcP 76 (1890), 79; *Steinbach,* Die Grundsätze des heutigen Rechts über den Ersatz von Vermögensschäden (1888); *Unger,* Beiträge zur Lehre vom Schadenersatz nach österreichischem Recht, GrünhutsZ 8, 209 ff. *Unger,* Handeln auf eigene Gefahr (1904); *Pfaff,* Zur Lehre vom Schadenersatz und Genugtuung nach österreichischem Recht. Eine Replik (1881). *Strohal,* Gutachten, in: Drei Gutachten über die beantragte Revision des 30. Hauptstückes im II. Teil des ABGB (1880) 139 ff. *Mataja,* Das Recht des Schadenersatzes vom Standpunkt der Nationalökonomie (1888); *Mauczka,* Der Rechtsgrund.

[43] *Kötz,* AcP 170, 13.

Hand in Hand mit einer Isolierung der Dogmatik geht schließlich auch die Isolierung ihrer Vertreter. Die „veteres" des Schadenersatzrechtes konnten sich noch allesamt ihren zusätzlichen Berufen als Höchstrichter, Anwälte oder Politiker der sozialen Realität persönlich verbunden fühlen. Der mittleren Generation, der ein solches Zusatzengagement bereits verwehrt war, besaß aber noch jene „Treffsicherheit" und jenen „juristischen Takt" in der Erfassung der sozialen Realität, die etwa Reinhardt der Arbeit Wilburgs ausdrücklich attestiert hat[44].

Der universitäre Massenbetrieb nach dem 2. Weltkrieg hat offenbar beidem ein Ende gesetzt. Die akademische Möglichkeit einer Verbindung zur sozialen Realität über die vor allem von Nussbaum propagierte „Rechtstatsachenforschung" wird heute weitgehend von Soziologen betrieben[45]. Diese haben aber ihre eigenen Zielvorstellungen[46].

Daher weiß heute eigentlich niemand genau, ob das gegenwärtige System den behaupteten „Schadensausgleich" auch tatsächlich leistet. So wenig wie bekannt ist, in welchem Umfang individuelle Zurechnung überhaupt noch Schadens-präventiv wirkt. Damit hängen aber praktisch jene Wertvorstellungen in der Luft, die für die herrschende Dogmatik die obersten Grundsätze und Gestaltungsrichtlinien liefern.

Auch hat, wie schon gesagt, kein Vertreter der herrschenden Dogmatik jemals untersucht, wie und auf welche Weise sich die Tatsache kollektiver Auffangnetze auf die Struktur des gesamten Schadensausgleichs niederschlägt. Sowenig wie man über die praktische Verwertbarkeit der zahllosen theoretischen Begriffe und Konstrukte Bescheid weiß. Ohne die Kenntnis solcher Fakten ist es aber schwer, die eigentlichen Mängel im gegenwärtigen System aufzudecken und damit eine geeignete Basis für die nötige Reform zu schaffen[47].

IV. Zum Verhältnis von Dogmatik, Rechtspolitik und Empirie

Es ist offenkundig, daß die hier vertretene Ansicht beispielsweise nicht mit jener Kelsens übereinstimmt, der die Reinheit der Rechtswissenschaft gerade in ihrer klaren Trennung von der rechtspolitischen Argu-

---

[44] *Reinhardt,* Beiträge zum Neubau des Schadensrechts, AcP 148 (1942) 167.

[45] *Nußbaum,* Die Rechtstatsachenforschung (1914); *derselbe,* Die Rechtstatsachenforschung, AcP 154 (1955) 453.

[46] Die natürlich sehr beifallswert sein kann. So z. B. die Arbeiten von *Opp-Peuckert,* Ideologie und Fakten in der Rechtsprechung, eine soziologische Untersuchung über das Urteil im Strafprozeß (1971) und *Lautmann,* Justiz — die stille Gewalt. Teilnehmende Beobachtung und entscheidungssoziologische Analyse (1972). Nur sind diese Untersuchungen meist zu weit aus dem Gesichtskreis der „Dogmatiker" entfernt.

[47] Vgl. aber das interessante Untersuchungsprogramm bei *Bühnemann,* Gedanken zum Alles-oder-Nichts-Prinzip im deliktischen Haftungsrecht, in Grundprobleme des Versicherungsrechts, FS-Hans Möller (1972) 135 (151 ff.).

mentation gewährleistet sah. Genaugenommen müssen bei Kelsens freilich zwei Gruppen von Argumenten zu diesem Thema unterschieden werden. So verlangte er einerseits die strikte Unterscheidung von rechtspolitischen Urteilen und wissenschaftlichen Erkenntnissen. Das entsprach in erster Linie dem neukantianischen Postulat, aus logischen Gründen keine Schlüsse vom „Sein" auf das „Sollen" zuzulassen[48].

Gleichzeitig legte Kelsen freilich auch ein Bekenntnis zu einer Theorie des „positiven" Rechtes ab. Er hielt es für zweckmäßig, das positive Recht „als geltendes Recht" zu beschreiben[49].

Beide Argumente hängen keineswegs notwendig miteinander zusammen. Man kann sein Forschungsinteresse auf das positive Recht beschränken und dabei Sein und Sollen kräftig miteinander vermischen[50]. So wie es sich umgekehrt de lege ferenda argumentieren läßt, ohne dabei die logische Grenze zwischen Sein und Sollen zu verletzen[51].

1. *Die falsch verstandene Positivität*

Interessanterweise hat sich die herrschende Zivilrechtsdogmatik auf weiten Strecken entschlossen, eine seltsame Variante der „Positivität" zu wählen: Sie erachtet die Grenze der lex lata in vielen Fällen als eine bindende Grenze. Ein bekanntes Beispiel dafür ist etwa die Weigerung der deutschen Schadenersatzlehre, vom Begriff des Interessenschadens selbst da abzuweichen, wo die Ergebnisse untragbar werden[52]. Das geht soweit, daß heute vielfach Argumente de lege ferenda mit dem Odium des Zweitrangigen behaftet sind. Wer wissenschaftlich reüssieren will, muß im Rahmen der lex lata bleiben.

Es läßt sich zeigen, daß diese Grenzziehung weder einer wissenschaftslogischen Notwendigkeit entspringt, noch besonders zweckmäßig ist. Was das erste betrifft, so ist die Auswahl des Gegenstandes der Forschung eine Entscheidung, die jeder Wissenschaftler für sich treffen kann[53]. Logische

---

[48] So vor allem *Kelsen,* Hauptprobleme der Staatsrechtslehre entwickelt aus der Lehre vom Rechtssatz (1910) 7, 10.

[49] Die Reine Rechtslehre „betrachtet sich als Wissenschaft nichts anderem verpflichtet, als das positive Recht seinem Wesen nach zu begreifen und durch eine Analyse seiner Struktur zu verstehen" — Reine Rechtslehre² (1960) 112.

[50] Nicht nur, indem man das positive Recht „bewertet" — was *Kelsen* ausdrücklich ablehnt (Reine Rechtslehre, 112).

[51] Was nun freilich nicht mehr der Position *Kelsens* entsprechen dürfte.

[52] Vgl. dazu die Kritik von *Bydlinski,* Schadensverursachung, 25 ff. Zum folgenden nun auch *Weinberger,* Zur Theorie der Gesetzgebung, in: *Mokre/Weinberger,* Rechtsphilosophie und Gesetzgebung, Forschungen aus Staat und Recht 36 (1976), 173; *Schilcher,* Der rechtspolitische „Reduktionismus" und das Wilburgsche System, in: Assistenten FS-Wilburg (1975), 181.

[53] Manche Analytiker, wie z. B. *Popper,* sprechen in diesem Zusammenhang von „Festsetzung", *Popper,* Logik der Forschung⁴ (1971) 12, 13.

Grenzen gibt es dafür nicht. Ob es freilich sinnvoll ist, die Gesetze Hamurapis oder den Codex Theresianus darzustellen, und zwar als geltendes Recht darzustellen, ist eine zweite Frage.

Andererseits dürfte die sklavische Bindung an das, was der Gesetzgeber jeweils produziert, ebensowenig sinnvoll sein. Einmal, weil der heutige Gesetzgeber in aller Regel den Pressionen der Interessen-lobbies[54] unterworfen ist und daher keineswegs systematisch anspruchsvolle, sondern eher punktuelle Ergebnisse produziert — siehe etwa die Kasuistik der Gefährdungshaftung.

Zum zweiten weil die traditionelle Lehre durch eben diesen Prozeß der immer weitergehenden Auslieferung des Gesetzgebers an pressure groups immer weniger in der Lage ist, auf die Gesetzgebung entscheidenden Einfluß zu nehmen[55]. Sich aber das, was jeweils ohne Mitwirkung aus völlig anderen Motiven erzeugt wird, zugleich zum bindenden Rahmen seiner Forschung zu nehmen, halte ich nicht mehr für eine Art der Bescheidenheit, sondern schon eher für eine gefährliche Amputation. Gerade weil die alten gesetzgeberischen Wertungen fragwürdig geworden sind und weil der heutige Gesetzgeber alles andere als systematisch verfährt, hat die Dogmatik meines Erachtens die verpflichtende Aufgabe, diese Lücke zu schließen. Denn wer sonst sollte es tun — und wer könnte es besser?

Wahrscheinlich wird bei vielen Autoren mit der Beschränkung auf die lex lata auch nur übersehen, daß die Rechtswissenschaft zwei Aufgaben hat: Eine erklärende und systematische Aufgabe und zum zweiten die Aufgabe, der Praxis brauchbare Handlungsanleitungen zu liefern[56]. Ich glaube man sollte beides tun — ohne das eine mit dem anderen zu vermischen. Denn mit seinem ersten Argument hatte Kelsen zweifellos recht: Eine Vermengung dessen, was ist, mit dem, was sein soll, ist weder der Erkenntnis und der Erklärung von Phänomenen dienlich, noch der rechtspolitischen Erwägung. Aber genau zu diesen Vermengungen neigt die herrschende Dogmatik. So besonders deutlich dort, wo sie die normative Zurechnung mit der faktischen Erfahrung identifiziert, nämlich bei der extremen Auslegung der Schadenersatzgrenze: Ersetzt wird, was jeweils eingetreten ist.

Mit einem Wort, es sieht so aus, als würde sich die traditionelle Dogmatik an eine falsch verstandene „Positivität" halten und dafür die rechtslogisch wichtige Grenze zwischen Sein und Sollen ebenso gefährlich

---

[54] Vgl. etwa *Tomandl*, Arbeitsrecht und Sozialrecht im Wohlfahrtsstaat, JBl 1969, 577.

[55] Kritisch zu diesem Prozeß auch *Brünner/Proske/Schilcher*, Ein Ordnungsrechtsgesetz für Studenten (1970) 56 ff.

[56] So auch *Rottleuthner*, Richterliches Handeln. Zur Kritik der juristischen Dogmatik (1973) 2 und passim, *Hans Albert*, Erkenntnis und Recht, in Konstruktion und Kritik (1972) 239.

„überschreiten". Gefährlich deshalb, weil die unkontrollierte Konfusion von Bestehendem und Gesolltem zur „Entnormativisierung" des Schadenersatzrechtes führt.

2. *Die Position der neueren Werttheorie (Myrdal, Albert, Brecht, Acham, Kraft, Weinberger)*

Eindrucksvoller erscheint mir hingegen eine Auffassung zu sein, die der sozialen Realität etwa im Sinne der Rechtstatsachenforschung bedeutend mehr und bedeutend systematischere Aufmerksamkeit schenkt als das heute der Fall ist. Aber nicht etwa deshalb, um sich dieser Realität noch rascher und nochbedingungsloser anzupassen. Das heißt, von der gegenwärtigen Haltung einer stillschweigenden Anpassung durch Entnormativisierung womöglich zu einer offenen Bewunderung jener Ideologie der Faktenhuberei überzuwechseln, die mindestens genauso innovationsfeindlich ist wie die überkommene Begriffsjurisprudenz. Mit Recht lehnt Karl Acham einen solchen „kruden Tatsachenpositivismus" ab[57].

Der Sinn der Faktenkenntnis ist meines Erachtens ein ganz anderer. Sie soll in erster Linie jene rechtspolitische Diskussion anregen und rationalisieren, die in den letzten Jahren praktisch kaum noch stattgefunden hat. Sie soll weiters die Argumente de lege ferenda vom Odium des Zweitrangigen befreien helfen. Sie soll dazu führen, daß man sich über die Grundwertungen und Zielvorstellungen des Schadenersatzes wieder Gedanken macht und neue Anstrengungen unternimmt, zu Wertungskonventionen vorzudringen. Denn man ist sich heute, glaube ich, nicht einmal in den Grundwertungen einig.

Solche Wertungskonventionen sind aber um so dauerhafter und rationaler, je mehr sie von der sozialen Realität ausgehen. „Ehe man Soll-Forderungen aufstellt", rät Leopold von Wiese, „sollte man die in Frage kommenden Tatsachen ausgiebig prüfen und vielseitig durchforschen. Sie liefern die Ausgangspunkte und stets beachteten Grundlagen für Normen und Forderungen an die Menschen[58]."

Ähnlich fand schon Max Weber, daß Wertungen keineswegs der rationalen, wissenschaftlichen Diskussion entzogen seien. Man könne vor allem über die Geeignetheit von Mitteln bei gegebenem Zweck reden; gleichzeitig mit dieser Diskussion ließe sich auch die Frage klären, ob die Zielsetzung selbst aufgrund der jeweiligen sozialen Situation „praktisch sinnvoll" oder sinnlos sei. Weiters will Weber über die logische Verträg-

---

[57] *Acham*, Ideologie und Aufklärung, in: Vernunft und Engagement. Sozialphilosophische Untersuchungen (1972) 32.

[58] Zit nach *Acham*, Rationalität und Engagement, in: Vernunft und Engagement, 235.

lichkeit von Mitteln und Zielen im Hinblick auf ein bestimmtes Wertsystem diskutieren, sowie auch über die Frage einzelner Mittelverwendungen[59].

Dieses Konzept, dem sich in jüngster Zeit Gunnar Myrdal, Hans Albert, Arnold Brecht, Karl Acham u. a.[60] sowie für die Rechtsdiskussion vor allem Viktor Kraft und Ota Weinberger[61] zumindest grundsätzlich angeschlossen haben, scheint mir fruchtbarer als die traditionellen Auffassungen einer strikt positivistisch verfahrenden Methodologie einerseits und den vor allem im Zivilrecht häufig anzutreffenden idealistischen Positionen. Letztere versuchen meist in hermeneutischer Weise aus dem „Wesen“ von idealen Gegebenheiten (zum Beispiel Forderungen) oder aus der „Natur der Sache“ konkrete Schlüsse für konkrete Fälle zu ziehen. Der Mangel solcher Verfahrensweisen liegt meiner Meinung nach nicht in den Ergebnissen, sondern vor allem darin, daß keine nachprüfbaren Technologien angeboten werden, nach denen auch ein anderer zu eben denselben „Wesenseinsichten“ gelangen kann. Das heißt, die Konvention, die prinzipielle Übereinstimmung ist in diesen idealistischen Modellen regelmäßig schon vorausgesetzt. Ohne a priori-Gleichheit des „Blicks“ für das „Wesen“ und das „Wesentliche“ kommt es zu keiner Übereinstimmung. Damit fehlt diesen Verfahrensweisen aber die Kritisierbarkeit und die Nachvollziehbarkeit[62].

Demgegenüber bekennt sich beispielsweise Ota Weinberger „zur rational-analytischen Konzeption der Gerechtigkeit, da ich zwar wohl mit intuitiven Stellungnahmen rechne, aber auch mit der Notwendigkeit ihrer Läuterung durch rationale Untersuchungen“. Weinberger spricht in diesem Zusammenhang von einem „Zusammenspiel logischer Analyse und rhetorischer Argumentation“ (= Wertdiskussion)[63].

Sieht man mit Weinberger das Rationale an der Wertdiskussion darin, „daß der Gegenstand der Stellungnahme in seiner Sachbeziehung erfaßt

---

[59] *Max Weber*, Die „Objektivität“ sozialwissenschaftlicher und sozialpolitischer Erkenntnisse, in: *Max Weber*, Gesammelte Aufsätze zur Wirtschaftslehre³ (1968) 146 (157).

[60] *Gunnar Myrdal*, Objektivität in der Sozialforschung (1971); *Hans Albert*, Ethik und Meta-Ethik, in: *Hans Albert*, Konstruktion und Kritik (1972) 127; *Arnold Brecht*, Politische Theorie (1961); *Karl Adam*, Vernunft und Engagement.

[61] *Viktor Kraft*, Die Grundlagen einer wissenschaftlichen Wertlehre² (1951); derselbe, Erkenntnislehre; *Ota Weinberger*, Ist eine rationale Erkenntnis des Naturrechts möglich? ÖZöffR 23 (1972) 96; *derselbe*, Topik und Plausibilitätsargumentation, ARSP 1973, 17; *derselbe*, Bemerkungen zur Grundlegung einer Theorie des juristischen Denkens, in: Rechtstheorie als Grundlagenwissenschaft der Rechtswissenschaft, Jahrbuch f. Rechtssoziologie und Rechtstheorie 2 (1972), 134; *derselbe*, Zur Theorie der Gesetzgebung, 173.

[62] Vgl. *Acham*, Vernunft und Engagement, 232; *Seiffert*, Einführung in die Wissenschaftstheorie I³ (1971) 120 ff.

[63] *Weinberger*, ARSP 1973, 29.

wird und die möglichen Folgerungen hergeleitet werden"[64], so ist der Rang von Fakten und Informationen über das tatsächliche Rechtsgeschehen beschrieben: Sie dienen der Verbesserung der Konsensmöglichkeiten ebenso wie der Rationalisierung von Wertungen. Wer beispielsweise erklärt, daß er den Vorrang der Ausgleichsfunktion des Schadensrechts vor der Prävention für richtig hält, weil dadurch der Geschädigte in den meisten Fällen vollen Ersatz bekommt, wird wahrscheinlich zumindest bereit sein, sein Werturteil zu überprüfen, wenn ihm eine Statistik zeigt, daß nur weniger als die Hälfte aller Geschädigten überhaupt Ersatz erhalten.

Schließlich hat Arnold Brecht aufmerksam gemacht, daß die Kenntnis der sozialen Realität auch Aufschluß über den „Preis" gibt, den eine neue Theorie in der sozialen Realität zu bezahlen hat: Mit welchem Grad der Wahrscheinlichkeit wird sie sich in der Praxis durchsetzen[65]?

In dieser Einstellung muß keine Resignation liegen und keine Fetisch-Anbetung der Realität, sondern einfach ein ökonomisches Empfinden auch bei der Theorienbildung. Was an der Realität gänzlich vorbeigeht, gerät in Gefahr, „graue Theorie" zu bleiben. Hans Albert meint in diesem Zusammenhang, daß das „Sollen" durch ein „Können" impliziert sei und verweist damit auf die bekannte Parömie „ultra posse nemo tenetur"[66].

Was immer auch der logische Stellenwert dieser „Implikation" sein mag, wichtig scheint mir die Erkenntnis, daß Theorien wie Wertentscheidungen die ohne Kenntnis ihrer soizalen Verträglichkeit formuliert sind, praktisch unbrauchbar werden. Und das muß gerade eine Wissenschaft wie die Jurisprudenz, der selbst Analytiker wie Weinberger und Rottleuthner zugestehen, daß sie nicht nur auf „Erkenntnis" angelegt ist, sondern auch auf „Handlungsanleitung" für den Richter, besonders interessieren.

3. Die Parallele zum „New Haven-Approach" (McDougal, Lasswell)

In der Absicht, eine konkrete, für die dogmatischen und praktischen Ziele der Jurisprudenz brauchbare Werttheorie zu entwickeln, trifft sich die hier vertretene Meinung erfreulicherweise mit der berühmten Theorie von Lasswell und McDougal. Beide Gelehrte der Yale University formulieren ihre Vorschläge als deutliche Antwort auf den amerikanischen Rechtsrealismus und Positivismus, der eine Reihe von juristisch bedeutsamen Phänomenen unerörtert ließ bzw. an die „politische" Diskussion verwies[67].

[64] Ebenda, ARSP 1973, 32.
[65] *Brecht*, Politische Theorie, 139 ff.
[66] *Hans Albert*, Konstruktion und Kritik, 221 ff.
[67] *Lasswell/McDougal*, Legal Education and Public Policy: Professional

Dagegen plädiert vor allem McDougal für eine „policy oriented"-Rechtswissenschaft, die den rechtspolitischen Bereich in ihr Problem und Untersuchungsfeld mit einzubeziehen hat. Dazu entwickelt er Typen von Wertkonflikten, die er skaliert und durch angewandte Wertvergleichung zu rationalisieren versucht („value clarification"). Dabei legt McDougal größten Wert auf die dogmatische und praktische Verwertbarkeit seiner philosophischen Vorstellungen. In zahlreichen Veröffentlichungen bemüht er sich, die Nutzanwendung seiner policy-theory an Hand konkreter Beispiele etwa aus dem Umweltschutz oder dem Seerecht zu demonstrieren.

Durch die Betonung der Werte in der Rechtswissenschaft gelangt McDougal zu einem Aufbau des Rechts, der auf Normen herkömmlicher Art verzichten kann. Mit Holmes ist McDougal der Meinung, daß man die Normen im Recht durch Prinzipien, Grundsätze und Richtlinien ersetzen müsse[68]. An Hand dieser Prinzipien kann der Richter im Einzelfall eine Entscheidung treffen, die nicht richtungslos ist wie etwa das freie Ermessen, die aber andererseits auch keinen logisch stringenten Subsumptionszusammenhang simuliert, der in der Praxis ohnehin nie zum Tragen kommt.

Es wird noch zu zeigen sein, daß sich diese Grundhaltung, die nach elastischeren Prinzipien anstelle starrer Tatbestandsregeln verlangt, für den hier vertretenen Aufbau einer Schadensrechtstheorie auf das engste mit den Vorstellungen Wilburgs von einem „beweglichen System" verbinden läßt. Gleichzeitig weist der Wunsch McDougals nach ständiger Operationalisierung seiner Wertprinzipien in eine Richtung der modernen Logik, die durch Otte instandegesetzt wurde, einen solchen elastischeren Aufbau einer Theorie auch wissenschaftlich einwandfrei darzustellen[69].

Resümee II

Diese Bemerkungen scheinen mir deshalb nötig zu sein, um einigen Mißverständnissen vorzubeugen, die vielleicht über das Verhältnis von

---

Training in the Public Interest, 52 Yale L. J. (1943), 203; *McDougal,* The Compomative Study of Law for Policy Purposes: Value Clarification as an Institute of Democratic World Order, 61 Yale L. J. (1952) 915 ff. *McDougal,* Law as a Process of Decision, A Policy-oriented Approach to Legal Study, Natural Law Forum (1956) 53. Dazu G. *Caspar,* Juristischer Realismus und politische Theorie im amerikanischen Rechtsdenken (1967); *Fikentscher,* Methoden des Rechts II (1975) 422 ff.

Für eine Reihe von wichtigen Anregungen, die ich im persönlichen Gespräch anläßlich eines Studienaufenthalts in Yale erhalten habe, schulde ich Prof. McDougal großen Dank.

[68] *McDougal,* Law and Minimum World Order (1961), 56 ff. insbes. geg. *Fuller,* The Law in Quest of Itself (1940).

[69] Dazu unten.

Rechtspolitik, Rechtstatsachenforschung und Dogmatik herrschen könnten. Ich glaube, daß alle drei Disziplinen einander bedingen: Eine Dogmatik ohne explizite und systematische Darlegung der Werte, auf denen sie aufbaut und mit denen sie arbeitet, gerät in Gefahr, sich in begrifflich-konstruktiven Kunstbauten vom Zuschnitt der Puchtaschen Begriffspyramide zu erschöpfen[70]. So wie andererseits jeder Versuch einer Systembildung ohne Vorstellung von der sozialen Idee, ohne Kenntnis ihres gesellschaftlichen Ranges gerade im Schadenersatzrecht scheitern muß. Die besten Angebote der Methodologen und Wissenschaftslogiker nutzen nichts, wenn diese Theoriegerüste nicht mit sozialem Inhalt gefüllt werden. „Nur wer klare Zielvorstellungen hat", sagt Weyers, „kann einen wertbewußten Kompromiß schließen"[71].

---

[70] *Hans Albert* nennt diese Auffassung der Dogmatik „realistisch-soziologisch" (Konstruktion und Kritik, 238). Ich würde allerdings die normative Komponente nicht missen wollen — ohne darum ein „Normativist" zu werden.

[71] *Weyers*, Unfallschäden, 635.

3. Kapitel

Die neue rechtspolitische Diskussion

A. Der Angriff

I. „Economic Approach" und sozialpolitische Forderung nach „Versicherung statt Haftung"

1. Die marktwirtschaftliche Zielsetzung des „Economic Approach"

Wenn Unfallschäden das Ausmaß von Kriegsfolgen annehmen, dann wird das Augenmerk automatisch von den Voraussetzungen der dogmatisch richtigen Entscheidung im Einzelfall auf die wirtschaftlichen und sozialen Auswirkungen dieser Entscheidungen gelenkt. Das heißt, die Schadenersatzdogmatik sieht sich zunehmend der Frage nach ihrer Leistungsfähigkeit als volkswirtschaftlicher und sozialer Schadensverteiler ausgesetzt.

Beide Fragestellungen kommen aus den USA. Die erste, volkswirtschaftliche, hat unter der Bezeichnung „economic approach" einiges Aufsehen im angloamerikanischen Rechtsbereich verursacht und wird nunmehr auch in Deutschland diskutiert. Die zweite, sozialpolitische, hat mit der ersten nur den Anlaß und die funktional-rechtspolitische Betrachtungsweise anstelle der bisher üblichen kausal-dogmatischen gemeinsam: In beiden Fällen tritt die Suche nach den Ursachen eines Schadensfalles infolge der Explosion der schädigenden Ereignisse hinter das Bemühen kollektiver Prävention und angemessener Verteilung der Schäden zurück. Das sind dann aber auch schon die einzigen Gemeinsamkeiten. Denn Ziel des economic approach ist die marktwirtschaftlich optimale Schadens- bzw. Kostenverteilung, während die Repräsentanten der „Versicherung statt Haftung"-Bewegung in erster Linie den sozialen Schutz der Betroffenen im Auge haben.

Die Hauptvertreter des economic approach im Deliktsrecht sind Coase, Posner und Calabresi[1]. Gemeinsam ist ihnen die ökonomische Zielset-

---

[1] *Coase*, The Problem of Social Cost, in: 3 J. of Law and Economics (1960) 1 ff.; *Calabresi*, The Costs of Acidents. A Legal and Economic Analysis (1970), *derselbe*, The Decision for Accidents: An Approach to Nonfault Allocation of Costs, 78 Harvard L. R. (1965), 713; *derselbe*, Optimal Deterrence and Acci-

zung, nämlich Minimierung der volkswirtschaftlichen Kosten von Unfällen. Dieses Ziel wollen sie mit den Mitteln einer ökonomischen Schadensprävention und der marktwirtschaftlich richtigen Kostenverteilung erreichen.

Für die Prävention hat Calabresi den Gedanken der „general deterrence" entwickelt. Dieser verzichtet auf die „specific deterrence" mit Hilfe von Verbotsnormen, läßt statt dessen gefährliche Tätigkeiten zu, versieht sie aber mit Haftungsfolgen. Dadurch bleibt dem einzelnen die Wahl: Er kann die gefährliche Tätigkeit aufrecht erhalten und das Kostenrisiko übernehmen — oder diese Tätigkeit einstellen[2].

Der Verzicht auf Verbotsnormen entspricht dem Ansatz des New-Haven-Approach, dem vor allem Calabresi nahesteht. Die Wahlfreiheit des einzelnen Individuums charakterisiert den liberalen Charakter des economic approach. Unterstellt man marktrationales Verhalten, kann es auf diese Weise zur ökonomisch richtigen Verteilung der Risiken kommen.

Diese richtige Verteilung (Allokation) des Schadens bzw. der Kosten ist für das Modell des economic approach freilich Vorfrage. Sie erfolgt nach den Regeln des „cheapest cost avoider". Demnach soll derjenige den Schaden tragen, der ihn mit dem geringsten Aufwand vermeiden kann bzw. überwälzen kann[3]. Während Coase hier einfach auf das idealtypische Marktmodell abstellt, und dieses über die Wahl des cheapest cost avoider entscheiden läßt, geht Calabresi noch von einigen Zusatzüberlegungen aus. Wer das Risiko am besten kontrollieren, am leichtesten versichern und über die Preise weiterleiten kann, der soll es auch tragen[4].

Schon diese Definition des cheapest cost avoider legt es nahe, daß der Kostenträger in den seltensten Fällen ein privater Konsument sein wird. Denn gerade die ökonomische Sicht verlangt ja nach ökonomisch richtigen Zurechnungen. Und da spricht schon die Idee der Versicherbarkeit, der Riskenkontrolle und der Fähigkeit, Kosten weiterzuleiten, sie zu „pulverisieren", wie Hellner das ausdrückt[5], für große wirtschaftliche

---

dents, 84 Yale L. Y. (1975) 656 ff. *Posner*, Economic Analysis of Law (1973). Vgl. auch *J. Prather Brown*, Toward an Economic Theorie of Liability, 2 J. Leg. St. (1973) 323 ff. *Conrad*, The Economic Treatment of Automobile Injuries, 63, Mich. L. R. (1964), 279. Dazu nunmehr *Horn*, Zur ökonomischen Rationalität des Privatrechts, AcP 1976, 329; für das deutsche Recht haben die Ökonomen *Voigt* und *Helms* den Versuch unternommen, eine wirtschaftliche Analyse zu geben: *Voigt/Helms*, Die gesamtwirtschaftliche Problematik steigender Verkehrsunfälle (1970).

[2] *Calabresi*, The Decision for Accidents, 715 ff.; *derselbe*, Optimal Deterrence, 656.

[3] *Calabresi*, Costs of Accidents, 140 ff.

[4] *Calabresi*, ebenda, 161 f.

[5] *Hellner*, Skadeståndsrattensreformering (1967), 697.

Einheiten. Tatsächlich kommen die Vertreter des economic approach daher auch zu gewissen Kollektivisierungen: Die potentiellen Risikoträger werden in einzelnen Gruppen von Unternehmern (Arbeitgeber, Kraftfahrzeughalter usw.) zusammengefaßt[6].

Gleichzeitig kommt es im Modell des economic approach zu einer strikten Objektivierung des Verschuldens. Denn dieses steht einer marktwirtschaftlich richtigen Kostenverteilung sichtlich entgegen: Nach dem Verschuldensprinzip entstehen Schadensallokationen, die der Betroffene weder optimal vermeiden noch marktwirtschaftlich sinnvoll verteilen kann. Also führt der economic approach direkt zur strikten Haftung, d. h. er ist dem Verantwortungsgedanken im alten, individuellen Sinn geradezu diametral entgegengesetzt[7].

Schließlich muß das rein marktwirtschaftliche „risk spreading" auch mit sozialen Gedanken in Widerspruch geraten. So hat beispielsweise Weyers aufmerksam gemacht, daß die ökonomisch richtige Verteilung von Kosten für breite Schichten der Bevölkerung deshalb unmöglich bleiben muß, weil diese auf Grund ihrer marktwirtschaftlichen Position weder die Chance haben, sich marktkonform zu verhalten, noch je marktrationales Verhalten trainieren konnten[8].

Damit stehen sich im Ergebnis auch beim economic approach zwei Prinzipien feindlich gegenüber: Hier das marktwirtschaftliche Verteilungsprinzip des cheapest cost avoider — dort das Sozialprinzip, das zu einer Verteilung der Schäden auf die Allgemeinheit tendiert, und damit der Grundvorstellung marktwirtschaftlicher Allokation widerspricht[9].

2. *Die Sozialisierung des Schadens*

Versucht der economic approach eine Minimierung der volkswirtschaftlichen Kosten von Unfällen über ein rein marktwirtschaftliches Verteilungsmodell, das sozial weitgehend blind ist, so gehen die Vertreter der „Versicherung statt Haftung" umgekehrt vom sozialpolitischen Grundsatz der Gleichbehandlung aller Schäden aus. Das heißt, es soll, wie das Schäfer am deutlichsten formuliert hat, „bei gleicher Schädigung prinzipiell die gleiche Entschädigung" bezahlt werden[10]. Damit

---

[6] *Calabresi*, Costs of Accidents, 286 ff.

[7] *Calabresi*, Costs of Accidents, 256; *derselbe*, Optimal Deterrence, 660.

[8] *Weyers*, Unfallschäden, 532 ff.

[9] So auch ausdrücklich *Calabresi* gegen *Blums* und *Kalven*, Idee einer Sozialisierung der Haftung, *Calabresi*, Some Thoughts on Risk Distribution and the Law of Torts, 70, Yale L. J. (1961), 499 ff. (530).

[10] *Schäfer*, Sozialer Schaden, soziale Kosten und soziale Sicherung (1972) 166, vgl. auch *Schäfer*, in: Soziale Sicherung gegen Unfälle im Straßenverkehr? (1974) 88.

treten die traditionellen Differenzierungen nach der Kausalität des schädigenden Ereignisses hinter den sozialmotivierten Wunsch nach einem möglichst lückenlosen Schutz des Geschädigten zurück.

Auch diese Auffassung kommt interessanterweise aus den Vereinigten Staaten. Sie entstand in den frühen fünziger Jahren und griff dem allgemeinen Wohlstandsgefälle folgend bald auf Frankreich, die Schweiz und Deutschland über. Bevorzugter Gegenstand der Erörterung war dabei der Kfz-Unfall.

Dazu erlangten internationale Bedeutung und Bekanntheit unter anderem der Ontario-Plan, Ehrenzweigs „Full-Aid-Insurance", die Vorschläge der Professoren Keeton und O'Conell und der Project Tunc[11].

In Deutschland haben nunmehr vor allem V. Hippel und Güllemann entsprechende Vorschläge zur Umgestaltung der Kfz-Haftpflicht gemacht[12]. Für die Schweiz und Schweden legten Bosonnet bzw. Hellner derartige Arbeiten vor[13]. Die Pläne von Möller, Sieg, Hannak und einer

---

[11] Ontario Legislative Assembly, Final Report (1963); *Albert Ehrenzweig*, „Full-Aid-Insurance for the Traffic Victim — A Voluntary Compensation Plan, 43 Cal. L. Rev. (1965) 1; *Keeton/O'Connell*, Basic Protection for the Traffic Victim — A Blueprint for Reforming Automobile Insurance (1965); *Tunc*, La sécurité routière. Esquisse d'une loi sur les accidents de la circulation (1966); *derselbe*, Traffic Accident Compensation; International Encyclopedia of Comparative Law XI Torts (1971); dazu *Atiya*, Accidents, Compensation and the Law (1960); *Blum/Kalven*, Publik Law Prospectives on a Private Law Problem — Auto Compensation Plans (1965). *Ison*, The Forensic Lottery, A Critique on Tort Liability as a System of Personal Injury Compensation (1967).

Bombough, The Department of Transportation's Auto Insurance Study on Auto Accident Compensation Reform, 71 Col. L. Rev. (1971) 207 ff. *Rokes*, No-Fault Insurance (1971). *Coombs*, The Massachusetts Experience under No-Fault; Ins. L. J. (1973), 69 ff.

[12] *Eike von Hippel*, Schadensausgleich bei Verkehrsunfällen. Haftungsersetzung durch Versicherungsschutz (1968); *Güllemann*, Ausgleich von Verkehrsunfallschäden im Lichte internationaler Reformprojekte (1969); *derselbe*, Der Ausgleich von Verkehrsunfallschäden — ein ungelöstes Problem, ZRP 7 (1974) 35; auch von beachtlicher dogmatischer Dimension ist da die Untersuchung von *Weyers*, Unfallschäden. Sein „Diskussionsbeitrag" wird noch gesondert zu behandeln sein. Dazu *Gitter*, Schadensausgleich im Arbeitsunfallrecht (1969). *Wannapert*, Zum Versicherungsschutz der Arbeits- und Straßenverkehrsopfer, in: FS-Schnorr v. Carolsfeld (1972) 497 ff. *Plumeyer*, Reform des Schadensausgleichs bei Verkehrsunfällen, in: 11. Deutscher Verkehrsgerichtstag (1973), 47 ff. *O'Connell/Grunwald*, No-Fault Kfz-Versicherung für Deutschland? ZVersWiss 1974, 277 ff. *Krause*, Das Risiko des Straßenverkehrsunfalles, Zuordnung und Absicherung (1974). Soziale Sicherung gegen Unfälle im Straßenverkehr? Schriftenreihe des deutschen Sozialgerichtsverbandes 13 (1975). *Bartsch*, Die Harmonisierung des Kfz-Haftpflichtrechts als Beispiel europäischer Rechtspolitik, ZRP (1975) 240 ff. *Baumann*, Soziale Sicherung gegen Unfälle im Straßenverkehr, Vierteljahresschrift für Sozialrecht 3 (1975) 1 ff.

[13] *Bosonnet*, Haftpflicht- oder Unfallversicherung? Ersatz der Haftpflicht des Motorfahrzeughalters durch eine generelle Unfallversicherung der Verkehrsopfer (1965). *Hellner*, Tort Liability Insurance (1962); *derselbe*, The New Swedish Tort Liability Act, 22 Am. Comp. L. (1974) 1 ff.

Reihe anderer Autoren, die weniger radikal sind, liegen noch einige Zeit zurück[14]. Gemeinsames Ergebnis dieser Pläne ist die mehr oder weniger vollständige Ersetzung des individuellen Schadensrechts für Kfz-Unfälle durch kollektive Vorsorgeträger.

In letzter Zeit zeichnet sich aber auch eine Tendenz zur Erweiterung solcher versorgungspolitischen Lösungen über den Bereich der Kfz-Unfälle hinaus ab. So hat Neuseeland am 20. 10. 1972 als erstes Land eine allgemeine Volksunfallversicherung eingeführt, die alle Personenunfälle ohne Rücksicht auf die jeweiligen Ursachen entschädigt[15]. Dabei werden sämtliche unfallbedingten Aufwendungen sowie 80 % des Verdienstausfalles bis zu einer bestimmten Höchstgrenze gedeckt. Demnächst soll auch in Australien eine ähnliche Volksversicherung realisiert werden[16]. Schäfer und Kötz befürworten eine derartige Entwicklung auch Deutschland[17].

Diese erst am Anfang stehende Diskussion[18], an der sich in Österreich bisher nur Koziol beteiligt hat, scheint nun in vielfacher Hinsicht bedeutsam zu sein. Zum ersten, was die Intensität der Kritik am herkömmlichen System betrifft. Diese Kritik ist nicht nur äußerst scharf und radikal, sondern erstmals auch bewußt rechtspolitisch angelegt und auf weiten Strecken empirisch untermauert.

Die zweite Bedeutung scheint mir in der klaren Priorität zu liegen, welche der Idee der sozialen Sicherheit eingeräumt wird. Hier ist der Pendelschlag zum theoretischen Konzept des BGB-Liberalismus nahezu total: Während das dort vertretene individuelle Schadensrecht die Frage nach der sozialen Tragfähigkeit des Schadens fast vollständig ausgeklammert hat, klammern nun die neuen Pläne die Idee des verursachten Schadens und der individuellen Zurechnung zumindest auf weiten Strecken aus. Damit dürfte der Gegensatz zwischen individueller und kollektiver Gestaltung immer deutlicher zugunsten der letzteren ausgestanden sein.

Die Bedeutung dieses Wandels läßt sich wahrscheinlich kaum auf Kfz-Unfälle lokalisieren. Tatsächlich befürchten viele Vertreter der traditionellen Dogmatik bereits eine Infektionsgefahr. So vermerkt von

[14] *Hans Möller*, JW 1934, 1076; *Sieg*, Haftungsersetzung durch Versicherungsschutz, ZHR 113 (1950) 95; *Hannak*, Die Verteilung der Schäden aus gefährlicher Kraft (1960).

[15] Siehe nun *Harris*, Accident Compensation in New Zealand: A Compensation Insurance System, 37 Mod. L. Rev. (1974), 361 ff.

[16] Siehe bei *Kötz*, Sozialer Wandel im Unfallrecht (1976), 42 Anm. 61.

[17] *Schäfer*, Sozialer Schaden, soziale Kosten und soziale Sicherung (1972); *Kötz*, Sozialer Wandel; vgl. auch *Horn*, Zur ökonomischen Rationalität des Privatrechts, AcP 1976, 239 f.; ebenso: *O'Connell/Grünwald*, No-Fault Haftung für schädigende Produkte und Dienstleistungen, ZVersWiss (1974), 475.

[18] *von Caemmerer*, Reform, 9: „Die Diskussion hat kaum noch begonnen."

Caemmerer, daß „das gleiche System (gemeint: der Haftungsersetzung durch Versicherung) ganz allgemein auf alle Unfälle erstreckt werden kann und muß“[19].

Die entscheidende Frage ist dann aber, ob die Idee der individuellen Zurechnung bei einer derartigen Erweiterung überhaupt noch eine Chance hat. Kenner wie Fritz Hauss neigen zu düsteren Prognosen: „Ob das privatrechtliche Schadenersatzrecht überhaupt noch entwicklungsfähig ist“ und ob es nicht durch das Gespenst eines „zentral gelenkten Apparats“ der öffentlichen Versicherungen verdrängt werde, der dann „wesentliche Aufgaben des abdankenden Haftungsrechts übernimmt[20].“

Die dritte Bedeutung der neuen Pläne, nämlich als Instrument einer angemessenen Neuordnung der Kfz-Unfälle selbst, ist für die gegenständliche Untersuchung nur insofern relevant, als die Befriedigung der dort engagierten Interessen natürlich ganz entscheidende Auswirkungen auf das gesamte Haftpflichtrecht haben wird. Überlegt man, in welchem Ausmaß die heutige Schadensersatzdogmatik bereits eine „Kfz-Dogmatik“ geworden ist, so kann man ruhig behaupten, daß das rechtliche Schicksal der Kfz-Unfälle mit dem Schicksal des gesamten Schadenersatzrechtes untrennbar verknüpft ist.

Wir werden daher im folgenden der Diskussion um die neuen Pläne ganz bewußt breiteren Raum geben. Dabei wollen wir uns zunächst mit den Argumenten der „Reformer“ beschäftigen und anschließend mit den Gegenargumenten der traditionellen Dogmatik. Weiters sollen die Grundzüge der wichtigsten Pläne skizziert und mit den Stellungnahmen der herrschenden Ansicht verglichen werden. Schließlich wird der Ertrag dieser Diskussion unter jenen drei Aspekten zu beurteilen sein, die oben genannt wurden: Gewicht der Kritik, Bedeutung für die Entwicklung des gesamten Schadenersatzes und Angemessenheit der konkreten Lösungen für das Problem der Kfz-Unfälle.

II. Die Argumente der „Reformer“

Es ist nicht ganz angemessen, alle jene Stimmen, die sich für eine Erneuerung des Kfz-Haftpflichtrechts aussprechen, in einen Topf der „Reformer“ zu werfen. Dazu ist die Spannweite ihrer Argumente eigentlich zu groß. Sie reicht von der punktuellen Korrektur im Rahmen des bestehenden Systems über Vorschläge für eine versicherungsrechtliche basic protection mit vorangehender oder nachfolgender individuellen Zurechnung bis hin zur vollständigen Ersetzung des herkömmlichen Schadensausgleichs durch kollektive Lösungen. Gemeinsam ist allen

[19] Ebenda, Reform 7.

[20] *Hauss*, ZVersWiss 1967, 166.

Vorschlägen freilich eine kritische Bestandsaufnahme des „law in action" und seine nicht minder kritische Gegenüberstellung mit dem „law in the books".

Diese gemeinsame kritische Haltung rechtfertigt aber die Zusammenfassung der einzelnen Autoren unter die Sammelbezeichnung „Reformer" zumindest im Bereich der kritischen Bestandsaufnahme. In diesem ersten Teil werden wir uns überwiegend an deutsche Autoren halten. Bei den Plänen kommen auch die Vertreter ausländischer Rechtsordnungen stärker zu Wort. Damit soll dem Vorwurf begegnet werden, daß Kritik an anderen Systemen mit der Kritik am System des BGB vermischt wird.

1. Mangel: „Deckungslücken"

Güllemann, einer der Befürworter der Versicherungslösung, zitierte unlängst eine Untersuchung des soziologischen Instituts der Freien Universität Berlin, wonach Verkehrsunfälle mit tödlichem Ausgang regelmäßig zu einer empfindlichen Minderung des Lebensstandards der Hinterbliebenen führen[21].

Nur 8 % der Hinterbliebenen würden in ihren Ansprüchen voll befriedigt; 33 % erhielten abschlägige Bescheide und 59 % müßten sich mit geringeren Beträgen als ihren tatsächlichen Schaden begnügen.

Weiters mußten nach dieser Untersuchung 30 % der Befragten Ersparnisse auflösen, 17 % Besitz verkaufen, 7 % einen Betrieb aufgeben. Eine ähnliche Statistik hat für Frankreich Tunc vorgelegt. Danach bleiben 24 % aller Unfallopfer ohne Entschädigung, weitere 26 % erhalten maximal die Hälfte ihrer Ansprüche vergütet.

Güllemann führt diese Lage in erster Linie auf die soziale Unzulänglichkeit des gegenwärtigen Haftungssystems zurück. So fallen seiner Meinung nach „durch das Netz zivilrechtlicher Haftung"[22]:

1. Unfallschäden, die sich ohne Fremdbeteiligung ereignen.
2. Unfallschäden, für die ein Dritter haftpflichtrechtlich nicht, bzw. nicht voll verantwortlich gemacht werden kann.
3. Unfallschäden, bei denen der an sich Haftpflichtige nicht zu ermitteln ist.
4. Unfallschäden, bei denen die Haftpflicht an der Beweislage scheitert.

---

[21] *Güllemann*, ZRP 1974, 35; *Claessens/Schrader/Höbich/Zietschmann*, Straßenverkehrsunfälle als Massenphänomene. Soziale Konsequenzen tödlicher Verkehrsunfälle (1970) insbes. 74 ff.

[22] *Güllemann*, ZRP 1974, 36 ff.; *derselbe*, Reformprojekte, 103 ff.; *von Hippel*, Schadensausgleich, 10 ff.

5. Unfallschäden, bei denen die an sich bestehenden Ansprüche mangels Liquidität nicht realisierbar sind.

a) Verkehrsunfälle ohne Fremdbeteiligung

Solche Unfälle ereignen sich sehr häufig. So waren es in Deutschland 1969 über 45 000 Unfälle mit Personenschäden die aufgrund von Alkohol am Steuer entstanden; fast 6 000 Schäden waren auf Ermüdung, körperliche oder gesundheitliche Beeinträchtigung des Fahrers zurückzuführen[23].

Ebenso bedeutsam sind nach Ansicht von Hippels jene Unfälle, deren Hauptursache in schlechten Witterungsverhältnissen (1969: 35 546 Unfälle) und unzureichenden Sicherungsmaßnahmen der Behörden begründet sind[24]. Zu den letzteren zählt man fehlende Hinweistafeln auf Gefahren, falsche Ampelschaltungen, unübersichtliche Beschilderung, ungenügende Wartung von Straßen und mangelhafte Verkehrskontrolle. Schließlich ereignen sich angeblich rund 300 000 Wildunfälle pro Jahr mit durchschnittlich 30 Toten und einer großen Zahl von Schwerverletzten[25].

In allen diesen Fällen sei es unerträglich, daß der verunglückte Fahrer und meist auch die sonstigen Insassen keinerlei Ersatzansprüche hätten. Haftpflichtansprüche der mitfahrenden Angehörigen, denen der Versicherungsnehmer Unterhalt schuldet, seien ausdrücklich vom Versicherungsschutz ausgenommen (§ 11 Nr. 4 AKB)[25a]. Andere hätten bei unentgeltlicher Beförderung nur Ansprüche im Falle des nachgewiesenen Verschuldens.

b) Verkehrsunfälle, für die niemand voll verantwortlich gemacht werden kann

Die erste Deckungslücke entstehe hier schon aus dem Rückgriffsrecht des Versicherers im Innenverhältnis bei erkennbaren Mängeln des Fahrzeuges, die eine Gefahrenerhöhung darstellen.

Eine weitere empfindliche Lücke schaffe das Straßenverkehrsgesetz durch seine Begrenzung der Haftung bei „unabwendbarem Ereignis". Wer auf nichterkennbarer Ölspur schleudert, weiters auf Glatteis, bei Nebel, Nieselregen und dergleichen einen Unfall verursacht, wäre von der Judikatur wegen dieser „unabwendbarer Ereignisse" von einer Haftung befreit[26].

---

[23] *Güllemann*, ZRP 1974, 37.

[24] *von Hippel*, Schadensausgleich, 11.

[25] *Güllemann*, ZRP 1974, 38.

[25a] Dagegen nunmehr *Feyves*, Angehörigenklausel im Interessenwiderstreit, VersRecht 1976, 353.

[26] *von Hippel*, Schadensausgleich, 10 ff.; *Güllemann*, Reformkonzepte, 121 f.

Weiters genüge — anders als im Schweizer Recht, das einen schweren Schuldvorwurf voraussetzt — das bloße „Verhalten des Verletzten oder eines Dritten“, um den Anspruch zu beseitigen. Daher müsse ein Kind, das hinter parkenden Fahrzeugen plötzlich herausläuft, um seinen Ball zu verfolgen, trotz seiner fehlenden Deliktsfähigkeit für diese „Verursachung“ haften[27]. Ebenso wurde einem Fußgänger, der auf einem schlecht ausgebauten Fußweg stürzte und vom Kotflügel eines vorbeifahrenden Kfz erfaßt wurde, eine Entschädigung versagt[28].

Der BGH hat entschieden, daß ein Motorradfahrer, der kurz nach einem Überholvorgang auf der Straßenmitte stürzte und von dem nachkommenden Kfz angefahren wurde, ein „unabwendbares Ereignis“ sei[29].

Deckungslücken sehen die Reformer aber auch dann, wenn die Ansprüche des Verletzten durch sein Mitverschulden bzw. seine mitwirkende Betriebsgefahr gekürzt werden.

c) Verkehrsunfälle, bei denen die Ansprüche an tatsächlichen Schwierigkeiten scheitern

Hierher zählen die Reformer jene Fälle, wo der Schädiger Fahrerflucht begeht, nicht mehr zu ermitteln ist, oder wo infolge von Beweisschwierigkeiten ein Schadenersatzanspruch nicht entstehen kann. Im ersten Fall deckt in Deutschland allerdings ein von allen Kfz-Versicherern unterhaltener Fonds zumindest einen Großteil der Personenschäden. Sachschäden werden freilich nur in sogenannten „Kulanzfällen“ ersetzt[30].

d) Verkehrsunfälle, bei denen bestehende Ansprüche nicht liquidiert werden können

Man rechnet in Deutschland damit, daß sich 10 bis 15 % aller Unfälle auf das Verschulden von Fußgängern und weitere 5 bis 10 % auf das Verschulden von Radfahrern zurückführen lassen[31]. Da beide Gruppen keiner Versicherungspflicht unterliegen, schwebt über solchen Ansprüchen regelmäßig das Damoklesschwert der mangelnden Liquidität.

Umgekehrt bemängeln die Reformer aber auch die Existenzbedrohung der Fußgänger und Radfahrer mit ruinösen Forderungen. Von Hippel zitiert dazu einen Fall aus der deutschen Praxis. Ein Autofahrer will einem 7jährigen Mädchen ausweichen, das seinem Ball nachläuft. Dabei stürzt er in einen 1 m tiefen Bach, aus dem er sich wegen seiner Verletzungen nicht retten kann und ertrinkt. Die Eltern des Kindes, einfache

---

[27] BGH VersR 1961, 229.

[28] LG Würzburg, VersR 1955, 143.

[29] BGH VersR 1963, 1045.

[30] *Güllemann*, ZRP 1974, 38.

[31] *Weyers*, Unfallschäden, 52.

Leute, müssen den Hinterbliebenen des Ertrunkenen Schadenersatz leisten. Dadurch wird das Gehalt des Familienvaters von DM 1 500,— monatlich auf 15 Jahre hinaus bis auf DM 470,— monatlich gepfändet[32].

e) Kein ausreichender Schutz durch die soziale Vorsorge

aa) Nicht die gesamte Bevölkerung sei sozialversichert

Nach den Angaben von Weyers sind etwa 85 % der Bevölkerung gegen die Folgen von Krankheit, Invalidität, Arbeits- und Wegeunfälle sowie Tod gesichert[33]. Dazu kommt der Anspruch auf 6wöchige Lohnfortzahlung im Krankheitsfall gegen den Arbeitgeber, der rund 75 % der Erwerbstätigen zusteht. Etwa 8 % der Erwerbstätigen dürften als „mithelfende Familienangehörige" in etwa gleich gesichert sein. Rund 10 % der Bevölkerung sind in Deutschland nicht sozial, aber privat versichert. Jedoch fehlen über den Umfang privater Verdienstausfall-, Invaliditäts- und Todesvorsorge alle statistischen Unterlagen.

bb) Die Sozialversicherung ist umfänglich beschränkt und kommt im vollen Umfang nur den Versicherungsnehmern selbst zu[34]

So erhält der Verletzte für den Ausfall seiner Arbeitskraft nur 6 Wochen hindurch die volle Höhe seines Arbeitseinkommens. Danach entsteht bei langer Arbeitsunfähigkeit ein rapider Einkommensverlust. Das Durchschnittseinkommen in Deutschland betrug 1970 DM 1 200,— im Monat. Die durchschnittliche Arbeiterrente erreichte jedoch nur DM 257,— monatlich. Hinzu kommt, daß diese Rente nur nach einer „Wartezeit" von 60 Kalendermonaten gebührt[35].

Erheblich günstiger ist die Lage bei Wegeunfällen nach der gesetzlichen Unfallversicherung. Die Renten aus der Unfallversicherung gebühren ohne Wartezeit und reichen — allerdings vom Grad der erlittenen Erwerbsunfähigkeit abhängig — bis zu 85 % des letzten Arbeitseinkommens. Den erwähnten Schutz genießen auch die Angehörigen und Hinterbliebenen. Allerdings liegt die Quote der Verkehrsunfälle, die als Wegeunfälle anerkannt werden, laut Güllemann unter 4 % aller Unfälle mit Personenschäden[36].

Sehr abgeschwächt infolge ihres niedrigen Lohnniveaus ist der soziale Schutz der rund 10 Millionen berufstätigen Frauen in Deutschland. Un-

---

[32] VW 1967, 1440; dazu *von Hippel*, Schadensausgleich, 28 Anm. 3; *Güllemann*, ZRP 1974, 37; vgl. BGH NJW 1968, 249.

[33] *Weyers*, Unfallschäden, 64 ff.

[34] Vgl. dazu nunmehr *Krause*, Das Risiko des Straßenverkehrsunfalls — Zuordnung und Absicherung (1974), 31 f., 44 f., 77 f. und 85. Weiters *Schäfer*, in: Soziale Sicherung gegen Unfälle im Straßenverkehr? (1975), 85.

[35] *Gitter*, Schadensausgleich im Arbeitsunfallrecht (1969) 159 ff.

[36] *Güllemann*, ZRP 1974, 39.

genügend geschützt seien weiters die nicht erwerbstätigen Familienmitglieder, vor allem die Hausfrau[37].

Weiters beschränkt ist der Schutz der sogenannten „Selbständigen", wobei hier der Name meist täuscht[38]: Ein Hauptkontingent stellen die kleinen Gewerbetreibenden und Greißler, die meist keinen Anspruch auf die soziale Krankenversicherung haben. Weiters erwähnt Güllemann Kinder, Jugendliche und solche Personen, die durch den Verkehrsunfall körperlich oder geistig bleibend behindert werden. Ihre Zahl wird für Deutschland mit 100 000 angegeben[39]. Für den Ersatz von Schmerzensgeld und für Sachschäden sind in der sozialen Vorsorge überhaupt keine Vorkehrungen getroffen.

2. *Mangel: Fehlende Berücksichtigung der individuellen Verantwortung im gegenwärtigen System*

Nahezu alle Reformer sind sich einig, daß das überkommene System der individuellen Verantwortung kaum noch Rechnung trägt[40]. Im einzelnen werden folgende Tendenzen festgestellt:

a) Tendenz zur Objektivierung des Verschuldens

Das bürgerliche Recht selbst kenne nur einen Fall der verschärften Haftung für die Zurechnung von Unfallfolgen, nämlich die Haftung für Luxustiere nach § 833 BGB. Diese Zurückhaltung des BGB entspreche der Auffassung der Jahrhundertwende, wonach man geneigt war, vieles als Schicksalsschlag hinzunehmen[41].

Heute habe sich die soziale Einstellung entschieden gewandelt. Auch derjenige, der einen Fehler begeht, soll haften. Jedenfalls dann, wenn er versichert ist, oder wenn ihm eine Versicherung zugemutet werden kann. Dieser Einstellungswandel vollziehe sich Schritt für Schritt. Am Beginn stehe das Reichshaftpflichtgesetz 1871, am Ende gegenwärtig einstweilen das Atomgesetz 1959.

Tatsächlich könne diese Auffassung nicht im Rahmen der gesetzlichen Kasuistik isoliert bleiben. Auch außerhalb der Spezialgesetze verschärften sich die Haftungen jedenfalls dort, wo sie finanziell zumutbar er-

---

[37] Ebenda, ZRP 1974, 39; dazu *Meyer/Harter*, Die Stellung der Frau in der Sozialversicherung, Lageanalyse und Reformmöglichkeit (1974). *Bogs*, Die sozialrechtliche Stellung der nichtberufstätigen Hausfrau, NJW 1968, 1649 ff. *Gitter*, Welche rechtlichen Maßnahmen sind vordringlich, um die tatsächliche Gleichstellung der Frau mit den Männern im Arbeitsleben zu gewährleisten? Gutachten D zum 50. DJT (1974) D 121 ff.

[38] Dazu *Weyers*, Unfallschäden, 74.

[39] *Güllemann*, ZRP 1974, 39.

[40] *von Hippel*, 25 ff. *Güllemann*, ZRP 1974, 39; *Tunc*, sécurité routière, 13, 26; *derselbe*, Haftpflicht-Colloquium, 208 ff.

[41] *Weyers*, Unfallschäden, 80.

scheinen: Beim gewerblichen Unternehmer, bei öffentlichen Gebietskörperschaften, bei versicherten Tätigkeiten[42].

Je mehr das Verschulden aber seiner subjektiven Komponente beraubt werde, desto fragwürdiger werde der Hinweis auf die „Verantwortung“[43]. Tunc hat aufmerksam gemacht, daß zum Beispiel ein Kraftfahrer nach einer Untersuchung der Weltgesundheitsorganisation im Durchschnitt alle 3 km einen Fehler macht[44]. Wer diesen Fehler zum entscheidenden Kriterium für Ersatz oder nicht Ersatz erhebe, könne kaum noch mit irgendeiner Präventionswirkung rechnen. Denn in Wahrheit seien die meisten Unfälle heute „une conjonction malheureuse de circonstances“[45].

b) Herrschaft des Zufalls

Sind aber die meisten Schäden heute das Ergebnis der Verquickung „unglücklicher Umstände“, so herrsche in Wahrheit nicht das Verschulden, sondern eben das Unglück, der Zufall. Selbst der ausgezeichnetste Kraftfahrer könne gerade im entscheidenden Moment einen Fehler machen, während einem sehr schlechten Lenker jahrelang das Glück beschieden sein könne, keinen Unfall zu haben[46]. Hinzu komme, daß man sehr oft erst lange Zeit nach dem Unfall prüfe, ob sich jemand bei Glatteis richtig verhalten hat, ein regnerisches Wetter richtig einschätzte, und sich einem über die Straße laufenden Hund gegenüber richtig verhielt. Wenn derartige Dinge aber darüber entschieden, ob eine ganze Familie versorgt bleibt, oder ob sie in Armut leben muß, so sei ein solches System nicht nur „irrationell“, sondern sogar barbarisch[47]. Von einer „gerechten Lastenverteilung“ (Güllemann) könne keine Rede mehr sein[48]. Ähnlich scharf urteilte schon Albert Ehrenzweig. Auch er meint, daß das Verschulden durch die Praxis bereits zu einer „negligence without fault“ herabgemindert worden sei. Eine solche bloß „technisch unrichtige Reaktion in der Argonie des Zusammenstoßes“ werde oft erst Jahre nach dem Urteil rekonstruiert. Dadurch komme es zu einem „gefährlichen Schauspiel ... in dem Richter, Anwälte, Parteien und Zeugen sich mit Hilfe von Rechtsvorträgen, technischen Sachverstand und Meineid täglich darum bemühen, Monate oder Jahre nach einem Unfall einen Sachverhalt festzustellen, dessen Ablauf selbst im Augenblick seines Geschehens nicht feststellbar gewesen wäre“[49].

[42] Ebenda, 91.
[43] So schon *Esser*, Grundlagen (1941) 41.
[44] *Tunc*, sécurité routière, 34.
[45] *Tunc*, Haftpflicht-Colloquium, 19.
[46] Ebenda, 21 f.
[47] Ebenda, 213.
[48] *Güllermann*, ZRP 1974, 35.
[49] *Albert Ehrenzweig*, Ersatzrecht-Versicherung, in: Internationales Versicherungsrecht, FS-Ehrenzweig (1955), 9 (13).

c) Fehlende Beziehung zwischen der Schwere des Verschuldens und dem Umfang der Haftung

Tunc weist darauf hin, daß das traditionelle System des Verschuldens schon im Ansatz verfehlt sei. Soll von ihm eine Anregung für das Verantwortungsgefühl ausgehen, dann müsse es eine Beziehung zwischen der Schwere des Verschuldens und dem Umfang des Ersatzes geben. Das sei aber nach herrschender Ansicht niegendwo der Fall. Selbst bei vorsätzlicher Tat fehle eine solche Beziehung. Schlägt ein sorgfältig vorbereiteter Mord fehl und wird das Opfer nur leicht verletzt, so richte sich die Haftpflicht nach dem eingetretenen Schaden und nicht etwa nach der Schwere des Verschuldens[50].

Ähnlich beklagt von Hippel, daß dem nicht versicherten Verkehrsteilnehmer eine völlig unproportional scharfe Haftung auferlegt sei, da er stets für alle nur denkbaren Folgen einstehen müsse[51].

d) Mythos des Verschuldens

Sei das Verschulden durch seine fehlende Proportionalität schon theoretisch fragwürdig, so werde es vollends kanalisiert durch die Haftpflichtversicherung. Der Autofahrer sei heute vergleichbar mit jenem reichen Römer, von dem Aulus Gellius berichtet, daß er gerne in den Straßen Roms umherging, um die Passanten zu ohrfeigen, wobei ihm ein Sklave nachfolgte, der sofort die kompensatorischen Sesterzen bezahlte. Komme es heute zu einem Kfz-Unfall, so brauche der Autolenker nur noch die Karte seines Versicherers „auf den Leib seines Opfers zu legen". Alles übrige erledige bereits das Kollektiv[52]. Das führe zwangsläufig zu einem „fortwährenden Verfall der individuellen Haftung" (Güllemann, Viney)[53].

Denn selbst bei grober Fahrlässigkeit übernimmt der Versicherer die Schadensbezahlung ohne Anspruch auf Regreß. Ja sogar bei Trunkenheit am Steuer bleibe der Versicherte ungeschoren. Damit habe sich der Gedanke der persönlichen Haftung[54] zu einem bloßen „Mythos" verflüchtigt[55]. Ähnliche Auswirkungen habe schließlich auch die staatliche Sozialversicherung, die in einigen Ländern wie Schweden und England auch keinerlei Regreß mehr gegen den Schädiger nimmt[56].

---

[50] *Tunc*, Haftpflicht-Colloquium, 20.

[51] *von Hippel*, Schadensausgleich, 27 ff.

[52] *Tunc*, Haftpflicht-Colloquium, 10.

[53] *Güllemann*, ZRP 1974, 39; *Viney*, Le Déclin de la Responsabilité individuelle (1965).

[54] BGHZ 7, 311.

[55] *Tunc*, Haftpflicht-Colloquium, 30; *von Hippel*, Schadensausgleich, 25 ff.

[56] *von Hippel*, Schadensausgleich, 36.

e) Auswirkungen auf Nichtversicherte

Die Reste des Verschuldensbegriffs wirkten wie „mehr oder weniger verständliche Inseln in einer Flut von Versicherung und sozialer Sicherheit“ (Tunc)[57]. Diese Situation könne nicht ohne Auswirkungen auf die Nichtversicherten bleiben. Auch die Rechtsprechung sei von der Idee der sozialen Sicherheit nicht verschont geblieben. Sie versuche heute, die Haftung möglichst vom Geschädigten weg hin zu dem Versicherten zu transferieren. Daher werden heute oft sogar grobes Verschulden von Fußgängern und Radfahrern übersehen, wenn es daneben auch noch einen fehlerhaft handelnden Haftpflichtversicherten gibt. Damit verschiebe sich das Risiko von der „Gruppe der Nichthaftpflichtversicherten“ generell zur Gruppe der Kraftfahrer (Güllemann)[58]. Gleichzeitig zeige sich die Tendenz, das Mitverschulden unversicherter Personen fallen zu lassen, um auch ihnen vollen Schutz zu gewähren[59].

f) Verschulden als sozialer Begriff?

Den weitest gehenden Schluß aus dem Gesagten zieht Tunc. Nach eingehender Diskussion auch jener jahrzehntelang in Frankreich umstrittenen Frage der Haftung des Geistesgestörten, die dort erst 1968 durch eine Neufassung des Artikels 489 Abs. 2 gesetzlich verankert wurde, kommt er zu dem Schluß, daß das Verschulden ein „rein sozialer Begriff“ (une notion purement sociale) sei[60].

Tunc meint, daß die Idee, der Mensch müsse für das, was er anrichtet, auch einstehen, nur bei gewollten Verfehlungen Geltung haben könne (pour les fautes délibérées). Dann nur steht dem Täter die Wahl offen. Anders bei bloßen Fehlern. Nicht von ungefähr seien Versicherungen absichtlicher Vergehen gesetzeswidrig, Autoversicherungen hingegen sogar obligatorisch. Im übrigen ließe sich auch aus der Ethik nichts anderes gewinnen. Die Ethik könne sinnvoll die Beurteilung von Menschen durch Menschen nicht fordern, denn dies sei im Grunde unmöglich. Daher verlange eine als Sozialethik (morale sociale) verstandene Ethik weit mehr, nämlich ein solidarisches Eintreten gegenüber Unfallschäden, denen der Mensch täglich ausgesetzt ist. Diese Solidarität könne einer mechanischen Anwendung der Verschuldenshaftung entgegenstehen. Sie werde daher im Recht der „sécurité sociale“ weitgehend beseitigt[61].

---

[57] *Tunc*, Haftpflicht-Colloquium, 14.

[58] *Güllemann*, Reformprojekte, 115.

[59] *Weyers*, Unfallschäden, 82, 91; *Güllemann*, Reformprojekte, 125; *Tunc*, Haftpflicht-Colloquium, 208 ff.

[60] *Tunc*, Haftpflicht-Colloquium, 20.

[61] Ebenda, 20.

3. Mangel: Koordinationsschwierigkeiten im System der „dreigliedrigen Haftungsgründe"

Die herrschende Ansicht sei sich nicht ganz einig, wie vielgliedrig oder -spurig das gegenwärtige System des Schadensersatzrechtes ist. Die einen würden von „zweispuriger Haftung" (Esser) reden, die anderen von drei Spuren — nämlich Verschuldenshaftung, Gefährdungshaftung und soziale Vorsorge (Marschall von Bieberstein[62]). Sicher sei jedenfalls, daß vieles in diesem System parallel laufe. Und das führe, wie die Reformer meinen, zu Schwierigkeiten[63]. In einzelnen sind es vor allem folgende:

a) Mehrfache Deckung desselben Versicherungsrisikos; Kumulierung, Konkurrenz- und Regreßprobleme,

b) Schadensteilungsabkommen,

c) Auswirkungen auf das Haftpflichtrecht.

a) Mehrfache Deckung des selben Versicherungsrisikos

Infolge des ungelösten Nebeneinanders von Haftpflicht und sozialer Vorsorge seien zahlreiche Risken mehrfach gesichert. So fielen etwa 75 % aller Pkw-Besitzer sowohl unter die staatliche Sozialversicherung als auch unter die private Haftpflichtversicherung. Weitere 35 % würden eine private Insassenversicherung und etwa 70 % eine zusätzliche Feuerversicherung abschließen. Dadurch entstehe nicht nur ein ungeheurer Personalmehraufwand und damit verbunden Mehrkosten, es entstehe auch das dogmatische Problem, wer den Schaden endgültig zu tragen habe[64].

Die Lösungen seien höchst verschieden. In der privaten Personenversicherung, also insbesondere in der Insassenversicherung, der Unfall- und Krankenversicherung gilt der Grundsatz der Kumulation: Der Versicherungsnehmer darf sich bereichern[65]. Der Grund dafür ist eher historisch: Die Personenversicherung galt stets als Summenversicherung, für die es auf die konkrete Schadenshöhe von jeher nicht ankam.

In der öffentlichen Personenversicherung (Sozialversicherung) hingegen, die zwar auch als Summenversicherung verstanden werde (Pauscha-

---

[62] *Esser*, JZ 1953, 129; *Marschall von Bieberstein*, VersR 1968, 509.

[63] *von Hippel*, Schadensausgleich, 30 ff.; *Weyers*, Unfallschäden, 103 ff.; *Güllemann*, ZRP 1974, 36: „disparate Regelwerke".

[64] *Güllemann*, Reformprojekte, 128. Vgl. nunmehr auch *v. Hippel*, Reform des Regresses der Sozialversicherer, ZRP 1972, 49 ff. *Migsch*, Zum schadensrechtlichen Stellenwert der Sozialversicherung in Österreich ZVR 1976, 101 ff. *Schuhmacher*, Schadenersatz und soziale Sicherheit, ÖJZ 1976, 477 ff. Ein Spezialproblem der fehlenden Verzahnung bei *Steininger*, Schadenersatz bei Arbeitsunfällen, GedS-Gschnitzer, 393 ff.

[65] *Marschall von Bieberstein*, Reflexschäden und Regreßrechte (1967), 151 ff.

lierung), gelte hingegen das Prinzip der Anspruchskonkurrenz. Die private Schadensversicherung schließlich bekenne sich zum Mittel der gesetzlichen Zession (§ 67 VVG) und tritt damit in die Forderung des Geschädigten ein.

In allen drei Fällen ließe sich aber zeigen, daß die doppelte Deckung des Risikos jedenfalls einen der Beteiligten bevorzugt: Bei der Anrechnung der Versicherungsleistung ist es der Schädiger, beim Anspruchsübergang der Versicherer und bei der Kumulation ist es der Geschädigte[66].

Weiters wird darauf aufmerksam gemacht, daß die Regresse in der Praxis keineswegs so reibungslos abliefen, wie sich das die Theorie bisweilen vorstellt[67]. Hauptquellen der Schwierigkeiten seien:

— die Pauschalierungen der Sozialversicherung,

— das Quotenvorrecht der Sozialversicherung,

— Kumulierungsenklaven,

— der Rückgriff gegen Angehörige.

aa) Die Pauschalierungen und ihre Folgen

Betriebswirtschaftliche Notwendigkeiten würden vor allem die Sozialversicherung, aber auch die Privatversicherungen zu Pauschalierungen zwingen[68]. Die Pauschalersätze der Sozialversicherung stellten heute nur noch in den seltensten Fällen so etwas wie einen Marktwert der entsprechenden Leistungen dar. So ordne etwa § 1542 II RVO über die Verweisung nach § 1524 I RVO an, daß die Höhe des Regresses der Sozialversicherung in einem bestimmten Verhältnis zum Grundlohn des Versicherten steht. Diese Beziehung habe nun aber, so Weyers, mit dem tatsächlichen Schaden so gut wie nichts mehr zu tun. Um die allerschlimmsten Ungerechtigkeiten zu vermeiden, die aus einer solchen Pauschalierung resultieren, „mindert" die Judikatur Regreßansprüche des eigentlich eingetretenen Schadens ausmachen. Als Mittel für diese Minderung dient der Grundsatz von „Treu und Glauben"[69].

bb) Das Quotenvorrecht der Sozialversicherung

Zum Teil als Ausfluß dieser Pauschalierung, zum Teil aber auch aus anderen Gründen entstehe weiters das Problem des Quotenvorrechts. Angenommen, die Versicherungsleistungen decken den einen Schaden nicht, weil sie sich zum Beispiel an niedrigeren Taxen orientierten. Reicht aber auch der Haftpflichtanspruch nicht, weil sich der Schädiger

---

[66] *Güllemann*, Reformprojekte, 130; *Weyers*, Unfallschäden, 105.

[67] *Weyers*, Unfallschäden, 108 ff.

[68] Ebenda, 108.

[69] Vgl. etwa BGHZ 12, 154.

auf ein Mitverschulden beruft, dann könne es vorkomen, daß die Summe der Leistungen der Sozialversicherung und des davon nicht gedeckten Restschadens zusammen höher sind als der Haftpflichtanspruch selbst.

In diesem Fall entstehe das Problem, wer vorweg regressieren dürfe — der Verletzte wegen seines Restschadens, oder der Sozialversicherungsträger wegen der bereits erbrachten Leistung. Der deutsche BGH räumt dieses Recht stets der Sozialversicherung[70] ein. Diese Regelung werde aber vielfach angegriffen[71]. Selb hat vor allem darauf hingewiesen, daß sich zum Beispiel Klauseln über den Zeitpunkt des Forderungsüberganges äußerst zufällig auf die Schadensverteilung auswirken[72]. Weyers wiederum sieht den rechtspolitischen Hintergrund. Er meint, daß sich hinter dem Quotenvorrecht im Grund nur die Frage verberge, ob es nicht gerecht sei, daß derjenige, der rasch und sicher einen Teil des Schadens durch die Versicherung vergütet erhalte, dafür auf seinen Rechtsanspruch verzichten müsse[73]. Entgegen dieser Auffassung meint freilich die herrschende Ansicht, daß die Legalzession nur den Sinn habe, die Bereicherung des Verletzten zu verhindern[74].

cc) Kumulierungsenklaven

Solche Enklaven entstehen im Regreßrecht durch historische Mißverständnisse. Bei der privaten Personenversicherung steht man in Deutschland auf dem Standpunkt, daß § 67 VVG nicht gelte; mit anderen Worten, daß der Geschädigte kumulieren dürfe[75]. Der Widerspruch zur öffentlichen Personenversicherung ist eklatant und nur schwer zu begründen. Marschall von Bieberstein führt ihn auf die Verwechslung der Begriffspaare „Sachversicherung — Personenversicherung“ und „Schadensversicherung — Summenversicherung“ zurück. Manche schließen nämlich aus der Topographie des Gesetzes (§ 67 VVG gehört zur Schadensversicherung) daß dieser Paragraph daher bei Personenversicherungen nicht gelte.

In Wahrheit, so Weyers, sei aber die private Personenversicherung meist nicht eine Summen-, sondern eine echte Schadensversicherung[76]. So vor allem in der Krankenversicherung. Die Judikatur nehme nun in vielen Fällen Forderungsübergang an, in anderen bleibe es aber bei der Kumulierung. Für den speziellen Fall einer Lebensversicherung mit „Sparcharakter“ nimmt der BGH schließlich sogar eine Anrechnung auf

70 BGH VersR 1968, 1182, m. w. N.

71 *Marschall von Bieberstein*, Reflexschäden, 273.

72 *Selb*, Karlsruher Forum 1964, 15.

73 *Weyers*, Unfallschäden, 111.

74 *Marschall von Bieberstein*, Reflexschäden, 174.

75 Ebenda, 142.

76 *Weyers*, Unfallschäden, 111 f.

die Höhe des Anspruchs der Hinterbliebenen gemäß § 844 BGB vor. Eine auch nur einigermaßen erkennbare Richtlinie läßt sich nach all dem jedenfalls nicht darstellen[77].

dd) Rückgriff auf Angehörige

Nicht völlig geklärt sei schließlich auch die Frage, ob das Regreßverbot des § 67 Abs. 2 VVG gegenüber Angehörigen des Versicherten die mit ihm in häuslicher Gemeinschaft leben, auch für den Rückgriff der Sozialversicherung gilt. Im Gesetz selbst sei nichts angeordnet. Die Rechtsprechung neige allerdings dazu, den Grundsatz des VVG auch auf Beamtenregresse und Sozialversicherungsregresse auszudehnen[78].

ee) Schadensteilungsabkommen[79]

Die überaus undurchsichtige und komplizierte Rechtslage bei Regressen, vor allem aber auch die hohen Kosten dieser Art der Haftungsüberwälzung haben in der Praxis der Versicherungsträger längst schon zu einer völlig anderen Form der Schadensregulierung geführt. So pflegen Haftpflichtversicherer und Sozialversicherungsträger „Regreßverzichts- und Schadenteilungsabkommen" zu schließen, die dem Sozialversicherungsträger meist eine 50- bis 60%ige Quote seines Aufwands „ohne Prüfung der Sach- und Rechtslage" zugestehen[80]. Damit ist dem Haftpflichtversicherer nicht nur der Einwand mangelnden Verschuldens, sondern oft auch jener der fehlenden Kausalität verwehrt[81]. Die Liquidierung erfolgt allein nach den betriebswirtschaftlichen Kostengrundsätzen und nach verfahrensmäßiger Ökonomie.

c) Auswirkungen auf das Haftpflichtrecht

Die Reformer betonen nun, daß die aufgezeigten Probleme der Koordination verschiedener Haftpflichtordnungen das gegenwärtige System

a) erheblich komplizieren, ohne Vorteile zu bringen,

b) theoretisch systematisch ungeklärt lassen,

c) in seinen Grundzügen beträchtlich verändern.

Die höchst unterschiedlichen Formen von Kumulierung, Forderungsübergang und Anspruchskonkurrenz, weiters die gezeigten Unsicherhei-

---

[77] Ebenda, 112.

[78] Ebenda, 112; BGH VersR 1968, 248.

[79] *Wussow*, Teilungsabkommen[3] (1975); *Bischof*, Das Teilungsabkommen als wechselseitige Rückversicherung, VersR 1974, 217 ff.

[80] *Geigel*, Der Haftpflichtprozeß[13] (1967), 842 ff.; *Güllemann*, Reformprojekte, 130 f.

[81] *Geigel*, Haftpflichtprozeß, 844.

ten und Probleme des Regresses machen es schwierig, eine einigermaßen klare Verzahnung der einzelnen Haftungsordnungen nachzuweisen[82].

Darunter müsse vor allem die Rechtsicherheit leiden. Ob und was nun angerechnet werde, wer gegen wen einen Anspruch habe, bzw. bei wem der Schaden letztlich bleibe, das sei durchaus nicht exakt kalkulierbar. Wie unsicher die Rechtslage für die Praxis sei, beweise ihre Flucht in das private Vertragsrecht der Schadensteilungsabkommen.

Derartige dogmatisch-systematische Nachteile würden auch keineswegs etwa durch finanzielle Erfolge aufgefangen. Nach vorsichtigen Schätzungen Weyers gehen die Einnahmen aus Regressen nirgendwo über 9 % der Entschädigungsleistungen hinaus[83]. Auch wird die Prozeßfreudigkeit der Regredienten durchaus niedrig angesetzt: Sie liegt zwischen ein bis vier Prozent der Regreßfälle[84].

Was die theoretische Bewältigung der Vielspurigkeit des Haftpflichtrechts betrifft, so wird die Ansicht vertreten, daß sie oft bei der schlichten Benennung der Probleme stehen bleibt[85]. Infolge der mangelnden dogmatischen Durchdringung hat sich die Praxis meist nach betriebswirtschaftlichen Gesichtspunkten selbständig gemacht: Demnach zahlen sich kleine Regresse nicht aus (50-DM-Grenze), große Regresse kann man sich meist nicht leisten, da man „niemanden an den Bettelstab bringen möchte“. Im übrigen müßten vor allem die Privatversicherungen damit rechnen, daß der Regreßgegner entweder Kunde oder potentieller Kunde ist[86].

In allen Fällen würde die Vielspurigkeit des Haftpflichtrechts aber die Grundlagen des gegenwärtigen Systems verändern. Wo sich die Versicherungsträger zu Regressen entschließen, komme es zu Anrechnungsproblemen, die häufig den traditionellen Schadensbegriff beseitigen. So komme man z. B. schon nur dann mit der herrschenden Lehre zur Ansicht, daß Vorsorgeleistungen Dritter grundsätzlich nicht als schadensmindern anzusehen sind, wenn man diese Leistungen bei der Differenzrechnung nach § 249 BGB ignoriert[87]. Ohne diese Vorentscheidung sei aber die Legalzession nicht zu begründen.

Was meist als „Regeln der Vorteilsausgleichung“, oder der „hypothetischen Kausalität“ angeboten werde, sei im Grund kein Ergebnis „be-

---

[82] *Güllemann*, Reformprojekte, 126.

[83] *Weyers*, Unfallschäden, 114.

[84] Ebenda, 116.

[85] Ebenda, 94, 104, 413, Anm. 35. Kritisch dazu auch *Steininger*, GedS-Gschnitzer, 395 f.

[86] *Weyers*, Unfallschäden, 116.

[87] Ebenda, 106.

wußter Entscheidung", sondern kaum mehr als ein Appell an die „Billigkeit"[88].

Zum Beweis für diese Ansicht führt Weyers die Rechtsprechung zum Problem der Anrechnung von Ersparnissen der Sozialversicherungsträger an. Sind etwa die Bezüge der Hinterbliebenen eines Rentners niedriger als die Rente des Getöteten, so erspare sich die Sozialversicherung etwas.

Ähnlich sei die Fallgestaltung, wenn ein Sozialversicherter im Erwerbsalter verletzt wird und eine Rente bekommt, dann aber das Pensionsalter erreicht, wo ihm dieselbe Rente auch ohne die Verletzung zugestanden wäre („hypothetische Kausalität").

Im zweiten Fall hatte der BGH den Schädiger zunächst mit der traditionellen Begründung frei gelassen, daß kein Schaden vorliege — was nach der Differenzhypothese unzweifelhaft ist[89]. Davon ist der große Senat des BGH später abgegangen[90].

Seine Begründung lief letztlich auf „Billigkeit" und diffuse rechtspolitische Erwägungen hinaus — insbesondere, daß öffentliches Vermögen (nämlich das der Sozialversicherung) zu schützen sei[91]. Dies sei, so Weyers, im konkreten Fall besonders grotesk, da der Schädiger „auf unglückselige Art das öffentliche Vermögen nicht gemindert, sondern gemehrt hatte"[92]. Die Entscheidung des großen Senats ist mehrfach bestätigt worden[93]. Weyers vermutet daher, daß der BGH den traditionellen Schadensbegriff in Wahrheit bereits längst seiner Überzeugung geopfert habe, daß der Schädiger „kein Glück haben" soll[94]. Damit sei aber nach Weyers der Schadensausgleichsgedanke der herrschenden Ansicht im Grunde bereits dem Sanktionsgedanken geopfert[95]. Dies falle um so leichter, als hinter dem Schädiger in aller Regel ohnehin eine Haftpflichtversicherung steht.

Ähnliche Beobachtungen machten auch Knappe und Rother für die Rechtsprechung zur überholenden Kausalität[96]. Der Hinweis des alten Reichsgerichts, daß ein „einmal eingetretener realer Kausalverlauf nicht mehr aus der Welt zu schaffen sei"[97] erkläre sich in Wahrheit aus dem

[88] Ebenda, 94 f.

[89] BGHZ 1, 45.

[90] BGHZ 9, 175.

[91] BGHZ 9, 190.

[92] *Weyers*, Unfallschäden, 95.

[93] Vgl. *Neumann-Duesberg*, Rückgriffsanspruch des Sozialversicherungsträgers nach § 1542 RVO beim Unfalltod eines Rentners, VersR 1968, 709.

[94] *Weyers*, Unfallschäden, 96.

[95] Ebenda, 99.

[96] *Knappe*, Das Problem der überholenden Kausalität (1954), 117; *Rother*, Haftungsbeschränkung im Schadensrecht (1965), 205.

[97] RGZ 141, 365 (396).

Wunsch, den Ersatz vom Maß der Mißbilligung abhängig zu machen. Wie sich diese Wünsche freilich mit § 249 BGB und dem angeblichen Vorrang des Ausgleichsgedanken vertrage, bleibe offen.

Selb hat aus derartigen Beobachtungen die Folge abgeleitet, daß die traditionelle Dogmatik ihre Entscheidungen vom begrifflichen Geflecht überholter Kunstregeln herauslösen müsse und sie bewußt als soziale Entscheidung treffen solle[98]. Seit der Schaffung des BGB habe sich die „Druckrichtung der Last wirtschaftlicher Folgen von Haftungsverpflichtungen" verschoben.

Geradezu ex lege aufgegeben wäre der Schadensbegriff des bürgerlichen Rechts weiters dort, wo die Sozialversicherungsträger ihren Regreß losgelöst vom Maß des eingetretenen Schadens nach pauschalen Quoten vom Lohn des Geschädigten durchführen[99].

Den letzten Schritt von den Grundlagen des überkommenen Haftpflichtrechts weg, stelle schließlich die Praxis der Teilungsabkommen dar. Weyers sieht darin eine weitere Mediatisierung des „traditionellen Schadensrechts"[100]. Er weist vor allem darauf hin, daß derartige Abkommen wegen ihrer völligen Loslösung von den normativen Grundlagen des Anspruchs zu unerträglichen Ergebnissen führen können. Hat zum Beispiel ein Haftpflichtversicherer „abkommengemäß" geleistet und daher seinen Versicherungsnehmer in eine ungünstigere „Rabattklasse" (malus-System) gebracht, so bleibe es bei dieser Entscheidung, auch wenn in Wahrheit überhaupt kein Haftpflichtanspruch bestand[101].

4. Mangel: Unrationelle Schadensabwicklung

Vor allem im Anschluß an die Kritik Ehrenzweigs und Keeton-O'Connells an der Schwerfälligkeit, Kostspieligkeit und langen Dauer der Haftpflichtprozesse, sowie ähnlicher Klagen Tuncs über das französische System, haben von Hippel und Güllemann versucht, diese Mängel auch im deutschen Recht nachzuweisen. Die Grundthese lautet, daß es unmöglich sei, Monate und Jahre nach einem Unfall anhand von Beweismitteln und unter dem Diktat überforderter Sachverständiger einen Sachverhalt festzustellen, der infolge der komplizierten Zusammenhänge und der Schnelligkeit des Ablaufs selbst vom aufmerksamsten Beobachter zur Tatzeit nicht zutreffend geschildert werden könne[102].

---

[98] *Selb*, Schadensbegriff und Regreßmethoden (1963), 49; *derselbe*, Karlsruher Forum 1964, 19.

[99] *Weyers*, Unfallschäden, 108.

[100] Ebenda, 411.

[101] Ebenda, 412.

[102] *Albert Ehrenzweig*, in FS-Ehrenzweig, 13; *Tunc*, sécurité routière, 23; *Güllemann*, Reformprojekte, 132; *von Hippel*, Schadensausgleich, 39 ff.

Dadurch müßten die Prozesse immer länger und kostspieliger werden. Um so mehr als sich die Anzahl der Straßenverkehrsunfälle ständig erhöhe und gegenwärtig in Deutschland bei rund 2,6 Mill. im Jahr halte *(davon 15 000 Tote)*. Nach einer Statistik des deutschen ADAC aus dem Jahre 1967 würden 32 % aller Haftpflichtfälle bei den Versicherungen länger als ein Jahr bearbeitet[103].

Nach Gessner/Kötz betrug die durchschnittliche Prozeßdauer in Unfallsachen schon 1969 10,25 Monate in erster Instanz und 9,65 Monate in der Berufungsinstanz[104].

Hinzu komme die steigende Prozeßflut. Obwohl nur rund 2,3 % aller Kfz-Haftpflichtschäden im Prozeßweg ausgetragen werden, rechnen Gessner/Kötz für 1969 mit rund 60 000 Prozessen in Verkehrsunfallsachen allein in der ersten Instanz in Deutschland. Eine derartige Prozeßflut belastet die Volkswirtschaft mit steigenden Gerichts- und Anwaltskosten. Allein 1970 sollen deutsche Versicherungsgesellschaften 237 Mill. DM, das sind fast 5 % ihres Schadensaufwandes, an Anwälte gezahlt haben[105]. Die steigende Anwaltsquote — Güllemann schätzt, daß 96 % aller Kfz-Unfälle vor den Amtsgerichten über Anwälte erledigt werden — weise auf ein „übermäßig kompliziertes und mit hohem Reibungsverlusten praktiziertes Rechtssystem" hin[106].

Schließlich müsse man noch den steigenden Kostenaufwand der Haftpflichtversicherer und Sozialversicherungsträger hinzunehmen. Stoll nimmt für den Verwaltungsaufwand der Haftpflichtversicherungen reale 25 bis 26 % der Entschädigungsleistungen während für die deutsche Sozialversicherung 5,4 % genannt werden[107].

5. *Mangel: Fehlende Rechtssicherheit*

Ehrenzweig, Tunc aber auch Güllemann, Weyers und Hauss stellen immer wieder fest, daß die schwierigen Schuld-Verursachungs- und Abgrenzungsprobleme des gegenwärtigen Haftpflichtsrechts zu einer fast undurchschaubaren Kasuistik geführt haben[108]. Zum Beweis dafür wird oft auf das führende deutsche Werk zur Haftpflicht der Praxis von Geigel hingewiesen.

---

[103] *Güllemann*, ZRP 1974, 40.

[104] *Gessner-Kötz*, Verkehrsunfälle vor Gericht. Eine rechtstatsächliche Untersuchung, JZ 1973, 85.

[105] *Sanden*, Sachschadenrecht des Kraftverkehrs (1971), 77; zit. nach *Güllemann*, ZRP 1974, 40.

[106] *Güllemann*, ZRP 1974, 40.

[107] *Stoll*, RabelsZ 36, 298.

[108] *Albert Ehrenzweig*, in FS-Ehrenzweig, 34; *Tunc*, sécurité routière, 22 ff.; *Güllemann*, Reformprojekte, 135; *Hauss*, VersWiss 1967.

6. *Mangel: Ungerechte Lastenverteilung*

Sozusagen als Konsequenz aller aufgezählten Mängel müßten die Beteiligten hinnehmen, daß das gegenwärtige System keine gerechte Verteilung der Schäden gewährleiste[109]. Zahlreiche Schäden blieben ohne Vergütung, geringfügige Sachbeschädigungen vor allem an Automobilen werden häufig überkompensiert[110]. Damit sinke nicht zuletzt die Moral bei jenen, die sich dem kleinsten Lackschaden des Autos mit Hilfe von Anwälten und Rechtschutzversicherungen zu Höchstpreisen vergüten ließen, während auf der anderen Seite nicht versicherte Fußgänger durch übermäßige Schadenersatzforderungen hart an ihren existenziellen Ruin herankämen.

---

[109] *Güllemann*, ZRP 1974, 35.

[110] *Güllemann*, Reformprojekte, 61.

B. Die Gegenargumente der herrschenden Dogmatik

Die neue rechtspolitische Diskussion steht, wie von Caemmerer feststellte, in Deutschland und Österreich erst am Beginn. Sie findet daher kaum noch in den traditionellen Lehrbüchern statt, sondern in Einzelbeiträgen. Wir beziehen uns im folgenden vor allem auf die Aufsätze und Vorträge von Deutsch, Stoll, von Caemmerer, Hauss, Baur, Borgmann, Koziol und Eike Schmidt u. a.[1].

1. Deckungslücken: Kein Problem des Schadensrechts?

Soweit die Reformer Deckungslücken im geltenden System auf den zu geringen sozialen Schutz zurückführen, wird diese Tatsache an sich nicht bestritten. Nur weist man darauf hin, daß dieser Schutz nicht Aufgabe des Schadensrechts sei. Wenn also der Geschädigte heute nichts oder nur einen Teil seines Ersatzes bekomme, weil kein Fremdverschulden vorliege, ein unabwendbares Ereignis angenommen werde, die Mitnahme im Kfz unentgeltlich war oder ein mitwirkendes Verschulden den Anspruch mindert, so meint etwa Koziol, daß hier eben keine schutzwürdigen Interessen verletzt wurden. Denn: „Nach unserem Recht hat jeder grundsätzlich den Schaden, der in seinem Vermögen oder an seinen ideellen Gütern entstand, selbst zu tragen[2]."

Ähnlich wendet Stoll gegen Tunc ein, daß dieser „rein pragmatisch und im Grunde unjuristisch denkt", wenn ihn in erster Linie der möglichst weitgehende Schutz aller Verkehrsopfer wichtig ist. Ihm, Stoll, fehlen „Überlegungen darüber, wann und aus welchem rechtlichen Grund ein Verkehrsopfer Entschädigungen zu Lasten des Kollektivs der

---

[1] *Deutsch*, Grundmechanismen der Haftung nach deutschem Recht, JZ 1968, 721 (725 ff.); *Stoll*, RabelsZ 36, 285 ff.; *von Caemmerer*, Reform (1971); *Hauss*, Z VersWiss 1967, 151 ff. *Baur*, in FS-Raiser, 119 ff.; *Borgmann*, Soll unser System der Zuteilung von Unfallschäden reformiert werden? ZRP 1973, 53; *Koziol*, ZfRV 1970; *derselbe*, Haftpflichtrecht I, 5 ff.; *Eike Schmidt*, Grundlagen, 470 ff. Vgl. auch *Schmeer*, Haftungsersetzung durch Versicherungsschutz? VersR 1973, 390 ff. *Bogs*, Die Sozialversicherung im Staat der Gegenwart (1973) 455 ff. *Jacobi*, Ausgleich von Verkehrsunfallschäden im Licht internationaler Reformprojekte, Vers.Wirtschaft (1970) 252; *Weitnauer*, Aktuelle Fragen des Haftungsrechts. VersR 1970, 585 ff. *Buchner*, Der Versicherungsgedanke im Schadensrecht, VersR 1967, 1030 ff.; (dagegen: *von Hippel*, Nochmals: Der Versicherungsgedanke im Schadensrecht VersR 1968, 231 ff.).

[2] *Koziol*, ZfRV 1970, 17.

versicherten Kfz-Eigentümer verdient"[3]. Den selben Einwand hatte auch schon Starck erhoben[4].

Borgmann wiederum geht auf die Frage des sozialen Schutzes ein, meint jedoch, daß ohnehin schon insgesamt 98,9 % der Bevölkerung krankenversichert sei. Also könne von einem großen sozialen Problem überhaupt keine Rede sein[5]. Im einzelnen sind die Stellungnahmen nicht einheitlich. So meint Koziol zunächst, daß es eine Schutzlücke wegen der Haftungsbeschränkung infolge unabwendbaren Ereignisses überhaupt nicht gebe. Der Haftungsausschluß in diesem Fall entspreche einer sinnvollen Interessenabwägung[6]. Kurz darauf meint er allerdings, daß man über die Beseitigung des „unabwendbaren Ereignisses" immerhin diskutieren könne[7]. Stoll hingegen kann sich die Streichung dieser Einschränkung prinzipiell vorstellen[8]. Ebenso würde Stoll einen vollen Versicherungsanspruch mitschuldiger Opfer „nach dem Prinzip der Gegenseitigkeit" zustimmen können[9]. Das heißt also für den Fall, daß Kraftfahrzeugeigentümer, die die Prämien bezahlen, selbst Opfer sind, soll die Einschränkung der Anspruchskürzung bei Mitverschulden fallen. Noch weiter geht von Ceammerer, der zumindest bis zur groben Fahrlässigkeit jedes Mitverschulden ohne Rücksicht auf Prämienzahlung als Anspruchskürzung beseitigen ließe[10].

Andererseits räumt Koziol ein, daß Schäden, die von einem Unbekannten nicht ausforschbaren Kfz-Halter herbeigeführt wurden, Ersatz verdienen. Denn es besteht seiner Meinung nach kein Grund, „dem Versicherer deshalb einen Vorteil zu verschaffen, weil der Versicherungsnehmer sich rechtswidrig verhielt"[11]. In allen übrigen Fällen, vor allem bei eigenen Unfällen sei — so Koziol — das Bestreben, die Existenzgrundlagen zu sichern, „sicherlich gerechtfertigt, allerdings nicht durch schadenersatzrechtliche Gedanken, sondern durch soziale"[12].

2. Zur Rolle der individuellen Verantwortung

Im deutschen Recht wird die Tendenz zu immer stärkerer Objektivierung des Verschuldensvorwurfs kaum bestritten[13]. Von Caemmerer stellt

[3] *Stoll*, RabelsZ 36, 299.
[4] Nämlich gegen *Tunc:* Rev. trim. dr. civ. 1966, 638.
[5] *Borgmann*, ZRP 1973, 55, Anm. 39.
[6] *Koziol*, ZfRV 1970, 17.
[7] *Koziol*, ZfRV 1970, 23.
[8] *Stoll*, RabelsZ 36, 308 (allerdings mit Zweifeln).
[9] Ebenda, 302.
[10] *von Caemmerer*, Reform, 22.
[11] *Koziol*, ZfRV 1970, 19.
[12] Ebenda, 18 f.
[13] Vgl. *Kötz*, AcP 1970, 9 ff.

sogar mit einiger Genugtuung fest, daß „unser Haftungsrecht auch bevor der Schritt zur Gefährdungshaftung getan wird, bereits wichtige Momente objektiver Risikozuweisung" enthalte[14].

Gleichzeitig ist er allerdings der Meinung, daß das Verschuldensprinzip in seiner ursprünglichen Form in einzelnen Bereichen des Privatrechts immer noch als Begrenzungsinstrument individueller Freiheitsräume wirksam sei. So zum Beispiel im gesellschaftlichen Wettbewerb, bei der freien Meinungsäußerung, Kreditschutzmaßnahmen und ähnlichem mehr[15]. Auf anderen Gebieten, wie etwa der Produzentenhaftung müsse man freilich zugeben, daß eine objektive Einstandspflicht vorliege, aber auch infolge des „völlig geänderten Charakters moderner technischer Herstellungsprozesse" durchaus angemessen sei[16].

Bei gefährlichen Tätigkeiten sei ein objektiver Verschuldensmaßstab „rechtspolitisch vernünftig". Es gebe zahlreiche Fallgruppen, wo man reine Gefährdungshaftung anehmen müsse. So bei einer Haftung für Gebäude, Staudämme, Schwimmbecken, Baugerüste, bei Kraftfahrzeugen, Eisenbahnen, Fahrstühlen und vielem mehr. Schließlich gelte das auch für Anlagen, die mit Gas, Druck, Elektrizität und giftigen Stoffen zu tun haben. Im Unfallrecht schließlich sei man „rechtspolitisch frei", den Handelnden mit den Folgen unverschuldenden Handelns zu belasten[17].

Zu einer derartigen Vielfalt ist die österreichische Dogmatik nicht gelangt. Hier behauptet die herrschende Ansicht sogar noch, daß das Verschulden generell subjektiv verstanden werde[18]. Anderer Meinung ist, soweit man sieht, nur Kramer[19]. Eine ähnliche Divergenz der Meinungen gibt es auch im französischen Recht. Während hier die ältere Auffassung bis herauf zu Savatier und seiner Schule eine subjektive Deutung der „faute" vornehmen, interpretieren Tunc und andere das Verschulden rein objektiv[20].

Welcher Deutung man letztlich beitritt, ist aber im Grunde nicht entscheidend. Denn auch die herrschende österreichische Lehre gibt ohne weiteres zu, daß der Einwand der Reformer, die individuelle Verantwortung komme im gegenwärtigen System zu kurz, keineswegs unbegründet ist. Koziol meint allerdings, daß dieser Einwand nicht so schwer

---

[14] *von Caemmerer*, Reform, 14.

[15] Ebenda, 11.

[16] Ebenda, 25.

[17] Ebenda, 11.

[18] *Koziol*, Haftpflichtrecht I 99 f.

[19] *Kramer*, Das Prinzip der objektiven Zurechnung im Delikts- und Vertragsrecht, AcP 171 (1971), 422.

[20] Vgl. die Diskussion zwischen *Savatier, Holleaux, Thirrion, Tunc* u. a. am Haftpflicht-Colloquium, 154 ff.

wiege, weil das traditionelle Haftpflichtrecht nicht von der Idee der Prävention, sondern in erster Linie vom Ausgleich des Schadens ausgeht. Und diese Aufgabe erfülle das gegenwärtige Recht immer noch, „da es feststellt, wer einen Schaden zu tragen hat und es diesem dann obliegt, seine Risiken durch Versicherung zu vermindern“[21].

Deutsche Schriftsteller sprechen sich für die „Entideologisierung“ des Schadensrechts aus. Aus dem Blickwinkel des Verletzten könne der Schuldvorwurf gegenüber dem Schädiger keine Rolle spielen. Es gehe nicht an, meint Esser, „dem Satz ‚casum sentit dominus‘ seinen ursprünglichen Sinn zu nhemen und ihn auf das Verhältnis des schuldlosen Opfers zu dem, wenn auch vielleicht nur leicht schuldhaft handelnden Täter zu erstrecken“[22].

Noch deutlicher äußert sich Borgmann: „Verantwortlich sein heißt in der juristischen Fachsprache jeweils regelmäßig nur, daß dem Betroffenen der Schaden zugerechnet wird, ohne daß gleichzeitig ein Kriterium für die Schadenszurechnung offenbar wird.“ Von Hippels Herausstellung des „unverzeihlichen“ Verschuldens findet Borgmann daher „unnötig moralisierend“[23].

Dem individuellen Vorwurf kommt nur noch die Funktion zu, die Risikosphären sachgerecht zu verteilen[24]. Über den Einfluß der Haftpflichtversicherung ist man geteilter Meinung. Stoll vertritt die Auffassung, daß die Versicherung die individuelle Verantwortung nicht aufhebe, „denn der Haftpflichtversicherer leistet nur, wenn die individuelle Verantwortung des versicherten Täters festgestellt ist“[25].

Für Koziol drückt sich die Verantwortlichkeit des Schädigers noch in der Prämienzahlung aus[26]. Anderer Ansicht ist Borgmann. Obgleich sie die Pläne der Reformer strikt ablehnt, ist sie mit ihnen einer Meinung, daß mit der Haftpflichtversicherung der Präventionszweck „umgangen“ wird. In der Prämienzahlung schlage sich die Verantwortlichkeit nur sehr unvollkommen nieder[27]. Der selben Ansicht ist auch Prölss[28].

Im übrigen meint man, daß die individuelle Verantwortung in einem System besser aufgehoben sei, das dem Einzelnen nicht schlechthin jedes Risiko abnehmen will. Eine zwangsweise Versicherung aller Schäden verstoße, wie Koziol meint, gegen eine „fundamentale Wertung unserer

[21] *Koziol*, ZfRV 1970, 19 f.

[22] *Esser*, Schuldrecht I, 268.

[23] *Borgmann*, ZRP 1973, 56.

[24] *Stoll*, RabelsZ 36, 306.

[25] Ebenda, 304.

[26] *Koziol*, Haftpflichtrecht I 7.

[27] *Borgmann*, ZRP 1973, 54, Anm. 23.

[28] *Prölss*, Karlsruher Forum 1962.

Gesellschaftsordnung", nämlich, über das Risiko der selbstzutragenden Schäden autonom zu verfügen[29].

Daher sollten die Reformer die angeblich schwache Position der individuellen Zurechnung im gegenwärtigen System gar nicht zu heftig kritisieren: Ihre eigenen Vorschläge würden den Verantwortungsgedanken viel zu wenig beachten[30]. Wieder anderer Meinung ist Kötz, der solche Einwände der herrschenden Dogmatik für „gefühlsmäßige Widerstände" hält, die erst langsam überwunden werden können[31].

3. Keine Koordinationsprobleme im mehrgliedrigen Haftungssystem?

Seit der einprägsamen Unterscheidung Essers zwischen „Unglücks- und Unrechtsschäden"[32], bekennt sich die herrschende Auffassung jedenfalls zur Zweispurigkeit bzw. Dreispurigkeit des Haftpflichtrechts. Esser hält diese „Synthese" von Schadensrecht und kollektiver Versicherung geradezu für optimal[33]. Andere, wie zum Beispiel Borgmann, nehmen sie als reale Gegebenheit einfach hin[34].

Trotz unterschiedlicher Begründung der Verschuldenshaftung und der Gefährdungshaftung nimmt man in der Praxis jedoch hin, daß die Folgen gleich sind: Alle haften für den eingetretenen Schaden.

Von Hippel meint daher, daß es dann eigentlich nicht mehr erheblich sein könne, ob sich im Kfz-Verkehr eine Gefährdung mit oder ohne Verschulden aktualisiert habe. Das Unfallopfer erscheine in beiden Fällen gleich schutzwürdig. Eine „Zweispurigkeit" der Haftung erübrige sich[35]. Dagegen wendet Koziol ein, daß man nicht nur auf den Geschädigten, sondern auch auf den Schädiger sehen müse. Liege ein stärkeres Zurechnungsmoment als Gefährdung vor, so erscheine auch eine weitergehende Haftung als gerechtfertigt. Aus diesem Grund sei die Zweispurigkeit aufrecht zu erhalten[36].

Größere Gefahren sieht allerdings Baur. Er meint: „Das bürgerliche Recht degeneriert zum Maßstab einer Vorfragenentscheidung im Bereich des Versicherungsrechts[37]." Ähnlich besorgt zeigt sich Hauss. Er sieht in

---

[29] *Koziol*, ZfRV 1970, 22.

[30] *Koziol*, ZfRV 1970, 20.

[31] *Kötz*, AcP 1970, 12 f.

[32] *Esser*, Grundlagen, 3 ff.

[33] Ebenda, 127 f.

[34] *Borgmann*, ZRP 1973, 55. Ebenso *Deutsch*, JZ 1968, 727. *Koziol*, ZfRV 1970, 24; *Esser*, Schuldrecht I 399.

[35] *von Hippel*, Schadensausgleich, 71 ff.

[36] *Koziol*, ZfRV 1970, 24.

[37] *Baur*, in FS-Raiser, 122.

der fehlenden Koordination zwischen Haftpflichtrecht und sozialer Vorsorge einen der gravierendsten Mängel des gegenwärtigen Systems, der in seinem Reformkatalog einen wichtigen Platz einnimmt[38].

Gerade entgegengesetzt vertritt Koziol die Auffassung, daß der Vorwurf mangelnder Koordination für das österreichische und deutsche Recht „wenig Bedeutung" habe. „Denn nach richtiger Auffassung ist in diesen Fällen eine sachgerechte Lösung über die Regeln der Vorteilsausgleichung und des Drittschadens zu erreichen, soweit nicht ohnehin Legalzession Platz greift[39]."

Eine eingehende Beschäftigung mit dem Koordinierungsproblem, vor allem mit den fundierten Untersuchungen Weyers, findet jedoch nicht statt. Sieht man von den Arbeiten Stolls ab, so fehlen insbesondere auch Stellungnahmen zum Problem der Teilungsabkommen.

4. Rationelle Schadensabwicklung — nur auf Kosten der Gerechtigkeit?

Es wird soweit man sieht, von niemandem bestritten, daß die Schadensabwicklung bei Kfz-Unfällen immer zeitraubendere und kostspieligere Dimensionen annimmt[40]. Doch wird gleichzeitig die Befürchtung ausgesprochen, daß jede Rationalisierung auf Kosten der Gerechtigkeit gehen müsse. So sei es sicher einfacher, Verschuldens- und Mitverschuldensfragen auszuklammern, doch bleibe auf diese Weise die Interessengerechtigkeit der Lösung auf der Strecke. Dasselbe gelte für jene Fälle, wo sogar die Verursachungsfrage ungeprüft bleibe[41].

Im übrigen wird den Reformern vorgehalten, daß ihre Pläne letztlich kaum weniger kompliziert seien und daher die Abwicklung schwerlich beschleunigen würden. Auch nach den Reformvorstellungen müsse immer wieder das Verschulden geprüft werden — zum Beispiel im Rahmen der Pläne Hippels und Güllemanns bei der Verteilung des Selbstbehaltschadens auf nicht versicherte Verkehrsteilnehmer. Ebenso würden Ausnahmen bei grober Fahrlässigkeit und Vorsatz gemacht[42]. Schließlich wird vermerkt, daß die Kosten einer staatlichen oder zumindest zentralorganisierten Versicherung kaum geringer sein würden, als jene der gegenwärtigen Haftpflichtversicherungsträger[43].

---

[38] *Hauss*, ZVersWiss 1967, 167.

[39] *Koziol*, ZfRV 1970, 20.

[40] Vgl. *Stoll*, RabelsZ 36, 308.

[41] So vor allem *Stoll* gegen *Tunc*, RabelsZ 36, 30 f.

[42] *Borgmann*, ZRP 1973, 56; *Koziol*, ZfRV 1970, 23.

[43] *Koziol*, ZfRV 1970, 21.

5. *Zur Rechtssicherheit und gerechten Lastenverteilung*

Zum Thema Rechtssicherheit überwiegen in der herrschenden Ansicht die Stimmen, welche das jetzige System des Totalersatzes gerade als besonders rechtssicher gegen Aufweichungstendenzen verteidigen[44]. Eine Auseinandersetzung mit den zahlreichen Problemen der überholenden Kausalität, des mittelbaren Schadens und Drittschadens, der Vorteilsausgleichung usw. als Ausfluß der Vielgliedrigkeit des Systems, findet aber auch unter dem Gesichtspunkt der Rechtssicherheit kaum statt.

Um so bemerkenswerter ist die Stellungnahme Baurs, der schon 1935 eine Studie über das Schadenersatzrecht verfaßt hatte[45], dann aber jahrzehntelang in andere Rechtsgebiete „emigriert" war. Kürzlich kehrte er ins Schadenersatzrecht zurück und stellt angesichts der wachsenden Flut von Begriffen und Theorien fest: „Kurzum, der Heimkehrer ist verwirrt und findet sich nur mühsam zurecht[46]." Ähnlich bedeutsam ist die Stellungnahme des Bundesrichters Hauss: „Zuzugeben ist freilich, daß die Fortentwicklung des Haftpflichtrechts durch Richterrecht zwangsläufig zu einer gewissen Einbuße der Rechtssicherheit und Rechtsklarheit führt, so daß das Ergebnis der Entscheidungen ... schwer zu kalkulieren ist[47]."

Auffallend ist die Zurückhaltung aller Vertreter der herrschenden Dogmatik bei der Erörterung des Problems der gerechten Lastenverteilung. Es wird von kaum jemanden angeschnitten. Nur Borgmann meint, daß dies Fragen seien, die auf einem sehr subjektiven Hintergrund persönlicher Überzeugungen aufgebaut seien, und deren Wahrheitsgehalt daher schwer ableitbar wären[48]. Kurzum, Borgmann meint, über Gerechtigkeit könne man wissenschaftlich nicht diskutieren.

---

[44] Vgl. *Kötz*, AcP 170, 20 gegen *Wilburg;* ebenso *Welser*, ÖJZ 1975, 43, gegen *Posch*, JBl 1973, 564; zuvor schon *Reinhardt*, Beiträge, 148, 168 gegen *Wilburg*.

[45] *Baur*, Entwicklung und Reform des Schadenersatzrechts (1935).

[46] *Baur*, in FS-Raiser, 119.

[47] *Hauss*, ZVersWiss 1967, 166.

[48] *Borgmann*, ZRP 1973, 55.

ZWEITER TEIL

1. Kapitel

Die Reformpläne

A. Die radikalen Reformpläne: „Versicherung statt Haftung"

War die Zusammenfassung der „Reformer" unter dieser einheitlichen Bezeichnung im kritischen Teil noch vertretbar, da sie eben das Gemeinsame der Kritik am herrschenden System verbindet, so ist das bei den eigentlichen Reformplänen selbst nicht mehr möglich. Hier hat schon Sieg eine Einteilung in Reformpläne vorgeschlagen, die sich an das herrschende System anschließen („akzessorischer" Versicherungsschutz) und solche, die dieses System verdrängen wollen (verdrängender Versicherungsschutz)[1]. Ich möchte dieser Einteilung grundsätzlich folgen und zunächst jene Pläne behandeln, die das traditionelle Schadensrecht auf dem Gebiet der Kfz-Haftpflicht ganz oder doch überwiegend verdrängen wollen.

Dabei kann es im Gesamtzusammenhang dieser Arbeit nicht um die Erörterung von Details gehen. Entscheidend sind nur die Grundzüge und wesentlichen rechtspolitischen Tendenzen — die sich freilich bisweilen auch in einem Detail zeigen. Vorgestellt werden die wichtigsten Pläne aus den Vereinigten Staaten, Frankreich und Deutschland.

I. „Full-Aid-Insurance"-Plan (Albert Ehrenzweig)

Amerikanische Haftpflichtversicherungen haben sich schon seit langem in sogenannten „First Aid"-Klauseln zu einer wirksamen Soforthilfe gegenüber Versicherungsnehmern verpflichtet. Das heißt, Arztkosten, Arznei und Krankenhauskosten infolge eines Verkehrsunfalls werden zunächst ohne Rücksicht auf die Haftungslage ersetzt.

Ehrenzweig hat nun vorgeschlagen[2], dieses System einfach von „First Aid" auf „Full Aid" auszubauen, also eine Unfallversicherung nahtlos in die Haut der bestehenden Haftpflichtversicherung schlüpfen zu lassen. Vorbild war ihm die deutsche Speditionsversicherung; aber auch die

[1] *Sieg*, ZHR, 113 (1950), 102.

[2] Zum folgenden *Albert Ehrenzweig*, in FS-Ehrenzweig, 11 ff.

deutsche Arbeiterunfallversicherung und das Luftverkehrsgesetz. Alle diese Regelungen sehen eine Haftungsfreistellung der Versicherungsnehmer im Rahmen einer Unfall- und Sachversicherung vor. Negative Auswirkungen auf die Verantwortlichkeit, die Moral oder die Kosten seien in keinem der Fälle zu beobachten gewesen.

Im Rahmen der full-aid-insurance werden alle Verkehrsteilnehmer und Fahrzeuginsassen entschädigt, ohne daß ein Verschulden oder Mitverschulden geprüft wird. Der Ersatz betrifft (vorläufig) nur Personenschäden. Bei Sachschäden bleibt der Geschädigte auf seinen Common-Law-Anspruch beschränkt. Die Leistungen der neuen Unfallversicherung sind pauschaliert und gehen von einem Mindestmaß der Wiedergutmachung analog zur amerikanischen Arbeitsunfallversicherung aus. Schmerzensgeld wird nicht bezahlt.

Während einer Periode des Übergangs kann der Geschädigte zwischen diesem raschen, aber niedrigen Kompensationsverfahren und seinem Anspruch nach allgemeinem Haftpflichtrecht wählen.

Eigentümer und Fahrer des Kfz sind durch diese Versicherung von Ansprüchen frei. Wer allerdings einen Unfall vorsätzlich oder grob fahrlässig verursacht, zahlt ein Bußgeld, das in einen Fonds kommt, aus dem Verkehrsopfer entschädigt werden, die sonst keine Entschädigung bekommen können.

II. Der „Basic-Protection"-Plan (Keeton und O'Connell)

Dieser Plan ist mit mehr als 600 Seiten nicht nur eines der umfassendsten Reformwerke, sondern auch eines der erfolgreichsten[3]. Nach seinem Muster hat Massachusetts 1970 sein Verkehrsunfallrecht gestaltet. Wie Ehrenzweigs Vorschlag sieht auch der Basic-Protection-Plan eine Unfallversicherung vor, die jedoch nicht freiwillig, sondern obligatorisch ist. Diese Versicherung vergütet allen Verkehrsteilnehmern die üblichen Personenschäden ohne Rücksicht auf das Verschulden. Bei Vorsatz und „recklessness" kann der Versicherer Regreß nehmen. Bei Unfällen zwischen mehreren Versicherten richtet sich der Anspruch jedes Geschädigten gegen die eigene Versicherung. Alle anderen Personen können wahlweise die eine oder andere oder alle Versicherungen in Anspruch nehmen.

Die Versicherung deckt nicht nur Mindestschäden, sondern alle Personenschäden bis zu bestimmten Höchstgrenzen. Doch bleibt ein Selbstbehalt von 10 % des entgangenen Arbeitseinkommen bzw. von 100 Dollar.

Schmerzensgeld wird grundsätzlich nicht bezahlt, jedoch kann eine Zusatzversicherung abgeschlossen werden. Im einzelnen werden die

---

[3] Zum folgenden *Keeton/O'Connell*, Basic Protection, 1 ff.

„vernünftigen Ausgaben" für Heilmittel, Arzt — und Krankenhausaufenthalt bezahlt (allowable expensees).

Die maximale Entschädigungssumme für verlorene Arbeitsfähigkeit infolge eines Unfalls beträgt 750 Dollar pro Monat. Anderwertige Ersatzleistungen werden grundsätzlich auf die Vresicherungsleistungen angerechnet. Ausgenommen sind eine wegfallende Unterhaltsverpflichtung, der Anfall einer Erbschaft, Geschenke und private Lebensversicherungen.

Sachschäden werden nicht ersetzt, da eine Kaskoversicherung angeboten wird. Soweit die Versicherungsdeckung reicht, sind Ansprüche des Geschädigten nach allgemeinem Haftpflichtrecht ausgeschlossen. Das heißt, das allgemeine Haftpflichtrecht ist bei allen Sachschäden und bei Personenschäden unter 100 Dollar bzw. über 10 000 Dollar anwendbar.

III. Le Projet Tunc

Auch Tunc schlägt eine obligatorische Unfallversicherung vor, die alle verursachten und erlittenen Schäden deckt[4]. (Une assurance courrant les dommages causés ou subis par le vehicule.) Wie bei Keeton — O'Connell bleibt die Versicherung privat. Nur ist das Tuncsche System erheblich differenzierter und damit komplizierter.

Das beginnt schon bei den Anspruchsberechtigten. Verletzte Fahrer werden stets vom Versicherer des eigenen Wagens entschädigt. Das gilt für die übrigen Insassen nur dann, wenn sie öffentlich oder gewerblich befördert werden. Im übrigen decken die Versicherer der am Unfall beteiligten Kraftfahrzeuge den Schaden gesamtschuldnerisch. Im Innenverhältnis sind sie einander nach der Stärke der beteiligten Fahrzeuge zum Ausgleich verpflichtet.

Ursprünglich war diese Regelung bei Tunc einfacher gelöst: Alle Insassen sollten sich an den Versicherer ihres Wagens halten. Das hätte aber zur Folge gehabt, daß dann die Versicherungen für Kleinwagen, die weniger Schutz bieten, erheblich teurer geworden wären, als jene für große Limousinen. Da Tunc auch nicht dem Verursachungsprinzip folgen konnte. weil er sonst nicht zum gleichwertigen Ersatz bei Eigenunfällen gekommen wäre, entschloß er sich zum Mischsystem.

Dieses System hat zudem den Nachteil, daß das versicherte Risiko mit dem Einkommen des Fahrers steigt. Um hier nicht nur Mindestentschädigungen wie Ehrenzweig zu ersetzen, andererseits aber eine peinliche Befragung jedes Versicherten über sein jeweiliges Einkommen zu vermeiden, räumt Tunc dem Versicherten das Recht ein, sein jeweiliges Einkommen nach eigenen Angaben versichern zu lassen. Das gilt dann

[4] Zum folgenden *Tunc*, sécurité routière, 30 ff.; sein Gesetzesvorschlag nun auch bei *Ferid*, Das Französische Zivilrecht I (1971), 871 ff.

freilich für alle anderen Fahrer auch, denen der Versicherte zum Beispiel sein Fahrzeug borgt. Ja diese Grenze gilt sogar dann, wenn der versicherte Fahrer schuldhaft von einem Dritten verletzt wird. Das heißt, der Fahrer steht im Grund schlechter als alle übrigen Verkehrsopfer.

Von all dem gibt es allerdings wieder eine Ausnahme: War das Verschulden des Schädigers so schwer, daß er zu mindestens zwei Wochen Gefängnis verurteilt wurde, so wird der Entschädigung nicht das angegebene, sondern das reale Einkommen zugrundegelegt, falls es höher ist.

Dieselbe Differenzierung gibt es bei Sachschäden. Die Schäden am eigenen Kfz zahlt immer die eigene Versicherung. Maßstab ist der jeweilige Verkaufswert. Für die übrigen Sachschäden gilt hingegen wieder das Verursachungsprinzip: Es haftet die Versicherung des „anderen".

Verschulden oder Mitverschulden sind grundsätzlich ohne Bedeutung. Der Vorsätzliche verliert allerdings seinen Anspruch auf Versicherungsschutz. Er kann auch von den Opfern nach allgemeinem Schadensrecht belangt werden.

Das gilt wieder nicht für Diebstahl und Teilnahme. Wer ein Kraftfahrzeug stiehlt oder in einem gestohlenen Auto fährt, verliert zwar den Versicherungsanspruch und ist regreßpflichtig — er haftet aber nicht nach Schadensrecht.

Schließlich räumt Tunc dem Strafrichter (!) bei schwerem Verschulden des Schädigers, das ist bei einer Strafe von mindestens 2 Wochen Gefängnis, das Recht ein, die Leistungspflicht des Versicherers „unter Berücksichtigung der gesamten Umstände" herabzusetzen oder gänzlich zu erlassen bzw. einen Regreßanspruch ganz oder teilweise zu gewähren.

Schmerzensgeld will Tunc nur für die „perte d'integrité corporelle" gewähren, also bei dauernder physischer Beeinträchtigung sowie bei besonders schwerem „préjudice esthétique". Die Angehörigen des Getöteten erhalten nicht mehr Ersatz für den „préjudice d'affection".

Tunc kennt einen Selbstbehalt bei Schäden am Kraftfahrzeug, sowie den Ausschluß aller Schäden, die am Transportgut entstehen. Zur Begründung führt Tunc an, daß die Beschädigung einer Sache, die man freiwillig den Risiken des Straßenverkehrs aussetze, im allgemeinen nicht zu wirtschaftlichen Notlagen führe. Der Selbstbehalt soll deutlich machen, daß unfallträchtiges Fahren teuer sei.

Schließlich hofft Tunc, daß durch derartige Einschränkungen ein System ohne Prämienerhöhung auskommen würde. Hinzu kommt, daß Tunc ein malus-Verfahren anordnet: Bei zwei Unfällen pro Jahr erhöht sich die Prämie um 10 %; bei jedem weiteren Unfall um 20 %. Die Sozialversicherung schließlich ist durch die Leistungen der Kraftfahrversicherung von ihren Pflichten befreit.

IV. von Hippels „Haftungsersetzung durch Versicherungsschutz"

Karl Hannak hat sich schon 1960 für eine „Kanalisierung" der Haftung ausgesprochen[5]. Er meinte, daß eine Verteilung der Schäden in der technischen Massengesellschaft zu berücksichtigen habe, daß diese Schäden überwiegend durch technisches Versagen und kaum noch durch verantwortliche Handlungen entstehen würden. Daher sollte eine Unfall- und Sachversicherung alle Schäden bis einschließlich grober Fahrlässigkeit decken. Im einzelnen verwies Hannak auf die Vorschläge Ehrenzweigs.

Noch eingehender und differenzierter beschäftigt sich Eike von Hippel mit diesem Problem. Sein Plan verrät die Kenntnis der amerikanischen Vorschläge, aber vor allem die Kenntnis des *Tuncschen Planes.*

von Hippel schlägt ein Verkehrs-Versicherungsgesetz vor[6], nach dem jeder Verkehrsteilnehmer, auch der Unfallhelfer, seine Personen- und Sachschäden vom Träger einer Unfall- und Sachversicherung ersetzt bekommt. Das gilt auch für den Fall eines „unabwendbaren Ereignisses" ebenso wie bei Fahrlässigkeit des Schädigers. Die weitere Voraussetzung des geltenden Rechts, daß Unfälle „beim Betrieb des Kraftfahrzeugs" entstehen müssen, fällt bei von Hippel weg.

Das Selbstverschulden des Geschädigten mindert seinen Anspruch nicht mehr. von Hippel nimmt hier im Anschluß an Tunc an, daß solche Fehlverhalten zum Unfallrisiko des Straßenverkehrs und damit in die Sphäre der Kraftfahrer gehöre. Auch sollte die meist schwer zu klärende Frage des Mitverschuldens aus praktischen Gründen auf sich beruhen.

Von diesem Grundsatz macht von Hippel eine Reihe von Ausnahmen. So schließt er Ansprüche von Personen und Hinterbliebenen aus, die

— den Unfall vorsätzlich herbeigeführt haben,

— den Unfall infolge einer vorsätzlichen Ausführung oder des Versuchs der Ausführung von Verbrechen oder Vergehen herbeigeführt haben,

— oder infolge von Trunkenheit am Steuer oder der Einwirkung von Rauschgiften erlitten haben,

— weiters keinen Führerschein besitzen,

— ihr Fahrzeug einem nicht Fahrberechtigten oder fahrtüchtigen Fahrer überlassen haben,

— wissentlich ein nicht versichertes oder gestohlenes Fahrzeug geführt haben,

---

[5] *Hannak,* Verteilung passim; *derselbe,* Probleme der Haftungsersetzung durch Versicherung, VersRdSch 1960, 144.

[6] Zum folgenden *von Hippel,* Schadensausgleich, insbes. 117 ff. Vgl. auch *von Hippel,* Rezension, in RabelsZ 36 (1972) 199; *derselbe,* Schadensausgleich bei Verkehrsunfällen — mögliche Wege der Reform ZRP (1973), 27 ff.; *derselbe,* in: Soziale Sicherung gegen Unfälle im Straßenverkehr? (1975), 45 ff.

— wissentlich in einem gestohlenen Fahrzeug mitgefahren sind.

Schließlich dürfen Ansprüche gegen die Versicherung bei einem „extremen unverzeihlichen Eigenverschulden“ oder wegen einer vom Verletzten rechtswidrig und schuldhaft geschaffenen Zusatzgefahr gekürzt werden. Diese Kürzung wegen einer Zusatzgefahr kommt aber wieder nicht in Betracht,

— wenn die Zusatzgefahr nicht kausal wurde,

— oder der Verletzte das höhere Risiko nach „Treu und Glauben“ als mitversichert ansehen konnte.

Wie bei Tunc wird auch bei von Hippel die Anspruchskürzung in der Regel vom Strafrichter vorgenommen. Alternativ schlägt von Hippel einen festen Selbstbehalt des Geschädigten in der Höhe von 5 000 DM vor.

Bei Eigenunfällen wird die Entschädigung aufgrund des Einkommens berechnet, das der Fahrzeugeigentümer bei der Zulassung seines Fahrzeuges angegeben hat.

Schmerzensgeld soll nur bei ungewöhnlich starken und nachhaltigen Schmerzen, bei der Beeinträchtigung der körperlichen Integrität oder bei Verunstaltungen gewährt werden. Wenn es gewährt wird, soll es beträchtlich höher sein als die heutigen Sätze.

von Hippel hält es für richtig, stets den gesamten realen Verdienstentgang und nicht bloß nur ein Existenzminimum zu ersetzen. Bei Großverdienern müsse der Verdienstentfall allerdings zum Beispiel mit DM 3 000 begrenzt werden.

Sachschäden am Kraftfahrzeug und an mitgeführten Sachen, die durch Eigenunfall entstehen, werden nicht ersetzt. Ausgenommen sind jene Sachen, die die beförderten Personen bei sich tragen. Andere Sachschäden werden hingegen voll vergütet. Davon gibt es allerdings wieder eine Ausnahme: Schäden am Kraftfahrzeug, die auf eine Kollision zurückzuführen sind, werden erst ab einen bestimmten Betrag (z. B. DM 200) ersetzt. Dieser ungedeckte Schaden wird unter den Beteiligten aufgeteilt, wobei nichtversicherte Schädiger nur dann herangezogen werden können, wenn sie ein Verschulden (!) trifft.

Entgangene Gebrauchsvorteile des Kraftfahrzeuges bleiben unvergütet. Die Leistungen der Versicherung schließen alle anderen Ansprüche aus. Das gilt auch für die Ansprüche auf Schmerzensgeld, die von der Versicherung nicht vergütet werden. Auch die Leistungen der Sozialversicherung sind ausgeschlossen.

Den im geltenden Haftpflichtrecht vernachlässigten Grundsatz der individuellen Verantwortung will von Hippel durch ein verstärktes Regreßrecht der Versicherer und eine starke Differenzierung des Prämiensystems wieder beleben. So kann der Versicherer vor allem bei unverzeilichem Verschulden Regreß nehmen. Und zwar entweder voll oder teilweise aufgrund der Regeln des vollen oder teilweisen Anspruchsverlust.

Eine Haftpflichtversicherung solcher Regreßansprüche soll nur ab einen Betrag von DM 5 000 zulässig sein.

In der Form der Versicherung will von Hippel offen bleiben. Persönlich bevorzugt er eine staatliche Versicherung. Im Fall von privaten Versicherungsträgern müssen die herkömmlichen Versicherungen eine gemeinsame Organisation einrichten, um die heute herrschenden ständigen Reibungsverluste zu vermindern.

V. Der Güllemann-Plan: Die obligatorische Unfall- und Sachversicherung für Kraftfahrzeuge

Güllemann hat schon 1969 eine obligatorische Unfall- und Sachversicherung anstelle des bisherigen Systems der Kraftfahrzeughaftpflicht vorgeschlagen[7]. Es genügt hier, auf die wesentlichen Grundzüge zu verweisen.

Die neu zu schaffende, private Versicherung, die von allen Kraftfahrzeughaltern finanziert wird, ersetzt Personen- und Sachschäden, die „bei dem Betrieb eines Kraftfahrzeuges" entstehen.

Bei Kollisionsschäden deckt die Versicherung die Schäden des eigenen Versicherungsnehmers und seiner Insassen. Für die übrigen nichtmotorisierten Verkehrsteilnehmer haften alle Versicherer solidarisch. Im Innenverhältnis findet ein Ausgleich nach der Stärke der Fahrzeuge statt.

Ersetzt wird der volle eingetretene Schaden. Bei Verdienstentgang allerdings nur bis zu einer „hoch anzusetzenden Grenze". Schmerzensgeld wird nur ersetzt, wenn es „wegen der besonderen Schmerzen der Verletzung zur Vermeidung einer groben Unbilligkeit" nötig erscheint.

Nicht gedeckt sind die Risiken der Teilkaskoversicherung. Bei Fahrzeugschäden wird ein Selbstbehalt eingeführt. Dieser ungedeckte Schaden kann bei grober Fahrlässigkeit von Schädiger direkt verlangt werden. Entgangene Gebrauchsvorteile und merkantiler Minderwert bleiben unvergütet.

Bei „schwerem Selbstverschulden" muß der Geschädigte „eine angemessene Kürzung" hinnehmen. Hat der Schädiger grob fahrlässig gehandelt, so besitzt der Versicherer ein nicht versicherbares Regreßrecht „in angemessener Höhe".

Die Entschädigungspflicht der Sozialversicherung entfällt, soweit die neue Versicherung leisten muß. Von den oben erwähnten Ausnahmen abgesehen ist der Schädiger von der Inanspruchnahme nach allgemeinem Schadenersatzrecht befreit.

[7] Zum folgenden *Güllemann*, Reformprojekte, insbes. 162 ff.

B. Die gemäßigten Reformpläne: Verbesserter Versicherungsschutz neben Haftpflichtrecht (Soziale „Grundversorgung“ und Schadenersatz)

I. Die Projekte der sozialen Grundversorgung

1. *Frühe Vorbilder*

Schon dem 26. deutschen Juristentag 1902 lagen Vorschläge von Pappenheim und Burckhard vor, die alle Autofahrer nach Vorbild der Arbeitsunfallversicherung zu einer Zwangsgenossenschaft zusammenschließen wollten[1]. Diese Genossenschaft sollte dem Geschädigten unmittelbar zum Schadenersatz verpflichtet sein. Haftungsgrund war nur der Nachweis, daß der Schaden „beim Betrieb“ eines Kraftfahrzeuges entstanden sei. Der Umfang der Vergütung richtete sich sodann nach allgemeinem Schadenersatzrecht. Nur das Alleinverschulden des Geschädigten und höhere Gewalt sollten den Anspruch ausschließen.

Für die Schweiz hat der berühmte Jurist Max Gmür 1908 einen ähnlichen Entwurf vorgelegt[2]. Das deutsche Reichsjustizministerium stellte sich ausdrücklich hinter diese Vorschläge. Der Gesetzgeber hingegen entschloß sich, unter welchem Einfluß auch immer, mit dem Kraftfahrzeuggesetz 1909 lediglich das geltende Haftpflichtrecht für Kraftfahrzeuge zu verschärfen. Die Frage der Sicherung des Schädigers und Geschädigten blieb einer freiwilligen Haftpflicht- bzw. Sachversicherung überlassen.

2. *Möller/Sieg*

Gegen diese Rechtslage wandte sich Hans Möller 1934[3]. Er kritisierte daran vor allem die damals noch bestehende Freiwilligkeit der Versicherung sowie das ebenfalls noch existierende Verfügungsrecht des Schädigers über die Versicherungsforderung: Dieser konnte darüber wie über jede andere Forderung verfügen, auch zum Nachteil des Geschädigten. Basis seiner Kritik war die Überlegung, daß nicht der Schädiger besonderen Schutz verdiene, sondern vor allem der Geschädigte. Für diese Aufgabe sei aber, so Möller, eine Haftpflichtversicherung „ihrem ureigensten We-

---

[1] *Pappenheim,* Verhandlungen des 26. DJT III (1902), 163 ff. und 202 ff.; *Burckhard,* ebenda III, 196 ff.

[2] *Gmür,* ZBJV (1908), 113 ff.

[3] *Hans Möller,* JW 1934, 1076 ff.

sen nach" nicht gerüstet. Sie sei viel mehr „eine Institution im egoistischen Interesse des Haftenden", der für seine Rechnung abschließe und nicht für Rechnung Dritter[4].

Daher sprach sich Möller für eine Unfall- und Schadensversicherung aus, die dem Geschädigten einen direkten Anspruch gewähren sollte. Grund und Umfang dieses Anspruches werde freilich weiterhin durch das allgemeine Schadenersatzrecht bestimmt.

Diesem Plan hat sich Sieg ausdrücklich angeschlossen[5]. Beide erwarteten sich von diesem Plan, nicht nur eine verbesserte Sicherung des Geschädigten, sondern auch eine Beschleunigung der Prozesse und der Schadensabwicklung. Als Vorteil empfanden sie auch, daß das Gegeneinander von Schädiger und Geschädigten aufgehoben werde, wovon sich die Versicherungen bei Schädigungen ihrer Geschäftskunden Vorteile erwarten konnten[6].

Wie schon Albert Ehrenzweig fand auch Möller in der Speditionsversicherung ein Vorbild seines Planes. Demnach muß der Spediteur für seine Kunden eine Sachversicherung abschließen, die die Speditionsschäden im vertraglich festgelegten Ausmaß deckt, eine solche Versicherung sollten auch alle Kfz-Halter abschließen. Den Haftungsgrund wollte Möller allerdings soweit objektivieren „als dies das Interesse der Verkehrssicherheit erlaubt". Grundsätzlich sollte auch kein Regreßrecht des Versicherers bestehen.

3. *Deutsch, v. Caemmerer, Stoll*

Im praktischen Ergebnis nähern sich nunmehr die Reformvorschläge von Deutsch, Caemmerer und Stoll, dem Projekt Möllers[7]. Nachdem die Haftpflichtversicherung seit dem Jahr 1965 vom Geschädigten direkt in Anspruch genommen werden kann, ist ein Hauptkritikpunkt Möllers bereits erledigt. So geht es heute nach Ansicht der herrschenden Dogmatik nur noch um die Beseitigung der Haftungsfreistellung bei „unabwendbarem Ereignis" und um die Frage des Mitverschuldens.

Alle drei genannten Autoren sind der Ansicht, daß derartige Einschränkungen fallen könnten. Im Falle des Mitverschuldens zieht von Caemmerer dazu ausdrücklich die Parallele der Sozialversicherung heran[8]. Eine andere Basis sieht Stoll. Wie schon gesagt, will er nach dem

---

[4] Ebenda, 1079.

[5] *Sieg*, ZHR 113, 95 ff.

[6] Ebenda, 103.

[7] *von Caemmerer*, Reform, 21 ff.; *Stoll*, RabelsZ 36, 37 ff.; *Deutsch*, JZ 1968, 727 ff.; *derselbe*, zusammenfassend, Haftungsrecht I (1976), 415 ff.; und zwar schon in: Soziale Sicherung gegen Unfälle im Straßenverkehr? (1975), 97 ff.

[8] *von Caemmerer*, Reform, 22.

„Prinzip der Gegenseitigkeit“ das Mitverschulden des versicherten Kfz-Halters als Anspruchskürzung beseitigen[9]. Für Fußgänger, die keine Prämie bezahlen, gilt dieses Privileg offensichtlich nicht. Am weitesten geht Hannak. Er meint, daß bei der ständigen Gefahrenerhöhung des Straßenverkehrs „der Begriff des Selbstverschuldens nicht mehr brauchbar sei“[10].

Stoll und Deutsch räumen weiters ein, daß jedenfalls ein Bedürfnis nach rascher reibungsloser Abwicklung und Schadenersatz besteht. Beide erwägen daher eine zusätzliche Unfallversicherung als „Basic Protection“ etwa in Erweiterung der bestehenden Insassenversicherung. Stoll will dabei ähnlich wie Ehrenzweig dem Unfallopfer ein Wahlrecht zwischen dieser Unfallversicherung und dem allgemeinen Schadenersatzanspruch geben[11].

Höchst unterschiedlich sind die Meinungen schließlich bei der näheren Ausgestaltung des Schutzes. So möchte Stoll dem Kraftfahrkollektiv „das Transportrisiko bei der Beförderung wertvoller Güter“ abnehmen. Jedenfalls sollten Sachschäden an Transportgütern nur bis zu einer Höchstsumme ersetzt werden[12].

Hingegen spricht sich von Caemmerer vehement für eine Streichung aller summenmäßigen Begrenzungen im Straßen- und Verkehrsrecht aus[13]. Auch Koziol hält die Argumente für diese Begrenzung für „zweifelhaft“[14].

Ähnlich unterschiedlich sind die Auffassungen bezüglich des Schmerzensgeldes. Stoll meint, daß Schmerzensgeld für „nicht erhebliche nur vorübergehende Schmerzen bei Verkehrsunfällen entfallen“ soll[15]. Koziol hält auch solche Schmerzen „nach heutiger Auffassung“ für „ausgleichsbedürftig“[16]. Deutsch möchte „volles Schmerzensgeld nur bei zusätzlichem Verschulden“ geben[17]. von Caemmerer schließlich spricht sich für eine Ausweitung der Schmerzensgeldgewährung auf alle Fälle der Gefährdungshaftung aus[18]. Den Ersatz des „merkantilen Minderwerts“ und der entgangenen Gebrauchsvorteile am Kraftfahrzeug will, soweit ich sehe, nur Stoll aufgeben[19].

---

[9] Nämlich bei Kollision mehrerer Fahrzeuge: *Stoll*, RabelsZ 36, 308.

[10] *Hannak*, Verteilung, 22.

[11] *Stoll*, RabelsZ 36, 308.

[12] Ebenda, 309.

[13] *von Caemmerer*, Reform, 23.

[14] *Koziol*, ZfRV 1970, 19.

[15] *Stoll*, RabelsZ 36, 308.

[16] *Koziol*, ZfRV 1970, 25.

[17] *Deutsch*, Haftungsrecht I (1976), 416.

[18] *von Caemmerer*, Reform, 22 f.

[19] *Stoll*, RabelsZ 36, 309.

Einig ist man sich hingegen in der Frage der Organisation des neuen Versicherungsträgers. Nicht nur von Caemmerer warnt vor einem „zentralgesteuerten Apparat eines riesigen öffentlichen Versicherungs- und Versorgungssystems mit allen Schattenseiten einer so gestalteten Bürokratisierung"[20]. Auch Stoll steht jeder Ausweitung „mit Skepsis gegenüber". Der eklatante Kostenvorteil (5,4 % bei der Sozialversicherung gegenüber 26 % bei der Haftpflichtversicherung) wäre seiner Meinung nach durch den „Inmobilismus der Verwaltung und die Unfähigkeit zu großzügiger Bereinigung von Streitfällen" mehr als wettgemacht[21].

Auch Koziol zweifelt, ob die Sozialversicherungen „besonders schnell und kostensparend arbeiten"[22]. Borgmann lehnt das „isolierte Kostendenken" von Hippels überhaupt ab und weist auf die Vorteile des „Wettbewerbdrucks mit allen Anreizen zu Rationalisierung" hin[23].

Daß es allerdings mit diesem Wettbewerb unter den Privatversicherungen „nicht zum Besten steht", gibt Stoll ausdrücklich zu. Auch bemängelt er, daß die Tarife der deutschen Kfz-Versicherer „völlig gleich strukturiert" seien. Durch den HUK-Verband werde die Versicherungswirtschaft praktisch zu einem einzigen Kartell. Stoll verlangt daher mehr „Wettbewerbsbereitschaft", die allerdings mit der sozialen Verpflichtung der privaten Versicherungen" die erforderliche Synthese finden müsse. Im einzelnen bleibt Stoll freilich vage: Er verlangt „vielfältigeres Angebot" und „originellere Einfälle"[24].

II. Die Einwände gegen den Haftpflichtersatz durch Versicherung

Solange noch keine deutschen Untersuchungen über die Lage des Kraftfahrzeughaftpflichtrechts in der Praxis vorlagen, sondern nur die amerikanischen und französischen Pläne, wurden alle Kanalisierungsvorschläge mit dem Hinweis abgelehnt, daß hier Reformen „mit Systemschwächen anderer Rechtsordnungen" begründet würden[25].

Mittlerweile haben freilich so intime Kenner des internationalen Rechts wie von Caemmerer und Stoll ausdrücklich festgestellt, daß zwischen den Ländern mit weitgehenden Reformplänen und dem deutschen Recht in den entscheidenden Punkten „keine gravierenden Unterschiede bestehen"[26].

---

[20] *von Caemmerer*, Reform, 9 f.
[21] *Stoll*, RabelsZ 36, 310.
[22] *Koziol*, ZfRV 1970, 21.
[23] *Borgmann*, ZRP 1973, 56.
[24] *Stoll*, RabelsZ 36, 312.
[25] *Jacobi/Manitz*, VW 1970, 253.
[26] *Stoll*, RabelsZ 36, 294; einschränkend *von Caemmerer*, Reform, 8.

Der Haupteinwand gegen einen Haftungsersatz lautet daher gegenwärtig, daß solche Pläne erstens nicht notwendig seien, weil man gewisse Mängel im bestehenden System durchaus immanent beseitigen könne. Und daß zweitens ihre Tendenz zu Sozialisierung wichtigen Werten der Gesellschaftsordnung gefährlich werden[27].

Im einzelnen sind die Positionen allerdings recht unterschiedlich. Das betrifft sowohl die Frage des Ob und des Wie derartiger systemimmanenter Korrekturen als auch die Einschätzung der Reformkraft der gegenwärtigen Dogmatik und die Beurteilung der sozialen Schutzwürdigkeit der Geschädigten.

Recht entschieden und optimistisch zeigt sich Koziol. Seiner Meinung nach kann nur das gegenwärtige Schadenersatzrecht eine „sinnvolle Verteilung der Schadenersatzrisiken“ leisten[28]. Daß es nicht in allen Einzelheiten befriedigende Lösungen anbiete, sei richtig, rechtfertige aber keineswegs derart radikale Vorschläge. Ein Ersatz von Schäden ohne Rücksicht auf „Momente der Schadenszurechnung und der Risikotragung“ müßten „schärfstens abgelehnt werden“.

Derartige Einschränkungen der „Selbstbestimmung und Selbstverantwortung“ würden gegen eine „fundamentale Wertung unserer Gesellschaftsordnung verstoßen“. Denn „eine Überwälzung von Nachteilen, die der Geschädigte selbst zu tragen hätte, auf eine große Gruppe oder auf die Allgemeinheit“ habe im Schadenersatzrecht keinen Platz. Das sei eine Angelegenheit, die bei der „Durchführung der sozialen Sicherheit“ eine Rolle spielen könne. Die verbleibenden „Mängel der Risikoverteilung ... könnten ohne weiteres im Rahmen des bestehenden Schadensverteilungsrechts behoben werden“[29].

Erheblich vorsichtiger in der Einschätzung der Lage und der Reformkraft der Dogmatik sind Stoll, Hauss und Caemmerer. Letzterer läßt es zunächst einmal offen, ob den Plänen „die Zukunft gehört“. Das ist für ihn eine „weitgehend politische Frage“[30].

Gleichwohl ist er bereit, derartige Fragen zu prüfen: Etwa, ob eine private oder staatliche Versicherung besser sei, ob es beim gegenwärtigen Schadenersatzumfang bleiben könne, oder ob man nivellieren müsse und schließlich, ob eine allgemeine Unfallversicherung so ausgebaut wer-

---

[27] *Koziol*, ZfRV 1970, 18; *Borgmann*, ZRP 1973, 55, 57; *von Caemmerer*, Reform, 10; *Stoll*, RabelsZ 36, 307 ff. Aber auch *Krause*, Das Risiko der Straßenverkehrsunfälle, 77 und 85 sieht keine akute Notwendigkeit der „Systemänderung“. Ebenso *Schäfer*, in: Soziale Sicherung gegen Unfälle im Straßenverkehr? 92.

[28] *Koziol*, ZfRV 1970, 26.

[29] Ebenda, 18, 21, 22.

[30] *von Caemmerer*, Reform, 8. Ebenso *Thill*, in: Soziale Sicherung gegen Unfälle im Straßenverkehr? 138.

den könne, daß das Kostenrisiko der Kfz-Unfälle bei den Autohaltern bleibe und jenes der industriellen Schäden bei der Industrie[31].

Probleme der Selbstbestimmung und Selbstverantwortung wirft von Caemmerer ebensowenig auf, wie Hauss und Stoll. Vielmehr sehen diese Autoren schon im gegenwärtigen System eine Entwicklung, die von der individuellen Verantwortung wegführt. So meint Hauss, daß die Haftpflichtversicherung oft vom „Geschädigten" rede, dieser ökonomisch gesehen, jedoch längst keiner mehr ist. Gleichzeitig diagnostiziert er eine allgemeine soziale Stimmung, die eine „bedeutende Entwertung des Satzes „casum sentit dominus" und eine Schwächung des Gefühls für eigene Verantwortung bringe[32]. Da nun keiner der genannten Autoren an diesem Prinzip der Haftpflichtversicherung rütteln will, ja die meisten sogar einen weiteren Ausbau wollen, ist anzunehmen, daß man sich mit solchen Schwächungen des Verantwortungsgefühls abgefunden hat.

Weitaus wichtiger scheint den Autoren die Sicherung des freien Wettbewerbs auf dem Gebiet der Versicherung zu sein. Nur soweit die Reformpläne hier zur Sozialisierung raten, wird mehr oder weniger vehement widersprochen.

So sieht Stoll das Grundproblem aller Reformpläne „in der Alternative von privatwirtschaftlicher Schadensversicherung und Sozialversicherung"[33]. Und Hauss befürchtet eine „Volksunfallversicherung", falls es nicht gelinge, daß traditionelle Haftpflichtrecht zu reformieren. Der Ton dieser Warnungen ist oft alles andere als optimistisch. „Scheitern wir an der Aufgabe, die Verkehrsunfälle angemessen auszugleichen, und die Entschädigungslast individuell gerecht zu verteilen, so ist es nur eine Frage der Zeit, daß die Sozialversicherung auch diesen Unfallbereich erobern und letztlich wohl auf alle Unfall-Personenschäden ausgedehnt werden wird[34]."

Ähnlich düster sind die Prophezeiungen von Hauss: „Gelingt uns das nicht (nämlich die Erhöhung der Funktionsfähigkeit des Schadenersatzrechts), so müssen wir damit rechnen, daß der zentralgesteuerte Apparat einer öffentlich-rechtlichen Versicherungs- und Versorgungsanstalt auf die Dauer wesentliche Aufgaben des abdankenden Haftungsrechts übernimmt[35]."

Erst über eine derartige Sozialisierung der Versicherungsträger befürchtet man also eine „Bedrohung der Rechte des Einzelnen[36]." Dadurch

---

[31] *von Caemmerer*, Reform, 9 f.

[32] *Hauss*, ZVersWiss 1967, 153.

[33] *Stoll*, RabelsZ 36, 309.

[34] Ebenda, 313.

[35] *Hauss*, ZVersWiss 1967, 166.

[36] Ebenda, 166.

erst komme es zur „Nivellierung" und „Schematisierung" der Schadenszurechnung.

So betont Koziol, daß nicht alle Versicherten gleich sorgfältig seien. Eine zwangsweise Versicherung zwinge daher auch jene zur Prämienzahlung, die die Schadenstragung aus eigenen Mitteln verkraften könnten. Versicherungen aufgrund von Durchschnittsrechnungen führten dazu, daß Ungleiches gleich behandelt werde und ein Teil der Versicherten gegen ihren Willen gewungen wird. Auf diese Weise werde der Einzelne für unmündig erklärt[37].

Was die Auswirkungen der Pläne auf das gesamte System betrifft, so befürchtet von Caemmerer beispielsweise, daß man die Grenzen nicht werde halten können: „Es entsteht dann aber alsbald das Problem, ob das gleiche System nicht ganz allgemein auf alle Unfälle erstreckt werden kann und muß[38]."

Ähnliche Sorgen macht sich auch Stoll[39]. Borgmann kann sich sogar die „Verödung unseres Rechtslebens" vorstellen[40]. Neben diesen grundsätzlichen Bedenken gibt es auch eine Reihe von Detaileinwänden. An der Spitze steht der nun schon mehrfach erwähnte Vorwurf, daß die vorgeschlagenen Pläne um nichts billiger und zeitsparender seien[41].

An mehreren Stellen wirft Koziol von Hippel vor, daß er die verschiedenen Gewichte von Verschuldens- und Gefährdungshaftung nicht ausreichend zur Kenntnis nehme. Wenn zum Beispiel zu einer Gefährdungshaftung ein Verschulden hinzukäme, könne man nicht davon ausgehen, daß der Geschädigte in jedem Fall gleich schutzwürdig sei. Vielmehr scheine eine weitergehende Haftung gerechtfertigt[42]. Ebenso sei der Vorschlag von Hippel „schlechterdings unhaltbar", den Selbstbehaltschaden an einem Kraftfahrzeug mit der Begründung der mitwirkenden Betriebsgefahr auf alle Beteiligten aufzuteilen. Wenn einen der Beteiligten ein Verschulden treffe, so müsse ihn Betriebsgefahr und Verschulden belasten, was eine gleiche Behandlung nicht mehr rechtfertigen könne[43].

Schließlich sieht Koziol eine „deutliche Willkür" im Vorschlag von Hippels, die Verkehrsunfallversicherung auf alle mechanisch betriebenen Fahrzeuge auszudehnen und das Erfordernis „beim Betrieb" fallen zu lassen. „Warum", fragt Koziol, „ist der Geschädigte, der durch ein landwirtschaftliches Fahrzeug, das 5 km in der Stunde erreicht, verletzt

---

[37] *Koziol*, ZfRV 1970, 22, 25; *derselbe*, Haftpflichtrecht I, 7.

[38] *von Caemmerer*, Reform, 7.

[39] *Stoll*, RabelsZ 36, 313.

[40] *Borgmann*, ZRP 1973, 55.

[41] Ebenda, 56; *Koziol*, ZfRV 1970, 25 f.

[42] *Koziol*, ZfRV 1970, 24.

[43] Ebenda, 24.

wird, schutzwürdiger als jener, der von einem mit 40 km/h fahrenden Fahrrad niedergestoßen wird?“ Warum erfasse die Hippelsche Unfallversicherung weiters nur jenen, der an einem abgestellten PKW zu Schaden kam, aber nicht jenen, der sich an einem Mast, an einem Schubkarren und dergleichen stößt[44].

III. Zum Ertrag der Diskussion

Der erste Eindruck ist bei aller Breite der Darstellung doch erfrischend: Nur wenige Argumente verschanzen sich hinter Begriffen und Konstruktionen. Die Mehrzahl der Teilnehmer stellt sich offen den Wertungsproblemen. Das macht sie kritisierbar und verleiht dem Bild ein starkes Profil. Im einzelnen soll der Ertrag der Diskussion unter den angekündigten drei Aspekten geprüft werden: Gewicht der Kritik, Auswirkung auf das System und Angemessenheit der Lösung für Kfz-Unfälle im besonderen.

1. Zur Angemessenheit der Lösungsvorschläge für die Kraftfahrzeugunfälle

a) Die Annäherung der Standpunkte

Hier ist bereits der erste erstaunliche Befund möglich: Trotz der teilweise geradezu massiven Auseinandersetzung und trotz der Härte mancher Formulierung („muß schärfstens abgelehnt werden“) sind sich die Reformer und die Vertreter der traditionellen Dogmatik in Deutschland weitgehend einig. Jedenfalls in den entscheidenden Grundsatzfragen. So stimmen Stoll und Deutsch ausdrücklich einer Unfallversicherung zu. Beide möchten dem Geschädigten einen raschen und wirksamen Schutz in Form jener basic Protection gewähren, die ihr Vorbild in Ehrenzweigs Full Aid Insurance Plan hat. Ähnlich wie dort, fordert Stoll Mindestentschädigungen. Also keinen vollen Ersatz des Transportschadens, keinen „merkantilen Minderwert“, keine frustrierten Gebrauchsvorteile, keinen Karenzschaden und ein sehr stark eingeschränktes Schmerzensgeld. Wie Ehrenzweig erwägt auch Stoll ein Wahlrecht: Der Geschädigte soll zwischen diesem Versicherungssystem und seinem normalen Schadenersatzanspruch wählen dürfen.

Ja selbst in der für die herrschende Dogmatik offenbar wichtigsten Frage, nämlich nach der privatwirtschaftlichen Organisation des Versicherungsträgers gibt es keine wahrhaft echten Divergenzen. Güllemann zum Beispiel lehnt wie von Caemmerer, Stoll, Deutsch und Hauss eine staatliche Versicherung ab.

---

[44] Ebenda, 23.

In der näheren Ausgestaltung der Haftung fällt eine einzige Divergenz tatsächlich ins Gewicht: Stoll und Deutsch, wahrscheinlich auch von Caemmerer, bleiben beim „Verursachungsgrundsatz". Das bedeutet zweierlei: Einmal, daß der Kraftfahrzeughalter reine Eigenunfälle zusätzlich versichern lassen muß. Zum zweiten, und das ist der wohl entscheidende Unterschied, bleiben bei Stoll und Deutsch die Fußgänger und Radfahrer ohne kollektiven Schutz.

Ob das eine eindrucksvolle Lösung ist, mag zweifelhaft sein. Gewährt man doch damit gerade jenen keine kollektive Sicherung, die sich nicht einmal ein Auto leisten können. Diese Folge ist bei Stoll besonders kraß, weil er das Mitverschulden als Anspruchskürzung nur dem versicherten Kraftfahrzeughalter zubilligen will. Fußgänger und Radfahrer sind bei Stoll nach wie vor voll verantwortlich. Sie werden damit zu Leit- und Leidfossilien einer „Kfz-losen" Zeit und zu lebenden Symbolen der aufrechten „Zweispurigkeit": Hier die Klasse der Autobesitzer mit Haftungsprivilegien, dort die Klasse der Nichtmotorisierten, die den zweifelhaften Vorzug echter Selbstverantwortung genießen. Und zwar völlig unabhängig von ihrer jeweiligen Schadenersatztragfähigkeit.

Daß freilich die Reformer dieses Problem genausowenig lösen, sondern lediglich ein Stück verschieben, hat Koziol mit Recht hervorgehoben. Es ist ja in der Tat nicht einzusehen, warum jener Radfahrer schutzwürdiger sein soll, der an ein parkendes Auto stößt, als jener, der an einen Baum prallt.

Wenn Koziol allerdings auch noch weiter moniert, daß von Hippel künftig sogar Landmaschinen in die Versicherung einbeziehen will, weil dadurch das Problem der Willkür zwischen einem Geschädigten, den eine mit 5 km/ fahrende Landmaschine niederstößt und jenem, den ein Fahrrad mit 40 km/h verletzt, entsteht, so darf man auch Koziol entgegnen: Haben wir dasselbe Problem nicht schon im geltenden Recht, wenn man etwa statt der Landmaschine ein Moped annimmt, das jemand mit 5 km/h verletzt?

b) Obligatorische Haftpflichtversicherung — Obligatorische Unfallversicherung: Wo liegt der Unterschied?

Koziol nimmt nun in der ganzen Diskussion eine gewisse Sonderstellung ein. Wenn ich seine Argumente richtig verstehe, so sieht er im Übergang von der Haftpflichtversicherung zur Unfallversicherung bereits einen nicht zu duldenden Systemwechsel. Seine Argumente dafür sind, nochmals kurz zusammengefaßt[45]:

— Die Haftpflichtversicherung deckt nur dann Schäden, wenn das individuelle Schadenersatzrecht einen Anspruch bereitstellt.

[45] Ebenda, 22 ,Anm. 23; *derselbe*, Haftpflichtrecht I, 6, Anm. 25 und 7.

— Dadurch würden Haftpflichtversicherungen und Prämien nur nach Maßgabe der Zurechnungen des Schadenersatzrechtes belastet.

— Die Befürworter der Unfallversicherung würden übersehen, daß nicht alle Versicherten gleich sorgfältig sind.

— Da die Unfallversicherung nach Durchschnittsrechnungen vorgeht, behandle sie Ungleiches gleich und verpflichte damit auch jene zur kollektiven Sicherheit, die das gar nicht wollten.

— Dieser Zwang sei bei der Haftpflichtversicherung hingegen gerechtfertigt, „weil hier der Schutz der Geschädigten vor der Zahlungsunfähigkeit im Vordergrund steht".

Ich glaube nicht, daß man diese Differenzierung aufrecht erhalten kann. Daß der „Schutz der Geschädigten" Grund der Zwangshaftpflichtversicherung ist, ist sicherlich richtig. Nur trägt dieser Grund um so mehr bei einer Unfallversicherung. Wer seinen Schutz will, findet ihn eher in einer Sach- oder Unfallversicherung.

Daher sagt auch Deutsch sehr einleuchtend, daß die „unfallversicherungsrechtliche Lösung ... den Weg zu Ende geht, der (in der Haftpflichtversicherung) mit dem Direktanspruch gegen den Versicherer eingeschlage wurde"[46].

Auch vermag ich keinen Unterschied im Zwangscharakter zu sehen: Ob man sein Fahrzeug Haftpflicht- oder Unfall- und Sachschaden versichern lassen muß, bleibt für die Einschränkung der persönlichen Disposition völlig gleich. Wer heute ohne diesen Zwang leben will, muß sich von seinem Kraftfahrzeug trennen.

Dasselbe gilt wohl auch für die Pauschalierungen und Durchschnittsrechnungen. Diese sind erstens in einer Haftpflichtversicherung völlig gleich wie in einer Unfallversicherung und zweitens, wenn man den Argumenten Stolls und Weyers Glauben schenken kann, in der staatlichen Versicherung kaum anders als in der privaten. Ich gebe allerdings zu, daß man diese Unterschiede vor allem im österreichischen Recht noch genauer untersuchen müßte.

2. *Zur Frage der Auswirkung auf das traditionelle Schadenersatzsystem und zum Gewicht der Kritik der Reformer*

a) Die verschiedenen Ebenen

Hier fällt zunächst auf, daß Kritiker und Verteidiger des Systems nicht auf derselben Ebene argumentieren. Auf den Vorwurf der „Dekkungslücken", gibt es beispielsweise zwei Gruppen von Antworten. Die

[46] *Deutsch*, Haftungsrecht I (1976), 406.

einen erklären, daß solche Lücken möglicherweise vorliegen, daß ihre Schließung aber nicht Aufgabe des individuellen Schadenersatzrechtes sei (Koziol, Stoll).

Die anderen wiederum halten den bestehenden sozialen Schutz für ausreichend (Borgmann). Bloembergen will für das niederländische Recht sogar alle Sonderbestimmungen des Kraftfahrhaftpflichtrechts streichen. Für die Personenschäden reiche die Sozialversicherung, Sachschäden sollte jeder, der das Risiko eines Ersatzanspruches scheut, privat versichern lassen[47].

Gemeinsam ist nun beiden Meinungen, daß sie ihre Schlußfolgerungen ohne Überprüfung der Fakten treffen. Keiner der Vertreter der herrschenden Ansicht hat sich die Mühe gemacht, das Zusammenspiel von Sozialversicherung und Haftpflichtrecht auch nur annähernd so genau zu prüfen, wie etwa Weyers.

Dadurch sind aber auch zum Beispiel die Argumente gegen den Vorwurf der mangelnden Koordination zwischen Verschuldenshaftung, Gefährdungshaftung und sozialer Sicherung ohne überzeugende Begründung. Man kann natürlich wie Koziol, einfach behaupten, daß es keine derartigen Probleme gäbe, weil diese über die „Regeln" der Vorteilsausgleichung und der Drittschadensliquidation gelöst werden. Ohne Prüfung der Frage, ob diese Regeln tatsächlich angewendet werden, zu welchem Ergebnis sie führen und was die Praxis überhaupt macht, ist eine solche Behauptung ebenso unangreifbar wie fruchtlos.

Zumindest für das deutsche Recht hat Weyers eindringlich gezeigt, daß die angeblichen Regeln der Drittschadensliquidation und Vorteilsausgleichung in der Praxis der Gerichte vorwiegend zu Billigkeitsentscheidungen werden. Für die Einsicht, daß der Schädiger „kein Glück haben dürfe" und daß „öffentliches Vermögen zu schützen sei", opfert der BGH sogar den herkömmlichen Schadensbegriff.

Ebenso ohne Konsequenzen ist die Mahnung Selbs geblieben, die eigentlichen Wertentscheidungen aus dem Geflecht der Begriffe herauszulösen und neu zu überdenken. Auch wer dem „Sozialschaden" Selbs nicht zustimmen kann, sollte sich doch mit diesen Anregungen auseinandersetzen.

Ohne Diskussion der Pauschalierung der Sozialversicherung, ihres Quotenrechts, der Teilungsabkommen und sonstiger Praxen, ist aber ein Urteil über die Koordination von sozialer Vorsorge und Haftpflichtrecht nicht möglich.

Eher an der Oberfläche bleiben auch die Antworten auf den Vorwurf der langsamen und kostspieligen Schadenabwicklung. Nur wenige Auto-

---

[47] *Bloembergen,* Auf dem Wege zur Abschaffung der Haftpflicht bei Verkehrsunfällen? DRiZ 1968, 34.

und wirksame Hilfe für den Geschädigten. Auch hier zeigt es sich, daß ren (Stoll, Deutsch) bemühen sich in ihren Vorschlägen um eine rasche man ohne Kenntnis der Praxis und der Fakten, nur schwerlich eindrucksvoll argumentieren kann. Wenn Koziol etwa meint, daß die Sozialversicherung gewiß nicht billiger arbeiten könne, als die Privatversicherung, so ist das mit einem einzigen Blick auf die Statistik zu widerlegen: Die Sozialversicherung opfert 5,4 % ihrer Entschädigungsleistungen der Verwaltung, die Privatversicherung hingegen 26 %[48]. Die österreichische Situation muß allerdings noch untersucht werden.

Bevor man nicht erforscht, welcher Zeitaufwand für die Erledigung von Schäden nötig ist, wie sehr die Gerichte tatsächlich mit Schadenersatzprozessen belastet sind, wodurch die meisten Kosten verursacht werden und wo die neuralgischen Punkte der Verschleppung liegen, kann man eigentlich über dieses Thema nicht ernsthaft diskutieren.

Ähnliches gilt aber auch für die Frage der Rechtssicherheit. Mit der bloßen Berufung der herrschenden Ansicht auf die einfache Regel des Alles oder Nichts ist wenig gewonnen. Denn zum einen beginnen die Unsicherheiten ja erst, wenn dieses Alles oder Nichts fragwürdig geworden ist: Beim mittelbaren Schaden, beim Drittschaden, beim fehlenden Rechtswidrigkeitszusammenhang bei der Vorteilsausgleichung usw. Gerade diese Fälle haben ja Hauss zu seinem Urteil veranlaßt, daß die Entwicklung des Haftpflichtrechts durchaus zu Einbußen der Rechtsicherheit führt. Zum anderen kann erst wieder eine Untersuchung der Praxis und der Fakten zeigen, in welchem Ausmaß reale Rechtsicherheit gegeben ist.

Wie sehr Kritiker und Verteidiger auf verschiedenen Ebenen argumentieren, zeigt auch die Auseinandersetzung um das Problem der gerechten Lastenverteilung. So wird auf der einen Seite einfach erklärt, daß man über Gerechtigkeit wissenschaftlich nicht reden könne (Borgmann).

b) Die fehlende Trennung von „Sein und Sollen"

Die zweite Möglichkeit ist, daß man eine solche Gerechtigkeit für das bestehende System einfach reklamiert. So erklärt beispielsweise Koziol mehrfach, daß die herrschende Schadenszurechnung auf einer „Abwägung der Interessen des Geschädigten und des Schädigers beruhe".

An dieser Aussage ist zunächst unklar, ob es sich um eine Feststellung von Tatsachen handelt, oder um ein rechtspolitisches Postulat. Als letzteres ist es voll beifallswert. Ich fürchte nur, daß es gerade im herrschen-

[48] Womit natürlich noch keineswegs gesagt ist, daß man schon deshalb für einen Ausbau der Sozialversicherung eintreten muß.

den System kaum verwirklicht ist. So haben schon Gierke und Degenkolb dem Interessenbegriff der Differenzhypothese „einäugige Gerechtigkeit“ vorgeworfen, da beides mit einem „Vorrang“ der Gläubigerinteressen begründet wurde[49].

Daß dieser Vorrang durchaus problematisch ist, scheint auch Koziol zu sehen, wenn er gegen von Hippel einwendet, dieser dürfe nicht nur den Geschädigten im Auge haben, sondern müsse auch den Schädiger beachten[50]. Die Frage ist nur, ob das im gegenwärtigen System geschieht? Ist das Interesse des Schädigers ausreichend gesichert, wenn er etwa im Prothesenfall noch Jahre nach der ersten Verletzung für den Granatsplitterschaden einstehen muß? Dasselbe gilt für den „Oberschenkelbruchfall“ des obersten Gerichtshofs[51]. Wie interessengerecht ist es weiters, daß der leichtfertige Verursacher eines Brandes selbst für den Tod des neugierigen Zuschauers einstehen muß? Rechnet man noch die um sich greifende Tendenz zur Objektivierung des Verschuldens hinzu, dann wird auch die übliche Begründung für solche Verschiebungen der Risikobereiche fraglich: Nämlich, daß der Schädiger immer noch näher daran sei, den Schaden zu tragen, als der gänzlich unschuldige Geschädigte. Kann ein Fehler, der dem besten Autofahrer alle Tage unterläuft, tatsächlich rechtfertigen, daß er Heilungskosten, Schmerzensgeld, Verdienstentgang, Ersatz eines Kraftfahrzeuges, möglicherweise frustierte Gebrauchsvorteile, Karenzschäden usw. ersetzen muß?

Hinzu kommt, daß die Aufforderung Essers, die Schadensverteilung bei Verkehrsunfällen „als soziale Frage zu begreifen“[52], der sich nunmehr außer Selb vor allem Kötz und Schäfer angeschlossen haben[53], nicht einfach mit der Behauptung abgetan werden kann, daß soziale Erwägungen im Schadensrecht keinen Platz hätten. Gerade wer eine undifferenzierte „Sozialisierung“ der Gerechtigkeitsfrage im Haftungsrecht vermeiden möchte, muß sich mit dem steigenden Bedürfnis nach sozialer Sicherheit auch im Aufbau des traditionell individualistischen Haftungsrechts auseinandersetzen.

c) Das Rückzugsgefecht um die Verantwortung

Am augenscheinlichsten ist schließlich der Rückzug der herrschenden Ansicht in der Frage der individuellen Verantwortung. Man gibt bereits

---

[49] *Degenkolb*, AcP 76, 79; *Gierke*, Der Entwurf eines bürgerlichen Gesetzbuches und das deutsche Recht (1889), 198, 266 ff.

[50] *Koziol*, ZfRV 1970, 18.

[51] OGH EvBl. 1961/379.

[52] *Esser*, Grundlagen und Entwicklung der Gefährdungshaftung (1969), 89.

[53] *Kötz*, Sozialer Wandel im Unfallrecht (1976), *Schäfer*, in: Soziale Sicherung gegen Unfälle im Straßenverkehr? (1975) 87 f.

überwiegend zu, daß diese zumindest im Bereich der Kfz-Unfälle kaum noch eine wirkliche Rolle spielt. Wenn dagegen Koziol meint, daß sich diese Verantwortung noch in der Bezahlung der Prämien äußere, so ist das wohl nur eine sehr rudimentäre Äußerung: Denn in einer obligatorischen Haftpflichtversicherung zahlen diese Prämien alle und sie zahlen sie gleich.

Richtig ist allerdings der Hinweis von Caemmerers auf Bereiche des Privatrechts, wo persönliche Verantwortung noch eine entscheidendere Rolle spielt. So bei künstlerischem Schaffen, bei freier Meinungsäußerung, bei Wettbewerb. Er selbst kann jedoch nicht ausschließen, daß die permanente Entwöhnung von echter Verantwortung in den überwiegenden Bereichen des Privatrechts, nicht auch Auswirkungen auf diese letzten Reserven persönlicher Verantwortung haben können.

d) Die Zustimmung zur Proportionslosigkeit

Völlig in das Bild sinkender individueller Verantwortung paßt schließlich das Fehlen jeder Proportion zwischen Verschulden und Haftung. Das trifft wahrscheinlich entgegen der Ansicht Koziols[54] auch für das österreichische Recht zu. Zwar ordnet das Gesetz eine unterschiedliche Haftung bei grobem und leichtem Verschulden an (§§ 1323, 1324 ABGB). Nur bei ersteren wird auch der entgangene Gewinn ersetzt. Aber was ist das? Nachdem die Judikatur unter erlittenem Schaden bereits die „Vernichtung einer bloßen Chance" subsumiert, bei der das Bestehen „einer Gewinnmöglichkeit im Verkehr als selbständiger Wert" angesehen wird[55], bleibt für den entgangenen Gewinn nicht mehr viel übrig. So ist denn auch der entgangene Geschäftsgewinn[56] ebenso wirklicher Schaden wie der Entgang von Fischereigebühren[57]; ja sogar ein entgangener Lotteriegewinn wurde als erlittener Schaden eingestuft[58].

Wo schon einmal der Ersatz unter Hinweis auf entgangenen Gewinn versagt wird, dort liegt eher ein ähnliches Empfinden zugrunde wie beim „mittelbaren Schaden": Man möchte den Ersatzumfang vor „Uferlosigkeit" bewahren (vergleiche den „Hofübergabefall")[59].

Koziol scheint nun allerdings von einer gewissen Proportionalität auszugehen. So wenn er meint, daß Gefährdung und Verschulden zusammen eine weitergehende Haftung rechtfertigen würden, als die Gefährdung

---

[54] *Koziol*, ZfRV, 20.

[55] SZ 29/43 u. a.

[56] ZVR 1959/196.

[57] SZ 31/97.

[58] OGH ZBl 1929/267.

[59] OGH EvB. 1957/219.

allein. Dies ist als rechtspolitische Forderung zweifellos zu unterstreichen. Nur läßt schon ein kurzer Blick auf die Realität der Gefährdungshaftung Gegenteiliges befürchten: Nirgendwo ist offensichtlich die Ausweitung des Schadensumfangs größer, als im Bereich der EKHG-Haftung. Das heißt, es entsteht der Verdacht, daß die Schadenersatzpraxis gerade dort, wo der Haftungsgrund besonders schwach ist, das Füllhorn des Schadenersatzes besonders reichlich ausgießt. Als Begründung dafür könnte man vermuten, daß die hinter dem EKHG-Haftpflichtigen stehende Versicherung als wirtschaftlich potenter Schadensträger angesehen wird, dem man jede Ausweitung des Ersatzes ohne weiters zumuten kann.

Im übrigen scheint Koziol sein eigenes Prinzip der Proportionalität zu verlassen, wenn er gegen den Vorwurf der mangelnden Präventionswirkung des geltenden Rechts einwendet, daß dieses auch nicht der Prävention diene, sondern dem Schadensausgleich[60].

Hinzu kommt, daß die Funktion, die man dem Verschulden noch zubilligt, nämlich Risken „gerecht" zu verteilen, gerade nach den Untersuchungen der Reformer mehr als problematisch erscheint. Wenn die Frage voller Ersatz — oder gar nichts, auf der schmalen Grenze zwischen vorwerfbarer Handlung und nichtvorwerfbarer Handlung abgehandelt wird, herrscht schon eher die subjektive Willkür des Richters als wertende Zurechnung. Noch dazu, wo eine solche Entscheidung praktisch nicht überprüfbar ist. Kann man die These von der richtigen Risikoverteilung durch das Verschulden angesichts jenes Prozesses der permanenten Ausweitung des Haftungsrisikos des Schädigers eigentlich noch vertreten?

Welchen Stellenwert hat das Verschulden in einem System noch, wo das Prinzip der Gefährdung eine ständige Ausweitung erfährt, wo offen oder verdeckt reine Produzentenhaftung zugelassen ist, und wo in den verbleibenden Bereichen der individuelle Vorwurf auf einen bloßen Fehler reduziert ist? Im Grunde sind es eigentlich nur noch die Schulbeispiele, wo A dem B einen Mantel beschmutzt, die eine Zurechnung nach herkömmlichen Muster erlauben. Aber selbst dort fragt es sich, ob der A nicht längst schon erwartet, daß B seinen Mantel versichert hat, oder umgekehrt, daß A gegen solche Haftpflichtschäden versichert ist.

Wie sehr sich die Einstellung gegenüber dem Verschulden in den letzten 30 Jahren gewandelt hat, mag etwa das Beispiel Essers zeigen. Noch 1942 hatte er Wilburgs Verschuldenskonzeption, die das subjektive Vorwurfselement und die enge Beziehung zur Sittlichkeit ausdrücklich enthält, vorgeworfen, sie sei „ent-innerlicht" und „de-moralisiert"[61]. Nun-

[60] *Koziol,* ZfRV, 19.

[61] *Esser,* Theorie und System einer allgemeinen deutschen Schadensordnung, DRWiss 7 (1942), 73.

mehr hält es Esser in seinem Schuldrecht geradezu für eine Errungenschaft, daß der Verschuldensbegriff des BGB „entideologisiert“ und von allen moralischen Elementen befreit worden sei[62]. Drastischer kann man sich die Veränderung der Perspektive kaum noch vorstellen. Von hier bis zum offenen Bekenntnis Tuncs, daß das Verschulden ein „rein sozialer Begriff“ („une notion purment sociale“) sei, ist wohl nur noch ein kleiner Schritt.

Resumé III

Zusammenfassend läßt sich festhalten,

— daß Kritiker und Verteidiger des geltenden Systems im Ergebnis auch hier nicht weit auseinanderliegen: An der ständigen Schwächung der Idee der persönlichen Verantwortung kann ebensowenig gezweifelt werden, wie an der Ausweitung kollektiver Vorsorgesysteme als Ausdruck der sozialen Stimmung unserer Zeit, die dem Geschädigten möglichst jeden Schaden abnehmen möchte.

— Im einzelnen können sich freilich jene, die ihre Kritik hauptsächlich mit den praktischen Ergebnissen des Schadenersatzsystems belegen, mit jenen anderen schwer unterhalten, bei denen man zunächst nie genau sagen kann, ob das, was sie behaupten, nun ihre Wünsche an das System sind, oder Beobachtungen seiner Arbeitsweise.

— Im übrigen bleibt der Eindruck, daß die schweren Vorwürfe bezüglich Fehlens der Koordination zwischen sozialer Vorsorge und Haftpflichtrecht, geringem Gerechtigkeitsgehalts des Systems, mangelnder Rechtssicherheit und hoher Reibungsverluste nicht sehr eindrucksvoll pariert werden.

[62] *Esser*, Schuldrecht I, 268.

2. Kapitel

Lageskizze der österreichischen Situation

A. Der empirische Befund

Soll es in Österreich zu einer Diskussion kommen, bei der die einzelnen Teilnehmer nicht so unterschiedlich informiert sind und von so unterschiedlichen Voraussetzungen ausgehen, wie im Bereich des BGB, so muß man über einige marginale Taten der Schadenersatzpraxis Kenntnis haben. Man kann eben über Kosten des Verfahrens nur reden, wenn man die Kosten kennt. Man kann die Wirksamkeit eines Systems für die interressengerechte Verteilung von Schäden nur behaupten, wenn man diese Wirksamkeit auch tatsächlich überprüft. Andernfalls spricht der eine von einem Schadenersatzrecht „in den Büchern", der andere von einem solchen „in der Praxis". Meiner Meinung nach sollte zwischen beiden Perspektiven zumindest die Basis gemeinsam akzeptierter Tatsachen bestehen.

Es wurde daher versucht, mit sehr einfachen empirischen Mitteln einige Zusatzinformationen über die spezifisch österreichische Situation zu erlangen. Zwischen dem 15. Mai und dem 30. Juni 1974 verschickte das Institut für Zivilrecht an der Universität Graz, 160 Fragebogen an 120 Rechtsanwälte und 40 Gerichte des Oberlandesgerichtssprengels Steiermark. 46 Rechtsanwälte und 22 Gerichte haben geantwortet. Das ist eine Rücklaufquote, die mit 38 % bzw. 55 % ungefähr im Durchschnitt vergleichbarer Unternehmungen liegt.

Im gleichen Zeitraum hat der Verfasser 20 standardisierte Interviews zur Vertiefung der angeschnittenen Fragen durchgeführt. Interviewt wurden 3 Richter des Bezirksgerichts für ZRS Graz, 2 Richter des Landesgerichts für ZRS Graz, 2 Richter des Oberlandesgerichts in Graz. Ihre Auswahl erfolgte aufgrund einer Liste von Richtern, die in ihren Abteilungen zumindest zu 25 % mit Schadensfällen befaßt waren, nach dem Random-Verfahren.

Dasselbe Verfahren wurde für die Selektion von 7 Rechtsanwälten angewendet. Schließlich waren noch die Vertreter der drei größten in der Steiermark tätigen Versicherungsunternehmungen und zweier kleinerer Unternehmungen, sowie ein Vertreter der Sozialversicherung Gesprächspartner.

Die Fragen betrafen 3 Gruppen:

I. Fragen zur sozialen und rechtstatsächlichen Lage des Schadenersatzrechts

II. Fragen zur praktischen Bedeutung dogmatischer Begriffe

III. Fragen zur Einschätzung des gegenwärtigen Schadenersatzsystems

I. Zur sozialen und rechtstatsächlichen Lage der Schadenersatzpraxis

Hier wurden folgende Fragen gestellt:

1. Wieviele Schadensfälle fallen durchschnittlich pro Jahr an?
2. Wie hoch sind die Entschädigungssummen?
3. Wie hoch ist der Anteil der Schadensfälle an der Gesamttätigkeit?
4. Wie hoch ist der Anteil der Kfz-Unfälle an den gesamten Schadensfällen?
5. Wie ist das Verhältnis zwischen Personenschäden und Sachschäden?
6. Wie hoch ist der Anteil der Sozialversicherten?
7. Wie hoch ist der Anteil der Funktionskosten an der Entschädigungssumme?
8. Wie hoch ist der Anteil der Prozeßfälle, die in die Instanz gehen?
9. Wie hoch ist der Regreßanteil der Sozialversicherungsträger an der Entschädigungssumme?
10. Sind die Teilungsabkommen bekannt?
11. Wie groß ist die durchschnittliche Abwicklungsdauer pro Schadensfall?
12. Wie hoch ist der Anteil der Vergütung immaterieller Schäden (insbesondere Schmerzensgeld) an der Zahl der Schadensfälle?
13. Wie hoch ist der Anteil der Fälle, in denen der Geschädigte keinen Ersatz bekommt?

1. Anzahl der Schadensfälle

In diesem Zusammenhang interessierten im wesentlichen drei Dinge. Einmal die Gesamtzahl der Schadensfälle und die Schadenshäufigkeit. Dafür wurden Statistiken und Angaben der Versicherungen verwendet. Zweitens war die individuelle Belastung der einzelnen Beteiligten von Interesse: Wieviele Fälle bearbeitet ein Richter, ein Anwalt, ein Schadensreferent einer Versicherung. Schließlich konnte ein Vergleich der Gesamtzahl der Schadensfälle mit der Anzahl der gerichtlich regulierten Aufschluß über die Prozeßquote geben. Im einzelnen sieht es folgendermaßen aus: 1973 wurden von allen österreichischen Versicherungen

760 948 Schäden aus Verkehrsunfällen liquidiert. Das sind 91 % der angemeldeten Schäden. Rund 91 000 Schäden davon waren rechtsschutzversichert[1].

Bei allen Verkehrsunfällen starben 2 500 Menschen, davon allein 535 in der Steiermark. Zum Vergleich: An Arbeitsunfällen starben 1972 984 Menschen in Österreich[2].

Für die Steiermark liegen nur Schätzungen vor. Danach kann man mit rund 150 000 Schäden rechnen, wobei 90 % auf Kfz-Unfälle entfallen. Diese Berechnung ergibt sich sowohl aus einem erfahrungsgemäßen Umrechnungsfaktor „6" von steirischen auf österreichische Kfz-Unfälle[3]. Dafür spricht auch folgende Überlegung: In der Steiermark arbeiten derzeit 16 Versicherungsgesellschaften in der Kraftfahrzeugsparte. Die vier größten davon kommen im Jahr auf durchschnittlich 18 000 Schadensfälle (im einzelnen schwankt die Zahl zwischen 14 000 und 22 000). Da diese vier Versicherungen ungefähr einen Marktanteil von 50 % halten, kann man die Gesamtsumme der jährlich bearbeiteten Schadensfälle mit rund 150 000 angeben.

Interessant sind die Daten zur Schadenshäufigkeit. Nach der Verbandsstatistik der Versicherungsunternehmungen Österreichs beträgt die durchschnittliche Schadenshäufigkeit insgesamt 0,302. Das heißt auf ein zugelassenes Kraftfahrzeug entfielen 1973 0,302 Unfälle[4]. Gliedert man diese Post nach Art der Kraftfahrzeuge auf, so ergeben sich allerdings folgende Unterschiede:

Auf ein Motorrad entfielen 0,05 Unfälle, auf einen PKW entfielen 0,4 Unfälle, auf einen Omnibus entfielen 1,4 Unfälle, auf bestimmte Lastkraftwagen
zum Beispiel bis zu 4 Tonnen 2,1 Unfälle,
bis zu 10 Tonnen (1972) 5,2 Unfälle,
auf ein Taxi 1,7 Unfälle[5].

Die Belastung des einzelnen Schadensreferenten ist sehr unterschiedlich. Alle großen Versicherungsgesellschaften strukturieren ihre Abwicklungspraxis entweder nach der Schadenshöhe und/oder der Schwierigkeit der juristischen Beurteilung. Häufig gibt es eine Einteilung in Großschäden, Normalfälle und sogenannte „Schnellschäden".

Die letztere Sparte wird seit einigen Jahren unter dem Titel „offensive Schadensregulierung"[6] stark ausgebaut (hauseigene Sachverständi-

[1] Kraftfahrzeug-Spezialstatistik des Verbandes der Versicherungsunternehmer Österreichs, Hochrechnung der Basis 89 % (1975), 43.

[2] Statistisches Handbuch, 253, 353.

[3] Vgl. Steirische Statistiken 4 (1974), 658 f.

[4] Verbandsstatistik, 43.

[5] Verbandsstatistik, 3, 5, 15, 23, 37.

[6] Dazu *Stoll*, Reform, 297; *Weyers*, Unfallschäden, 129 f.

ge, EDV-Abwicklung) manche Versicherungen sind bereits zum Scheckquittungssystem[7] übergegangen.

Einige Versicherungen haben Referenten für Sachschäden und Personenschäden. Dabei gibt es differenzierende Systeme, mit eigenen Auslandsreferenten, Regreß-Rechtsschutz-Kasko- und sonstige Referenten. Unter Umständen gibt es sogar eigene Referate für „§ 1304"-Fälle.

Im Durchschnitt kommen auf einen Schadensreferenten etwa 3000 Schnellschadensfälle pro Jahr. Normalschäden, die bis 30 000 S aber in manchen Versicherungen sogar bis 200 000 S reichen („Endziffer-Referenten") sind aufwendiger: Ein Referent schafft etwa 1500 derartige Schadensfälle im Jahr. Großschäden und sogenannte A-Schadensfälle werden 200 bis 800 Fälle pro Referent und Jahr gezählt. Betriebswirtschaftlich statistisch kann man somit mit 1300 bis 1500 Schadensfälle pro Referent rechnen. Die größeren Versicherungsgesellschaften beschäftigten daher bis zu 12 und 18 Schadensreferenten. Zahlenmäßig weitaus geringer ist die Belastung der Gerichte und Anwälte. Auch ist dort die Streuung viel größer. So reichte die Anzahl der Schadensfälle bei den Anwälten in absoluten Zahlen von 30 - 980 pro Jahr. Die geringsten Anteile pro Richter betrugen in absoluten Zahlen 18 die höchsten 100 Fälle. Interessant ist eine Gegenüberstellung der durchschnittlichen Belastung. Sie beträgt bei den Anwälten rund 340 Fälle pro Jahr, bei den Richtern rund 35 Fälle. Das entspricht einer Prozeßquote von etwa 10 %. Dieses Ergebnis stimmt mit der Selbsteinschätzung beider Berufsgruppen ziemlich genau überein.

Auf die Frage „wie hoch ist Ihrer Schätzung nach der Prozentsatz der Schadensfälle, die außergerichtlich reguliert werden", sprachen sich 72 % der Anwälte und 63 % der Richter für eine Vergleichsquote zwischen 75 und 100 % aus. Nur 27 % der Anwälte und 22 % der Richter konnten sich eine Vergleichsquote unter 50 % vorstellen.

Multipliziert man die durchschnittlich 35 Fälle pro Jahr und Richter mit der Anzahl der Gerichtsabteilungen mit C-Akten, so erhält man rund 1500 bis 1800 Schadensersatzfälle pro Jahr die in der Steiermark gerichtlich entschieden werden. Das entspricht, gemessen an der Gesamtzahl der Schäden von 150 000 einer tatsächlichen Prozeßquote von 1,1 bis 1,2 %. Auch diese Quote stimmt weitgehend mit der Selbsteinschätzung der Schadensreferenten in den Versicherungen überein. Auf die Frage „in wieviel Prozent der Schadensfälle wird der Klagsweg beschritten" gaben die 3 Vertreter der größeren Versicherungsgesellschaften unter 1 %, die Vertreter der kleineren Gesellschaften um 1 % an.

---

[7] Demnach ist dem Geschädigten ein „Spezialscheck" zu übergeben, auf dem er zugleich auf alle weiteren Ansprüche verzichtet.

2. *Entschädigungssummen*

Hier interessierte nicht etwa die individuelle Angemessenheit der jeweiligen Entschädigung, wie sie zum Beispiel in der zitierten Untersuchung des Soziologischen Instituts der Freien Universität Berlin erforscht worden ist. Es sollte vielmehr versucht werden, zum einen einen Eindruck vom Gesamtaufwand zu geben, zum anderen ein ungefähres Bild über die Streitsummen zu vermitteln, um die es gewöhnlich geht.

Die Ergebnisrechnung des Verbandes der Versicherungsunternehmen Österreichs, die dem Bundesministerium für Finanzen vorgelegt wird, weist für das Jahr 1973 Versicherungsleistungen in ganz Österreich von 3,6 Milliarden Schilling, sowie 3,7 Milliarden Schilling an Rückstellungen für schwebende Versicherungsleistungen auf. In diesen Beträgen sind aber bereits die Kosten für die Schadenserhebung, Schadensbearbeitung und die Schadensprophylaxe enthalten. Nicht enthalten sind die fixen Verwaltungskosten und die Provisionszahlungen[8].

Für die Steiermark kann angenommen werden, daß die Entschädigungsleistungen der Haftpflichtversicherungen im Jahr 1973 rund 520 Millionen Schilling betrugen. Die vier größten steirischen Versicherungsunternehmungen wenden für die Schadensregulierung im Durchschnitt rund 65 Millionen Schilling auf.

Der durchschnittliche Aufwand pro Schaden schwankt bei den Haftpflichversicherungen zwischen 3 300 und 6 300 S.

Auch bei den Anwälten und Richtern differieren die Entschädigungsbeträge erheblich. Dabei ist freilich zu berücksichtigen, daß bei der Frage der Entschädigungssumme überdurchschnittlich viele Antworten sowohl bei den Richtern als auch bei den Anwälten ausfielen. Von den 46 Anwälten beantworteten nur 20 die Frage nach den Entschädigungssummen. Bei den 22 Richtern waren es immerhin 16.

Die Gerichte gewähren Durchschnittsentschädigungen (Gesamtsumme/Anzahl der Schadensfälle) die sich zwischen S 2 000 und S 7 000 pro Schadensfall bewegen. Das arithmetische Mittel aller Nennungen lag in unserem Sample bei S 4 400 pro Schadensfall.

Erheblich höher sind die Summen der Anwälte. Sie schwankten in absoluten Zahlen zwischen 3 500 und 40 000 S. Das arithmetische Mittel aller Nennungen lag hier bei S 15 000 pro Schadensfall.

Die nicht unbeträchtlichen Unterschiede zwischen den durchschnittlichen Entschädigungssummen der Versicherungen und Gerichte einerseits und der Anwälte andererseits (sie betrugen das 3,5 bis 4,5fache) lassen sich nach unserem Informationsstand nicht völlig eindeutig interpretieren.

[8] Anhang zur Verbandsstatistik.

Es könnte sein, daß die Anwälte vor allem Fälle mit großen Summen außergerichtlich vergleichen, um Kosten zu sparen. Anderseits könnten aber auch gerade die Anwaltskosten in der Differenz enthalten sein. Um das feststellen zu können, müßte man sowohl die Korrelation zwischen Schadenshöhe und Vergleichsbereitschaft untersuchen als auch die Anwaltsquote bei Schadenersatzprozessen. Falls man hier deutsche Zahlen übernehmen darf, so muß mit einer Anwaltsquote bei bezirksgerichtlichen Verfahren von etwa 96 % gerechnet werden. In diesem Fall gewinnt die Erklärung über die höhere außergerichtliche Vergleichsquote bei großen Entschädigungssummen erheblich an Überzeugungskraft. Dieser Annahme wurde im übrigen auch von einem Teil der Interviewten bestätigt.

3. *Anteil der Schadensfälle*

Hier interessierte vor allem der Grad der Befassung mit Schadenersatzfällen. Für die Haftpflichtversicherung stellt sich diese Frage nicht, da ihre Schadensreferenten ausschließlich mit Schadensfällen bedacht sind.

Anders bei den Anwälten und Richtern. Auf die Frage: „Wieviel Schadensfälle fallen bei ihnen im Laufe eines Jahres im Verhältnis zur gesamten Tätigkeit an", gab es folgende Antworten:

51 % der Anwälte, aber nur 18 % der Richter bezifferten den Anteil der Schadensfälle an ihrer Gesamttätigkeit mit 25 bis 50 %. Der durchschnittliche Anteil der Schadensfälle betrug bei den Richtern 30 %.

Höher ist die durchschnittliche Schadenersatzquote bei den Anwälten. Sie schwankt allerdings stärker als bei den Richtern nämlich zwischen 10 % bis 70 %. Das arithmetische Mittel ergab 39 %.

4. *Anteil der Kraftfahrzeugunfälle an den gesamten Schadensfällen*

Für die Privatversicherung gilt hier dasselbe wie bei der Frage drei. In den meisten Fällen haben die Versicherungsanstalten eigene Kfz-Haftpflichtstellen eingerichtet.

Anders bei den Anwälten und Richtern. Auf die Frage: „Wieviele Schadensfälle entfallen auf Kfz-Unfälle", gab es folgende Antworten:

86 % der Anwältc und 75 % der Richter bezifferten den Anteil der Kfz-Unfälle an den gesamten Schadensfällen zwischen 75 und 100 %. Nur bei 7 % der Anwälte und 9 % der Richter lag der Kfz-Unfallanteil zwischen 50 und 75 % aller Schadensfälle. Rest: keine Angaben.

Im einzelnen divergierten bei den Richtern die Kfz-Unfallquoten nicht sehr stark. Die niedrigste lag bei 60 %, die höchste bei 100 %. Das arithmetische Mittel betrug 84 %. Dieses Bild ist bei den Anwälten nahezu identisch. Auch hier liegt die größte Kfz-Unfallquote bei 60 bis 100 %. Das arithmetische Mittel betrug 83 %.

5. *Verhältnis von Personen- und Sachschäden*

Nach der Verbandsstatistik der Versicherungsunternehmer beträgt das Verhältnis von Sachschäden zu Personenschäden fünf zu eins[9].

Anders ist das Bild bei den Richtern und Anwälten. So schätzten die Richter das Verhältnis von Sachschäden zu Personenschäden mit 65 zu 35, die Anwälte hielten sogar ein Verhältnis von 50 zu 50 überwiegend für richtig. Das heißt, daß bei den Sachschäden eine Liquidation ungleich häufiger ohne Dazwischenkunft von Richtern und Rechtsanwälten üblich ist als bei Personenschäden.

6. *Anteil der Sozialversicherung*

a) Zur Frage der sozialen Vorsorge im allgemeinen

In diesem Zusammenhang interessierte zum einen die allgemeine soziale Versorgung, zum anderen die Sicht der Richter und Anwälte: Nehmen sie die soziale Absicherung ihrer Parteien zur Kenntnis?

Bei einer Wohnbevölkerung von 7 456 403 und bei einem Beschäftigtenstand im Jahre 1973 von 2 650 734 (davon 1 017 623 weibl.) waren mit Stichtag 31. Dez. 1973:

3 198 100 Österreicher unfallversichert

4 520 600 Österreicher krankenversichert

Insgesamt sind somit 95,3 % aller Österreicher sozialversichert[10].

Allerdings ist die Anzahl der Bezieher der weitaus höheren Invaliditätspension nach der Unfallversicherung erheblich kleiner als jene der niedrigeren Invaliditätspension (Berufsunfähigkeits-Erwerbsunfähigkeitspension) nach der Pensionsversicherung. So betrug die Anzahl der Invaliditätspensionen nach der Unfallversicherung 1973 95 125, die Anzahl der Invaliditätspensionen nach der Pensionsversicherung 284 540[11].

Ein ähnlich ungleiches Verhältnis herrscht bei den Witwen- und Waisenpensionen. So betrug die Anzahl der Witwenpensionen nach der Unfallversicherung 1973 16 240, die Anzahl der Witwenpensionen nach der Pensionsversicherung 312 017. Die Anzahl der Waisenpensionen nach der Unfallversicherung betrug 1973 11 127, die Anzahl der Waisenpensionen nach der Pensionsversicherung 70 279.

---

[9] Verbandsstatistik, 44.

[10] StatistHB, 283, 343.

[11] Wirtschafts- und SozialstatistTB, 365; StatistHB, 350.

Statistische Angaben über die Anzahl der Invaliditätspensionen nach der Unfallversicherung aus Wegeunfällen der Arbeitnehmer gibt es nicht. Diese Anzahl läßt sich nur schätzen. So wurden im Dez. 1972 216 527 Arbeitsunfälle anerkannt. Davon waren 20 907 Wegeunfälle. Das sind 9,5 % der Arbeitsunfälle[12].

Der durchschnittliche Zuwachs der Invaliditätspensionen nach der Unfallversicherung beträgt jährlich 10 700[13]. Rechnet man 9,5 % Wegeunfälle, so wachsen jährlich nur 980 Invaliditätspensionen aus Wegeunfällen dazu.

Vergleicht man diesen Zuwachs mit dem Zuwachs der Invaliditätspensionen nach der Pensionsversicherungsanstalt, so bekommt man einen Eindruck vom Verhältnis zwischen Unfallversicherungsschutz und allgemeinem Sozialversicherungsschutz. Während jährlich etwa 14 000 Invaliditätspensionen aus der Pensionsversicherung zuwachsen, sind es bei der Unfallversicherung nur tausend. Das heißt auf 14 Straßenverkehrsunfälle eines Arbeitnehmers entfällt ein Wegeunfall.

Um einen Eindruck von der unterschiedlichen Qualität der Unfallversicherung und der Pensionsversicherung zu geben, muß man folgende Zahlen prüfen.

So betrug die Zahl der Versehrtenrenten in der Unfallversicherung mit Stand Dez. 1972[14]:

Leichtversehrte (unter 50 %)	82 461
Schwerversehrte (von 50 - 99 %)	10 608
Vollversehrte (100 %)	1 297

Die Durchschnittsverdienste in Österreich betrugen 1973 monatlicher Durchschnittsverdienst pro Arbeiter S 5 911,— (Frauen: S 3 717,—)

monatlicher Durchschnittsverdienst pro Angestellten S 7 809,— (Frauen: S 4 834,—)

monatlicher Durchschnittsverdienst pro Beschäftigte S 6 327,— (Frauen: S 4 106,—)[15].

Hingegen[16] betrug die durchschnittliche Höhe der Arbeiterinvaliditätspension im Jahr 1973 S 2 033,—, die durchschnittliche Höhe der Angestellten-Berufsunfähigkeitspension S 2 649,—, die durchschnittliche Höhe der Erwerbsunfähigkeitspension der Gewerbetreibenden S 2 047,—, die durchschnittliche Höhe der Erwerbsunfähigkeitspension der Bauern S 1 541,—.

---

[12] StatistHB, 352 f.

[13] StatistHB, 350.

[14] StatistHB, 354.

[15] Wirtschafts- und SozialstatistTB, 252, 262.

[16] Wirtschafts- und SozialstatistTB, 373 f.

Die durchschnittliche Höhe der Witwenpension betrug:

Witwenpension (Arbeiter)	S 1 508,—
Waisenpension (Arbeiter)	S 610,—
Witwenpension (Angestellte)	S 1 924,—
Witwenpension (Gewerbetreibender)	S 1 517,—
Waisenpension (Gewerbetreibender)	S 547,—
Witwenpension (Bauer)	S 910,—
Waisenpension (Bauer)	S 430,—

b) Aus der Sicht der Richter und Anwälte

Auf die Frage: In wieviel Fällen sind die Geschädigten bei Personenschäden sozialversichert? „Gab es folgende Antworten“:

72 % der Anwälte und 81 % der Richter bezifferten den Anteil der Sozialversicherten zwischen 75 und 100 %. Die höchste Quote der Sozialversicherten bei den Anwälten betrug 100 die niedrigste 50 %. Das arithmetische Mittel lag bei 80 %. Eine noch erheblich höhere Quote gaben die Richter an: Hier lag das arithmetische Mittel bei 92 %.

Der Unterschied zwischen der Sozialversicherungsquote bei Anwälten und Richtern kann nur zum Teil mit der etwas höheren Vergleichsbereitschaft von Freiberuflichen und Gewerbetreibenden erklärt werden. Immerhin halten 59 % aller Anwälte Gewerbetreibende und Angehörige der Oberschicht, wie Ärzte und Rechtsanwälte, für erheblich vergleichsbereiter als Arbeiter und kleine Angestellte.

Eine zweite Hypothese lautet aber, daß Anwälte weniger an dem Sozialversicherungsstatus ihrer Klienten interessiert sind als Richter. Welche der beiden Hypothesen, oder ob beide gemeinsam die richtige Erklärung abgeben, ließ sich nach unseren Informationen nicht entscheiden.

7. *Anteil der Funktionskosten*

Auch hier ging es zum einen um eine Übersicht über die Situation der gesamten Funktionskosten, zum anderen vor allem um die Frage der Kostenbelastung in den Prozessen.

Der Verwaltungskostenaufwand der Sozialversicherung[17] betrug im Jahre 1973

in der gesamten Sozialversicherung	3,3 %
in der Unfallversicherung	7,0 %
in der Pensionsversicherung	2,9 %
in der Krankenversicherung	3,4 %.

[17] StatistHB, 342, 344.

Bei einem Umsatz von 44,1 Milliarden Schilling gaben die Pensionsversicherungsanstalten 1,3 Milliarden für Verwaltungskosten aus. Die Unfallversicherung hatte einen Umsatz von 2,8 Milliarden und wendete dafür 212 Millionen Schilling für Verwaltung auf. Die Krankenversicherung schließlich hatte einen Umsatz von 11,6 Milliarden und wendete dafür 602 Millionen für Verwaltung auf.

Gänzlich anders ist die Lage der Privatversicherungen. Dort werden Kostenanteile zwischen 24 und 33 % von den Angehörigen der Versicherungen genannt. In der Verbandsstatistik der Versicherungsunternehmer Österreichs scheinen die Kosten für Schadenserhebung, Schadensbearbeitung und Schadensvorsorge nicht gesondert auf. Sie sind in den Versicherungsleistungen von 3,6 Milliarden Schilling bereits enthalten.

Zusätzlich ausgewiesen werden aber im Jahre 1973:

318 Mill. Schilling für Provisionszahlungen

925 Mill. Schilling für die Fixkosten der Verwaltung.

Bei diesen Fixkosten fallen zweifellos die Kosten für die starke Dezentralisierung ins Gewicht (16 Versicherungsanstalten allein in Graz). Weiters schlagen sich Rechtsanwaltskosten in der Höhe von vier bis 7 % der Entschädigungssumme nieder. Die zum Teil enorme Höhe der Sachverständigenkosten werden nunmehr von den Versicherungen nach und nach dadurch gesenkt, daß sie Haussachverständige anstellen. Dafür wird folgende Rechnung aufgemacht:

Ein normales Sachverständigen-Gutachten kostet 2 000 bis 4 000 S. Ein sogenanntes Schnellgutachten S 400 bis 500. Ein Hausgutachten S 40 bis 50.

Eine der großen steirischen Versicherungen bezifferte den Kostenvorteil durch die Umstellung auf Haussachverständige mit mindestens 400 000 S pro Jahr.

Äußerst unterschiedlich ist die Kostensituation bei Anwälten und Gerichten.

Auf die Frage „wie hoch schätzen sie den finanziellen Aufwand, der für die vergleichsweise und prozesuale Durchsetzung von Schadenersatzansprüchen nötig ist?“ (in Prozent der Entschädigungssumme) gab es folgende Antworten:

72 % aller Anwälte aber nur 13 % der Richter bezifferten die Kostenquote mit 10 - 30 %. Hingegen waren 51 % der Richter aber kein einziger Anwalt der Auffassung, daß die Kostenquote bei 100 % liege. Eine Reihe von handschriftlich angefügten Anmerkungen ließ erkennen, daß die Kostenquote in vielen Fällen über 100 % liege.

Diese unterschiedliche Einschätzung der Kostenlage konnte erst durch die Interviews geklärt werden. In diesen herschte völlige Übereinstimmung zwischen Anwälten und Richtern darüber, daß die Prozesse in erster Instanz zum großen Teil absurde Kostensituationen schaffen. Kosten bis zu 400 % sind hier deshalb keine Seltenheit, weil die Sachverständigen einen fixen Kostenanteil ausmachen. Für 1974 wurden Sachverständigengutachten mit S 2 000 bis 4 000 pro Fall kalkuliert. Medizinische Gutachten liegen etwas darunter. Rechnet man nun noch die Anwalts- und Gerichtskosten dazu, so ergibt sich eine Art Fixkostenbelastung pro Schadenersatzprozeß, der bei rund S 8 000,— liegt. Vergleicht man damit die durchschnittlichen Entschädigungssummen in der ersten Instanz in der Höhe von S 4 400,— so ergibt sich eine durchschnittliche Kostenbelastung in der ersten Instanz von rund 180 %.

Damit scheinen außergerichtliche Vergleiche in erster Linie den Sinn zu haben, die enormen Sachverständigenkosten zu umgehen. Das wird auch von den Anwälten immer wieder betont. Wichtig ist in diesem Zusammenhang freilich auch, daß Rechtsanwälte nach österreichischem Recht auch bei Vergleichen Anspruch auf ihr Honorar haben. Das ist z. B. in Frankreich anders. Daraus ergibt sich die weitaus höhere Prozeßquote in Frankreich (30 %)[18].

8. *Anteil der „Instanzfälle“*

Die Bedeutung der soeben geschilderten Kostensituation in der ersten Instanz für das gesamte Prozeßgeschehen in Schadenersatzfällen wird noch deutlicher, wenn man die „Berufungsquote“ mitkalkuliert.

Auf die Frage: „Wieviele Fälle gehen in die Instanz?“ gab es folgende Antworten:

54 % der Anwälte aber 72 % der Richter bezifferten die Berufungsquote mit „unter 10 %“. 22 % der Anwälte und 13 % der Richter nannten eine Berufungsquote zwischen 25 und 50 %.

Im einzelnen ist das Bild sehr bunt. Bei den Anwälten gibt es sichtbar drei große Gruppen. Solche, wo die Instanzfälle meist 5 %, höchstens 10 % betragen. Es ist dies die weitaus größte Gruppe (54 % der Anwälte). Dann gibt es eine etwas kleinere Gruppe mit Berufungsquoten von 25 bis 50 %. Schließlich waren es immerhin noch 7 von 46 Anwälten die eine Berufungsquote zwischen 70 und 80 % angaben.

Nicht so uneinheitlich ist die Lage bei den Richtern. Hier lag die allergrößte Gruppe bei 5 bis 10 % (72 %) wobei Berufungsquoten von 1 bis 2 % immerhin viermal genannt wurden. Die Gruppe der 25 bis 50 Prozentquoten war mit 13 % nur noch halb so groß wie bei den Anwälten.

Das arithmetische Mittel der Berufungsquoten beträgt bei den Anwälten 25 % bei den Richtern 12 %.

[18] So *Tunc*, sécurité routière, 9.

Erst in den Interviews konnte die Situation freilich besser geklärt werden. So zeigte sich, daß es Anwaltskanzleien gibt, die nahezu ausschließlich für Versicherungen arbeiten. Diese wiederum verfolgen das Geschäftsprinzip, daß dann, wenn schon geklagt wird, jedenfalls in allen Instanzen geklagt wird. Das erklärt die zum Teil sehr hohe Berufungsquote bei Anwälten. Bei den Gerichten waren es vor allem die Instanzgerichte selbst, die eine relativ hohe Berufungsquote angaben. Auch diese dürfte sich mit dem erwähnten Geschäftsprinzip der Versicherungen erklären: Wenn schon, dann alle Instanzen. Zieht man die Instanzgerichte aus der Quotenrechnung ab, so sinkt die durchschnittliche Berufungsquote auch bei den Richtern auf knappe 8 %. Ähnliches gilt für die Anwälte. Korrigiert man ihr Ergebnis um die 7 fast ausschließlich für Versicherungen tätigen Kanzleien, so sinkt die Berufungsquote von 25 % auf rund 10 %.

Im Ergebnis kann man daher davon ausgehen, daß für die weitaus größte Zahl aller Prozesse die erste Instanz auch schon die Endstation bedeutet. Und das heißt schließlich immerhin, daß für die weitaus größte Zahl aller Prozesse die geradezu absurde Kostensituation von 180 % die Regel ist.

9. *Regreßanteil der Sozialversicherungsträger und Haftpflichtversicherer*

Diese Frage war für uns vor allem aus dogmatischen Gründen bedeutsam, da sie eine Beurteilung der praktischen „Verzahnung" zwischen Haftpflichtrecht und kollektiver Sicherung erlaubt. Veröffentlichte Statistiken gibt es dazu nicht. Aufgrund mündlichre Angaben der Versicherung zeigt es sich, daß der Regreßanteil in der Sozialversicherung leicht sinkende Tendenz aufweist. Es ist anzunehmen, daß die 10 Prozentmarke bereits unterschritten wurde. Die Angaben schwanken zwischen 7 % und 12 % der Entschädigungsleistung.

Der Regreßweg über die Teilungsabkommen zwischen der Krankenversicherung und den Haftpflichtversicherern ist in über 90 % der Regreßfälle üblich. Das gegenwärtig gültige Abkommen sieht eine Vergütung von 60 % der aufgewendeten Kosten „ohne Rücksicht auf die Sach- und Rechtslage" vor (vergleiche unten).

Anwälte und Richter sehen die Dinge allerdings anders.

Auf die Frage: „Wie hoch ist ihrer Schätzung nach der Regreßanteil der Sozialversicherungen in ihrem Gesamtaufwand?" Gab es folgende Antworten: 37 % der Anwälte und 46 % der Richter hielten einen Anteil von 10 bis 30 % für richtig. Allerdings meinte eine 35 % starke Gruppe der Richter (21 % der Anwälte) daß die Regreßquote unter 10 % liege.

Einheitlicher waren die Schätzungen für die Regreßquoten der Haftpflichtversicherungen. 56 % der Anwälte und 63 % der Richter meinten, daß die Regreßquote hier unter 10 % liegen. Immerhin hielten 26 % der Anwälte und 22 % der Richter Regreßquoten von 10 bis 30 % für möglich.

Aus den Interviews ergab sich, daß man stärker differenzieren muß. Die Betriebshaftpflicht regressiert so gut wie nie. Das hängt mit dem Dienstnehmerhaftpflichtgesetz zusammen, wo man das Ermessen des Richters und vor allem die Möglichkeit scheut, daß der Richter eine „entschuldbare Fehlleistung" annimmt. Daher gibt es eine Empfehlung des Verbandes der Versicherungsunternehmer, bei Betriebshaftpflichtfällen nur bei sehr schwerem Verschulden zu regressieren.

Die Kaskoversicherung wieder regressiert sozusagen im internen Verkehr, was praktisch nur eine geschäftspolitisch interessante Verlagerung der Schäden bringt. Bei Haftpflichtschäden scheuen die Versicherungen in der Regel Auswirkungen auf die Kunden. „Ich muß doch immer glauben was der Kunde sagt, sonst bin ich ihn los", waren die hauptsächlichen nem Argumente. Den (auf 25 000 S beschränkten) Regreß bei Trunkenheit empfinden die Versicherungen überhaupt als Glücksspiel und reine Willkür. Alles in allem dürfte man bei den Privatversicherern eine Regreßquote annehmen, die zwischen 2 und 9 % liegt.

Die höhere Einschätzung dieser Regreßquoten sowohl bei der Sozialversicherung als auch bei der Haftpflichtversicherung durch Richter und Anwälte hat sicher mehrere Gründe. Einer liegt darin, daß Anwälte und Richter nicht zwischen Krankenversicherern und Unfallversicherung unterscheiden. Da die letzteren keine Teilungsabkommen haben, erklären sie aber die zum Teil erstaunliche Unkenntsnis der Richter und Anwälte von den realen Vorgängen in der Versicherungspraxis.

10. Zur Rolle der Teilungsabkommen

Sozusagen als Beweis für diese letztere Behauptung kann die überraschende Unkenntnis der Teilungsabkommen herangezogen werden. Auf die Frage: „Sind ihnen die Teilungsabkommen der Sozialversicherungsträger mit den Haftpflichtversicherungen bekannt?" Gab es folgende Antworten: 72 % (!) der Richter und immerhin noch 18 % der Rechtsanwälte hatten noch nie von Teilungsabkommen gehört. Zieht man von den Anwälten jene 7 Kanzleien ab, von denen wir aufgrund ihrer besonders hohen Berufungsquoten eine überwiegende bis ausschließliche Tätigkeit für Versicherungen angenommen haben, so steigt auch die Anzahl der unwissenden Anwälte auf 32 %. Das heißt, rund drei Viertel der Richter und ein Drittel der Anwälte haben keine Ahnung von der betriebswirtschaftlichen Praxis der Regreßabwicklung.

Allerdings gilt auch für Österreich, was Weyers für die Bundesrepublik festgehalten hat, nämlich daß derartige Teilungsabkommen unter geradezu militärischer Geheimhaltung gehandelt werden. Dem Verfasser wurde ein Exemplar eines solchen Teilungsabkommens sozusagen „unter der Hand" übergeben.

§ 1 lautet:

(1) Ereignet sich durch den Gebrauch eines Kraftfahrzeuges ein Schaden und erhebt ein Krankenversicherungsträger aus diesem ihn zu einer Leistung verpflichtenden Ereignis unmittelbare oder abgeleitete Ersatzansprüche gegen eine natürliche oder juristische Person, die bei einem Haftpflichtversicherer gegen die gesetzliche Haftpflicht aus dem Gebrauch dieses Kraftfahrzeuges versichert ist, so verzichtet der Haftpflichtversicherer auf die Prüfung der Frage, ob die beim ihm versicherte Person ersatzpflichtig ist. Er erstattet dem Krankenversicherungsträger ohne Rücksicht auf die Sach- und Rechtslage 60 v. H. seiner nach den einschlägigen Bestimmungen zu erbringenden Leistungen. Von der Erstattung sind folgende Leistungen ausgeschlossen: Verwaltungskosten, Wohnungsbeihilfe, Kinderbeihilfe und Leistungen aus einem Unterstützungsfonds.

(2) Als Grundlage für die Erstattung des Krankenbehandlungspauschales (§ 328 ASVG) gilt das Ausmaß des Grundkrankengeldes (§ 141 Abs. 1 ASVG).

§ 7 sieht zudem einen Schlichtungsausschuß vor, der angerufen werden muß, wenn eine Einigkeit zwischen dem Sozialversicherungsträger und der Haftpflichtversicherung innerhalb von 2 x 6 Wochen nicht zustande kommt. Dieser Ausschuß kann innerhalb von 2 Wochen eine Empfehlung erstatten, die bindend ist, wenn sie einstimmig erfolgt. Nur bei bloß mehrheitlicher Empfehlung steht der Rechtsweg offen (§ 10 Abs. 2).

Das erste dieser Teilungsabkommen war auf Empfehlung des Sozial- und Finanzministeriums bereits 1958 geschlossen worden. Damals wurden noch 70 % aller Aufwendungen vergütet.

Im Motivenbericht zum Teilungsabkommen (Seite 11) wird ausdrücklich betont, daß der Abwicklungsfall lediglich einen Personenschaden voraussetze, für den der Krankenversicherungsträger gesetzlich zu Leistung verpflichtet ist, und der sich durch den Gebrauch eines Kraftfahrzeuges ereignet hat. Es spielt also keine Rolle ob der Krankenversicherungsträger einen Zessionsanspruch oder einen originären Anspruch besitzt. Ebensowenig wird die Frage des Verschuldens, des Mitverschuldens, der Mitwirkung usw. geprüft.

Basis der Berechnung für den Aufwand der Sozialversicherungsträger ist weiters nicht der eingetretene Schaden sondern eine Quote des Einkommens des Versicherten (§ 141 Abs. 1 ASVG).

Interessant ist noch, daß sich von jenen Anwälten, die ein Teilungsabkommen kannten 62 % für diese Abkommen und von den Richtern, die ein solches kannten, sogar 85 % für die Abkommen aussprachen.

11. Abwicklungsdauer

Wie schon mehrfach erwähnt, sind die Versicherungen bemüht, die Abwicklungsdauer zu verkürzen. Dazu haben sie eine Reihe von Instrumenten entwickelt.

— eigene Schnellschadensreferenten

— „Scheckquittungssystem"

— „Drive in System" für rasche Sachverständigengutachten und spezielle Kassenbüros.

Schon dadurch konnte man in den letzten Jahren die durchschnittliche Bearbeitungszeit auf etwa 6 Monate senken. Schnellschäden werden innerhalb von Tagen vergütet. Diese Rationalisierung hat ihren Preis. Und zwar sowohl in der Gerechtigkeit der Entschädigungen als auch in den eindeutig höheren Kosten der Privatversicherungen. Der Geschädigte, der vor der Alternative steht, weniger Geld rasch und sicher zu bekommen, wählt meist diese Variante. Dabei spielt die Inflationsrate eine entscheidende Rolle: Je höher die Inflation, desto eher ist der Geschädigte bereit, sich mit weniger Geld aber dafür sofortiger Bezahlung zu begnügen („4 % Zinsen sind für die Versicherungen ein reines Geschäft"). Unter Umständen fallen hohe Kosten für die Aufrechterhaltung der Schnellschadensysteme und niedrige Entschädigungen sogar zusammen.

Weitaus länger als bei den Versicherungen dauert es bei den Gerichten. Eine genaue Untersuchung anhand von Prozeßakten war nicht möglich. Die Schätzungen der Anwälte, Richter und Versicherungsbeamten schwanken ziemlich übereinstimmend zwischen 9 Monaten und einem Jahr. Ein Schnitt von 10,5 Monaten dürfte auch den internationalen Erfahrungswerten entsprechen[19].

12. Immaterieller Schaden

Diese Frage sollte Aufschluß darüber geben, ob die in Deutschland beobachtete Tendenz zur „Gießkanne" in Schmerzensgeldverfahren auch für Österreich gilt. Die Antworten der Anwälte und Richter im Fragebogen waren besonders unergiebig. Das lag, wie festgestellt wurde, an der undifferenzierten Fragestellung. Sie lautet: „In wie vielen Fällen wurden Schmerzensgeld bzw. sonstige immateriellen Schaden ersetzt?" Die Antworten reichten von „unter 10 %" (36 % der Richter) über „25 bis 50 %

[19] Vgl. *Güllemann*, ZRP 1974, 40.

(31 % der Anwälte) bis 75 und 100 % (31 % der Anwälte). Der Grund für diese Streuung über alle denkbaren Quoten liegt im folgenden:

Wie die Interviews ergaben, ist der Ersatz von Schmerzensgeld praktisch die einzige Form, in der immaterieller Schaden ersetzt wird. Schmerzensgeld wird aber naturgemäß nur bei Personenschäden ersetzt. Richter und Anwälte, die eine Quote von 75 bis 100 % nannten, meinten im Grunde daher als Basis nicht die Gesamtschädenzahl, sondern nur die Personenschäden. Umgekehrt dürften jene Richter und Anwälte die Quoten um 10 % nannten, das Maß an den Gesamtschäden genommen haben.

In den Interviews wurde allerdings eine amibvalente Haltung zu immateriellen Schaden offenkundig. Die Versicherungen sind dagegen („Unsitte, die erst in letzter Zeit ausgebrochen ist"). Man sprach sogar von einem „Erpressungsmittel" der Anwälte.

Die Richter haben meist andere Probleme. Ihnen ist die Tatsache, daß Schmerzensgeld zugesprochen werden kann, an sich nicht unlieb, weil sie hier eine ziemlich freie Möglichkeit besitzen, persönliche Wertungen des konkreten Falles auszuspielen. Das ist zumindest die Meinung einer Gruppe. Andere Richter würden lieber fixe, verordnete Taxen sehen, weil ihnen die Ausübung eines Ermessens unangenehm ist. Das Grazer Oberlandesgericht hat daher auch eine einigermaßen feste Praxis nach „Intensität der Schmerzen und Dauer" entwickelt. Drei Tage qualvolle Schmerzen ist gleich fünf Tage Schmerzen ist gleich 20 Tage mittlere Schmerzen ist gleich 60 Tage leichte Schmerzen. Dafür gibt es Tagessätze von 250, 500, 700, 1000 und 2000 Schilling. Immer wieder wurde in den Interviews darauf hingewiesen, daß die enormen Steigerungen der Schmerzensgeldraten vor allem aus Deutschland über Salzburg, Oberösterreich in die Steiermark eingedrungen seien. Eine Beziehung zwischen Verschulden und Höhe des Schmerzensgeldes wurde nahezu einhellig abgelehnt. Der Grund: Man müsse von der Lage des Geschädigten ausgehen und nicht von der Sicht der Schädigers. Anwälte und Richter weisen vor allem auf die negativen Folgen des Gießkannenprinzips der Schmerzensgeldentschädigung hin: Kleine Schäden werden überproportional, große unter ihren Wert vergütet. Den Anwälten ist die steigende Tendenz zum Schmerzensgeldausgleich nur recht. Eine Reihe von Anwälten vermerkt allerdings kritisch, daß die Gerichte sonstige immateriellen Schäden überhaupt nicht vergüten. Mehrere Anwälte möchten bei Entzug von Bildern, Büchern und dergleichen ebenfalls Vergütungen erhalten.

13. Fälle, die ohne Entschädigung bleiben

Die Quote der sogenannnten „Null-Schäden" also jener Schäden die von den Versicherungen nicht liquidiert werden, beträgt laut Verbandsstatistik 8,8 %[20]. Die Schwankung in den einzelnen Sparten ist groß: Sie reicht von 0,3 bis 20 %.

Bei Richtern und Rechtsanwälten ist die Situation ähnlich. Auf die Frage: „In wieviel Prozent der Schadensfälle bekommt der Geschädigte keinen Ersatz?" gab es folgende Antworten:

50 % der Anwälte und 50 % der Richter bezifferten die Quote der nichtentschädigten Fälle unter 10 %. Dabei sind 15 % der Nennungen auf Nullprozent. Immerhin nennen noch 22 % der Anwälte und Richter Quoten zwischen 25 und 50 %. Auffallend ist nicht zuletzt die völlige Übereinstimmung zwischen Richtern und Anwälten. Das trifft auch für das arithmetische Mittel zu: Es liegt bei 12 %. In den Interviews wurde diese Quote der nichtentschädigten Fälle vor allem mit Beweisschwierigkeiten begründet.

II. Zur praktischen Bedeutung dogmatischer Begriffe

Hier wurden folgende Fragen gestellt.

1. In wie vielen Fällen traf den Schädiger
   — schweres Verschulden
   — leichtes Verschulden bzw. der Vorwurf einer Gefährdung nach EKHG?
2. In wie vielen Fällen traf Mitverschulden bzw. Mitverursachung nach § 7 EKHG zu?
3. In wie vielen Fällen erfolgte die Beurteilung nach dem Dienstnehmerhaftpflichtgesetz?

Nicht mehr in Fragebogen aber in den Interviews waren folgende Fragen enthalten:

4. Kennen Sie das Drittschadenproblem?
5. Kennen Sie Fälle des mittelbaren Schadens, und der Vorteilsausgleichung?
6. Kommen Fälle vor, in denen
   — entgangener Gewinn ersetzt wird
   — objektiver Schaden ersetzt wird?
7. Kommen Fälle vor, wo die
   — Adäquanz
   — Rechtswidrigkeitszusammenhang geprüft wird?
8. Können Sie eine Tendenz zu Objektivierung des Verschuldens feststellen?

---

[20] Verbandsstatistik, 43.

9. Können Sie eine Tendenz zur offenen oder verdeckten sozialen Abwägung feststellen?
10. Welche Behelfe verwenden Sie bei der Urteilsfindung?

1. Zum Anteil des schweren und leichten Verschuldens der Gefährdung nach EKHG

Auf die Frage: „In wie vielen Fällen traf den Schädiger schweres Verschulden?" gab es folgende Antworten: 40 % der Richter und 36 % der Anwälte bezifferten die Quote des schweren Verschuldens mit 25 bis 50 %. Über 50 % gab es nur zwei Meldungen. Im einzelnen fielen beträchtliche Streuungen auf. Sie reichten bei den Richtern von 5 bis 50 %. Bei den Anwälten sogar von 0,5 bis 80 %. Hingegen war interessanterweise das arithmetische Mittel der häufigsten Quotierungen mit 29 % bei den Richtern und 28 % bei den Anwälten, so gut wie identisch.

Die Antworten auf die Frage nach dem leichten Verschulden bzw. der Gefährdung nach EKHG waren naturgemäß spiegelverkehrt.

Da wir im Fragebogen nicht zwischen leichtem Verschulden und Gefährdung nach EKHG unterschieden hatten, wurde bei den Interviews eine genauere Differenzierung durchgeführt. Das durchaus erstaunliche Ergebnis: Diese Differenzierung gibt es in der Praxis nicht. Als Grund dafür wurde in seltener Einmütigkeit von den Richtern und Anwälten erklärt, daß das EKHG „praktisch keine Rolle spielt", „so gut wie nie vorkommt", „höchstens im § 9 Bedeutung hat". Ein Richter in der 1. Instanz: „Ich habe in meiner dreijährigen Praxis noch keinen EKHG-Fall gehabt."

Bestätigt bzw. erklärt wurde dieser überaus wichtige Befund durch die Antworten auf die Fragen Nr. 2 und Nr. 9.

2. Zum Anteil des Mitverschuldens bzw. der mitwirkenden Betriebsgefahr gem. § 7 EKHG

Auf die Frage: „In wie vielen Fällen traf Mitverschulden bzw. Mitverursachung nach § 7 EKHG zu?" gab es folgende Antworten: 45 % der Anwälte, aber nur 22 % der Richter bezifferten die Mitverschuldensquote mit 25 bis 50 %. Noch stärker differierten die Meinungen am unteren Ende der Skala. 27 % der Richter, aber nur 2 % der Anwälte hielten Mitverschuldensquoten unter 10 % für richtig. Vier der 22 Richter hatten im letzten Jahr in keinem einzigen Fall ein Mitverschulden zu beurteilen. Im übrigen schwankten die Quoten zwischen 15 und 70 %.

Bei den Anwälten gab es nur zwei Nennungen unter 10 %. Im übrigen schwankten die Quoten zwischen 15 und 75 %. Dementsprechend variierte auch das arithmetische Mittel. Bei den Richtern betrug es 35 %, bei den Anwälten 46 %.

Im einzelnen brachten freilich erst die Interviews etwas mehr Aufschluß. So wurde zunächst immer wieder betont, daß eine „mitwirkende Betriebsgefahr" so gut wie nie vorkomme.

Zum anderen zeigte es sich, daß der Einwand des § 1304 bei den Versicherungen ganz besonders beliebt ist. Der Grund ist hier, daß § 1304 ABGB als „Ausweg aus der Kostenschere", also als reine Kostenteilung empfunden wird. Sobald ein zweites Kraftfahrzeug beteiligt ist, wird versucht, den Schaden einfach zu teilen.

Anders ist die Sachlage, wenn nur ein Kraftfahrzeug beteiligt ist. Hier dringen die Gerichte nach übereinstimmender Auskunft auf eine volle Entschädigung des nichtversicherten Verkehrsteilnehmers. Mitverschuldenseinwendungen werden in diesem Fall meist zurückgewiesen. Diese Tatsachen erklären zum Teil die erheblich unterschiedlichen Mitverschuldensquoten bei Richtern und Anwälten. Zum einen werden zahlreiche „§ 1304 Fälle" vom Anwalt außergerichtlich verglichen. Zum anderen nehmen die Richter den Schutz der nichtversicherten Geschädigten offensichtlich recht gründlich war. Darauf deutet der auch immerwiederkehrende Satz hin: „Der Schutz der Geschädigten hat Vorrang."

3. *Zum Anteil der DHG-Fälle*

Die Frage nach dem Anteil des Dienstnehmerhaftpflichtgesetzes wurde vor allem deshalb gestellt, weil ein Urteil über den dort installierten Abwägungsvorgang erwartet wurde. Leider kommen aus den schon erwähnten Gründen aber Fälle des Dienstnehmerhaftpflichtgesetzes praktisch so gut wie überhaupt nicht vor. 81 % der Richter nennen keinen einzigen Dienstnehmerhaftpflichtfall im letzten Jahr. Dasselbe gilt für 45 % der Anwälte. Daß sich dennoch die Mehrheit aller Richter und Anwälte positiv zur richterlichen Abwägungserlaubnis im DHG aussprachen, wird noch unten erörtert werden.

4. *Zum Anteil der Drittschadensfälle bzw. der Fälle des mittelbaren Schadens und der Vorteilsausgleichung*

Der bedeutsamste Fall in der Praxis ist hier die Lohnfortzahlung bei verletzten Arbeitnehmern. Dazu gab es zwei übereinstimmende Feststellungen. Einmal, daß diese Fälle immer häufiger vorkommen und zum zweiten, daß sie höchst unbefriedigend „gelöst" seien. („Echte Härte", „ungelöste Frage", „da schwimmen wir vollkommen".)

Als Härtefälle werden vor allem jene empfunden, wo ein kleiner Betrieb mit einem einzigen Dienstnehmer einen Lohnausfall des Dienstnehmers bezahlen muß. Als ähnliche Fälle werden genannt: Die Klage der Wohnbaugenossenschaft, die noch Eigentümer ist, gegen den Baumeister wegen mangelhafter Arbeit; hier bekommt der Wohnungseigentümer, der noch nicht im Grundbuch eingetragen ist, und der während der Reparaturzeit im Hotel wohnen muß, nach der Rechtsprechung keinen Ersatz. Ein weiterer Fall ist die Klage des Witwers wegen höherer Kosten durch den Tod seiner Frau. Auch hier wird dem Witwer keine Entschädigung zugesprochen.

Fälle der Vorteilsausgleichung kamen selten vor. Wo sie entschieden wurden, dient die Judikatur des Obersten Gerichtshofs geradezu als Ersatz eines Gesetzes: Wo er anrechnet, rechnet man auch an.

5. Zum Anteil der Fälle mit objektivem Schaden und entgangenem Gewinn

Diese Frage wurde vor allem deshalb gestellt, weil die österreichische Lehre eine Gliederung des Schadensbegriffs in objektiven Schaden und Interesse vornimmt. Danach soll der Interessebegriff unter Umständen auch den entgangenen Gewinn enthalten.

Das Ergebnis zu diesen Fragen war interessant: Die Einteilung in objektiven Schaden und Interesse war dem Namen nach einem einzigen Richter (der allerdings selbst schon häufig literarisch hervorgetreten ist), der Sache nach keinem der Gesprächspartner, geläufig. Nach dem Hinweis, daß der objektive Schaden den „Wert dem verletzten Rechtsgutes im Augenblick der Beschädigung“ im Sinne der §§ 1323 und 1331 ABGB repräsentiere, das Interesse hingegen die speziellen Verhältnisse des Geschädigten berücksichtige, wurde von allen 14 befragten Herren erklärt, daß in der Praxis weder das eine noch das andere vorkomme.

Mehr als der Wert der Sache bzw. der Reparaturwert werde nie ersetzt. Vor allem werde auch bei schwerem Verschulden nicht nach den besonderen Verhältnissen des Geschädigten gefragt. Allerdings ersetzte man praktisch den Wert in Zeitpunkt des Prozesses und nicht in einem früheren Zeitpunkt. Weiters nehme man auf die besonderen Umstände regelmäßig, auch bei leichtem Verschulden insofern Rücksicht, als die Besonderheit des beschädigten Autos (der Metalliseélack) oder die individuelle Reparaturzeit und dergleichen, stets vergütet würden. Eine Differenzierung der Schadensfolgen nach der Schwere des Verschuldens werde nicht getroffen: „Der Schaden wird bei uns stur berechnet“, „wir halten uns mehr an den realen Schaden“. Dieser geht oft sehr weit. „Bis zum Ersatz des Leihfernsehers im Krankenzimmer.“

Im übrigen wurde übereinstimmend festgehalten, daß Fälle eines entgangenen Gewinns praktisch nicht vorkämen.

6. Zum Anteil der Fälle in denen Adäquanz bzw. Rechtswidrigkeitszusammenhang geprüft wurden

Zum Thema Adäquanz wurde versichert, daß diese „selten strittig" sei „vom Sachverständigen beurteilt werde", „ohnehin meist manifest" sei. Lediglich die Vertreter der Obergerichte meinten, daß sie bisweilen Probleme mit der Adäquanz hätten. Wo die Frage der Angemessenheit der Grenze auftrete, dort sei sie „äußerst schwierig" und „unbefriedigend" zu lösen, weil man keinen festen Maßstab dafür besitze.

Erheblich größere Bedeutung kommt der Prüfung des Rechtswidrigkeitszusammenhanges zu. (Prüfung des Schutzzweckes der Norm.) Hier werden vor allem das Fahren ohne Führerschein, das Fahren über 50 Stundenkilometer und dergleichen genannt.

Auf Befragen wird zugegeben, daß das, was noch innerhalb des Schutzzwecks einer Norm liegt, kaum rationell zu ermitteln sei. Vielfach wird auch hier nach Vorentscheidungen gefahndet. („Gibt es schon eine Auslegung durch den OGH?") Von „Ermessensspielräumen" hält man überwiegend nicht viel. Man möchte lieber „feste Regeln". („Hier kommt sonst Rechtsunsicherheit herein.")

7. Zur Frage der Objektivierung des Verschuldens

Große Bedeutung kommt dem Begriff der „Verkehrssicherheit" zu. Vor allem größere Geschäftsinhaber und Unternehmer sind für die „Verkehrssicherheit" verantwortlich („wenn eine Bodenfliese 2 mm hervorsteht, haftet der Geschäftsinhaber mindestens 50 : 50 mit dem Passanten").

Ganz besonders streng ist die Haftung des Kfz-Besitzers, obgleich man sie immer als Verschulden empfindet. Wer einen Fahrfehler macht, muß dafür haften, „wer gesetzliche Bestimmungen übertritt, haftet". Denn: „Wir gehen stets vom Geschädigten aus", „der Geschädigte kann doch nicht auf seinem Schaden sitzen bleiben." Aber auch solche Meinungen waren häufig: „Verschuldensfragen sind reine Geschmacksache", aber auch: „Da gibt es feste Regeln der Judikatur". „Hier müssen die Sachverständigen ein Urteil abgeben."

8. Zur offenen oder verdeckten sozialen Abwägung

Richter und Anwälte sind übereinstimmend der Meinung, daß große Unternehmen und vor allem Versicherungsträger „eher haften können". Die Begründungen dafür sind unterschiedlich. Zum Teil wird auf die große Finanzkraft (es trifft „keinen Armen") hingewiesen, zum Teil auf die „ohnehin hohen Versicherungsprämien". „Zahlen müssen es ohnehin die Kraftfahrer." Weitere Argumente: „Heute ist eine Sozialisierung angebracht, weil die Technik immer häufiger große Schäden verursacht." „Der einzelne Versicherte ist schwach, er kann die Versicherungen nie erpressen." „Er ist ohnehin in der schlechten Position, er muß beweisen."

Vor allem die Versicherungen behaupten übereinstimmend: „Die Rücksichtnahmen auf die sozialen Verhältnisse nehmen immer mehr zu."

Eine soziale *Abwägung* möchte man hingegen nicht. „Da würde der Geschädigte zu kurz kommen." Eine „Schadensteilung benachteiligt den Geschädigten." Es wird vor allem deutlich, daß § 1304 ABGB fast ausschließlich zur Schadensteilung zwischen Versicherungen herangezogen wird. Eine Reihe von Richtern meinten: „Eine Eintopflösung des Schadensersatzes liegt ohnehin in der Luft."

III. Zur Einschätzung des gegenwärtigen Schadenersatzsystems

Hier wurden folgende Fragen gestellt:

1. (Im Zusammenhang mit dem Teilungsabkommen) Halten Sie pauschalierte Vergütungen ohne Rücksicht auf den jeweiligen juristischen Gehalt des Falles für richtig?
2. (Nach einer Schilderung des richterlichen Mäßigungsrechtes gem. § 2 DHG): Halten Sie eine derartige Abwägung für richtig?
3. Wenn Sie mit „ja" geantwortet haben, sollten derartige Abwägungen auch außerhalb des DHG vorgenommen werden?
4. In Deutschland wurde der Vorschlag gemacht, bei außergewöhnlich hohen Schäden „eine Reduktion der Ersatzpflicht durch den Richter vorzunehmen". Halten Sie eine derartige Reduktion für richtig?
5. Was halten Sie überhaupt vom gegenwärtigen Schadenersatzsystem?
   — Ich halte es für gut
   — Ich halte es im großen und ganzen für gut
   — Ich halte es für mangelhaft
6. Welche Mängel hat Ihrer Meinung nach das gegenwärtige Schadenersatzsystem? (Bitte benoten Sie die einzelnen Mängel mit den Noten 1 bis 11.)
   — die gesetzliche Lage ist schlecht
   — Die Gerichte treffen Entscheidungen, die sich widersprechen und die für die Parteien nicht mehr kalkulierbar sind
   — Die Sachverständigen haben zuviel Einfluß
   — Der Gerichtsapparat arbeitet zu schwerfällig
   — Es gibt zu viele Vergleiche und zu wenig echte Prozesse

- Versicherungsrecht und Zivilrecht sind nicht aufeinander abgestimmt
- Soziale Abwägungen sind im gegenwärtigen System nicht möglich
- Die Schadenersatztheorie ist zu wenig praxisorientiert
- Die ganze Entschädigungspraxis wird zu kostspielig
- Die ständig steigende Zahl der Schadensfälle überlastet alle befaßten Stellen
- Die Höhe der Schäden kann kaum noch verkraftet werden
- Weitere Gründe:

7. Was sollte Ihrer Meinung nach sonst noch am gegenwärtigen Schadenersatzsystem verbessert werden?

1. Zur Frage des pauschalierten Ersatzes

Auf die Frage: „Halten Sie pauschalierte Vergütungen ohne Rücksicht auf den juristischen Gehalt der Fälle für richtig?“ gab es folgende Antworten: 9 % der Anwälte sprachen sich für eine generelle Pauschalierung des Ersatzes aus; 79 % waren dagegen, 2 %: keine Angaben. Hingegen hielten 31 % der Richter solche Pauschalierungen für angemessen und nur 64 % waren dagegen (5 % keine Angaben).

2. Zur Frage der Abwägung im DHG

Nach Schilderung des richterlichen Mäßigungsrechtes gem. § 2 DHG wurde die Frage gestellt „halten Sie eine derartige Abwägung für richtig?“. 54 % der Rechtsanwälte sprachen sich für die DHG-Abwägung aus, 43 % dagegen (3 % ohne Angaben). Bei den Richtern waren sogar 76 % für die DHG-Abwägung und nur 24 % dagegen.

In den Interviews stellte sich allerdings heraus, daß Richter wie Anwälte die Abwägung vor allem wegen der typisch „sozialen Situation“ befürworten. Viele wiesen auf die besondere Schadensanfälligkeit der Arbeit durch die modernen Maschinen hin.

3. Zur Frage der Abwägung im allgemeinen

Die Frage lautete: „Wenn Sie oben mit ‚ja‘ geantwortet haben, sollten derartige Abwägungen auch außerhalb des DHG vorgenommen werden?“ Darauf antworteten: 14 % der Rechtsanwälte mit „ja“, sie waren für eine allgemeine Abwägung. 83 % waren dagegen (3 % ohne Angaben).

Anders bei den Richtern. Hier sprachen sich 42 % für die Abwägung und nur 56 % dagegen aus (2 % ohne Angaben).

In den Interviews waren vor allem die Richter der Meinung, man wolle an sich abwägen, aber das gehe leider oft zu Lasten des Anspruchs des Geschädigten. Andere meinten, sie könnten nicht abwägen, weil die Versicherungen ihre Abwägungen „ohnehin zudecken" würden.

Bei den Anwälten spielte offenbar neben der sozialen Überlegung des Geschädigtenschutzes vor allem auch eine Rolle, daß der Teilersatz keinen vollen Prozeßerfolg bringt.

4. *Zur Frage der „Reduktionsklausel"*

Die Frage lautete: „In Deutschland wurde der Vorschlag gemacht, bei ‚außergewöhnlich hohen Schäden' eine Reduktion der Ersatzpflicht durch den Richter vorzunehmen. Halten Sie eine derartige Reduktion für richtig?" Darauf antworteten: 9 % der Anwälte mit „ja", sie sprachen sich also für eine Reduktion aus, 81 % waren dagegen (10 % ohne Angaben).

Hingegen sind 31 % aller Richter für die Reduktion und nur 64 % waren dagegen (5 % ohne Angaben).

In den Interviews zeigte sich allerdings, daß der Informationsstand bezüglich des Inhalts der Reduktionsklausel gering ist. Bei genauer Information meinen Richter, daß man in „Extremfällen" (wenn die Höchstsummen der Versicherung überschritten sind) für eine solche Reduktion eintreten könne.

5. *Zur Beurteilung des gegenwärtigen Schadenersatzsystems*

Die Frage lautete: „Was halten Sie überhaupt vom gegenwärtigen Schadenersatzsystem?

— Ich halte es für gut

— Ich halte es im großen und ganzen für gut

— Ich halte es für mangelhaft"

Darauf antworteten:

7 % der Anwälte mit „gut"
68 % der Anwälte mit „im großen und ganzen gut"
23 % der Anwälte mit „mangelhaft"
(2 % ohne Angabe).

Bei den Richtern lauteten die entsprechenden Zahlen:

8 % „gut"
62 % „im großen und ganzen gut"
28 % „mangelhaft"
(2 % ohne Angabe).

6. Zur Frage der einzelnen Mängel

Die Frage lautete: „Welche Mängel hat Ihrer Meinung nach das gegenwärtige Schadenersatzsystem? (Bitte benoten Sie die einzelnen Gründe mit den Noten von 1 bis 11.)"

Vorauszuschicken ist, daß bei dieser Frage 12 % Verweigerungen festzustellen waren. Aber auch bei den verbleibenden 88 % wurde die Fragestellung offensichtlich nicht immer verstanden. Statt der Benotungen gab es Ankreuzungen. Praktisch waren nur 22 Fragenbogenantworten voll verwertbar.

Danach beträgt die Reihenfolge der Mängel nach der Häufigkeit der Benotung

bei den Richtern:

a) Die Entscheidungspraxis wird zu kostspielig
b) Der Gerichtsapparat arbeitet zu schwerfällig
c) Die Sachverständigen haben zu viel Einfluß.
d) Die Gerichte treffen Entscheidungen die einander widersprechen und die für die Parteien nicht mehr kalkulierbar sind.
e) Die Höhe der Schäden kann kaum noch verkraftet werden
f) Versicherungsrecht und Zivilrecht sind nicht aufeinander abgestimmt
g) Soziale Abwägung ist im gegenwärtigen System nicht möglich
h) Die Theorie ist zuwenig praxisorientiert.
i) Die ständig steigende Zahl der Schadensfälle überlastet alle befaßten Stellen
j) Die gesetzliche Lage ist schlecht.
k) Es gibt zuviele Vergleiche.

Die Beurteilungen a) - c) lagen ebenso knapp beieinander wie jene zwischen c) - i).

Bei den Rechtsanwälten:

a) Die Sachverständigen haben zuviel Einfluß
b) Die Ersatzpraxis wird zu kostspielig
c) Der Gerichtsapparat arbeitet zu schwerfällig
d) Die Höhe der Schäden kann kaum noch verkraftet werden
e) Die Gerichte treffen Entscheidungen, die einander widersprechen und die für die Parteien nicht mehr kalkulierbar sind.
f) Die ständige steigende Zahl der Schadensfälle überlastet alle befaßten Stellen
g) Die Theorie ist zuwenig praxisorientiert
h) Versicherungsrecht und Zivilrecht sind nicht aufeinander abgestimmt

i) Soziale Abwägung ist im gegenwärtigen System nicht möglich

j) Es gibt zuviele Vergleiche

k) Die gesetzliche Lage ist schlecht

Es lagen die Benotungen a) - c) und g) - i) sehr eng beieinander.

7. *Zur Frage der Verbesserungen*

Diese Frage wurde als „offene" Frage gestellt: „Was sollte Ihrer Meinung nach überhaupt am gegenwärtigen Schadenersatzsystem verbessert werden?"

Hier die Nennungen bei den Rechtsanwälten (mit der Angabe der Häufigkeit)

Eigene Schadenersatzgerichte (9mal)

Eigene Ausbildung von Sachverständigen und Schadensreferenten (9mal)

Anpassung des Gebührengesetzes an die Inflation (9mal)

Klärung des „unabwendbaren Ereignisses" und der „außergewöhnlichen Betriebsgefahr" (7mal)

Beseitigung des Mitverschuldens (6mal)

Ein Punktesystem für Schmerzensgeld (6mal)

Lösung des mittelbaren Schadens (4mal)

Abschaffung des Quotenvorrechts der Sozialversicherung (4mal)

Abkürzung des Verfahrens in Kfz-Unfallsachen (2mal)

Nicht Zeugen nach langer Zeit vernehmen (2mal)

Beseitigung der „Vielspurigkeit" des Schadenersatzverfahrens (2mal)

Eine Reihe einmaliger Nennungen betraf vor allem solche Hinweise wie „mehr Richterfleiß" und dergleichen.

Die Nennungen bei den Richtern:

Kosten senken (6mal)

Zusammenschluß aller Haftpflichtversicherungen (3mal)

Begrenzung der Revision (3mal)

Ersatz nur bei massiven Verschulden (3mal)

Beseitigung des geringen Mitverschuldens (3mal)

Fond für die Entschädigung bei Fahrerflucht (2mal)

Eigenes Schadenersatzgericht aus Juristen und Schadensreferenten der Versicherungen und Kfz-Sachverständigen (2mal)

Neufassung der §§ 9 - 11 EKHG (2mal)

Schadensreduktion (2mal)

Einführung einer Schadensversicherung (2mal)

Weitere einmalige Nennungen betrafen Hinweise wie „weniger Ehrfurcht vor dem OGH".

B. Schlußfolgerungen

I. Die Situation der Kfz-Unfälle

1. Volkswirtschaftliche Bedeutung

Während sich jährlich bereits 750 000 bis 850 000 Verkehrsunfälle ereignen, sinkt die Zahl der Arbeitsunfälle. Sie liegt gegenwärtig bei rund 200 000 im Jahr. Weiters darf man mit jährlich 10 000 bis 12 000 Invaliden rechnen, die durch Kraftfahrzeugunfälle aus dem Arbeitsprozeß ausscheiden müssen. Die finanziellen Aufwendungen steigen ins Gigantische. Sie liegen bei den privaten Haftpflichtversicherungen zwischen 5 bis 6 Milliarden Schilling pro Jahr. Obwohl die Sachschäden die Personenschäden um das fünffache übersteigen, wenden die Pensionsversicherungen pro Jahr allein für Invaliditätsrenten 8 Milliarden Schilling auf.

2. Die Bedeutung für die Schadenersatzpraxis

Obwohl die Prozeßquote nur zwischen 1,1 und 1,2 % liegt, ist die Belastung der Gerichte mit Schadenersatzfällen in absoluten Ziffern sehr hoch. Allein in der Steiermark kann man mit 1 500 bis 1 800 Schadenersatzfällen pro Jahr rechnen. Davon entfallen rund 85 % auf Kfz-Unfälle. hierin liegt nicht zuletzt einer der Schlüssel für die gegenwärtige Tendenz zur reinen „Kfz-Dogmatik“. Im Vergleich zu dieser Belastung erscheinen die durchschnittlichen Entschädigungssummen bei Gericht ziemlich proportionslos. Sie liegen gegenwärtig bei rund 4 500 Schilling.

3. Der Einfluß der Sachverständigen als „Systemmangel“?

Nicht nur die komplizierten technischen Vorgänge bei einem Unfall, sondern vor allem auch die systematisch-dogmatische Zuspitzung der Prozesse auf die Frage: „Fehler oder Nichtfehler“, läßt die Bedeutung der Sachverständigen überproportional wachsen. Deren Kosten belasten den Prozeß am meisten. Man muß heute in erster Instanz mit einem Kostenfixum von S 8 000,— rechnen. Damit werden die meisten Prozesse grotesk: Kostenquoten von 200 bis 400 % sind keine Seltenheit. Rechnet man dazu eine Inflationsrate von 9½ % und einen Zinsfuß von 4 %, so entsteht von der Kostenseite her ein beachtlicher Druck auf den Geschädigten, sich mit der Versicherung zu vergleichen.

4. *Kosten und Gerechtigkeit*

Diesen Druck auf den einzelnen Geschädigten nützen die Versicherungen aus. Bei kleinen Schäden steht es aus betriebswirtschaftlichen Gründen nicht dafür, den Schadensverlauf genau zu prüfen. Daher werden kleine Schäden stets überkompensiert. Die Vergütung großer Schäden hingegen bleibt aus den genannten Gründen oft weit hinter dem eingetretenen Schaden zurück. Dieses reale Mißverhältnis muß berücksichtigt werden, wenn man die relativ geringe Quote von rund 10 % Nullschäden in der Statistik der Versicherungen findet. Daß hier das Gesetz der großen Zahl insgesamt einen statistischen Ausgleich bringt, dürfte für den einzelnen zu kurz gekommenen Geschädigten kaum ein Trost sein.

5. *Die ständige Angleichung der privaten Versicherungen an die staatliche*

Der Zwang zu betriebswirtschaftlich vernünftigem Vorgehen bestimmt die Struktur auch der Privatversicherung. Das beginnt bei der Tarifgestaltung: Sie ist erstarrt und läßt kaum noch irgendwelche individuelle Gestaltung zu. Die Unterstellung der Versicherung unter das staatliche Aufsichtsrecht hat die Zusammenfassung aller Versicherungsunternehmer zu einem Versicherungsverband nach sich geführt. Dieser Verband hat die Struktur der Versicherungen in kartellähnlicher Richtung verändert. Rechnet man noch den Kontrahierungszwang und die Umstellung des Tarif- und Prämiensystems auf EDV hinzu, so sind die Unterschiede zwischen den privaten Versicherungen und den öffentlichen nur noch gering. Man kann zumindest von einer Halbstaatlichkeit der privaten Versicherungen sprechen.

6. *Die ungünstige Kostenlage der Haftpflichtversicherung*

Diese Halbstaatlichkeit bringt eine Reihe von Nachteilen. Der kartellartigen Zentralisierung auf der einen Seite steht äußerlich immer noch eine starke Dezentralisierung (16 Haftpflichtgesellschaften allein in Graz) auf der anderen Seite gegenüber. Hinzu kommt, daß trotz aller staatlicher Beschränkungen immer noch „Wettbewerb“ gemacht wird. Das alles hat enorme Kosten zur Folge: So haben die österreichischen Versicherungen im Jahre 1973 allein für Provisionen 318 Millionen Schililng und für Verwaltungsaufwand 925 Mill. Schilling ausgegeben.

Diese Kosten stehen auf der anderen Seite kaum Annnehmlichkeiten einer privaten Struktur gegenüber: Das „Kundengefühl“, das von den deutschen Autoren so stark in den Vordergrund gestellt wird, ist in der Praxis kaum möglich. Das liegt schon an der Struktur der Haftpflichtversicherung: Sie hat nicht mit ihren Kunden, sondern mit den Gegnern ihrer Kunden zu tun.

7. *Die verwischten Unterschiede zwischen Haftpflichtversicherung und Schadensversicherung*

Praktisch hat sich die Haftpflichtversicherung in den letzten 30 bis 35 Jahren zu einer Schadens- und Unfallversicherung gewandelt. Zumindest ist sie heute eine Versicherung „mit Wirkung für Dritte". Die Stationen dieses Wandels sind[1]:

Noch im deutschen Recht: Das Verfügungs- und Einwendungsverbot. Damit wurde dem Schädiger untersagt, über seine Versicherungsforderung zu verfügen, und der Versicherung verboten, Einwendungen aus dem Versicherungsvertrag dem Geschädigten gegenüber geltend zu machen.

Der zweite Schritt war die Einführung der Pflichtversicherung. Beides wurde aus dem deutschen Recht ins österreichische übernommen.

1965 kam schließlich die action directe aufgrund einer internationalen Vereinbarung der Haftpflichtversicherer dazu[2]. Seither kann man eigentlich nicht mehr von einer Haftpflichtversicherung im herkömmlichen Sinn sprechen. Faktisch ist sie bereits eine Schadens- und Unfallversicherung. Daß die Versicherungsunternehmungen selbst stillschweigend schon von dieser Form ausgehen, beweist nicht zuletzt die Einführung des Spalttarifs 1974: Wer damals einer Prämienerhöhung entgehen wollte, mußte sich seiner Haftpflichtversicherung gegenüber verpflichten, im Falle eines eigenen Kfz-Schadens auf einen Leihwagen zu verzichten. Eine solche Vereinbarung hat aber offenkundig nur Sinn, wenn man sich die einzelnen Versicherungsunternehmer bereits als einheitliche Organisation denkt und wenn man den eigenen Haftpflichtversicherungsvertrag im Grunde als einen Vertrag zugunsten Dritter empfindet.

8. *Ungerechte Haftpflichtversicherung?*

Die Zahlen zur Schadenshäufigkeit in den einzelnen Kfz-Sparten sind sehr aufschlußreich. Demnach sind Schäden an einem Pkw 9mal häufiger als an einem Motorrad. Schäden an Taxis und Omnibusse sind 5mal häufiger als an einem Normal-Pkw. Manche Lkw-Klassen verzeichnen 5- bis 10mal häufigere Schäden als Pkw. Damit kann man schon aus der quantitativen Sicht her für die Haftpflichtversicherung feststellen, daß Frächter, Omnibusfahrer, Taxis und einige Sonderfahrzeuge eindeutig auf Kosten der Pkw- und Motorradfahrer leben.

---

[1] Vgl. *Ehrenzweig*, Deutsches (österreichisches) Versicherungsvertragsrecht, 7 ff.; *Güllemann*, Reformprojekte, 110 f.

[2] Vgl. dazu *Weyers*, Unfallschäden, 373, der sie scharf ablehnt.

II. Zum Stand der sozialen Sicherheit

Die marginale Quote von 95,3 % Sozialversicherten in Österreich ist irreführend. Der durch sie vermittelte Eindruck, daß ein Netz der sozialen Sicherheit sozusagen gleichmäßig und ausreichend über alle Österreicher gespannt sei, stimmt nicht.

1. Die Unterschiede im sozialen Schutz

Weder ist das Netz gleichmäßig, noch ist es ausreichend. Und zwar trotz der an sich enormen Summen, die heute global für soziale Sicherheit ausgegeben werden. Das gilt bereits für die im Beruf stehenden Arbeitnehmer. Wer einen Wegeunfall erleidet, kann mit einer Rente rechnen, die auf Basis seines durchschnittlichen Einkommens im letzten Jahr berechnet wird und die mit dem Grad seiner Arbeitsunfähigkeit verknüpft ist. Daher erhält jemand, der zu 50 % erwerbsunfähig wurde, eine Rente, die 53 % seines letzten Einkommens ausmacht (Berechnung: Vollrente = 66²/₃ %; davon 50 % = 33¹/₃ % dazu 20 % Zusatzrente als Schwerversehrter ab 50 % Berufsunfähigkeit = 53¹/₃ %).

Da 1973 das durchschnittliche Einkommen für männliche Beschäftigte S 6 327,— betrug, kann der 50 % Versehrte demnach durchschnittlich mit S 3 300,— rechnen.

Passierte ihm derselbe Unfall kurz nachdem er bereits zu Hause war, dann ist es kein Wegunfall mehr und er bekommt lediglich eine starre Pension aus der Pensionsversicherung, die im Jahre 1973 durchschnittlich S 2 033,— betrug. Das heißt, daß der pure Zufall, ob Wegunfall oder allgemeiner Verkehrsunfall darüber entscheidet, ob die weitere Versorgung des Geschädigten um fast 75 % differiert. Bei noch schwerer Verletzten erhöht sich die Divergenz unter Umständen auf über 100 %.

Von dieser Ungerechtigkeit sind sehr viele Menschen betroffen. 12 000 bis 14 000 Invaliditätspensionen nach der Pensionsversicherung stehen nur 900 bis 1 000 Versehrtenrenten aus Wegeunfällen gegenüber.

2. Die ungerecht behandelte Frau

Ein weiterer gravierender Unterschied besteht zwischen männlichen und weiblichen Beschäftigten. Von den rund 2,6 Millionen Beschäftigten waren 1973 bereits 1,1 Millionen Frauen. Sie erhalten im Durchschnitt rund 60 % der Bezahlung, die ein Mann in vergleichbarer Position bekommt. Diese Schlechterstellung wirkt sich natürlich auch im Schadensfall aus. Und zwar nicht bei den Renten, sondern bei der Krankenbehandlung. Denn die Krankenversicherung ersetzt ja nicht etwa den eingetretenen Schaden, sondern einen bestimmten Prozentsatz der Erwerbseinkommens als Arztkosten, Heilkosten und Krankengeld.

3. Schlecht versorgte Hinterbliebene

Sehr schlecht gestellt sind die Hinterbliebenen bei tödlichen Unfällen. Unabhängig davon, wieviel der Mann verdiente, erhält die Witwe im Todesfall eine Pension, die 1973 im Durchschnitt S 1 500,— betrug. Die Waisenpension lag gar nur bei S 610,—.

4. Besonders benachteiligt: Freiberufliche, Gewerbetreibende, Bauern

Stirbt ein Arzt oder Rechtsanwalt in relativ jungen Jahren an einem Verkehrsunfall, so ist die Divergenz zwischen seinem Aktivbezug und den Hinterbliebenenrenten gewaltig. Man kann mit einem Verlust des Lebensstandards bis zu 90 % rechnen. Dabei ist dem jungen Arzt oder Rechtsanwalt nur selten vorzuwerfen, daß er es versäumt habe, für seine Familie ausreichend vorzusorgen. Bei der langen Ausbildungsdauer in diesen Berufen ist eine derartige Vorsorge erst in späteren Jahren möglich.

Ebenso groß ist das Absinken des Lebensstandards bei vielen Gewerbetreibenden. Ihre soziale Vorsorge erreicht bei den Erwerbsunfähigkeitspensionen gerade die Höhe der Durchschnittsrente eines Arbeiters. Bauern schließlich, bekommen am allerwenigsten. Ihre Durchschnittspension betrug 1973 S 1 541,—. Die Witwenrente gar nur S 910,—.

5. Schlechtgestellte Rentner, Kinder und Hausfrauen

Gemäß dem allgemeinen Grundsatz, daß man im sozialen Leben soviel gilt, als der jeweilige Beitrag zum Bruttonationalprodukt ausmacht, genießen jene, die noch keinen Beitrag leisten (Kinder) weiters jene, deren Beitrag nicht sichtbar wird (Hausfrauen) und solche, die keinen Beitrag mehr leisten (Alterspensionisten), den geringsten Schutz. Werden sie infolge eines Verkehrsunfalles arbeitsunfähig, so erhalten sie dafür keinerlei soziale Hilfe. Diese mangelnde soziale Vorsorge vor allem für Hausfrauen, dürfte nicht zuletzt der Grund für die relativ häufigen Schadenersatzprozesse wegen verletzter Ehefrauen sein.

III. Zur Einschätzung des Schadenersatzsystems

Direkte Meinungsbefragungen über die Einschätzung der Lage, wie sie im letzten Teil unserer Umfrage gemacht wurden, sind gerade bei dogmatischen Problemen nur mit äußerster Vorsicht zu verwerten. Zum einen ist der Informationsstand sehr unterschiedlich, zum anderen geraten unkontrollierbare Standesinteressen und dergleichen in die Wertung hinein. Das gilt natürlich vor allem für so globale Fragen wie „Was halten Sie vom gegenwärtigen Schadenersatzsystem?“

Dennoch ist bei aller Vorsicht für etwaige Schlußfolgerungen überraschend, daß jeweils übereinstimmend fast ein Viertel der Richter und Anwälte das System für mangelhaft halten.

1. *Die Hauptmängel: Schwerfälligkeit, hohe Kosten, Sachverständigen-Dominanz und Rechtsunsicherheit*

Zieht man die Einzelbewertung der Mängel heran, so fällt dort die relative Einigkeit über 4 hauptsächliche gravamina auf: Der Einfluß der Sachverständigen, die hohen Kosten, die Schwerfälligkeit der Prozesse und die Rechtsunsicherheit. Beachtenswert vor allem, daß gerade Richter den Gerichtsapparat überwiegend für schwerfällig halten.

2. *Unerhebliches Gesetz?*

Interessant ist, daß am anderen Ende der Skala die Gesetze aufscheinen. Von ihnen nimmt man offenbar am wenigsten an, daß sie zur Mangelhaftigkeit des Systems beitragen. Das kann nun freilich sowohl an der Zufriedenheit mit den Gesetzen liegen, als auch an ihrer praktischen Bedeutungslosigkeit.

Letzteres scheint zur Erklärung eher geeignet zu sein. In den Interviews wurde sozusagen als Auflockerungsfrage bisweilen erforscht, in welcher Weise die Urteilsfindung vorbereitet wird und welche Hilfsmittel dazu verwendet werden.

Das Wichtigste ist übereinstimmend die Feststellung des Sachverhalts: „Das macht schon 90 % der Entscheidung aus." An zweiter Stelle kommen eigene Vorentscheidungen, die Entscheidungen der nächsthöheren Instanz und schließlich OGH-Entscheidungen. Erst zuletzt wird Kommentarliteratur genannt, in aller Regel, um als Nachschlagewerk für mögliche weitere Entscheidungen zu dienen.

Das Gesetz spielt dabei kaum eine Rolle. Eine Ausnahme machte nur jene Bestimmung des EKHG über unabwendbare Ereignisse und außergewöhnliche Betriebsgefahr: Sie wurde überwiegend als unbrauchbar bezeichnet.

3. *Die ambivalente Einstellung zur „sozialen Abwägung"*

Weitergehende Schlußfolgerungen aus dem Mangelkatalog dürften unangebracht sein. Vielleicht kann man noch die ständig steigende Schadenshöhe als einen übereinstimmenden Mangel bezeichnen. Der Unterschied in der Einschätzung der sozialen Abwägung (Punkt 7 bei den Richtern und Punkt 9 bei den Anwälten) darf nicht überbewertet werden.

Dennoch zeigt die Einschätzung der sozialen Abwägung bei den Richtern und Anwälten eine deutliche Ambivalenz. Viele Richter befürworten die ursprüngliche Aufgabe einer „gerechten Interessenabwägung". Gleichzeitig sind sie in dieser Aufgabe durch die notwendige Berücksichtigung der Interessen des Geschädigten stark eingeschränkt: Ihr soziales Empfinden verlangt ein Schadenersatzergebnis, das den Geschädigten möglichst befriedigt.

4. *Der Einfluß von Standesinteressen*

Sowohl bei der Frage zur Abwägung nach dem DHG, als auch bei der Reduktionsfrage, stellt es sich heraus, daß Anwälte in weit höherem Maß gegen Ermessensentscheidungen und Abwägungen auftreten, als Richter. Der Grund dafür liegt nicht nur in der Sorge um den sozialen Schutz des Geschädigten, sondern vor allem in der durch die Abwägung „gefährdeten" Rechtssicherheit, bzw. in der Befürchtung, keinen vollständigen Prozeßsieg erringen zu könnnen.

5. *Soziale Abwägung ist nicht Vermögensabwägung*

Ziemlich eindeutig geht aus den Interviews hervor, daß kein Richter daran denkt, etwa die konkrete Vermögens- und Einkommenssituation von Schädiger und Geschädigtem zu prüfen. Er versteht vielmehr unter sozialer Abwägung, daß Unternehmer und große Kollektive Schäden eher tragen können, vor allem deshalb, weil sie diese weiterverteilen.

6. *Zwischen Gerechtigkeit und „festen Grenzen"*

Nicht nur bei der Frage der Schadensreduktion und der Abwägung nach dem DHG, sondern auch bei der Prüfung der Adäquanz, des Rechtswidrigkeitszusammenhangs, sowie bei der Zumessung von Schmerzensgeld, fällt der Wunsch der Richter nach „festen Grenzen" auf.

Dort jedoch, wo sie von der Rechtsprechung des Obersten Gerichtshofs gezogen werden, wie zum Beispiel im Fall der Lohnfortzahlungen bei Verletzung eines Dienstnehmers, werden solche Grenzziehungen jedoch als Härte und Beengung empfunden.

7. *Die praktische Überwindung der „Zweispurigkeit"*

Überraschend war die Feststellung, daß alle Richter Kraftfahrzeugunfälle nach „Verschuldensgrundsätzen" behandeln. Auf diese Weise kommt es zu einer de facto-Überwindung der Zweispurigkeit in weiten Bereichen: Die Gerichte arbeiten in 90 % der Fälle nach dem Verschuldensprinzip. Das geht natürlich auf Kosten des ursprünglichen subjektiven Verschuldensbegriffes. Er ist im Kfz-Haftpflichtrecht nur noch ein objektiver Fehler.

Dazu ein illustrativer Fall, der sich zur Zeit der Untersuchung in der 1. Instanz eines Grazer Gerichtes abspielte. Der Direktor einer Forschungsanstalt war mit seiner Frau und drei seiner Kinder nach einem Sonntagsausflug im Auto unterwegs nach Hause. Vorne am Beifahrersitz hatte er eine bekannte alte Dame mitgenommen, die seit einiger Zeit ein steifes Bein besaß und daher sehr froh über die Mitfahrgelegenheit war. Die Frau des Direktors und die Kinder waren im Fond des Autos eingeschlafen. Plötzlich sah der Lenker im Rückspiegel, wie das jüngste der schlafenden Kinder vom Sitz herunter zu Boden glitt. Um seinem Kind im Fallen noch zu Hilfe zu kommen, griff der Lenker einen Moment mit der rechten Hand nach hinten. Dadurch geriet er mit einer Geschwindigkeit von weniger als 40 km/h (Ortsdurchfahrt) mit dem rechten vorderen Rad an die Inselpflasterung einer Tankstelle, die sich unmittelbar an der Straße befand. Der relativ geringe Aufprall bewirkte aber am steifen Bein der neben ihm sitzenden betagten Dame einen Bruch. Der ärztliche Sachverständige stellte fest, daß ein gesundes Bein den Aufprall ohne Schaden überstanden hätte. Der Lenker wurde vom Strafrichter wegen schwerer Körperverletzung verurteilt und vom Zivilgericht für vollen Schadenersatz haftbar gemacht.

Ich habe den Fall bei meinen Interviews mit mehreren Richtern und Anwälten besprochen. Sie hielten ihn durchaus für repräsentativ und waren der Meinung, daß das Urteil keineswegs ungewöhnlich sei. Man müsse ja bedenken, daß der Lenker ohnehin keines Schutzes bedürfe, da die Versicherung den Schaden ersetze. Auf meine Frage, ob man nicht das steife Bein der Verletzten in Rechnung stellen müsse, wurde mir erklärt, daß der Lenker ja von diesem steifen Bein wußte und daher sein Verhalten hätte danach einrichten müssen.

8. *Die Bedeutung der Mitverschuldensnorm*

Mitverschulden wird von den Gerichten und von den Versicherungen völlig kontrovers gesehen. Die Gerichte versuchen gem. § 1304 ABGB vor allem nichtversicherten Personen einen Anspruch gegen Versicherungen zu gewähren. Die Versicherungen wiederum erblicken in dieser Norm eine rein betriebswirtschaftliche Möglichkeit der Kostenteilung. Die ursprüngliche dogmatische Funktion des § 1304 spielt dabei offensichtlich überhaupt keine Rolle mehr.

9. *Der subjektiv-objektive Schadensbegriff der Praxis*

Auffallend ist weiters, daß die Praxis die strikte theoretische Trennung zwischen „objektivem Schaden“ und „Interesse“ kaum verwertet. Der regelmäßige Ersatz ist eine Mischung aus beiden. Er ist insoferne objektiv, als man die besonderen Umstände beim Geschädigten im Prinzip nicht beachtet. Andererseits wird auch nicht bloß ein Durchschnittsersatz gewährt. Vielmehr kann der Geschädigte die besonders teure Reparatur seines besonderen Autos beanspruchen. Ebenso wie die Eigenheit seines individuellen Heilungsverlaufes mitberücksichtigt wird. Alles das hält sich freilich in einem gewissen Rahmen des Erwartbaren und Üblichen.

10. Die unbekannte soziale Realität

Überraschend war das Ausmaß der Unkenntnis des realen Regreßgeschehens und der Praxis kollektiver Vorsorgeträger überhaupt. Das beginnt schon bei der völligen Fehleinschätzung der Regreßquote. Aber ginnt schon bei der völligen Fehleinschätzung der Regreßquote. Aber vor allem sind sich die Richter und Anwälte der zum Teil vollständigen Loslösung der Aufwendungen der Sozialversicherungsträger vom „eingetretenen Schaden" und vom Verschulden bzw. von der Verursachung überhaupt nicht bewußt.

Wenn man Kenntnis davon hat, und das ist vielleicht noch überraschender, hat man dagegen nichts einzuwenden: 85 % jener Richter, denen Teilungsabkommen bekannt sind und 62 % der Anwälte sprechen sich für Pauschalierung und Teilungsabkommen aus.

11. Die „Sozialisierungsreife" der Kfz-Unfälle im Spiegel der Verbesserungsvorschläge

Eigene Kfz-Schadensgerichte, die Abschaffung von Mitverschulden als Anspruchsminderung, die Beseitigung des unabwendbaren Ereignisses, der Wunsch der Richter, nur noch bei „massivem Verschulden" mit Kfz-Unfällen belastet zu werden — das alles bekräftigt die Sozialisierungsreife dieses Rechtsgebiets.

Hinzu kommt der absolute Vorrang des Geschädigtenschutzes. Das alles weist auf die starke Isolierung dieses Bereiches und auf das Empfinden hin, daß hier ein störender Fremdkörper in die übliche Praxis der gerichtlichen Entscheidung eingedrungen sei.

Schließlich weisen die Wünsche nach Abschaffung des Quotenvorrechts der Sozialversicherungen und nach einem besseren Zusammenspiel zwischen Zivilrecht und Versicherungsrecht deutlich auf den Grad des „Verzahnungsmangels" zwischen individuellem Schadenersatz und sozialer Vorsorge hin. Man kann annehmen, daß einer vollständigen Loslösung der Kfz-Unfälle aus dem Bereich des individuellen Schadensrechts kaum erhebliche Widerstände von der Praxis entgegengesetzt würden.

Resümee IV

Die Frage, die nach der eingehenden Darstellung der deutschen rechtspolitischen Diskussion und der österreichischen Realsituation bleibt, lautet: Kann die totale Sozialisierung des Schadenersatzrechts überhaupt noch aufgehalten werden?

Denn das dürfte wohl klar geworden sein: Jenes Schadenersatzrecht, in dem der einzelne A dem einzelnen B einen Schaden C ersetzt, gibt es nur noch in ganz engen Grenzen. Die Praxis zeigt überwiegend ein Bild, in dem nicht die individuelle Gerechtigkeit, sondern die soziale Sicherheit, in dem nicht die Verantwortung des einzelnen, sondern die Finanzkraft der Kollektive bestimmend sind.

Für die Kfz-Unfälle selbst ist daher die österreichische Situation mindestens so sozialisierungsreif wie die deutsche. Es sind auch dieselben Tendenzen: Haftung bei bloßem Fehler, Wunsch nach Beseitigung des „unabwendbaren Ereignisses“ und des Mitverschuldens; pauschalierter Ersatz sowohl bei den Privatversicherungen (überkompensierte kleine, unterbezahlte große Schäden), als auch bei den Sozialversicherungen; Regresse fast ausschließlich ohne Berücksichtigung der Rechtslage, Stärkung der Kollektive durch weitere Konzentration, Rationalisierung und Beseitigung der letzten Reste individueller Tarifgestaltung.

In Österreich wie in Deutschland bedeutet die Aufrechterhaltung des „Verursachungsprinzips“ letztlich nur noch den rechtlichen Ausschluß der Fußgänger und Radfahrer vom kollektiven Schutz. Mit der Folge, daß man diesen de facto über die freie Beweiswürdigung des Richters und die Norm des § 1304 herstellt.

Baurs Feststellung, daß das Bürgerliche Recht zu einer „bloßen Vorfragenentscheidung des Versicherungsrechts“ degeneriere, ist aus dieser Sicht noch eine erhebliche Untertreibung.

Daß eine derartige Entwicklung ohne jeden Einfluß auf „Nachbargebiete“ bleiben könnte, ist nahezu ausgeschlossen. Noch dazu, wo in Theorie und Praxis die Beschäftigung mit Kfz-Unfällen gute 75 bis 80 % der gesamten Tätigkeit ausmacht.

Nicht zu halten ist vor allem die Ansicht, wonach die soziale Sicherheit und die sie finanzierenden Kollektive an der Struktur des traditionellen Ersatzrechts spurlos vorübergegangen seien. Nach all dem, was wir in unserer Untersuchung gesehen haben, ist das genaue Gegenteil der Fall: Es gibt noch ein paar Spuren des traditionellen Ersatzrechts. Aber auch sie werden bereits als lästig empfunden — so das Mitverschulden als Anspruchskürzung dort, wo ohnehin ein Kollektiv im Hintergrund steht; die Grenze des „unabwendbaren Ereignisses“, wenn doch ohnehin eine Versicherung zahlt. Dasselbe gilt für die immer noch kasuistische Behandlung der Gefährdungshaftung: Man kann auch hier neue Versicherungen abschließen. So wie man schließlich für die Produzentenhaftung annehmen darf, daß sich die Unternehmer auch auf diese neue Konstellation durch neue Versicherungen einstellen werden.

Gewiß, es schüttet auch heute noch der Ober A dem Gast B eine Suppe auf den neuen Anzug. Nur: der Ober bezahlt diesen Schaden sicher nicht, das macht die Versicherung des Restaurants.

Und wenn dieses Malheur schon einmal dem Gast A passiert statt dem Ober, dann sucht man solange nach einem geeigneten Haftungsträger, bis sich wahrscheinlich das Restaurant dieses Mißgeschicks annimmt. Mit einem Wort, es ist heute direkt schwer geworden, Versicherungen zu umgehen.

Selbst Kinder, die einander bis vor kurzem noch auf eigene Rechnung bzw. auf Rechnung der Eltern, beim Spiel gefährlich verletzen konnten, werden in zunehmendem Maße sozialversichert.

Man kann also den Reformern kaum vorwerfen, daß sie etwas entscheidend Neues gebracht haben. Im Grunde sagen sie nur das offen, was die Praxis längst schon verschämt tut. Anders ausgedrückt: Die Reformer haben nach unserem eigenen Befund mit ihrer Kritik am geltenden System in allen Punkten Recht;

— Das geltende Schadensrecht gewährleistet keinen ausreichenden sozialen Schutz
— das Verschuldensprinzip hat sich weitgehend zu einem Mythos verflüchtigt
— individuelles Schadensrecht und soziale Kollektivvorsorge sind kaum miteinander verzahnt
— das System ist kostspielig und zeitaufwendig
— von gerechter Lastenverteilung und Rechtssicherheit kann nur in sehr engen Grenzen die Rede sein.

Ob das, was hier diagnostiziert wird, freilich alles von Übel ist, hängt in erster Linie davon ab, was der jeweilige Betrachter will und welche Ziele er dem Schadenersatzrecht steckt. Die Reformer selbst geben ihre Ziele bekannnt: Vollständige Anpassung an den ohnehin vorhandenen Trend zur totalen sozialen Sicherung. Mit einem Wort, offene statt stiller Sozialisierung.

Freilich wäre nach Kenntnis der Tatsachen auch der andere Weg möglich: Nämlich kräftig gegenzusteuern, das heißt, der Idee der individuellen Verantwortung wieder mehr Raum zu schaffen[3]; den Haftungsum-

[3] Zum „Gegenhalten“ raten nunmehr auch *Baur*, ZVersWiss 1967, 138 f.; *Widmer*, ZBJV 1974, 300; *Diederichsen*, in FS-Klingmüller, 78 ff. Vgl. auch die interessante Bemerkung von *Krause*, in: Soziale Sicherung gegen Unfälle im Straßenverkehr? (1975) 157: „Kann jemand, der in die unglückliche Situation gekommen ist, einen anderen erheblich körperlich zu schädigen, sein

fang wieder an den Haftungsgrund binden; dem wertfreien „Ausgleichsprinzip“ die werthafte Proportionalität entgegensetzen usw.

Voraussetzung, das man das tut, ist natürlich, daß man vom Sinn und von der Möglichkeit einer solchen Entwicklung überzeugt ist. Daß viele gegensteuern wollen, scheint durch die vehementen Bekenntnisse zum Wert der Selbstbestimmung und Selbstverantwortung hinreichend belegt zu sein[4]. Ob diese Wünsche eine Chance haben, realisiert zu werden, ist eine Frage, die mit eben demselben Realismus geprüft werden muß, dem wir uns bei der kritischen Bestandsaufnahme verpflichtet gefühlt haben. Nichts wäre sinnloser, als dogmatische Windmühlenkämpfe. Damit verbieten sich aber bereits zwei Strategien: Die eine, so zu tun, als sei alles im Schadensrecht in bester Ordnung, oder doch schlimmstenfalls mit einigen kosmetischen Korrekturen in Ordnung zu bringen; wer die Dinge so sieht, darf sich über künftige Sozialisierungen nicht beklagen. Die zweite Strategie, heftige Attacken gegen Nivellierung, Pauschalierung und Sozialisierung zu reiten, wäre genausowenig realistisch.

Letzteres verbietet sich auch deshalb, weil derartige Attacken momentan kaum jemanden überzeugen würden. Nicht zuletzt deshalb, weil diejenigen, die sie führen, nicht besonders überzeugend wirken.

Nicht überzeugt sein werden

— die Schädiger und Geschädigten, weil mehr soziale Sicherheit und weniger Aufwand ihren Interessen entsprechen;
— die Gerichte, weil sie ohnehin überlastet sind und gerne einen Großteil der „Normalfälle“ an die sozialen Vorsorgeeinrichtungen abtreten
— die Versicherungen, weil mehr Sicherheit für sie auch mehr Umsatz bedeutet[5].

Was die Überzeugungskraft betrifft, so muß in aller Deutlichkeit festgehalten werden, daß die traditionelle Dogmatik die bisher stille Sozialisierung nicht nur geduldet, sondern tatkräftig unterstützt hat. Wer vom Präventionsrecht des Schadensrechts „nicht viel hält“, sondern das „Ausgleichsprinzip“ propagiert, darf sich nicht wundern, wenn im Namen dieses letzteren Prinzips vom merkantilen Minderwert angefangen, bis zur frustrierten Teneriffa-Reise alles „ausgeglichen“ wird[6].

Fehlverhalten nicht leichter verkraften, wenn er in irgendeiner konkreten Weise an der Wiedergutmachung mitmacht?“ Und: „Gehört es nicht in gewisser Weise auch zum Lebensstandard, den ich einmal erreicht habe, hinzu, daß dieser Lebensstandard mit einem gewissen Risiko behaftet ist?“

[4] Allerdings halte ich den Wunsch nach „privaten“ Versicherungen noch nicht für eine ausreichende „Gegensteuerung“. Diese sind anti-individuell wie die staatlichen, denen sie fast schon aufs Haar gleichen.

[5] So mit Recht auch *Baur*, ZVersWiss 1967, 138 f.

[6] Vgl. *Widmer*, ZBJV 1974, 300. „Paradoxerweise muß man diese negative, haftungsbeschränkende Funktion des Verschuldenskriteriums heute ausge-

— Wer den Haftungsumfang vom Haftungsgrund trennt, darf sich nicht wundern, wenn er sich selbständig macht, und keine Grenzen mehr duldet;
— wer die Proportionalität verurteilt, darf sich nicht wundern, wenn es unproportional im Schadensrecht zugeht;
— wer dem Verschulden nur noch eine Auslösefunktion für kollektive Schadenstragung zuweist, darf sich nicht wundern, wenn die individuelle Verantwortung schwindet;
— wer auf die bewußte Verzahnung der kollektiven Schadensordnung mit der individuellen Haftungsordnung verzichtet, darf sich nicht wundern, wenn diese Kollektive ein Eigenleben entwickeln;
— wer sich auf eine Regel-Ausnahmedialektik einläßt, darf sich nicht wundern, wenn die theoretische Erklärungskraft schwindet und sich das System langsam auflöst;
— wer keinen Einfluß auf den Gesetzgeber und die Gerichte ausüben will, darf sich nicht wundern, wenn er auf die Rolle des Chors in der griechischen Tragödie beschränkt wird: Entwicklungen auf der Bühne zu beklatschen oder zu bedauern, ohne Einfluß auf sie zu besitzen.

Die unmittelbar dogmatischen Folgen einer solchen halbherzigen und widerspruchsvollen Haltung sind bekannt. Sie reichen von der kaum noch kontrollierbaren Ausweitung der Gefährdungshaftungskasuistik über all die unerklärlichen Erscheinungen, wie alternative Kausalität contra conditio sine qua non; hypothetische Kausalität, Vorteilsausgleichung contra Differenzhypothese; wertfreies Verursachungsdogma contra werthafte Adäquanz und Rechtswidrigkeitszusammenhangstheorie, bis hin zu den bisher mißglückten Versuchen der Gegensteuerung[7]. Dazu kann man sowohl die in Deutschland vorgeschlagene Reduktionsklausel[8], als auch alle Arten von normativen Schadensbegriffen zählen, inklusive jener Soziabilitätsschranke von Mertens[9]. Alle diese Versuche konnten so beifallswert sie inhaltlich jeweils sein mögen — neben anderen Gründen vor allem deshalb nicht zum Ziel führen, weil sie den Grundwider-

---

rechnet denen mit allem Nachdruck in Erinnerung rufen, die das Verschuldensprinzip als einzig legitimen Haftungsgrund gegen das Überhandnehmen der angeblich verantwortlichkeitszersetzenden und ethisch minderwertigen Risikohaftung glauben verteidigen zu müssen."

[7] Über den Wert der Gegensteuerung treffend, *Diederichsen*, Argumentationsstrukturen, 68. „Von diesen Barrieren hat praktisch keine gehalten."

[8] Referentenentwurf I (1967), 2; § 255 a BGB; dazu mit starken Bedenken *Bydlinski*, Zur „Reduktionsklausel" des deutschen Referentenentwurfs, JBl 1968, 330 ff.; *Stoll*, Die Reduktionsklausel im Schadensrecht aus rechtsvergleichender Sicht, RabelsZ 34 (1970), 481.

[9] Vgl. *Mertens*, Vermögensschaden, 170 ff.; Damit kehren alle aus den Haftungsgründen verdrängten Wertungen in § 254 wieder. Konkret dazu auch *Diederichsen*, FS-Klingmüller, 68.

spruch ignorieren: Den Widerspruch zwischen dem wertfreien liberalen Verursachungsdogma und den eigentlich juristischen Bemühungen um werthafte Zurechnungskriterien. Das aber ist der Widerspruch der Idee der sozialen Sicherheit — mangelhaft ausgedrückt im Prinzip des „verursachten Schadens“ — und der Idee der individuellen Verantwortung.

Das heißt, der Grundfehler beginnt ganz oben, nämlich beim ungeklärten Verhältnis zwischen Sozialprinzip und individueller Zurechnung. Noch dazu, wo dieser Widerspruch belastet ist durch verdeckte Wertungen, Scheinbegründungen, ad hoc-Erklärungen, Leerformeln und der geringen Neigung, offene Werturteile abzugeben.

Die jüngste Entwicklung auf dem Kfz-Unfallsektor bestätigt diese Annahme bereits: Hatte das individuelle Schadensrecht zumindest theoretisch ohne das Element der sozialen Sicherheit auskommen wollen — so will nun die soziale Vorsorge ohne das Element der individuellen Verantwortung auskommen. Die überaus wichtige Frage lautet daher: Gibt es nur diese schroffe Gegensätzlichkeit? Kann soziale Sicherung stets nur auf Kosten der individuellen Zurechnung verwirklicht werden und umgekehrt?

DRITTER TEIL

1. Kapitel

Der unbekannte dritte Weg: Die soziale Abwägung im Haftungsrecht

A. Die soziale Abwägung aus der Sicht der älteren Dogmatik

I. Ad Fontes: Die Lehre Ungers

Tatsächlich gibt es eine dritte Möglichkeit, die in der gegenwärtigen Diskussion freilich so gut wie überhaupt nicht erwähnt wird. Nämlich, den Gesichtspunkt der sozialen Sicherheit unmittelbar in das traditionell-individuelle Schadensrecht einzubauen[1]. Mit einem Wort, das offen und systematisch zu tun, was versteckt und damit intuitiv auch schon bislang prakiziert wurde. Freilich mit einigen Korrekturen und einigen Grenzziehungen, die eine solche Systematik notwendig machen.

Die Idee, die reale Fähigkeit der Schadenstragung von Schädiger und Geschädigten zu beachten, ist im Grunde uralt. Es entspricht nur der Geschichtslosigkeit unserer Zeit, wenn heute vielfach erklärt wird, unser „Bewußtsein sozialer Verantwortung und das Wissen um die Ansprüche des kleinen Mannes“, sei ein Produkt des 20. Jahrhunderts[2].

So hat Unger in Anlehnung an eine bekannte Pandekten-Stelle, bereits folgende Frage gestellt[3]:

„Wenn ein wohlhabender Mann an einem windstillen Tag Feuer im Walde macht und ein plötzlicher Windstoß Funken oder Flammen auf die Hütte des armen Nachbarn hinüberträgt und dieselbe samt seinen Habseligkeiten verbrennt“ — soll hier nicht der „Reiche“ selbst ohne Verschulden haften? Unger hatte das ursprünglich abgelehnt[4]. Später revidierte er seine Auffassung. So meinte er, der „wahre innere Rechtfertigungsgrund“ für die Haftung in Fällen schuldloser Schadenszufügung, „besteht nicht in einem subjektiv ethischen, sondern in einem objektiven sozialen Moment. Die ratio für die in Rede stehende Verteilung

---

[1] Vgl. dazu schon die beachtlichen Ausführungen von *Cozzi*, La responsibilitá civile per danni da cose (1937), 417 ff.

[2] So *Friedmann*, Recht, 151.

[3] *Unger*, Beiträge GrünhutsZ 8, 236.

[4] *Unger*, GrünhutsZ 8, 235 f.

der Schadenslast liegt in der Rücksicht auf das Verhältnis des beiderseitigen Vermögensstandes: Demjenigen wird der beiderseits unverschuldete Schaden aufgebürdet, welcher ihn nach seiner Vermögenslage leichter tragen kann. Es kommt auf die ökonomische Tragfähigkeit an"[5].

„Allerdings", fährt Unger fort, „werden dadurch Reichtum und Armut gewissermaßen zu Rechtskategorien. Aber dieses entspricht dem humanen Zug der modernen Zeit, welche es als eine Aufgabe des Staates erkennt, dem wirtschaftlich Schwächeren zu helfen und auch auf dem Gebiet des Privatrechts, soweit es eben angeht und passend erscheint, den Grundsatz zu verwirklichen: richesse oblige[6]."

Daher schlug Unger sogar für den Entwurf des deutschen bürgerlichen Gesetzbuches vor, es sollte im Falle der Gehilfenhaftung, wenn dem Unternehmer der Exulpationsbeweis gelingt, „eine Ersatzpflicht dennoch eintreten, wenn und insoweit dies die Billigkeit nach den Umständen des Falles, insbesondere nach den Vermögensverhältnissen der Beteiligten, erfordert".

Unger beschränkte also seinen Gesichtspunkt der ökonomischen Tragfähigkeit nicht nur auf Haftungen ohne Verschulden, sondern wollte damit offensichtlich auch die Kluft zwischen dem vollen Ersatz bei erwiesenem Verschulden und der völligen Ersatzlosigkeit für den Fall, daß dieser Beweis mißlang, schließen. Jedenfalls zunächst im Bereich der Unternehmerhaftung für Gehilfen.

Allerdings sollte die Haftung für „Zufall" wie Unger sie nannte, das Hauptanwendungsgebiet bleiben. So versuchte Unger mit seinem richesse oblige vor allem die beiden Hauptfälle des schuldlosen Ersatzes zu erklären, die bislang als bloße Ausnahmen gegolten hatten: Die Haftung der Unzurechnungsfähigen und die alte Haftung für Gebäude nebst der berühmten actio de effusis vel deiectis.

Dabei ist von Interesse, daß die Gebäudehaftung, die ja ebenfalls römischen Ursprungs ist, schon in den Digesten unter dem Aspekt der Vermögensabwägung gesehen wurde. In der Digestenstelle „quemadmodum si tegula ceciderit" ist die Frage nach der Haftung eines reichen Mannes gestellt, von dessen Hausdach durch einen Sturm ein Ziegel herunterfällt. Unger rechtfertigt den Schadenersatz in solchen Fällen auch mit dem bemerkenswerten Hinweis, daß es im Schadensrecht „nicht auf logische Konsequenzmacherei, sondern darauf ankommt, die Bedürfnisse des Lebens, so gut und so weit als es eben angeht, zu befriedigen"[7].

---

[5] *Unger*, Handeln, 140 f.

[6] Ebenda, 140; dazu *Weyers*, Unfallschäden, 91 f.

[7] Ebenda, 140; Anm. 18.

II. Die Haftung der Unzurechnungsfähigen und die soziale Abwägung

Auch die Haftung der Unzurechnungsfähigen ist im ABGB von Anfang an mit der ökonomischen Tragfähigkeit verknüpft gewesen. Dabei gibt die Entstehungsgeschichte des § 1310 des ABGB höchst interessante Aufschlüsse über die soziale Einstellung der Redaktoren und das Verhältnis dieser Einstellung zur prinzipiellen Idee der subjektiven Verantwortlichkeit.

Das West-gallizische Gesetzbuch hatte in III § 456 die volle Haftung der Kinder und Wahnsinnigen angeordnet und diese mit dem Verteidigungsrecht begründet, welches „auch gegen Kinder und Wahnsinnige statt hat".

Zeiller wandte dagegen in der Redaktionssitzung zu § 1306 (= der spätere § 1310 ABGB) ein, daß diese Begründung zwar „wahr sei", daß sich die Vorschrift aber „auf das bürgerliche Leben nicht wohl anwenden lasse"[8].

„Wollte man ihr getreu bleiben", so müßte man „um so mehr anordnen, was jeweils noch so geringe, selbst unvermeidliche Versehen den Schadenersatz nach sich ziehen". Und das gehe entschieden zu weit. Zeiller schlug daher folgende Fassung vor. „Den Schaden, welchen jemand durch eine unwillkürliche Handlung oder ohne Verschulden verursacht hat, ist er zu ersetzen nicht schuldig."

Aus der Auffassung Zeillers geht zunächst ein beachtlicher Sinn für systematisches Denken hervor. Zeiller war weit davon entfernt, sich der billigen Möglichkeit zu bedienen, die Haftung der Schuldunfähigen einfach als Ausnahme vom Prinzip der Verschuldenshaftung in den Raum zu stellen.

Zum zweiten findet hier exemplarisch die Auseinandersetzung zwischen der „subjektiv ethischen" Zurechnung, wie Unger meinte, und der „objektiv sozialen" statt.

Schon Zeiller hatte nämlich zugegeben, daß die Haftung der Schuldunfähigen dem „natürlichen Recht" entspreche. Das wandten ihm nun in der erwähnten Sitzung am 19. Mai 1806 Ehrenberg, Lyro und Scheppl ein. Und sie fügten hinzu, daß die Haftung der Schuldunfähigen darüber hinaus „auch dem positiven Rechte und den Ansichten der Billigkeit" gemäß sei. Wenn man auch einräume, daß den „Kindern und Wahnsinnigen" die „Freiheit und Willkür" ihrer Handlungen fehlten, so seien sie doch die „Ursache des Schadens". Noch deutlicher werde aber ihre Ersatzpflicht, „wenn man sich den Beschädigten wohlhabend, den Beschädiger arm, oft nur von seiner Handarbeit sich nähernd, denkt, wozu ihn ersterer, der ihn sogar verstümmelt hat, nun ganz unfähig macht"[9].

[8] *Ofner*, Protokolle, II, 189.

Noch vehementer trat Haan, der in der Sitzung am 19. Mai gefehlt hatte, in der nächsten Sitzung am 9. Juni für eine Haftung der Schuldunfähigen ein[10]. Er bestritt nicht, den „Hauptgrundsatz, daß Schadenersatz nur von dem mit voller moralischer Freiheit handelnden Beschädiger geleistet werden solle", meinte aber, daß das Verteidigungsrecht des Geschädigten auch noch nach dem „physischen Anfall des Rasenden oder Wahnsinnigen ... fortwährt, wenn der Beschädigte den Schmerz über den Verlust der zugrunde gerichteten Sache fortfühlt". Mit einem Wort, die Beleidigung durch die Handlung des Unzurechnungsfähigen dauert nach Meinung Haans bis zur Entschuldigung fort: „Wenn andererseits der Beschädigte die Mittel kennt, das Vermögen weiß, aus welchen er entschädigt werden kann, so muß er bemüht sein, sich aus diesen Vermögen zu erholen und dieses Bemühen könne man nun wohl nicht anders als Verteidigung, Herstellung seiner Rechte seines vorigen Zustands nennen."

Wie der Ersatz im einzelnen ausfallen solle, ließe sich freilich nicht detailliert vorherbestimmen, „sondern müsse bei den so vielfältigen Abweichungen dem vernünftigen Ermessen des Richters von Fall zu Fall überlassen werden und es könne sich dann wohl auch ereignen, daß der Schaden, welcher so groß ist, wie zum Beispiel eine durch die Unbesonnenheit eines Kindes ausgebrochene Feuersbrunst, gar nicht ersetzt werden kann; doch glaube er, daß immer auch auf den Lebensunterhalt, auf seine notwendige Versorgung, welche der Unglückliche sich ohnehin nicht erwerben kann, und bei Kindern vorzüglich auf ihre Erziehung bei Ausmessung des Ersatzes Bedacht genommen werden müsse"[11].

Zeiller hat auf diese Einwendungen hin eine neue Formulierung des § 1306 gebracht, die jener des heutigen § 1310 bis auf die Worte „ob der Beschädigte aus Schonung des Beschädigers die Verteidigung unterlassen habe" entsprach.

Ungemein aufschlußreich ist nun der Einstellungswandel gegenüber der Bedeutung dieser Norm des § 1310 bei Unger. Noch im Jahre 1867 bezeichnete er § 1310 als„rohe" Bestimmung und als eine „Ruine des alten germanischen Rechtsystems"[12].

Bereits in seinen „Beiträgen zur Lehre vom Schadenersatz" nimmt er seiner ursprünglichen Auffassung viel an Schärfe und überlegt, ob nicht zum Beispiel die „Wohlhabenheit" jenes Feuermachers im Walde, bei dem der Wind die Hütte des „Armen" einäschert, ein Grund seiner Haftung sein könne[13]. Im „Handeln auf eigene Gefahr" schließlich bekennt

[9] Ebenda, 189.

[10] Ebenda, 203.

[11] Ebenda, 203.

[12] *Unger*, GZ 1867, 316; System des österreichischen allgemeinen Privatrechts II (1892), 233.

[13] *Unger*, Beiträge, 236.

er sich offen zur Idee der ökonomischen Tragfähigkeit als Grund des Schadenersatzes.

III. Von § 1310 ABGB zum „gemeinwirtschaftlichen Schadensverteilungsrecht“ Steinbachs

In der Sitzung vom 9. Juni 1806 stellte Scheppl den Antrag, neben den Kindern und Wahnsinnigen auch die „Nachtwandler und sehr heftig Erschrockenen, die durch den Schreck der Besinnung beraubt seien“ ausdrücklich anzuführen. Der Antrag wurde am 9. Juni nicht mehr behandelt. Interessant ist nunmehr, daß Zeiller im Kommentar ausdrücklich vom „Nachtwandler und dergleichen“ spricht[14]. Das heißt, auch er interpretierte § 1310 ABGB als eine Norm die auf alle „unwillkürlichen Handlungen“ anzuwenden sei. Darin liegt meines Erachtens nicht zuletzt eine Erklärung für Zeillers Auslegung des § 1311 ABGB, die bekanntlich äußerst umstritten ist. Zu den Worten „der bloße Zufall trifft denjenigen, in dessen Vermögen oder Person er sich ereignet“, bringt Zeiller das Beispiel eines Mannes, der in einem Ohnmachtsanfall das Eigentum eines anderen beschädigt[15]. Zeiller nimmt nun an, daß diese Beschädigung als ein Personenmangel des Ohnmächtigen dessen Vermögen treffe — und nicht etwa das Vermögen des Beschädigten. Wendet man § 1310 analog an, so ist das Ergebnis Zeillers freilich nur nach der Vermögensabwägung möglich.

Es ist immerhin bemerkenswert, daß sogar Pfaff, der der Idee der Vermögensabwägung eher reserviert gegenüberstand, gleichfalls für die „Anwendbarkeit des § 1310 auf Schäden, die zugefügt werden im Zustande des Deliriums, des Nachtwandelns, der unverschuldeten Volltrunkenheit, des heftigen Schreckens durch eine Reflexbewegung und dergleichen“ eintrat[16].

Noch beträchtlich weiter ging schließlich Steinbach. Er stellte ganz allgemein dem „individualistischen oder privatwirtschaftlichen Schadenersatzrecht“ ein „Schadenverteilungsrecht“ mit „gemeinwirtschaftlchen Charakter“ gegenüber[17]. Letzteres, meinte Steinbach, „drängt sich dem individualistischen Schadenersatzrecht an die Seite, nimmt stets ein größeres Geltungsgebiet für sich in Anspruch und führt im Kampfe mit dem bisherigen Rechte zu den seltsamsten Erscheinungen auf juristischem Gebiete“.

---

[14] *Zeiller*, Kommentar über das allgemeine bürgerliche Gesetzbuch II (1812), 734.

[15] Ebenda, 736.

[16] *Pfaff*, Zur Lehre vom Schadenersatz, 112.

[17] *Steinbach*, Grundsätze, 66 ff.

Charakteristisch für die Steinbachsche Betrachtungsweise ist vor allem der Wechsel des Blickwinkels. Während er das individuelle Schadenersatzrecht vom Schädiger zum Geschädigten hin betrachtet und damit eine übliche Lehre der Haftungsgründe entwickelt, geht er beim gemeinwirtschaftlichen Schadensrecht von den „Menschen“ und den „Gütern“ aus, die sich „in einer fortwährenden Gefahr“ befinden, „Schaden zu erleiden“.

Dabei stößt er auf die Parömie „casum sentit dominus, also der Schaden trifft denjenigen, in dessen Person oder Eigentum sich derselbe ereignet. In der Tat ist auch nicht abzusehen, wie man bei unserer Gesellschaftsordnung und Güterverteilung diese Frage anders entscheiden sollte. Dennoch ist diese Entscheidung, namentlich vom volkswirtschaftlichen Standpunkte, nicht ohne Bedenken, denn sie bedroht den dominus, welchen der Schaden trifft, mit erheblicher — auch regelmäßigem Einkommen nicht zu deckender — Vermögensminderung und eventuell mit gänzlichem Ruin und zerstört dadurch die ökonomischen Existenzbedingungen des Beschädigten“[18].

In dieser Bedrohung sieht Steinbach mit Berufung auf Gierke[19] den Grund der Gildenbildung der Knappschaften und Genossenschaften bis herauf zum Versicherungswesen und zur staatlichen Unfallversicherung von 1887.

Diese Versicherungen würden sich alle im Laufe der neuen Entwicklung „mehr oder weniger den Grundsätzen der Armenversorgung (widmen), wie sich dieselbe in den Ländern germanischen Rechts ausgebreitet hat, wo der Zweck nicht mehr auf Ersatz des erlittenen Schadens, sondern auf Sicherung der Existenz gerichtet ist und welche nicht mehr als ein Versicherungsinstitut charakterisiert werden kann“[20].

1. Die Beziehung zwischen individuellem und gemeinwirtschaftlichen Schadensrecht bei Steinbach

Offen bleibt bei diesen Darlegungen bei Steinbach zunächst, im welchen Verhältnis bei ihm das individuelle Schadenersatzrecht zum gemeinwirtschaftlichen Verteilungsrecht steht.

„Vielleicht“, sagt Steinbach, „ist die Bemerkung gegründet, daß, je mehr die Versicherung allgemein, obligatorisch und auf dem dem Zwecke der Bildung von Gefahrengemeinschaften vorzugsweise entsprechenden Grundsatz der Wechselseitigkeit aufgebaut wird, desto mehr auch die Rücksichtnahme auf subjektive, die Schadenshöhe beeinflussende Momente und entgangene Gewinne in den Hintergrund tritt[21].“

---

[18] *Steinbach*, Grundsätze, 67.
[19] *Gierke*, Das deutsche Genossenschaftsrecht I, 229 ff.
[20] *Steinbach*, Grundsätze, 76 f.
[21] Ebenda, 74.

Ähnliche Gedanken fänden sich auch im Seerecht. So habe Ehrenberg[22] auf diesem Rechtsgebiet aufmerksam gemacht, daß dort, wo jemand ohne Verschulden Ersatz leisten müsse, mit Rücksicht auf sein Vermögen nur ein geringer Umfang zu vergüten sei. Dieser Gedanke findet sich schon im römischen Institut der noxae datio und sei in der beschränkten Reederhaftung der modernen Seerechte enthalten.

Steinbach meint, daß das allgemeine preußische Landrecht und eine Reihe von Schweizer Kantonsgesetzgebungen diesen Standpunkt ebenso teilen, wie § 1324 ABGB. Im Grunde entspreche er der Lehre Iherings vom Gleichgewicht zwischen Verschulden und Ersatz.

Im Gegensatz zu Ihering glaubt aber Steinbach, daß die Idee der Proportion nicht nur eine individualistische, sondern auch eine soziale Idee sei. „Es scheint viel mehr hier neben dem Bestreben, Verschulden und Schadenersatzverpflichtung in ein angemessenes Verhältnis zu bringen, auch die Erwägung mitzuwirken, daß, je geringer das subjektive Verschulden ist, desto größer der Anteil ist, welcher an dem eingetretenen Schaden objektiven Elementen zuzuschreiben ist, die der Schuldtragende nicht zu verantworten hat und daß es daher der Billigkeit entspricht, denjenigen, den nur ein geringes Verschulden trifft, auch nicht den Ersatz des ganzen Schadens aufzuerlegen[23]."

Diese Überlegungen findet Steinbach auch in den Begründungen des Unfallversicherungsrecht der Arbeiter wieder. So heißt es in den Motiven zum ersten Entwurf des deutschen Unfallversicherungsgesetzes, das die meisten Unfälle „durch das Zusammenwirken verschiedener Umstände entstehen und ebenso — wohl auf Leichtfertigkeit oder Ungeschick des Arbeiters, als auch auf Verschulden des Unternehmens oder die Eigentümlichkeit der Beschäftigung mit unvermeidlichen Gefahren zurückgeführt werden können". Steinbach meint nun, dies sei eine Auffassung, die weit über den Anwendungsbereich des Unfallversicherungsrechts hinaus Gültigkeit habe. In jedem Schadenersatz spiele ein derartiges Zusammenwirken eine Rolle.

Die Verteilung des Schadens stellt sich Steinbach so vor, daß demjenigen, den geringes Verschulden trifft, eine diesem Verschulden angemessene Schadensquote nach dem bürgerlichen Gesetzbuch ersetzt wird, daß es aber „bezüglich des Restes — des entgangenen Gewinnes — bei dem allgemeinen Satze casum sentit dominus sein Bewenden habe" und der Beschädigte dafür keinen Ersatzanspruch bekomme. Ob er letztlich endgültig auf seinen Schaden sitzen bleiben müsse oder ob der Schaden auf eine „Korporation" überwälzt werden, „obliegt nun der Legislation".

---

[22] *Ehrenberg*, Die beschränkte Haftung des Schuldners nach See- und Handelsrecht (1880), 22 ff.

[23] *Steinbach*, Grundsätze, 75.

Es ist in diesem Zusammenhang bemerkenswert, daß die Seegerichtsbarkeit solche Grundsätze bis in die jüngste Zeit herauf verfolgt hat. Berühmt ist hier etwa der Fall des französischen Dampfers „Lamoriciére" geworden. Dieses Schiff sank am 19. Juni 1951 in einem ungewöhnlich schweren Sturm. Die Cour de Cassation verurteilte den Kapitän des Schiffes für jenen Teil des Schadens, der dem Ausmaß seines Verschuldens entsprach (ein Navigationsfehler), lastete hingegen das Naturereignis des Sturms als cause étrangére dem Schiffseigentümer auf. Eine ähnliche Entscheidung erging 1957 auch für den Fall einer Überschwemmungskatastrophe[24].

Steinbach sieht auch im sogenannten öffentlichen Recht eine Reihe weiterer Fälle eines proportionalen Ersatzes. So ordnet bereits das deutsche Reichspostgesetz 1871 einen typisierten Normalersatz an, zum Beispiel 14 Taler bei Verlust eingeschriebener Sendungen. Ähnliche Beschränkungen kennt auch das Eisenbahnrecht. Im § 427 Abs. 3 des alten HGB konnte von diesem Normalersatz nur bei „böslicher Handlungsweise" also bei grobem Verschulden abgegangen werden[25].

2. *Die gemeinsamen Grundlagen des privaten und gemeinwirtschaftlichen Verteilungsrechts*

Derartige Rechtsätze, die „nicht dem individualistischen Schadenersatz — sondern viel mehr dem früher erwähnten Schadensverteilungsrecht angehören", findet Steinbach auch in den §§ 1304, 1310 und 1043 ABGB. § 1304 ABGB normiere ausdrücklich eine anteilsweise Schadensverteilung. Im § 1310 erblickt Steinbach in offenbarer Übereinstimmung mit Unger keine „subjektive Zurechnung", sondern eine „objektive Ausgleichung". Die Anweisung an den Richter, auf die Vermögensverhältnisse Rücksicht zu nehmen, erklärt Steinbach mit der Überlegung, daß beide Vermögen in einer „Gefahrengemeinschaft" stünden.

„Derjenige, dessen der Gefahr ausgesetztes Vermögen größer ist, (hat) selbstverständlich auch einen größeren Teil des entstandenen Schaden zu tragen ... die Analogie zu den Grundsätzen der Versicherung ist unverkennbar[26]."

Wie umfassend Steinbachs Gedanken waren, zeigt nicht zuletzt seine Analogie zur großen Haverie. Er meint, daß sich die „zivilistische Theorie" mit Verteilungsvorstellungen stets dort leichter getan habe, wo die Gedanken an einen Schadenersatz gar nicht erst aufkamen. So vor allem im Falle der „Lex Rhodia de iactu".

---

[24] Vgl. dazu *Sieg*, Zur französischen Kausalitätslehre im Zivilrecht, Karlsruher Forum 1959, 66; *Wilburg*, Referat am 43. DJT II (1962), C 14.

[25] *Steinbach*, Grundsätze 76.

[26] Ebenda, 78.

Die Grundgedanken seien aber verwandt. So bestimmte Artikel 702 des alten deutschen HGB: „Die große Haverei wird von Schiff, Fracht und Ladung gemeinschaftlich getragen."

Noch weitergehend bestimmt das badische Landrecht im § 1381 a: „Wo in einer gemeinschaftlichen Gefahr durch Aufopferung eigener Sachen, welche in diese Gefahr mit sich befinden, die übrigen gerettet werden, da müssen die Besitzer der geretteten Sachen den Besitzern der hingegebenen nach dem Verhältnis der Letzteren zu Ersteren eine Anteil am Wert der Geretteten ersetzten[27]."

Ganz ähnlich sei die Bestimmung des § 1043 ABGB. Steinbach rundet schließlich das Bild durch die Eingriffshaftung des Staates bei Enteignung ab. Auch hier weise die „angemessene Schadloshaltung im § 365 ABGB" auf die soziale Idee der Schadensverteilung hin. Eine Grenze zwischen öffentlichem und privaten Recht zieht Steinbach nicht: Ihn interessieren die gemeinsamen Grundlagen, nicht die äußerlichen, meist organisatorisch bedingten Unterschiede.

3. *Drei legistische Möglichkeiten*

Im Ergebnis sieht Steinbach drei Modelle eines Verhältnisses zwischen individuellem Schadenersatzrecht und gemeinwirtschaftlichem Verteilungsrecht[28].

Erstens kann es der Gesetzgeber beim (individualistischen Satze) casum sentit dominus bewenden lassen. Zweitens könnten solche Schäden auf Kollektive verteilt werden. Drittens schließlich sollte geprüft werden, ob zwischen beiden äußersten Lösungen irgendein Mittelweg zu wählen sei.

Steinbach selbst hält keine der Lösungen für „prinzipiell verwerflich". Darüber würden Zweckmäßigkeitserwägungen entscheiden. Allerdings beobachtet er eine ständige Ausweitung der Staatsfunktionen und meint, daß dafür „manche Gründe sprechen".

Nur sei leider auch festzustellen, daß viele Ansprüche an den Staat ihren Grund darin haben, „daß der Staat von mancher Seite als ein fremdes, ja als seinen Bürgern feindlich gesinntes Wesen betrachtet wird, und man sich nicht immer den Umstand klar vor Augen hält, daß der Staat, was immer er auf der einen Seite einem einzelnen vergütet, auf der anderen Seite von der Gemeinschaft seiner Bürger als Steuer oder in anderer Form einheben muß"[29].

Jedenfalls könnte man nach all dem Gesagten, so Steinbach, die künftigen Schadenersatzgesetze" durchaus nicht auf ein einheitliches Prinzip"

---

[27] Ebenda, 80.

[28] Ebenda, 85.

[29] Ebenda, 86.

zurückführen, weil sie „einer Kombination der mannigfaltigsten Erwägung ihrer Entstehung verdanken“[30]. Ob und in welcher Form diese Kombination durchzuführen sei, könne nicht gesagt werden. „Ich glaube aber nicht, daß es möglich sein wird, auf unserem Gebiet sowohl in der Gesetzgebung als auch in der Wissenschaft in kurzer Zeit wieder zu wenigen einheitlichen, die ganze Materie beherrschenden Grundsätzen zu gelangen[31].“

Dazu seien die Ansichten und Wertungen zu unterschiedlich. So würden wir es auf der einen Seite für unbillig halten, den schamlosen Verführer nicht zu einer angemessenen Entschädigung zu verhalten; andererseits werde es ebenso anstößig empfunden, „wenn ein wenig vermögender Mensch wegen eines geringen Versehens, von welchen wir fühlen, daß es uns selbst leicht widerfahren könnte und welches in einzelnen Fällen zufälligerweise zu sehr schweren Folgen geführt hat, zu einem Schadenersatz in einer Höhe verurteilt wird, welche ihn für alle Zukunft ruiniere“[32].

So hätten die angloamerikanischen Gerichte wie auch die französischen durch die Berücksichtigung der tatsächlichen Verhältnisse ihre Berühmtheit erlangt.

Die Gesetzgebung freilich werde sich mit dem unterschiedlichen „Überzeugungen und Beurteilungen“ auseinandersetzen müssen. Er, Steinbach, halte zwei davon für „festgewurzelte“: Einmal, daß „ein Gleichgewicht zwischen der Größe des Verschuldens und dem Umfang der Schadenersatzleistung“ bestehen müsse. Nur dolus könne stets und schlechthin zum ganzen Schadenersatz verpflichten.

Der zweite Grundsatz sei, daß bei „Entscheidung über Schadenersatzansprüche die Vermögenslage der beteiligten Parteien nicht ohne Einfluß sei“[33].

In England und Amerika sei es ein offenes Geheimnis, daß „große Gesellschaften, insbesondere Eisenbahn- und Versicherungsgesellschaften immer schlechte Chancen in Ersatzprozesssen haben“. Ihr Vermögen werde stets miteinkalkuliert.

Den möglichen Zusammenhang zwischen beiden Grundsätzen formuliert Steinbach schließlich nochmals so: „Man kann wohl im ganzen sagen, daß, je weniger ein Schadenersatzanspruch auf das Verschulden des Beschädigers gestützt wird, desto mehr Geneigtheit vorhanden ist, die Vermögenslage in Betracht zu ziehen und an die Stelle der subjektiven Zurechnung objektive Ausgleichung treten zu lassen. Es gilt das also namentlich für die Fälle des Schadenersatzes aus objektiven Gründen,

[30] Ebenda, 87.
[31] Ebenda, 88.
[32] Ebenda, 89.
[33] Ebenda, 91.

also wegen schädigender unwillkürlicher Handlungen, wegen schädigenden Eigentums oder schädigender Unternehmungen. Je weniger Raum bei der Entscheidung eines Schadenersatzprozesse für die persönliche Entrüstung gegen die Bosheit oder Nachlässigkeit des Täters ist, desto mehr Raum ist für die Erwägung des Umstandes, welche wirtschaftliche Bedeutung der angerichtete Schaden für den Beschädigten hat und der Ersatz dieses Schadens für den Ersatzpflichtigen hätte[34]."

[34] Ebenda, 91.

B. Der Rückschritt des (Paläo-)Liberalismus

I. Von der Schadensteilung zur Arbeitsteilung

Ein derart feines Empfinden in der Abwägung individuell-subjektiver und objektiv-sozialer Elemente des Schadenersatzrechtes findet sich im Schrifttum dieser Periode kaum noch ein zweites Mal. Allerdings ist die Periode auch äußerst kurz. Sieht man von den lebensnahen Ansichten der Redaktoren des ABGB ab, so war das 19. Jahrhundert im Grund der individualistischen Verschuldenslehre, meist Kantscher Prägung verpflichtet[1]. 1867 hatte Unger, wie gesagt, die Haftung der Unzurechnungsfähigen als „Ruine“ des „rohen“ germanischen Rechtsdenkens bezeichnet. Das war im gleichen Jahr, in dem Ihering seinen juristischen Imperativ „kein Schadenersatz ohne Schuld“ formulierte.

Aber gleichzeitig damit entwickelten schon Mommsen und Cohnfeldt die Interessenlehre der Differnzhypothese, die durch das einflußreiche Werk von Windscheid große Verbreitung erfuhr[2]. Sie beeinflußte vor allem die Redaktoren des deutschen BGB[3]. Der taktische Vorteil dieser Lehre war, daß sie sich nahtlos in das alte römische Schuldprinzip einführen konnte, freilich ohne dessen „moralische“ Inhalte zu übernehmen. Die Zurechnung wurde vielmehr „wertfrei“, kräftig unterstützt durch die Arbeiten von Kries und Traeger[4] zur Kausalität, die aus der bislang unstreitigen Beschränkung des Ersatzes auf das „Typische“ eine pseudowissenschaftliche Theorie der Adäquanz machten.

Als Max Rümelin seine berühmte Kanzlerrede über die „Schadenersatz ohne Verschulden“ publiziert, ist der Übergang von der romanistischen Schuldtradition zum liberalen Interessekonzept vollzogen. Die Ideen Steinbachs passen nicht mehr ins Schema[5].

---

[1] So auch *Jørgensen*, VersR 1970, 196 ff.

[2] *Cohnfeldt*, Die Lehre vom Interesse nach Römischem Recht (1865); *Windscheid*, Lehrbuch der Pandekten[7] (1891).

[3] Vgl. *Planck*, Zur Kritik des Entwurfs eines bürgerlichen Gesetzbuches für das deutsche Reich, AcP 75, 327 ff.

[4] *von Kries*, Über den Begriff der objektiven Möglichkeit und einige Anwendungen desselben, Vierteljahresschrift für wissenschaftliche Philosophie, 12 (1888), 179 ff.; *Traeger*, Der Kausalbegriff im Straf- und Zivilrecht (1904).

[5] *Rümelin*, Schadenersatz ohne Verschulden (1910); Bezeichnenderweise „erledigt“ *Rümelin* die Arbeit *Steinbachs* in kurzer Polemik; *Rümelin*, Die Gründe der Schadenszurechnung, 65.

1. Die „Nachzügler": Mataja und Adler

Praktisch sind es auch nur noch zwei Schriften, die eine ähnlich umfassende Sicht der Ersatzpflicht anstreben wie Steinbach. Die eine ist das vielzitierte, aber kaum je irgendwo tatsächlich berücksichtigte Werk Matajas; die andere ist eine kurze programmatische Rektorradsrede Karl Adlers über „unverschuldetes Unrecht"[6]. Beiden Autoren gemeinsamt ist der Wunsch, das individuelle Verschuldungsprinzip mit der „Gerechtigkeit und volkswirtschaftlichen Ersprießlichkeit" der Verteilung von Schäden zu verbinden[7]. Beide sehen im Gesichtspunkt des Vermögens ein geeignetes Instrument zu diesem Zweck.

Darüber hinaus versucht Mataja ähnlich wie Steinbach das Verhältnis von privatem Ersatzrecht, Haftpflichtversicherung und öffentlicher Schadensvorsorge zu ergründen. Denn auch er sieht die Notwendigkeit der Verzahnung dieser Ordnungen, unbeschadet ihrer organisatorischen „Zugehörigkeit" zum privaten, öffentlichen oder Versicherungsrecht[8].

Im Recht der Arbeitsverhältnisse und der Unternhemungen findet Mataja den „natürlichen Grundsatz", daß ein Unternehmer für die Gefahren, die er erzeugt, auch einstehen muß. Und zwar als unmittelbaren Ausfluß seiner sozialen Verantwortung: Mataja hält es für „unerträglich ... daß jemand als Herr auftreten kann, ohne eine weitere Verantwortlichkeit auf sich zu nehmen, als die Verpflichtung jedes beliebigen Dritten und die Möglichkeit der gerichtlichen Klage seitens pekuniär abhängiger, einer tieferen sozialen Schicht Angehöriger reicht"[9].

2. Die Grenzziehung beginnt: Max Rümelin

Aber das war nicht mehr die Sprache der neuen Schadenersatzlehre. Und das war auch nicht mehr der Geist des liberalen Ökonomismus.

Rümelin verwies zunächst einmal jene, die zum Recht des Schadenersatzes auch die Arbeiterunfallversicherung zählen wollten mit den bezeichneten Hinweis in die Schranken: „Nach deutschem Recht greift hier öffentliches Recht ein[10]." Damit wurden die Bereiche eingegrenzt: Für die Privatversicherung wurde das Versicherungsrecht zuständig; für das Recht der Arbeiter wurde das Arbeiterrecht zuständig; für die Frage der Seeschiffahrt und des kaufmännischen Verkehrs wurde das Handelsrecht zuständig; für die Enteignung wurde das öffentliche Recht zuständig. Mit einem Wort, an die Stelle der Schadensverteilung trat die Verteilung der Arbeit und Kompetenzen.

[6] *Adler*, Unverschuldetes Unrecht (1910).

[7] *Mataja*, Schadenersatz, 44.

[8] Ebenda, 85 ff.

[9] Ebenda, 102.

[10] *Rümelin*, Schadenersatz, 9, Anm. 4.

Gleichzeitig wurde mit sozialen Überlegungen im Schadenersatzrecht aufgeräumt. Rümelin begründete die Haftung der Kinder und Wahnsinnigen nicht mehr mit Rücksichten auf die Vermögenslage, sondern mit der Erwägung, daß „das Interesse des Verkehrstüchtigen im Zweifel schwerer wiegt“[11]. Noch deutlicher wurde H. A. Fischer: „Die Welt des Rechts“ schrieb er, „ist kein Tollhaus und keine Kleinkinderbewahranstalt“[12].

Aber auch Pfaff verstand seinen Lehrer Unger nicht mehr. In seiner berühmten Replik gegen diesen aus dem Jahre 1881 hält er etwa den Umstand, daß jener Mann, durch dessen Feuer im Walde die Hütte des Nachbarn abbrennt, „wohlhabend“ sei, der Nachbar hingegen „arm“, für vollkommen belanglos. Ihn würde an diesem Fall neben der Frage eines Verschuldens nur interessieren, „ob das Feuermachen in diesem Walde nicht etwa durch Polizeivorschriften verboten war“. Dann würde Pfaff „den Mann nach § 1311 ABGB verurteilen“[13].

Die Parallele zur heutigen Rechtssprechung ist unübersehbar. Vermutlich würde auch der OGH wie Pfaff nach einer „Polizeivorschrift“ (= „Schutznorm“) suchen, deren „Übertretung“ durch den „Täter“ zur „Verurteilung“ nach § 1311 führen müßte.

Mit einem Wort, bei Pfaff zeichnet sich bereits die positivistische, begriffliche Zukunft des Schadenersatzrechtes ab: Statt einer eigenen offenen Wertung — die Suche nach einer hilfreichen Polizeivorschrift, hinter der man sich verbergen kann; statt der Prüfung des konkreten Verschuldens, die Suche nach einem „Verstoß“; statt jeglicher wertender Abwägung die „Verurteilung gemäß § . . .“.

3. Fiktionen statt Erklärungen: Der Beginn der Lebensfremdheit des Schadenersatzrechts

Das Schadenersatzrecht wird damit abstrakt und lebensfremd. Da man mit einem einzigen Prinzip die ganze Vielfalt der lebendigen Beziehungen erklären möchte, flüchtet man sich in Fiktionen und ad-hoc-Erklärungen. Bekannt und berüchtigt ist etwa die Annahme des Reichsgerichts, daß im Betrieb einer Eisenbahn an sich schon ein Verschulden liege[14].

Nicht minder fragwürdig war die Erklärung Fischers für die Gehilfenhaftung. Er stützte sie auf die Rechtswidrigkeit des Unternehmens[15].

---

[11] Ebenda, 53.

[12] *H. A. Fischer,* Die Rechtswidrigkeit mit besonderer Berücksichtigung des Privatrechts (1910), 45.

[13] *Pfaff,* Zur Lehre vom Schadenersatz, 112.

[14] RG Seufferts Archiv 14, 358.

[15] *Fischer,* Rechtswidrigkeit, 133.

Damit erhob sich die Frage, ob die Gesellschaft überhaupt permanent rechtswidrige Unternehmen dulden dürfe. Hart an die Fiktion reichte auch die Auffassung Stammlers heran, wonach Unzurechnungsfähige immerhin die „Normwidrigkeit“ ihres Tuns erkennen könnten. Daraus würde sich ihre Haftung ableiten lassen[16]. Dieselbe Auffassung vertrat auch Fischer[17].

Eine der bekanntesten ad-hoc-Erklärungen ist jene des „Interesses“. Da dieser Begriff besonders unklar und schillernd ist, eignet er sich formell überall bestens, ohne inhaltlich wirklich zu überzeugen. So versuchten Sjögren und Müller-Erzbach, die leidige Haftungsfrage der Unzurechnungsfähigen mit der „Bewegungsfreiheit in ihrem eigenen Interesse“ zu begründen: Wenn man den Kindern und Wahnsinnigen schon die Möglichkeit der freien Bewegung einräume, müßten diese für dieses ihr Interesse auch bezahlen[18].

Daß mit einer derartigen „Erklärung“ gerade der Fall des besonders gefährlichen, weil zum Beispiel soeben aus der Zwangsjacke ausgebrochenen Schädigers nicht zu begründen ist, hat auch Rümelin dieser Auffassung entgegengehalten[19].

Nichtsdestoweniger sieht er selbst neben der „Außergewöhnlichkeit der Gefahr“ vor allem im Interesse des Unternehmers den Grund seiner Haftung. „Je entfernter die Gefahr einer Verletzung liegt, und je wichtiger die Interessenbetätigung erscheint, desto eher wird man geneigt sein zu sagen, der Verletzte soll eben den ihm schuldlos zugefügten Schaden tragen[20].“

II. Der ideologische Hintergrund des (paläo-)liberalen Schadenskonzepts

1. *„Forschritt“ durch Objektivierung*

Diese Auffassung ist geradezu die klassische Formulierung des liberalen Programms in juristischen termini: Ein tüchtiger, für den Fortschritt wichtiger Unternehmer haftet nicht. Und: Je entfernter der Schaden, desto eher trifft er den Geschädigten. Darin offenbart sich die Ideologie des BGB-Programms: „Maßstab (des Schadenersatzrechts) ist der Verkehrstüchtige“, sagt Rümelin. Daher muß man „die Interessen des Verkehrstüchtigen hinter die des Untüchtigen zurückstellen[21]. Wer vom

[16] *Stammler*, Das Recht der Schuldverhältnisse, 118.

[17] *Fischer*, Rechtswidrigkeit, 104.

[18] *Sjögren*, JherJb 35, 418 ff.; *Müller-Erzbach*, Gefährdungshaftung und Gefahrtragung, AcP 106, 309 ff. und 394 ff.

[19] *Rümelin*, Schadenersatz, 51 f.

[20] Ebenda, 32.

[21] Ebenda, 19.

„Normalmaß" abweicht, haftet: „In dem Durchdringen zu dem gbjektivierten Schadensbegriff des Privatrechts liegt daher ein technischer Fortschritt allerersten Ranges[22]."

Nicht der ethische Vorwurf rechtfertigt die Haftung, sondern die objektive Abweichung vom Maßstab des Tüchtigen. Auf „Prävention" kann es daher ebensowenig ankommen, wie auf „billige Rücksichtnahmen".

„Unsere Richter können also nicht", sagt Rümelin, „wie manche wohl wünschen, den Spaziergänger, der einen Ohnmachtsanfall bekommt oder über einen Kirschkern ausgleitet und im Sturz eine Person oder eine Sache beschädigt, haftbar machen, auch nicht, wenn er ein Millionär und der Betroffene ein armer Teufel ist und auch nicht, wenn er seinerseits die moralische Verpflichtung empfindet, unterstützend einzugreifen[23]." Denn Recht ist eben das eine, Moral ist das andere: Auch hier herrscht Arbeitsteilung.

Deshalb spricht Rümelin auch besonders abfällig und diffamierend von jenen Anhängern der „Billigkeitstheorien", die mit ihren sozialen Rücksichten auf die Vermögenslage zu „einer Art beschränkten Kommunismus zwischen den Betroffenen" kommen wollen[24].

Ersetzt wird der schuldhaft verursachte, objektiv voraussehbare Schaden. Das ist die Norm. Im Fall des Unternehmers ist Rümelin allerdings bereit, die „ökonomische Tragfähigkeit" zu prüfen — um nach dieser Prüfung dort eine Haftung gänzlich abzulehnen, wo sie nicht gegeben erscheint.

Wer den Geschädigten, der auf diese Weise ohne Ersatz bleibt, stärker schützen will, gerät bei Rümelin in den Verdacht, „die Welt in Quietismus verfallen" zu lassen, wer mehr Rücksicht auf den nichtunternehmerischen Schädiger nimmt, dem schleudert der Wortgewaltige ein Gottfried-Keller-Zitat entgegen, von den Leuten, die „keine Laternen einwerfen, aber auch keine anzünden"[25].

Man kann demnach folgende Wertungen als Grundwertungen des (paläo-)liberalen Schadenersatzrechts bezeichnen:

1. Schutz des tüchtigen Unternehmers auch auf Kosten des Konsumenten, denn Unternehmer braucht man für den „Erwerb" und den „Fortschritt" (Höhepunkt des deutschen Kapitalismus).

2. Tiefes Mißtrauen gegen alles, was Abwägung, richterliches Ermessen und ausgleichende Gerechtigkeit heißt.

---

[22] Ebenda, 19.

[23] Ebenda, 15, 16.

[24] Ebenda, 65 und öfter.

[25] Ebenda, 59, 61.

2. *Die unterdrückte soziale Abwägung*

Die letztere Einstellung, die sich insbesondere im Legalitätsdogma des liberalen Rechtsstaatsverständnisses festgesetzt hat[26], dürfte die eine Ursache in der Beobachtung Steinbachs haben, wonach die Angehörigen der ökonomisch aufstrebenden Klasse den Staat als ein „fremdes", ein „den Bürgern feindlich gesinntes Wesen" betrachten. Hinzu kommt das Mißtrauen speziell gegen den Richter, der in der Vergangenheit meist als Angehöriger des Adels, in den Augen des nunmehr erwachten Bürgertums nach reiner Willkür gehandelt hat.

Im verstaatlichten Richtertum kulminiert dieses Mißtrauen zur Formel vom Richter als „bloßer Mund des Gesetzes".

Es leicht einzusehen, daß beide Grundwertungen im „eingetretenen Schaden" ihre dogmatische Fortsetzung finden. Dieser eingetretene Schaden wurde ja damals noch durch das „vernünftigerweise Vorhersehbare" begrenzt erachtet. So befürwortet Rümelin gegen Müller-Erzbach eine Klageabweisung des Reichsgerichts wegen gewisser Immissionen mit folgender Begründung: „Daß die Abwässer einer Papierfabrik ein 10 km entferntes Grundstück beschädigen, ist doch nicht etwas, womit ein verständiger Mensch ohne weiters rechnen muß." Und: „für einen schlechterdings nicht vorhersehbaren Schaden soll nach den allgemeinen Grundsätzen unseres Rechts keine Haftpflicht bestehen"[27].

Mit diesem Programm sind aber auch die wichtigsten Übergänge von der „ökonomischen Periode" der Dogmatik zur „krypto-sozialen Periode" der heutigen Zeit vorbereitet. Zunächst werden alle ausdrücklichen sozialen Erwägungen abgschoben: Ins öffentliche Recht, ins Versicherungsrecht usw. Das verbleibende individuelle Verschuldensprinzip wird „entpönalisiert" und durch die Formel von der „Abweichung vom Normalen" bestens für seine objektivierte Zukunft gerüstet.

3. *Die „stumme" Proportionalität*

Da bereits für jedes Verhalten im Rahmen des „eingetretenen Schadens" gehaftet wird, fällt auch das Prinzip der Proportionalität. Die bislang stillschweigende Begrenzung des Ersatzes auf das jeweils „Typische" wird mit Hilfe der „Verursachungslehre" Traegers zur „Adäquanztheorie" hochgespreizt. Künftig kann man „aus" ihr die jeweils richtige Grenze ableiten.

Daß man „aus" der Adäquanztheorie freilich immer entferntere Grenzen ableiten würde, konnten die Väter dieser Theorie kaum vorausgesehen haben. Hierin liegt der eigentliche Unterschied zwischen dem libera-

---

[26] Dazu *Diederichsen*, in FS-Klingmüller, 65 f.

[27] *Rümelin*, Schadenersatz, 9, 10, Anm. 5.

len und dem krypto-sozialen Konzept, nämlich in der ständigen Ausweitung der Risikobereiche. Eine liberale Auffassung hätte es nicht verstanden, daß der leicht fahrlässige Verursacher eines Brandes auch für den Tod eines neugierigen Zuschauers haften sollte. Derartiges konnte erst unter dem Eindruck des sozialen Geschädigtenschutzes und mit Hilfe der dahinterstehenden Haftpflichtversicherung entstehen.

Versicherungen und Geschädigtenschutz erklären schließlich auch die enorme Ausweitung der Gefährdungshaftung. Auch hier widerlegte der soziale Geschädigtenschutz die liberale These vom Interesse und vom Nutzen. Unternehmungen, die keinem allgemeinen Interesse entsprechen und auch keinen konkreten Nutzen abwerfen, haften mindestens ebenso, wie florierende Unternehmungen. Die nivellierende Versicherungsdekkung hat auch hier alle Unterschiede eingeebnet.

Was die theoretische Erklärungskraft betrifft, so stand man damals auf demselben Standpunkt wie heute: Die Gefährdungshaftung ist die Ausnahme vom Verschuldensprinzip. Dasselbe gilt für die Haftung der Unzurechnungsfähigen, der Gebäudebesitzer, der Täter bei Notstandshandlungen usw. Sie werden häufig mit „ausnahmsweiser Billigkeit“ begründet.

Hatten Zeiller, Unger, Steinbach und Mataja noch versucht, eine Einheit der Erklärung für die Vielheit der Lebensbeziehungen zu finden, so geht es der liberalen Theorie um Einheitserklärungen ohne Rücksicht auf die Vielheit. Mit all den Konsequenzen, die Steinbach voraussagte und deren Eintreffen wir schildern konnten: Unbekümmertheit um das Soziale in der Theorie, Verkümmerung des Individuellen in der Praxis.

C. Zurück von den Quellen:

Das Wilburgsche Schadenersatzsystem

I. Die Grundzüge des Schadensaufbaues bei Wilburg

An Hintergrund der geschilderten Entwicklung läßt sich die Bedeutung der Lehre Wilburgs erst richtig einschätzen. Sein bewegliches Haftungssystem ist in doppelter Hinsicht revolutionär: Auf der einen Seite der Bruch mit der sterilen Wertfreiheit der liberalen BGB-Tradition, auf der anderen Seite die ebenso klare Absage an das verschwommene nationalsozialistische „Billigkeitsdenken“ jener Zeit, in welchen die traditionelle „rechtsstaatliche“ und angeblich so ermessensfeindliche Doktrin offenbar reibungslos eingeschwenkt war.

1. Der Verschuldens- und Unternehmerbegriff

Im Gegensatz zur wertfreien BGB-Lehre anerkennt Wilburg vor allem wieder die ethische Kraft des Schuldvorwurfs: „Tief im Rechtsgefühl verwurzelt, bildet das Verschulden für die Schadenshaftung einen Gesichtspunkt, dessen besonderer sittlicher Wert außer Frage steht[1].“

Gleichzeitig betont Wilburg die von Rümelin unter „Quietismus-Verdacht“ gestellte Idee des Eingriffs und der Gefährdung, die denjenigen, der „zur Verfolgung seiner Ziele mehr oder weniger ein fremdes Rechtsgut in Anspruch nimmt, indem er es entweder unmittelbar verletzt, oder durch die Gefahr einer Verletzung beeinträchtigt“, mit einer Ersatzpflicht belasten kann[2].

Dabei kommt es nicht, wie in der „ökonomischen Periode“ auf „außergewöhnliche Gefahr“ (Rümelin) an, sondern auf eine Gefährlichkeit, die von „geringen Graden bis zu den höchsten Graden“, wie Enteignung, Notstand reichen kann[3].

Daß sich solche Eingriffe und Gefährdungen in erster Linie in Unternehmen konzentrieren, wie schon die Vertreter der BGB-Tradition festgestellt hatten, sieht auch Wilburg. Im Gegensatz zu ihnen wechselt er aber die Sicht: Nicht die ideologisch-motivierte Haftungsprivilegierung für den „tüchtigen Unternehmer“ interessert Wilburg, sondern im Ge-

---

[1] *Wilburg*, Elemente, 51.

[2] Ebenda, 29 f.

[3] Ebenda, 38.

genteil, seine „Verantwortlichkeit". Ähnlich wie schon Mataja und Steinbach, findet Wilburg „in der Struktur der Wirtschaft" einen natürlichen Konzentrationspunkt der „Verantwortlichkeit für gefährliches Handeln", den Unternehmer[4]. Aber Wilburg geht noch erheblich weiter. Vom Standpunkt der „Verantwortlichkeit" aus, fallen sowohl die Beschränkungen auf gewerbliche Anlagen und Grundstücke, als auch die Haftungsbegrenzungen mit Hilfe der Interessen- und Nutzenlehre. Auch ein Unternehmer, der mit Verlust arbeitet, hat keinen Freibrief für Schädigung. Ebensowenig kann es das öffentliche Interesse an einer Unternehmung rechtfertigen, daß der Einzelne deshalb auf seinem Schaden sitzen bleibt.

Gleichzeitig löst Wilburg den Unternehmensbegriff von seinen feudalen und gewerblichen Wurzeln. „Es kommt ... nicht darauf an, daß der Schaden gerade durch die Benützung eines Grundstücks entsteht, oder daß er von einer gewerblichen, von der Behörde genehmigten Anlage ausgeht. Tennisspielen, Schießen und ähnliche Tätigkeiten können nicht minder als wirtschaftliche Unternehmen haftbar machen[5]."

2. Wilburgs Konzept der Proportionalität

In klarer Abgrenzung zur „Schadensausgleichsdoktrin" des BGB und ihrer dogmatischen Fortsetzung im Begriff der Differenzhypothese entwickelt Wilburg ein umfassendes Konzept der Proportionalität, das weit über die Forderung Jherings nach einem Gleichgewicht von Schuld und Haftung hinausgeht. Wilburgs Ziel ist eine gerechte Lastenverteilung zwischen Schädiger und Geschädigtem.

Die Mittel dazu sind das Zusammenspiel der verschiedenen Haftungsgründe einerseits und der gleichzeitige Ausbau jener „Belastungselemente" auf seiten des Geschädigten, die im traditionellen „Mitverschulden" nur einen paradigmatischen Hinweis erfahren.

Wilburg kennt neben dem schon erwähnten „Element" der „Inanspruchnahme durch Eingriff oder Gefährdung" vor allem noch die Haftungsgründe der „Veranlassung" und des „Mangels".

Die „Veranlassung" oder „Verursachung" als Grund des Schadenersatzes findet Wilburg zunächst im § 254 BGB aber auch bei der Schadenszufügung mehrerer Unternehmer. Weiters spielt der Gedanke beim Ausmaß der Haftung wegen höherer Gewalt eine Rolle, aber auch als Begründung des Vertrauensschadens bei Anfechtung wegen Irrtums.

In allen Fällen werden die Umstände „in der Sphäre" des Verletzers geprüft. Damit wird die Sphäre zum zentralen Begriff der Veranlassung. Sie umfaßt zunächst die eigene Person. Jeder Zufall, der sich in der

---

[4] Ebenda, 32, 187 ff.

[5] Ebenda, 92.

Person ereignet, zum Beispiel ein Versagen des Körpers, ein Sturz, wird ihm in diesem Sinne zugerechnet[6].

Zur Sphäre gehört aber alles weitere, was den Zwecken des Menschen dient, „Sachen, die für ihn verwendet werden und auch Personen, soferne diese für ihn handeln".

Wichtigster Ausdruck der Sphäre ist damit wiederum das Unternehmen. „Ein Zufall, der zum Beispiel durch körperliches Versagen in der Person eines Gehilfen eintritt, belastet das Unternehmen, dem er dient und bildet, wenn das Unternehmen gefährlich ist, zusammen mit dem Haftungsgrund der Gefährdung eine starke Grundlage für dessen Haftung. Eine Verantwortlichkeit des Gehilfen kommt dagegen weniger in Betracht, da ihm die Gefährlichkeit des Unternehmens nicht als Haftungsgrund zur Last fällt[7]."

Bedeutsam für Wilburgs gesamte Anschauung ist nun, daß auch diese „Veranlassung" kein starrer Begriff ist, sondern daß er Abstufungen zugänglich wird.

Hier entstehen Parallelen zur „Inanspruchnahme durch Eingriff und Gefährdung": Auch in diesem Element sieht Wilburg keinen „starren Haftungsgrund, der entweder ganz oder gar nicht zur Haftung führt, sondern ein Element, welches je nach seiner Stärke im Zusammenhang mit anderen wirksam wird"[8]. Für die Messung der Stärke der Veranlassung erwartet Wilburg zunächst Schwierigkeiten. Die „reale Voraussehbarkeit" wie bei der Gefährdung, oder die persönliche wie beim Verschulden, könne bei der Verursachung „nicht entscheiden". Denn: „Ein hoher Grad ursächlicher Eignung ist auch dort möglich, wo niemand, selbst der hervorragendste Fachmann, ihn hätte erkennen können[9]."

Wilburg entschließt sich daher zu einem Verfahren, in welchem „die Voraussehbarkeit der Verletzung" doppelt geprüft wird. Einmal durch die Beachtung der „Umstände auf seiten des Haftenden in vollem Maße"; „die äußeren Umstände" hingegen sollen „nur so weit beachtet (werden), als diese einem Sachverständigen im Zeitpunkt des ursächlichen Ereignisses erkennbar waren". Wobei für die Praxis allerdings genüge, wenn der Richter die „innere Ursächlichkeit" schätzt[10].

Damit würden sich „Gefährdung" und „Veranlassung" (Ursächlichkeit) durch den „Maßstab und den Grad der Gefahr" unterscheiden. Schließlich meint Wilburg, „daß die Verursachung in der Regel schwächer (wirke) als das Element der Inanspruchnahme durch Gefährdung.

---

[6] Ebenda, 40.

[7] Ebenda, 41.

[8] Ebenda, 38.

[9] Ebenda, 42.

[10] Ebenda, 42 f.

Es gewinnt besonders dann entscheidenden Einfluß, wenn der Grad einer Gefährdung zur Verantwortlichkeit an sich noch nicht genügt[11]."

Außerordentliche Bedeutung hat aber vor allem das dritte Haftungselement Wilburgs, der „Mangel". Ähnlich, wie die Urschächlichkeit steht er mit der Gefährlichkeit in Beziehung. „Der Begriff des Mangels", lehrt Wilburg, „geht nicht von der fehlenden Eignung eines Gegenstandes für seine Zwecke, sondern vor allem von seiner Gefährlichkeit für fremde Güter aus"[12]. Und ähnlich, wie die Ursächlichkeit und die Gefährlichkeit ist der Mangel keine starre Größe, sondern gleichfalls zahlreichen Abstufungen zugänglich.

„Am schwersten wiegt ein Mangel, der den Willen des Menschen betrifft. Geringere Bedeutung haben Fehler des Verstandes, des Erkennnens und des Wissens. Am schwächsten fallen Mängel des Körpers oder einer Sache ins Gewicht[13]."

Diese Deutung entspricht offensichtlich der unvoreingenommenen Anschauungen des Lebens erheblich besser als die künstlich zerhackenden Begriffe der traditionellen Lehre. An die Stelle eines ungeklärten, teilweise feindlichen Nebeneinander von Verschulden, Rechtswidrigkeit, Charaktermangel, Wissensfehler (§ 1299 ABGB), tritt eine Skala mit fließenden Übergängen.

„Der Gedanke des Mangels geht weit über das Verschulden, den Willensmangel hinaus. Er nimmt der Frage, ob Verstandesfehler ein Verschulden darstellen, die bisherige Schärfe, die in voller Gewährung oder Ablehnung einer Ersatzpflicht liegt. Der Verstandesfehler ist ein dem Verschulden nahestehender, jedoch weniger schwerer Mangel[14]."

Schließlich kennt Wilburg auch noch ein viertes Element, nämlich die „wirtschaftliche Kraft des Haftenden oder die Zumutbarkeit, sich gegen Haftung zu versichern[15].

Damit geht Wilburgs Proportionalitätskonzept in mehrfacher Hinsicht über Jherings Verhältnis zwischen Schuld und Haftung hinaus. Einmal, weil es neben der „Schuld" als Willensmangel auch andere Mängel wie z. B. Verstandes- und Wissensmängel mitumfaßt. Zum anderen, weil über den Mangel hinaus die Elemente der „Inanspruchnahme durch Eingriff oder Gefährdung", die „Veranlassung" und die „wirtschaftliche Tragfähigkeit" den jeweiligen Haftungsanspruch gemeinsam festlegen.

Dabei setzt der konkrete Anspruch „nicht das Zusammentreffen aller oder bestimmter Elemente voraus, sondern kann aus beliebigen Verbin-

[11] Ebenda, 43.

[12] Ebenda, 49.

[13] Ebenda, 49.

[14] Ebenda, 50.

[15] Ebenda, 29.

dungen sich ergeben. Jedes vorhandene Haftungselement wird nach dem Grad seiner Stärke in die Verbindung eingesetzt. Die im einzelnen Fall dadurch gegebenen Werte vereinigen sich zu einem Gsamtwert, den der Beurteiler als Grundlage für eine volle oder teilweise Ersatzpflicht abwägt[16]."

3. Beseitigung der „Zweispurigkeit"

Sobald nun erkannt ist, daß ein Element, wie z. B. die Gefährlichkeit für sich allein schon eine Haftung rechtfertigen kann, gleichzeitig aber auch im Verein mit einem geringeren oder schwereren Mangelvorwurf aufzutreten vermag, fällt die künstliche Trennung von „Verschuldenshaftung" und „Gefährdungshaftung" dahin. Es gibt nicht länger zwei „Haftungssysteme", sondern lediglich auch solche Kombinationsmöglichkeiten, bei denen ein Element in derartiger Stärke auftritt, daß es schon für sich allein als Haftungsgrund ausreicht. Wobei freilich in aller Regel in jedem „Unglückschaden" der Gefährdungshaftung ein kleineres oder größeres Stück „Unrechtsschaden" — zumindest in der Form eines Mangels steckt.

Auf diese Weise werden nicht zuletzt auch alle jene Proportionalitätskonzepte „vereinheitlicht", die wie z. B. jene von Widmer und Maurer, die je eine Proportionalität zwischen Schuld und Haftung bzw. zwischen Gefährdung und Haftung vorschlagen[17]. In beiden Fällen soll „der Schaden genausoweit auf den Schädiger bzw. den zur Verantwortung gezogenen überwälzt (werden) wie der maßgebende Haftungs- oder Zurechnungsgrund reicht"[18].

Vom Standpunkt des Wilburgschen Konzepts aus kann eine solche Konstellation das eine oder andere mal sicherlich zutreffen. In der Regel allerdings werden Gefährlichkeit und Mangel (Verschulden) in verschiedenen Stärken gleichzeitig auftreten, so daß die Proportionalität nicht nur zwischen einem Element und dem Haftungsumfang zu prüfen ist, sondern in der Kombination der beiden Elemente und dem Haftungsumfang gesucht werden muß.

4. Die durchgehende Berücksichtigung des Schädiger- und Geschädigtenverhaltens

Diese Abwägung ist aber erst vollständig, wenn man auch die Belastungsgründe auf der Seite des Geschädigten mitberücksichtigt. „Die

[16] Ebenda, 29.

[17] Was an sich ja bereits ein bedeutender Fortschritt ist. Vgl. *Widmer*, Die abenteuerliche Wissenschaft vom Haftpflichtrecht, ZBJV 112 (1976), 208.

[18] Noch allgemeiner formuliert *Maurer*: „Der Risikobereich des Haftpflichtigen deckt sich mit dem Haftungsgrund." *Maurer*, Drittverschulden und Drittverursachung im Haftpflichtrecht, Abhandlungen zum schweizerischen Recht 434 (1974), 70.

gleichen Elemente, die auf der Seite des Beschädigers für dessen Ersatzpflichtigen in die Waagschale fallen, können auf seiten des Beschädigten dafür wirken, daß dieser den Schaden selbst zu tragen hat[19]."

Die traditionelle Rechtswissenschaft habe sich „vorwiegend nur mit dem Verschulden des Beschädigten befaßt". Dagegen würden aber auch „Selbstgefährdung", Umstände in der Sphäre des Beschuldigten („Veranlassung") sowie alle andern „Mängel" außerhalb des Willensmangels und die wirtschaftliche Tragfähigkeit mit ins Kalkür gezogen.

Wilburg verkennt freilich nicht die Schwierigkeit bei der Beurteilung der abzuwägenden Elemente. Immerhin können sich Verschulden und bloße Gefährlichkeit, Verursachungen und wirtschaftliche Tragfähigkeit gegenüberstehen. Das heißt es ergibt sich die Frage nach dem tertium comparationis. In diesm Fall vertraut Wilburg auf die gestaltende Kraft der Rechtsprechung und der Gesetzgebung. Diese hat mittlerweile tatsächlich derartige Verhältnisse z. B. zwischen Verschulden und „mitwirkender Betriebsgefahr", aber auch zwischen mehreren gefährlichen Betrieben wie z. B. Kraftfahrzeugen hergestellt[20]. Eine abschließende Beurteilung möchte Wilburg daher nicht vornehmen[21].

II. Proportionalität kontra Differenzhypothese: Die Überwindung der Kluft zwischen Haftungsgrund und Haftungsumfang

Es ist vollkommen klar, daß eine solche wertende Zurechnung des Schadens wie sie Wilburg vornimmt, in diametralem Gegensatz zur liberalen Ausgleichsdoktrin und deren Differenzhypothese steht. Nicht der „eingetretene Schaden" ist das Maß der Zurechnung, sondern diese ist vielmehr das Maß des Ersatzes. Damit wird die „einäugige Gerechtigkeit" (Degenkolb) des Liberalismus aufgegeben.

Gleichzeitig kann Wilburg die künstliche Trennung zwischen Schadensgrund und Schadensumfang, die eine Folge der Differenzhypothese ist, überwinden. In dem, der liberalen Schadensdoktrin eigenen Sinn für Einteilungen und Abgrenzungen war aus das „Ob" vom „Wieviel" abgespalten worden. Damit schien es einer juristischen Aufgabenstellung entzogen und zur bloßen „Schadensberechnung" degeneriert. So sieht zum Beispiel Esser heute noch die Vorteilsausgleichung zumindest teilweise als ein reines Rechenproblem[22]. Ebenso überläßt er die Frage der

---

[19] *Wilburg*, Elemente, 57.
[20] Vgl. §§ 7 und 11 EKHG.
[21] *Wilburg*, Elemente, 64 f.
[22] *Esser*, Schuldrecht I 339.

Bemessung einer Rentenhöhe oder einer Rentendauer nach § 843 BGB dem Ermessen des Richters gemäß § 287 DZPO[23].

Diese Bestimmung, die im § 273 der österreichischen ZPO ihrer Entsprechung hat, ist der wahrscheinlich konsequenteste Ausdruck jener künstlichen Spaltung zwischen Grund und Umfang der Haftung. Demnach kann der Richter, der vom Grund eines Anspruchs „juristisch" überzeugt ist, seine Höhe nach freiem Ermessen schätzen.

Die Widersprüchlichkeit des Verfahrens ist eklatant. Denn zum einen kann die „Schätzung" der Schadenhöhe ohne weiteres das Ergebnis „Null" liefern. Zumindest in diesem Fall müßte die Lehre zugeben, daß die Frage des Umfangs einen Einfluß auf die Frage des Grundes hat: Ein Schadenersatzanspruch mit der Höhe Null, erscheint ja nicht gerade ein sinnvolles Konstrukt zu sein.

Zum anderen dürfte es vom Standpunkt einer unbefangenen Wertung aus völlig klar sein, daß zwischen einer Verurteilung zu 100 und einer solchen zu 100 000 nicht nur ein quantitativer sondern offenbar auch ein qualitativer Unterschied besteht. Im System Wilburgs ist die Beherzigung dieser Zusammenhänge selbstverständlich: Nicht nur ein Grund (das Verschulden) sondern alle Haftungsgründe zusammen konstituieren den Schadensumfang.

III. Die Wertungsaufgabe der Dogmatik und Judikatur im Wilburgschen System

Eine solche wertende Zurechnung erfordert natürlich eine offene Übertragung von Wertungsaufgaben an Lehre und Rechtsprechung. Besonders deutlich hat Wilburg diese Aufgabe bei der Frage der Abwägung von Gründen und Gegengründen herausgestellt.

„Die Vergleichung der beiderseitigen Belastungsgründe muß das Recht dem Ermessen des Richters überlassen[24]." Aber das sind keinesfalls seine einzigen Wertungsaufgaben. Schon im Zusammenhang mit der Erörterung des Elements der „Inanspruchnahme" distanziert sich Wilburg vom positivistischen Denken in Geboten und Verboten. Also nicht zuletzt von der bei Pfaff beobachteten Tendenz, die eigenen Werthaltungen hinter Gesetzen und Verordnungen, „Polizeivorschriften" und „Schutznormen" zu verstecken.

„Den Inhalt des Schutzes", sagt Wilburg, „den die unzähligen Normen des materiellen Rechtes enthalten, kann eine Lehre des Schadenersatzes in ihrem Rahmen nicht umfassen"[25].

---

[23] *Esser*, Schuldrecht II 453.

[24] *Wilburg*, Elemente, 64.

[25] Ebenda, 47.

Im übrigen sei eine solche Art der Schutzgebung naturgemäß unvollständig. Selbst „wenn die Gesetze und die Rechtswissenschaft einzelne Rechtsgüter im Zusammenhang mit dem Schadenersatz erwähnen, so gibt es damit keineswegs ein volles Bild". Leben, Körper, geistiges und materielles Eigentum sind damit zumindest paradigmatische Darstellungen von Schutzbereichen. Sie befreien weder die Wissenschaft noch den Richter von der konkreten Bewertungsfrage. „Die Wertung der Rechtsgüter und geschützten Rechtslagen ist eine Frage des gesamten Rechts, die in Völker und Zeiten schwankt." Und: „Der Schadenersatz wurzelt sonach mit dem Element der Inanspruchnahme in der allgemeinen Rechtsordnung, deren geschriebene und ungeschriebene Werturteile er seiner Wertung zugrunde legt[26]."

Eine solche umfassende Sicht verlangt freilich nicht nur die Rechtsgüterbewertung. Ebenso müssen „die Umstände in der Sphäre des Schädigers und des Geschädigten" gewichtet werden, muß die Stärke eines Wissensmangels abgewogen, die Gefährlichkeit einer Handlung geschätzt, die ökonomische Tragfähigkeit kalkuliert werden. Alles das kann schwerlich aus der Enge eines übertriebenen Spezialistentums geschehen, das permanent in Gefahr steht, seine kleinen Bezirke zu verabsolutieren und zu überschätzen. Richtige Wertung hat offensichtlich mit umfassender Information und mit Kenntnis der Zusammenhänge zu tun.

IV. Der umfassende Anspruch der Wilburgschen Theorie und das Problem der „Überbrückung"

Wilburg selbst fühlt sich in seinem Schadenersatzsystem jener bedeutenden Tradition verpflichtet, die von den Redaktoren des ABGB bis herauf zu Unger, Steinbach, Mataja aber auch noch Ehrenzweig einer umfassenden Sicht der Probleme den Vorrang vor der isolierten enggegrenzten Betrachtungsweise des dogmatischen Liberalismus eingeräumt hat[27].

Daher bezieht Wilburg Fragen des Vertragsrechts vor allem der Entgeltlichkeit und der Irrtumsanfechtung ebenso in die kritische Erörterung der Schadenersatzgrundlagen ein, wie den Enteignungsbegriff, die Notstandshandlung, die Haftungsfragen juristischer Personen und das Zusammenspiel mit den Versicherungskollektiven.

---

[26] Ebenda, 34.

[27] Vgl. *Kötz*, AcP 170, 19: „Kennzeichnend für viele andere älteren Autoren ist es, daß sie bei ihren Überlegungen den engen Bezirk des Unfallrechts weit überschritten und Fälle einer Haftung ohne Verschulden auch in so verschiedenen Lebenssachverhalten wie der hoheitlichen Enteignung eines Grundstückes, der Zuführung übermäßiger Immissionen im Nachbarrecht, der Ausbringung eines ungerechtfertigten Arrests, gesehen haben."

Ein dermaßen umfassender Anspruch kann vom Standpunkt einer immer noch herrschenden engherzigen Arbeitsteilungsdogmatik leicht mißverstanden werden. Es ist daher nicht überflüssig zu betonen, daß eine solche Problemsicht das Schadenersatzrecht keineswegs selbstherrlich als eine Art „Oberwissenschaft" einsetzen möchte, die ihre „Teildisziplinen" kontrollierend überwacht.

Vielmehr scheint der Wunsch nach Übersicht, nach kritischer Durchdringung von engen Fachgrenzen jenem durchaus zu beobachteten Streben nach Autonomie des Zivilrechts sinnvoll entgegenzuwirken. Alles, was sich isoliert entwickelt, entgeht nur schwer der Tendenz zur Kirchturmsicht der Probleme. Gleichzeitig droht die gestaltende Kraft verloren zu gehen, die ja stets mit dem Gefühl der Gemeinsamkeit von Problemen und ihrem vielfältigen Zusammenspiel wächst.

Heute trifft sich Wilburgs Lehre mit den Bemühungen einer angesehenen Richtung der modernen Philosophie. So versucht etwa Karl Popper mit weiteren Vertretern des kritischen Rationalismus die Idee der Kritik und der kritischen Prüfung als grenzüberschreitendes Instrument zur Befruchtung der isolierten Einzelwissenschaften einzusetzen[28].

Ebenso wehrt sich Hans Albert „gegen den Autonomieanspruch einer Philosophie, die sich gegen den Erkenntnisfortschritt in den Wissenschaften zu immunisieren sucht, indem sie einen Bereich „rein" philosophischer Probleme und Lösungen abzugrenzen und gegen andere Bezirke des Denkens abzuschirmen bestrebt ist"[29]. Albert selbst will solchen Tendenzen durch die zentrale Problemstellung der „Überbrückung" begegnen. Es geht ihm um die Frage, wie es möglich ist, die verschiedenen üblicherweise mehr oder weniger scharf gegeneinander abgegrenzten Bezirke unseres Lebens und Denkens ... füreinander kritisch und konstruktiv fruchtbar zu machen[30].

Und das nicht zuletzt, um zu den allerorts fehlenden Wertungskonventionen und umfassend formulierten Wertsystemen zu gelangen. Wilburg hat einen solchen Anspruch sowohl an die Rechtswissenschaft, als auch an die Richter gestellt. Wer eine so umfassende Wertungsaufgabe übertragen erhält, muß dafür vorbereitet sein. Er muß mit dem Leben vertraut sein und die vielfältigen Zusammenhänge kennen.

V. Wertungsaufgabe und Billigkeitsjurisprudenz

Das alles sind zweifellos keine bequemen Ansprüche. Sie treffen eine wissenschaftliche Einstellung, die vorwiegend in begrifflicher Konstruk-

---

[28] *Popper,* Logik der Forschung; *derselbe,* Das Elend des Historizismus (1965); *derselbe,* Die offene Gesellschaft und ihre Feinde (1962).

[29] *Hans Albert,* Vorwort zu Konstruktion und Kritik, 9 f.

[30] *Hans Albert,* Vorwort, 10; *derselbe,* Kritizismus und Naturalismus, in Konstruktion, 27.

tion denkt, ebenso unvorbereitet wie eine Richterschaft, deren Verantwortungsfreude durch die politischen Wirren der letzten 40 Jahre offenbar nicht zugenommen hat. Hinzu kommt, daß auch die gesellschaftlichen Wertvorstellungen weit davon entfernt sind, selbst im prinzipiellen übereinzustimmen, ja auch nicht einmal bis zur Erkenntnis einer eigenen Werthaltung vordringen können.

In einem solchen Großklima ist es verständlich, wenn man dem Wilburgschen System vor allem seine Aufforderung zur offenen Wertung übel genommen hat. Daher wurde auch schon im Zeitpunkt der ersten Publikation der Elemente des Schadensrechts versucht, Wilburgs Theorie mit der Billigkeitsjurisprudenz jener Tage gleichzusetzen. Dieser Vorwurf ist indirekt erst unlängst wiederholt worden[31]. Er beruht jedoch auf einem fundamentalen Mißverständnis. Wilburg selbst hat die „Billigkeit" als juristische Argumentationsweise nur als „Ausdruck eines ungelösten Restes von Problemen" gesehen, die erst „der Aufdeckung und Klärung" bedürfen. Gleichzeitig warnte Wilburg ausdrücklich vor der „Gefahr der Unsicherheit, Willkür und Bequemlichkeit", die von einem solchen Billigkeitsdenken ausgeht[32]. Seine Vorstellung von der Ermessungsaufgabe des Richters ist eine gänzlich andere. Der Richter soll nicht nach den „guten Sitten", der „Erwägung aller Umstände", dem „Denken der billig und gerecht Denkenden" oder ähnlichen Leerformeln judizieren, sondern nach gebundenem Ermessen.

So muß er alle von Wilburg vorgeschlagenen Elemente prüfen, ihr Gewicht benennen, das er ihnen zumißt, und den letztlich erkannten Schadensumfang mit eben diesen Gewichten begründen. Andere als die vorgegebenen Elemente darf er nicht berücksichtigen.

Der Richter ist also niemals so frei wie in der herrschenden Vorstellung, wo er etwa die Bemessung des Umfangs nach seinem Gutdünken durchführt. Oder wo er einen Anspruch nach „Treu und Glauben" zumißt. Gerade die Verpflichtung, bestimmte Verhaltensweisen normativ zu gewichten, damit also seine eigene Bewertung offenzulegen, machen dieses Verfahren vielfach nachprüfbar. Jedenfalls erheblich nachprüfbarer als das heute häufig der Fall ist, wenn die Rechtswissenschaft beispielsweise ihre „strikten Prinzipien" wieder einmal verläßt, um nach irgendwelchen „Ausnahmen" wie z. B. nach der „billigen Reduktion" außergewöhnlich hoher Schäden zu greifen.

Andererseits geht Wilburg allerdings niemals von jenem Grad an Stringenz und Deduktionsgewißheit aus, der dem altliberalen Legali-

---

[31] Vor allem von *Esser*, Theorie und System einer allgemeinen deutschen Schadensordnung, DRWiss 1942, 65 (79); vgl. auch *Kötz*, AcP 170, 20, der meint, bei *Wilburg* sei letzten Endes alles „dem Rechtsgefühl des Richters überlassen".

[32] *Wilburg*, Elemente, 22.

tätsdogma eigen ist, das im richterlichen Urteil eine schlichte „Anwendung des Gesetzes“ sehen möchte. „Die ursprüngliche Konzeption des BGB“, lehrt Diederichsen, „verfolgte das Ziel, den Richter möglichst eng an das Gesetz zu binden“[33]. Der Richter „findet“ das Recht — wie ein Spaziergänger eine verlorene Geldbörse.

Eine derartige Auffassung unterschlägt, wie Kelsen richtig bemerkt hat, die wertende Tätigkeit des Richters und drängt sie damit in den dogmatischen Untergrund[34]. Daß andererseits der Richter eine vollkommen unkontrollierbare rein subjektive Wertung vollzieht, wie es der extreme Wertpositivismus annimmt, ist freilich ebensowenig richtig. In Wahrheit läßt sich seine Aufgabe zumindest tendenziell beeinflussen und kritisch nachvollziehen. Nichts anderes als das will Wilburgs Lehre tun.

VI. Vordergründige und bemerkenswerte Einwände gegen Wilburgs Konzept

Wilburgs „Sündenregister“ gegen die traditionelle liberale Schadenersatzauffassung ist demnach lang.

— Bekenntnis zu einem sittlich fundierten Verschuldensbegriff anstelle des entpönalisierten Verschuldens im BGB.

— Wertende Proportionalität anstelle einer wertfreien Differenzhypothese.

— Umfassender Systemanspruch anstelle von punktuellen und isolierten Prinzipien und Ausnahmen.

— Gesamtsystem des Schadensrechts anstelle der herrschenden „Vielspurigkeit“.

— Aufruf zur offenen Wertung anstelle bequemer Positionen hinter Begriffsgebirgen.

— Verantwortung für Theorie und Praxis anstelle einer Ideologie der Wertfreiheit[36] und der „Gesetzesbindung“.

Es kann nicht verwundern, wenn die herrschende Ansicht an Wilburgs Konzeption Anstoß genommen hat. Zentraler Punkt aller Angriffe war dabei stets die „mangelnde Rechtssicherheit“ seines Systems. So wurden seinen Elementen vorgeworfen, daß sie „zu vage“ seien (Reinhardt), kei-

---

[33] *Diederichsen*, in FS-Klingmüller, 68.

[34] *Kelsen*, Reine Rechtslehre, 347 ff. (Normanwendung als „Willensakt“).

[35] Diese „Ideologie der Wertfreiheit“ steht nahezu „antithetisch“ dem Wertfreiheitsprinzip *Max Webers* gegenüber: Dieser argumentiert über Mittel-Zweck-Relationen und die Beziehung von solchen Relationen zu Wertsystemen, während die ideologische Wertfreiheit ihre politischen Postulate lediglich unter einer hypertrophen Begrifflichkeit tarnt.

ne „Gewähr und Einheit der Nachprüfbarkeit“ (Esser) und zu „ungleichartiger Rechtsprechung, zur Unvorhersehbarkeit richterlicher Entscheidung und damit zu einer Vermehrung der Prozesse“ führen müßten (Klang)[36].

Erst jüngst hat Welser gegen den Versuch, mit Hilfe Wilburgscher Abwägung das Problem des mittelbaren Schadens zu lösen, dieselben Befürchtungen wiederholt und sogar von der „Gefahr einer nur am Einzelfall orientierten reinen Billigkeitsjurisprudenz“ gesprochen[37].

Nach all dem, was wir gesehen haben, ist die Kraft dieser Argumente nicht überzeugend. Eine Schadenersatzlehre die sich pausenlos auf so wenig exakte Begriffe wie mittelbarer Schaden, Schutzzweck der Norm, Adäquanz, Drittschaden, Schadensüberwälzung, Vorteilsausgleichung usw. stützen muß, kann den Wilburgschen Elementen schwerlich Vagheit und geringe Kalkulierbarkeit vorwerfen. Gar nicht zu reden von den schwer überprüfbaren Möglichkeiten, die das Beweisrecht, die Beachtung mitwirkenden Verschuldens, der Vorschlag richterlicher Mäßigung und Reduktion oder gar die Blankonorm des § 273 ZPO bieten. Nicht zuletzt hat die Darstellung der Schadenersatzpraxis gezeigt, daß gerade die geringe Vorhersehbarkeit der Entscheidungen im traditionellen System zu seinen gravierendsten Problemen zählt.

Hinzu kommt, daß der Grundgedanke des beweglichen Systems in zahlreichen anderen Gebieten des Zivilrechts immer häufiger auf Verständnis stößt und bedeutende Arbeiten befruchtet. Dazu gehört vor allem der Nachweis Bydlinskis, daß die gesamte Rechtsgeschäftslehre nicht wie bisher auf ein einziges Prinzip gegründet werden kann, sondern von ihren Grundlagen her kombinatorisch erfaßt werden muß[38].

Ebenso hat Canaris in einer eindrucksvollen Studie gezeigt, daß ein System der Vertrauenshaftung auf mehreren Gesichtspunkten aufbaut, die zueinander in einem beweglichen Verhältnis stehen[39]. Arbeiten von Mayer-Maly, Ostheim, Korinek und anderen Autoren weisen in dieselbe Richtung[40]. Hier empfindet offenbar niemand, daß „Privatautonomie,

---

[36] *Reinhardt*, AcP 148, 168; *Esser*, DRWiss 1942, 79; *Klang*, Die Elemente des Schadenersatzrechts, JBl 1946, 330. Dazu jetzt *Wielinger*, Gesetz und Urteil, in: Assistenten FS-Wilburg (1975), 34 ff.

[37] *Welser*, ÖJZ 1975, 43, gegen *Posch*, JBl 1973, 567.

[38] *Bydlinski*, Privatautonomie und objektive Grundlagen des verpflichtenden Rechtsgeschäfts (1967).

[39] *Canaris*, Vertrauenshaftung im deutschen Privatrecht (1971).

[40] *Mayer-Maly*, Gedanken zur Entwicklung der Abgrenzung der leitenden Angestellten, BB 1974, 1124 ff.; *derselbe*, Rezension der Assistenten FS-Wilburg (1975), in: ÖJZ 1976, 503; *Ostheim*, Die Weisung des Arbeitgebers, Verhandlungen des 4. österreichischen Juristentages I (1970) 27 f. *Migsch*, Die Schadensminderung als Zurechnungsproblem, ZVR 1975 1 ff.; *derselbe*, ZVR 1976, *Westerhoff*, Methodische Wertung im Recht (1974), 50 ff., 377 ff. *Korin-*

Vertrauen", „Unternehmerfunktion", „sozialer Status" usw. „vage" Begriffe seien.

Ich vermute daher, daß hinter den Angriffen auf die angebliche „Vagheit" der Elemente in Wilburgs System ganz andere Bedenken stehen, die nicht genügend explizit gemacht werden. Das gilt zunächst für die Frage der „Gewinnung" der Haftungselemente. So schildert Reinhardt in diesem Punkt seine Bedenken besonders plastisch: „Auf der anderen Seite sträubt sich das juristische Gewissen dagegen, die Aussagen über die starke oder schwache Wirkung, über sonstige Eigenschaften der sogenannten Haftungselemente, über das Erfordernis des Zusammentreffens ... und andere als apodiktisch verkündete Wahrheiten hinzunehmen. Man möchte immer wieder fragen: Woher entnimmt der Verfasser das[41]?"

Weitere Fragen dürften bezüglich der „dogmatischen Verträglichkeit" jener einzelnen Elemente sowie des ganzen Systems auftauchen. In welchem Verhältnis stehen „Tatbestandsmäßigkeit", „Rechtswidrigkeit", „Kausalität", zu den Elementen „Inanspruchnahme", „Veranlassung" und „Mangel"? In welchem Verhältnis steht die Idee des Zusammenspiels der Elemente zur bisher üblichen Form der Tatbestandsdeduktion? Es sind das die zweifellos legitimen Fragen nach der wissenschaftlichen Kontinuität.

Selbst eine so radikale Theorie wie die Newtonsche Physik hat Wert darauf gelegt, die durch sie überholten Theorien Galileis und Keplers in ihren — zu engen — aber an sich legitimen Ausgangsbedingungen als partielle Erklärungsversuche aufrecht zu erhalten[42].

Zweifellos zielt die Spitze all dieser Fragen auf das zentrale Problem des beweglichen Schadenersatzsystems, nämlich auf die Frage nach seinem logischen Rang: Was ist das für eine neue Art von Theorie? Kann man mit dieser Theorie überhaupt arbeiten? Was sind „Elemente", in welchem Verhältnis stehen sie zu „Tatbestand", Rechtswidrigkeit" und „Verschulden"? Kann es eine durchgehende „Abwägung" geben?

Diese letztere Frage greift bereits auf einen zweiten Problemkreis über. Da die Rechtswissenschaft auch die Aufgabe übernommen hat, der Praxis brauchbare Handlungsanleitungen zu geben, werden auch von dieser Seite Fragen gestellt werden. Paßt eine prinzipielle Abwägung in

nek, Der gewerbliche Industriebegriff nach Wilburgs beweglichem System, FS-Wilburg (1975) 163 ff. Vgl. nun vor allem auch die Arbeiten von *Fenyves*, *Holzer*, *Jud*, *Nitsche*, *Posch*, *Proske*, *Schick* und *Handl*, in: Assistenten FS-Wilburg (1975). Sowie *Schilcher*, Erbrecht und bewegliches System, JBl 1976.

[41] *Reinhardt*, AcP 148, 167.

[42] Vgl. dazu die vom wissenschaftslogischen Standpunkt aus interessante Darstellung bei *Popper*, Die Zielsetzung der Erfahrungswissenschaft, in *Albert*, Theorie und Realität, 73 (79 ff.).

das von uns festgestellte Klima, das dem Geschädigten auf jeden Fall immer vollen Ersatz gewähren will? Wie wir sahen, ist die Praxis nicht prinzipiell gegen Abwägung eingestellt, doch befürchtet sie regelmäßig, daß der Geschädigte dabei zu kurz kommen könnte. Ein System wie das Wilburgsche, das den „Teilersatz“ nicht nur „ausnahmsweise“ vorsieht, sondern zum zentralen Thema seiner Proportionalitätsvorstellung macht, gerät damit in Gefahr als „sozialwidrig“ abgelehnt zu werden.

2. Kapitel

Grundzüge einer Theorie der sozialen Schadensverteilung

A. Zur Logik des Wilburgschen Systems

I. Komparative Logik und bewegliches System

1. Hempels Gesetz der Trichotomie

Hempel beschreibt in seinem „typologischen Methoden in den Sozialwissenschaften“ die Erfahrungen jener Psychologen, die sich mit der Beziehung zwischen Körperbau und Verhaltensweisen befassen[1]. Er schreibt dazu: „Es stellt sich bald heraus, daß die Heranziehung klassifikatorischer Kriterien, die eine präzise Grenzlinie zwischen zwei Kategorien ziehen, sich als „künstliches“, das heißt theoretisch steriles Verfahren erweisen würde: Es erscheint viel natürlicher, das heißt systematisch fruchtbarer, zwei Begriffe so zu kombinieren, daß Abstufungen möglich sind: Ein bestimmtes Individuum wird nicht als entweder extrovertiert oder introvertiert gekennzeichnet, sondern als dahingehend, daß es beide Merkmale in einem gewissen Ausmaß aufweist[2].“

Hempel erinnert damit an die längst schon bekannte Einteilung der wissenschaftlichen Begriffe in klassifikatorische bzw. qualitative und in „quantitative“ bzw. numerische[3].

Eine Zwischenstufe zwischen beiden bilden die sogenannten komparativen Begriffe. Mit ihrer Hilfe ist es möglich, solche Typen, die ein „mehr oder weniger“ kennzeichnen sollen, näher zu bestimmen. Hempel empfiehlt dafür sogenannte dyadische Relationen: „Mehr als“ und „soviel wie“.

---

[1] *Hempel*, Typologische Methoden in den Sozialwissenschaften, in: *Topitsch*, Logik der Sozialwissenschaften (1965) 85 ff.; dazu jetzt eingehend *Koller*, Möglichkeiten und Grenzen eines beweglichen Rechtssystems, in: Assistenten FS-Wilburg (1975) 1 ff.

[2] *Hempel*, in Logik der Sozialwissenschaften, 87.

[3] Vgl. dazu *Larenz*, Methodenlehre[3] (1975) 443 ff.; *Engisch*, Die Idee der Konkretisierung in Recht und Rechtswissenschaft unserer Zeit[2] (1968), 308 ff.; *Leenen*, Typus und Rechtsfindung (1971), 194 ff. *Koller*, Möglichkeiten, 7.

Mit diesen Relationen kann ein logisches Gesetz der Trichotomie formuliert werden:

(a) ist genau soviel T wie (b) (1)

(b) ist mehr T als (a) (2)

(a) ist mehr T als (b) (3)

Die Mineralogie beispielsweise versucht dieses Gesetz zur Beschreibung von Härtestufen zu verwenden. Demnach ist ein Mineral (a) dann härter als ein Metall (b), wenn (a) (b) einritzt und nicht umgekehrt[4].

Hempel räumt freilich ein, daß es in den Sozialwissenschaften „milde ausgedrückt — schwierig ist“, derartige objektive Kriterien zu finden, die wie beim Härtetest in der Mineralogie eine komparative typologische Ordnung bestimmen können.

2. *Die komparativen Sätze im Recht: Zur Lehre Ottes*

Mit diesen Schwierigkeiten hat sich für die Rechtswissenschaft Gerhard Otte auseinandergesetzt[5]. Er zeigt zunächst, daß die typisch logische Form des juristischen Denkens tatbestandlich ist. Die Grundform der Implikation lautet: Wenn T, dann R. Also: Immer wenn der Tatbestand T, tritt die Rechtsfolge R ein. Juristische Tätigkeit ist daher Subsumption. Man stellt fest, ob die tatsächlichen Erscheinungen den Merkmalen der Klasse T entsprechen; trifft das zu, so setzt zugleich die weitere Wertung des Sanktionstatbestands der Klasse R ein.

Es liegt auf der Hand, daß diese logische Form geradezu in idealer Weise dem Bedürfnis der liberalen Schadenersatzdogmatik nach Rechtsfolgeautomatik ohne dazwischen geschaltete eigene Wertung entsprochen hat. Und es überrascht daher auch nicht, daß diese stets in enger Verbindung mit dem Strafrecht stand: Hier wie dort sollte die Feststellung des juristischen Tatbestands sogleich die Automatik der Sanktion in Gang setzen[6]. Ohne weitere Rücksicht auf Schadensumfang bzw. Strafzumessung. Denn Subsumptionsdenken entlastet von Verantwortung.

Otte zeigt nun aber weiter, daß schon im positiven Recht eine ganze Reihe von Normen existieren, die nicht-klassifikatorisch sind, die also mit Hilfe des tatbestandlichen Subsumptionsdenkens nicht erklärt werden können. Er demonstiert das beispielhaft an der Bestimmung des § 1615 c BGB: „Bei Bemessung des Unterhalts ist, solange das Kind noch

---

[4] *Hempel*, in Logik der Sozialwissenschaften, 88.

[5] *Otte*, Komparative Sätze im Recht. (Zur Logik eines beweglichen Systems), in Rechtstheorie als Grundlagenwissenschaft der Rechtswissenschaft (1972), 301.

[6] Vgl. etwa die Arbeiten *Fischers* zur Rechtswidrigkeit und *Traegers* zur Kausalität; beide behandelten vor allem das Strafrecht.

keine selbständige Lebensstellung erlangt hat, die Lebensstellung beider Eltern zu berücksichtigen."

Hier kann Tatbestand und Rechtsfolge nicht mehr getrennt werden. „Denn für die Rechtsfolge ist nicht relevant die Tatsache, daß die Eltern eine Lebensstellung haben, sondern die jeweilige Höhe der Lebensstellung[7]." Daher brauche man — so Otte — statt eines klassifikatorischen Begriffes einen „abstufbaren". Nur dann ließen sich Aussagen, daß etwas „mehr oder weniger" der Fall ist, adäquat beschreiben. Diese abstufbaren Begriffe nennt Otte in Übereinstimmung mit Hempel/Oppenheim „komparative Prädikate"[8]. Mit ihrer Hilfe werden „Reihenordnungen" konstruiert[9].

„Das Prädikat ‚länger' bezeichnet nicht das Merkmal einer Klasse, das allen Gegenständen einer gewissen räumlichen Ausdehnung in gleicher Weise zukommt, sondern weist jeweils einen Gegenstand relativ zu einem anderen die Stellung in einer Reihe von Gegenständen zunehmender Länge an[10]."

Otte schlägt dann schließlich vier Grundformen solcher „komparativer Gesetze" vor:

(1) Sätze über die Beziehung zwischen der Intensität zweier Prädikate (je höher die Geschwindigkeit desto länger der Bremsweg).

(2) Sätze über die Beziehung zwischen der Intensität eines Prädikates und dem Grad der Wahrscheinlichkeit eines anderen (je höher der Zigarettenkonsum desto größer die Wahrscheinlichkeit der Erkrankung der Atemwege).

(3) Sätze über die Beziehung zwischen dem Zutreffen eines Prädikats und der Intensität eines anderen Prädikats (wenn ein Markenartikel preisgebunden ist, dann ist der durchschnittliche Verbraucherpreis höher).

(4) Sätze über die Beziehung zwischen dem Zutreffen eines Prädikats und dem Grad der Wahrscheinlichkeit eines anderen (wenn sich jemand gegen Grippe impfen läßt, wird er eher gesund bleiben als krank werden).

3. *Der logische Rang des gebundenen Ermessens*

Es fällt auf, daß zahlreiche Formulierungen Steinbachs und Wilburgs die Form des ersten komparativen Gesetzes bei Otte haben. So sagt

---

7 *Otte,* in Rechtstheorie, 301 f.

8 *Hempel-Oppenheim,* Der Typusbegriff im Lichte der neuen Logik (1936).

9 *Larenz* (Methodenlehre, 453) spricht von „Typenreihen"; etwas dunkel beschreibt *Leenen* (Typus und Rechtsfindung, 34) den Typus als „elastisches Merkmalgefüge").

10 *Otte,* in Rechtstheorie, 302 f. Kritische Ergänzung bei *Koller,* Möglichkeiten, 20 ff.

Steinbach: „Je weniger ein Schadenersatzanspruch auf das Verschulden des Beschädigers gestützt wird, desto mehr Geneigtheit (ist) vorhanden, die Vermögenslage in Betracht zu ziehen[11]."

Bei Wilburg machen derartige komparative Sätze überhaupt den Hauptteil seiner Arbeit aus. Seine Elemente stehen offenbar in einer derartig komparativen Beziehung. „Je geringer sich die Stärke (der Gefährlichkeit) im einzelnen Fall erweist, desto mehr bedarf es zur Unterstützung anderer Haftungsgründe[12]."

Äußerst wichtig ist der Hinweis Ottes, daß mit Hilfe komparativer Sätze das freie Ermessen des Richters zu einem gebundenen werden kann. Freies Ermessen läßt sich seiner Meinung nach charakterisieren z. B. beim sogenannten Entschließungsermessen: Wenn T, dann R 1 oder R 2[13].

Soll das Ermessen gebunden werden, dann bedarf es nach Otte komparativer Prädikate.

Eine solche Bindung durch komparative Prädikate kann aber nicht nur auf der Rechtsfolgeseite auftreten. Auch beim sogenannten kognitiven Ermessen, das dem Richter einen Beurteilungsspielraum im Tatbestand einräumt, können komparative Prädikate die Freiheit des Richters wesentlich binden.

Otte erinnert in diesem Zusammenhang an das Larenz-Beispiel vom Wald: Bei Anwendung des § 308 StG sei zu klären, ob und wann eine bestimmte Ansammlung von Bäumen „Waldung" ist[14]. Die übliche klassifikatorische Beurteilung gelangt nur zur Aussage „Waldung" — nicht „Waldung". Hier sei das Ermessen des Richters groß. Hingegen würde der Richter weitaus stärker gebunden, wenn von ihm die Prüfung des komparativen Gesetzes verlangt wird: „Je größer der Baumbestand — desto eher ist der Begriff ‚Waldung' erfüllt[15]."

Otte weist nun weiters daraufhin, daß die Größe des Baumbestandes nicht das einzige Kriterium sein muß. Zu denken sei auch an die Dichte des Baumwuchses (eine plantagenartige Bepflanzung muß kein Wald sein) oder an eine Mindesausdehnung in der Breite (eine noch so lange Allee ist keine Waldung). Daraus schließt Otte, daß die „Präzisierung

---

[11] *Steinbach*, Grundsätze, 91.

[12] *Wilburg*, Elemente, 38; vgl. auch die Hinweise auf komparativ strukturierte Urteile in der Praxis bei *Hubmann*, Die Methode der Abwägung, in FS-Schnorr von Carolsfeld (1973) 173 (188 ff.).

[13] *Otte* unterscheidet zwischen Entschließungsermessen (= die Entscheidung, ob) und Auswahlermessen (= die Entscheidung, welche Rechtsfolge), in: Rechtstheorie, 307.

[14] *Larenz*, Methodenlehre², 183 f.

[15] *Otte*, in Rechtstheorie, 309.

vager Begriffe" mit solchen komparativen Sätzen um so besser gelinge, je mehr „solcher Tendenzen" sie enthalten[16].

Damit scheint unsere Annahme bestätigt, daß das richterliche Ermessen im Wilburgschen System gerade vom Standpunkt der Logik her gesehen kein „freies", „billiges" Ermessen ist, sondern ein gebundenes, sprich: nachvollziehbares.

Richtig ist freilich, wenn Otte meint, daß diese Form des gebundenen Ermessens nicht zu einer Rechtsanwendung führt, die „intersubjektiv transmissibel" ist, in dem Sinne, „daß jeder, der von der selben Entscheidungsgrundlage ausgeht, zur selben Entscheidung gelangen muß". Vielmehr gelange man in einem beweglichen System zu „intersubjektiv verstehbarer" Rechtsanwendung. Das heißt, „daß der Gedankengang von der Norm zur Entscheidung für jedermann nachvollziehbar ist, ohne daß jeder dieselbe Entscheidung treffen müßte". „Genau das meinen wir daher, sagt Otte, „wenn wir davon sprechen, daß unterschiedliche Entscheidungen ‚vertretbar' seien. In einem axiomatischen System wäre für diese Anschauung kein Platz[17]."

Nun ist aber allerdings — wie Weinberger eindringlich dargelegt hat — das Rechtssystem als Ganzes weit davon entfernt, „axiomatisiert" zu sein[18]. Ja, es zeigt sich, daß immer, wenn derartiges für ein Rechtssystem behauptet wurde (Puchta), die Stringenz der Deduktion regelmäßig auf Kosten der Lebensnähe des Systems gegangen ist. Ich glaube daher, daß man mit keiner Axiomatik im Rechtssystem rechnen sollte. Die liberale Vorstellung eines „Richters als Mund des Gesetzes" war ja wohl eher eine ideologische als eine wissenschaftliche Annahme. Die Praxis jedenfalls zeigt, daß richterliche Entscheidungen in aller Regel „vertretbare Entscheidungen" und nicht axiomatisch deduzierte Entscheidungen sind.

4. Zum Informationsgehalt komparativer Sätze

Schon Arnold Brecht hat in seiner „Politischen Theorie" auf den hohen Informationsgehalt nicht-klassifikatorischer Begriffe hingewiesen. Die Aussage, „in diesem Apfel sind 10 Kalorien" ist stärker als jene, die nur angibt, „daß Äpfel Nährwert besitzen"[19].

Nun setzt freilich eine quantitative Aussage ein exaktes Meßverhalten und ein intersubjektiv anerkanntes Meßsystem voraus. Derartiges kann im Schadenersatzrecht zum Beispiel (noch) nicht geleistet werden. Die exakte Umsetzung von Verschulden, Gefährlichkeit, Veranlassung usw.

---

[16] Ebenda, 309 Anm. 24.

[17] Ebenda, 319.

[18] *Weinberger,* Topik und Plausibilitätsargumentation, ARSP 1973, 17 (19 ff.).

[19] *Brecht,* Politische Theorie, 48.

in Geld ist noch keiner Meßtheorie gelungen. Otte meint dazu, daß man die Erfolgsaussichten solcher Meßverfahren in der Rechtswissenschaft ganz allgemein „nicht überschätzen" soll. In absehbarer Zeit würde es jedenfalls bei der erwähnten Form der komparativen Sätze bleiben[20].

Damit entsteht dort aber das Problem des Informationsgehalts. Daß (a) größer als (b) ist, sagt nämlich noch überhaupt nichts über die tatsächliche Größe von (a) und von (b). Komparative Sätze sind daher zunächst einmal „sogar von einer geringeren Information" als klassifikatorische Sätze[21]. Und das ist nicht nur ein Mangel für die richterliche Anwendung, sondern offensichtlich auch für die Darstellbarkeit und Verstehbarkeit eines Systems von komparativen Sätzen. Dabei ist die Situation für den Richter noch schlimmer: „Der Richter kann nicht dazu verurteilen, eine Handlung ‚desto eher' vorzunehmen, sondern nur dazu, sie ‚schlechthin' oder aber unter genau angebbaren Voraussetzungen vorzunehmen; er kann nicht zur Zahlung einer ‚um so höheren' Summe verurteilen, sondern nur zur Zahlung eines ziffernmäßig bestimmten Betrages[22]."

Die Feststellung der Intensität eines Prädikats auf der „Je-Komponente" des Gesetzes „informiert nur über die Richtung, in der sich die Intensität des Prädikats auf der ‚desto-Komponennte' in diesen beiden Fällen vermindert, dagegen nicht über das Ausmaß der Veränderung[23]."

Otte glaubt nun, daß der Informationsgehalt komparativer Sätze im Recht auf verschiedene Weise erhöht werden könnte. Zunächst einmal durch sogenannte „Präjudizien". Stellt zum Beispiel ein Gericht eine angemessene Höhe für die Lebenshaltung einer bestimmten Familiengröße fest, so können alle anderen Familiengrößen von dieser Basiswertung aus komparativ festgelegt werden.

II. Das Problem der Operationalisierung

Wie die einzelnen komparativen Sätze im Wilburgschen System aufeinander abzustimmen sind, hat Wilburg selbst nur andeutungsweise festgelegt.

Er sagt zunächst in Übereinstimmung mit Otte: „Die Haftungselemente sind als Wertreihen gedacht, die je nach ihrer Zahl und Größe sich zur Bildung des Schadenersatzes ergänzen." Weiters meint Wilburg: „So erzeugen zum Beispiel die Elemente 1 und 2 (Inanspruchnahme und Ver-

---

[20] *Otte,* in Rechtstheorie, 317; interessante Ansätze bei *Hubmann,* in FS-Schnorr von Carolsfeld, 185 ff.

[21] *Otte,* in Rechtstheorie, 311.

[22] Ebenda, 310.

[23] Ebenda, 311.

anlassung) in hohen Graden eine etwa gleiche Haftung, wie 1, 2 und 3 (Mangel) bei geringer Stärke. Ebenso können bei entsprechender Intensität zwei und vier (wirtschaftliche Tragfähigkeit) eine Verantwortlichkeit begründen. Unter Umständen wirken alle vier Elemente zusammen. Es genügt dann für die Haftung ein gringer Grad jedes einzelnen Elements. Umgekehrt kann ausnahmsweise ein Element bei besonderer Intensität allein die Schadenersatzpflicht begründen. Solche Kraft kommt jedoch pratisch nur beim Element 1 (zum Beispiel Enteignung, Notstand) oder Element 3 (Haftung eines Geisteskranken) in Frage[24]."

Es fällt zunächst auf, daß in dieser Operationalisierungsanweisung keine Basiswertung angegeben wird. Vor allem keine solche, die eine beispielhafte Relation zwischen einer bestimmten Stärke der Haftungselemente und einem bestimmten Umfang des Schadenersatzes herstellt.

Ohne eine solche Wertung ist der Informationsgehalt nun tatsächlich gering: Aus der Feststellung, daß Element 1 und 2 bei hohen Graden „eine etwa gleiche Haftung" wie 1, 2 und 3 „bei geringerer Stärke" ergeben können, erfährt man noch nicht, welche Stärke den Elementen 1 und 2 bzw. 1, 2 und 3 nun absolut zukommt, und in welchem Verhältnis die Gewichte dieser Elemente zum tatsächlich zu ersetzenden Schaden stehen. Das heißt aber, daß in diesem Punkt das herrschende System dem Wilburgschen sogar überlegen ist: Dieses bezeichnet immerhin in markanter Weise den „eingetretenen Schaden" als den prinzipiell zu ersetzenden Schaden.

Man kann natürlich die Meinung vertreten, daß die Bestimmung einer Basiswertung, die den Informationsgehalt des Wilburgschen Systems erhöhen würde, nicht Aufgabe der Wissenschaft sei, sondern Aufgabe der Gesetzgebung bzw. der Judikatur. Dem ist aber entgegenzuhalten, daß ja nicht nur die praktische Anwendbarkeit des Wilburgschen Systems von einer solchen Basiswertung abhängt, sondern auch der theoretische Erklärungswert. Der Informationsgehalt über das System steigt erst dann, wenn eine solche Basiswertung eingefügt ist. Ob diese Basiswertung nunmehr auch von der Judikatur bzw. von der Gesetzgebung im gleichen Ausmaß übernommen wird, ist freilich eine zweite Frage.

1. Die Reduktion der „Veranlassung" (Verursachung)

Weiters fällt bei Wilburgs Operationalisierungskatalog auf, daß er sowohl dem Element „Inanspruchnahme" als auch jenem des „Mangels" die Kraft zubilligt, jeweils allein eine Haftung zu begründen. Diese Aus-

[24] *Wilburg*, Elemente, 29. Vgl. das Urteil des BVerfG, NJW 1971, 368: „Das Gewicht dieser einzelnen Erwägungen mag verschieden bewertet werden, zusammengenommen ergeben sie nach Auffassung des Bundesverfassungsgerichts, daß die gesetzliche Regelung die freie Entfaltung der Persönlichkeit nicht über Gebühr beeinträchtigt."

sage steht offenkundig im Widerspruch zur Idee der Verursachung. Nach herrschender Vorstellung, der Wilburg in diesem Punkt folgt, muß das Element Verursachung in jedem Fall beteiligt sein. Denn daß es einen nichtverursachten, aber ersatzfähigen Schaden geben könnte, ist für die traditionelle Theorie undenkbar.

Geht man aber davon aus, so kommt man zu einer nicht geringen Einschränkung der Beweglichkeit des Wilburgschen Systems. Es sind keineswegs mehr alle 4 Elemente unabhängig voneinander, sondern die Elemente 1, 3 und 4 können jeweils überhaupt nur mit dem Element 2 gemeinsam auftreten. Diese erhebliche Schwächung der Beweglichkeit, die offenbar in der eigentümlichen Verknüpfung der Verursachung mit allen übrigen Elementen begründet liegt, wird nun andererseits wieder durch die Wilburgsche Vorstellung aufgehoben, wonach die Verursachung ein selbständig stufbares Element ist, das sich von der Gefährlichkeit nicht nur durch das Maß der Gefahr, sondern auch durch den Maßstab unterscheiden soll.

Darin liegt nun zweifellos ein gewisser Widerspruch. Man könnte nämlich sagen: Entweder selbständig bewertbar, dann aber auch selbständiges Element — oder mit allen Elementen verknüpft, dann aber auch nicht mehr selbständig.

Gegen eine solche Auffassung scheint nun die Wilburgsche These von der „geheimen Kraft" der Verursachung zu sprechen. „Ein hoher Grad ursächlicher Eignung ist auch dort möglich, wo niemand, selbst der hervorragendste Fachmann, ihn hätte erkennen können[25]." Nun könnte man meinen, daß damit der Fall gekennzeichnet sei, der einfach jenseits der momentanen Erfahrung steht. Rechtfertigt dieser Fall aber bereits die Selbständigkeit des Elements „Verursachung"? Könnte man nicht sagen, daß dieser Fall eben die extremste Form der Unvorhersehbarkeit eines Schadens kennzeichne, sozusagen also den Nullwert der Gefährlichkeit?

Ich glaube, daß eine solche Deutung um so näher liegt, je mehr man sich mit der offensichtlich so faszinierenden Formel der conditio sine qua non beschäftigt. Denn was bedeutet denn eigentlich die Redewendung: Diesen Schaden hat A verursacht? Also zum Beispiel die Verletzung am Bein des B? Die herrschende Ansicht behauptet, A sei die conditio sine qua non für diesen Schaden. Man könne ihn sich nicht wegdenken, ohne nicht auch den Schaden wegdenken zu müssen. Diese Feststellung ist nun so wahr wie vollkommen unfruchtbar für die vom Schadenersatzrecht gestellte Aufgabe: Denn ob A conditio sine qua non des Schadens ist oder nicht, ist bei näherem Hinsehen irrelevant. Vielmehr ist man bei der Suche nach einem Schadensträger deshalb auf A gestoßen, weil er zum Beispiel viel näher dem Schaden steht, als seine Mutter,

[25] *Wilburg*, Elemente, 42.

die natürlich auch conditio sine qua non des Schadens ist — sie hat ihn ja schließlich geboren. Daß man aber an die Mutter des A bei der Prüfung der Frage, wer den Schaden ersetzen solle, genausowenig denkt wie an jenen Passanten C, der lachend an D vorbeigegangen ist, als der Unfall passierte, beruht ja offenkundig darauf, daß in Wahrheit niemanden der Verursacher im Sinne der conditio sine qua non interessiert, sonders stets jemand, der für den Schaden gefährlich geworden ist. Mit einem Wort, die angebliche Verursachungsprüfung ist immer und ausschließlich eine Wertung. In dem Augenblick, wo jemand als Verursacher eines Schadens festgelegt wird, ist er auch schon erheblich mehr als eine bloße conditio sine qua non: Er ist jemand, der gefährlich im Bezug auf den Schaden gehandelt hat. Und dieses Urteil, ob und in welchen Graden jemand gefährlich gehandelt hat, hängt mit der mechanischen Prüfung der conditio sine qua non in keinem Punkt zusammen. Es ist vielmehr das Ergebnis der Anwendung einer „Alltagstheorie“: Man besitzt aufgrund der Erfahrung ein ganz gut bestätigtes Wissen darüber, daß ein 1 Tonnen schweres Auto, das über einen menschlichen Fuß fährt, in aller Regel gewisse Verletzungsspuren hinterläßt. Sowie man ein einigermaßen gut fundiertes Erfahrungswissen darüber hat, daß in aller Regel das bloße Lachen eines Passanten keine Verletzungen an Füßen herbeizuführen vermag. Daß freilich die Existenz einer Mutter haftungsrechtlich irrelevant ist, ist wohl erst das Ergebnis einer verfeinerten Rechtsauffassung: In Gesellschaftsordnungen mit extremer Sippenhaftung würde die Existenz genügen. Sie wäre aber systematisch gesehen einfach der Extremfall der Wertungsreihe Gefährlichkeit: Der Zusammenhang zwischen „ein Kind zur Welt bringen“ und „dieses Kind verletzt einen D am Fuß“, ist derart unvorhersehbar, daß man von einer Gefährlichkeit „Null“ sprechen kann. Würde man hingegen die conditio sine qua non tatsächlich als Haftungselement ernst nehmen, so müßte man bereits den Fußgänger, der von einem Auto überfahren wird, im Sinne des Wilburgschen Systems zumindest die Veranlassung anrechnen: Er war existent, daher war er conditio sine qua non. Man kann das natürlich theoretisch tun, nur zeigt gerade das Wilburgsche System, daß diese Anrechnung praktisch sinnlos ist: Eine Belastung mit dem Wert Null ist für die Rechnung des Haftungsumfangs eine sinnlose „Belastung“.

Dennoch sollte man die Idee der Verursachung nicht aus der Betrachtung ausscheiden. Es gibt tatsächlich Fälle, bei denen anhand einer üblichen Adäquanzprüfung selbst der beste Fachmann keine Gefährlichkeit feststellen kann, wo aber dennoch eine Haftung naheliegt. Ein solcher Fall ist zum Beispiel der schon öfter zitierte „Impfschadenfall“[26]. Kein Fachmann wäre auf die Idee gekommen, daß eine einfache Impfung eine

[26] BGHZ 18, 286.

Erkrankung zur Folge hat. Tatsächlich wurde auch nachgewiesen, daß bislang noch keine derartige negative Folgewirkung festzustellen war. Dennoch ließ der deutsche BGH den Staat für den eingetretenen Schaden einstehen. Abgesehen von der näheren Begründung, die wir noch später geben wollen, kann für die jetzigen Zwecke hier folgender Vorschlag gemacht werden: Die Verursachung soll nicht als geheimnisvolles alle übrigen Haftungselemente durchdringendes Element gesehen werden, sondern als der Nullpunkt in der Wertungsreihe „Inanspruchnahme durch den Eingriff oder Gefährdung". Damit steht die Verursachung sozusagen vis à vis dem Eingriff und der Notstandshandlung als den höchsten Graden dieser Wertungsreihe.

Diese Deutung der Verursachung entspricht nicht zuletzt der Beobachtung Hempels, wonach dann, wenn Wertungsreihen komparativer Natur einmal gebildet sind, die alten „reinen Typen" ihre besondere Stellung verlieren. „Hat man aber einmal brauchbare, ‚operationale' Kriterien streng komparativer oder quantitativer Art spezifiziert, dann verlieren die reinen Typen ihre besondere Stellung. Sie stellen einfach die Extreme in der Rangordnung dar[27]." Wilburg hat diese Hempelsche Beobachtung bei seiner „Mangelreihe" auch konsequent durchgeführt. Der ursprünglich reine Typus „Vorsatz" verlor durch seine Aufnahme in die Wertungsreihe die besondere Stellung und wurde einfach zum höchsten Grad des Vorwurfs. Ebenso erging es dem bloß objektiven Fehler. Er rangiert am untersten Punkt der Skala.

Für die Wertungsreihe „Inanspruchnahme durch Eingriff oder Gefährdung", stellt nun die Verursachung sozusagen das untere „missing link" dar. Tatsächlich konnte Wilburg bis jetzt auch nur den obersten Punkt markieren: „Eingriff und Notstandshandlung". „Von dieser Sicherheit führen zahlreiche Stufen abwärts, bis zu den geringsten Graden der Gefahr, die die Rechtsordnung nicht mehr beachtlich findet[28]." Diese geringsten Grade der Gefahr möchte ich „Verursachung" nennen.

Für die Beurteilung dieser Verursachung als geringsten Grad der Gefährlichkeitsreihe, ist aber meines Erachtens auch kein anderer Maßstab, als der übliche Maßstab zur Prüfung von Gefährlichkeit nötig: Was niemand mehr, auch nicht der Fachmann voraussehen konnte, ist eben nur in den geringsten Graden schadensgefährlich. Die geringsten Grade werden dadurch ausgedrückt, daß selbst der Beobachter mit dem höchsten Fachwissen den Schaden nicht mehr hätte voraussehen können.

Mit dieser Reduktion der Verursachung fällt freilich auch die Theorie der Sphäre weg, die Wilburg zusätzlich eingeführt hat. Ich halte das für unschädlich. Zum einen sind derartige Zusatzannahmen, die mit der

---

27 *Hempel*, in Logik der Sozialwissenschaften, 89.

28 *Wilburg*, Elemente, 34.

Haupttheorie in keinem erkennbaren Zusammenhang stehen, ohnehin problematisch. Zum anderen habe ich schon früher nachzuweisen versucht, daß die Theorie der Sphäre für ihren zweiten behaupteten Anwendungsbereich, nämlich der Gefahrtragung beim Kauf, keinen ernsthaften Erklärungswert besitzt[29].

Meines Erachtens besitzt sie ihn auch nicht für den Schadenersatz. Die Kennzeichnung, daß Sachen und Personen für jemanden organisiert sind umschreibt ja bereits ohnehin den von Wilburg mit Recht ins Zentrum gestellten Begriff des Unternehmens. Meines Erachtens kann daher der Sphärengedanke in diesem Unternehmensbegriff aufgehen.

2. Reduktion der „Rechtswidrigkeit“

„Unrecht oder Rechtswidrigkeit ist ... jede, dem Träger eines Lebenskreises zugerechnete übermäßige Gefahr einer Verletzung, die nicht durch einen ungleich höheren Zweck ihre Rechtfertigung erfährt“, sagt Wilburg[30]. Eine solche Rechtswidrigkeit zieht „Mißbilligung“ nach sich. Daher zählt Wilburg die Rechtswidrigkeit „als drittes Haftungselement“ zur Wertungsreihe des „Mangels“[31]. Dort scheint sie trotz ihrer Einbindung in die Mangelreihe jene Selbständigkeit zu besitzen, die ihr vor allem auch die herrschende Ansicht zubilligt: Demnach ist die Rechtswidrigkeit neben der Tatbestandsmäßigkeit und dem Verschulden tatsächlich das dritte Haftungselement.

Auch Wilburg sieht in der Rechtswidrigkeit ein selbständiges Element, das „je nach der Stärke des in ihr liegenden Vorwurfs“ sehr verschiedenes Gewicht haben kann. „Während sie in ihrem niedrigsten Grad für den Schadenersatz kaum in die Waagschale fällt, kann sie in hohen Graden alle anderen Haftungselemente an Schwere übertreffen[32].“ Wilburg bringt dafür das Beispiel, daß der Sturm gut befestigte Ziegel vom Dach auf die Straße wirft. Hier werde die Gefährlichkeit trotz ihrer Größe kaum als Unrecht empfunden. Für eine Haftung bedürfte es daher zusätzlich „anderer schwerwiegender Gründe“.

„Stärker reagiert das Rechtsgefühl hingegen“, meint Wilburg, „wenn die Gefahr auf einer inneren Ursache besteht.“ Das heißt, wenn die Ziegel zum Beispiel nur lose befestigt waren. Auf diese Weise könnten auch unerkennbare Gefährlichkeiten als Mängel angesehen werden[33].

Schon aus dieser kurzen Skizze geht eine gewisse Unsicherheit der Begründung hervor: Einmal folgt die Rechtswidrigkeit aus einer Bewer-

---

[29] *Schilcher*, Die Preisgefahr beim Kauf, JBl 1964, 295.

[30] *Wilburg*, Elemente, 46.

[31] Ebenda, 48.

[32] Ebenda, 48.

[33] Ebenda, 49.

tung der Zwecke und Mittel des Schadenersatzes. Dann wiederum kommt es auf eine „innere Ursache“ an. Schließlich ist es die „Gefährlichkeit“, die sie als Unrecht erscheinen läßt. An eben diesem Maßstab der Gefährlichkeit wird auch ihre Stärke gemessen.

Gefährlichkeit und innere Ursache sind nun aber nach Wilburgs Einteilung nicht der Wertungsreihe des Mangels zuzurechnen, sonderen jener der Inanspruchnahme und der Veranlassung. Lediglich als Vorwurf des Unrechts paßt daher zunächst schon die Rechtswidrigkeit in die Mangelreihe.

Aber gerade in dieser Form ist sie völlig entbehrlich. Wilburg geht, wie auch die herrschende Lehre, davon aus, daß das Rechtswidrigkeitsurteil sowohl durch eine positive Verbotsnorm ausgesprochen werden kann, als auch durch das „neminen leadere“: Absolut geschützte Rechtsgüter wie Leben, Gesundheit Eigentum usw. erzeugen das Rechtswidrigkeitsurteil durch einen gefährlichen Angriff auf sie. Nun sagt Wilburg selbst, daß die positive Normierung von Schutznormen für den Schadenersatz keineswegs ein „volles Bild ergeben“ könne. Das ist auch nur zu verständlich: So viel Phantasie kann selbst der umsichtigste Gesetzgeber nicht aufbringen, um alle nur denkbaren abstrakten Gefährdungslagen des Lebens zu normieren. Die Erzeugung von Rechtswidrigkeitsurteilen über Schutznormen bleibt immer unvollkommen.

Allerdings ist das der geringste Mangel. Der weitaus größere liegt darin, daß die wuchernde Positivierung von Schutznormen

— die Unübersichtlichkeit des Rechts erhöht;

— dem Richter die Möglichkeit bietet, seine Wertungsaufgabe immer häufiger hinter solchen „Polizeivorschriften“ (Pfaff) zu verbergen;

— den Schädiger durch die Behauptung der „Übertretung“ einer solchen Schutznorm ins „Unrecht“ zu versetzen — was die Objektivierung des Verschuldens und damit die Denaturierung seines Gehalts nach sich zieht.

Tatsächlich gehört die Rechtswidrigkeit zum Tatbestanddenken der liberalen Schadenersatzdoktrin, die auf Wertfreiheit erpicht war. In diesem Tatbestanddenken liegt aber wie wir gesehen haben, sogar ein logischer Widerspruch zur Idee eines komparativen Systems. Man kann in ein und demselben System nur entweder tatbestandlich deduktiv oder komperativ vorgehen.

Wird damit aber die Tatbestandssubsumptionsmethode aus rechtspolitischen (wegen der Gefahr des Wertungsreduktionismus) wie auch aus rechtslogischen Gründen abgelehnt, so paßt gleichzeitig auch die mit ihr verbundene Rechtswidrigkeitsvorstellung nicht mehr. Dies muß um so mehr gelten, als Wilburg ausdrücklich feststellt, daß es für die Haftung auf erlaubtes oder unerlaubtes Handeln nicht ankommen kann. Das heißt, die traditionelle Rechtswidrigkeitslehre gerät ohnehin in größte Schwierigkeiten, sobald Schadenersatz für erlaubtes Handeln (Gefährdungshaftung) zugesprochen werden muß. Das bedeutet weiters, daß die Rechtswidrigkeit als Element untrennbar mit der Behauptung des Vorrangs der Verschuldenshaftung verbunden ist: Ein Vorrang, der im Wilburgschen System naturgemäß nicht existiert.

Ich möchte daher den Vorschlag machen, die Rechtswidrigkeit vollständig mit der Idee der Gefährlichkeit zu identifizieren und den angeblichen Mißbilligungscharakter des Unrechtsurteils völlig aus dem Schadenersatz zu eliminieren. Letzteres widerspricht nach meiner Überzeugung ohnehin dem Zweck des Schadenersatzrechtes. Dieser ist allein auf die Zurechnung von Schadensfolgen gerichtet. Ein darüber hinausgehendes Urteil: „Da hat der Schädiger Unrecht getan", ist zwar durchaus möglich, aber in keiner Weise relevant für den Schadenersatz. Denn auch dort, wo ein derartiges Urteil nicht möglich ist, man denke etwa an eine Haftung eines erlaubten Betriebes, wird ja nichtsdestoweniger Schaden zugerechnet. Mit einem Wort, die Empörung über ein schadenersatzrechtlich relevantes Handeln ist zwar möglich, aber unerheblich. Im Grunde verkennt die Rechtswidrigkeitstheorie im Zivilrecht, den relationalen Charakter der Begriffs- und Theorienbildung: Was für das Strafrecht durchaus sinnvoll sein kann, muß für den Zweck des Schadenersatzrechtes keineswegs zutreffen. Für das Schadenersatzrecht genügt also die Gefährlichkeit vollauf: Sie ist das tragende Element der Zurechnung. Ein weiteres darüber hinausgehendes Unwerturteil erscheint überflüssig[34]. Es findet im subjektiven „Mangelvorwurf" ausreichenden Niederschlag.

Gegen diese Auffassung kann auch nicht eingewendet werden, daß sie die Beurteilung der Notwehr übersieht. Soweit es nämlich um die Frage geht, ob Notwehr „gerechtfertigt" war, ist das wiederum keine schadenersatzrelevante Frage.

Geht es hingegen um Haftungsfragen aus einer konkreten Notwehrhandlung, so bedarf es nur der konsequenten Anwendung der Wilburgschen Theorie: Je höher der Grad der Angreifergefährlichkeit, und je „mangelhafter" dessen Verhalten, desto geringer die Gefährlichkeit des Verteidigers und desto größer die Mangelvorwurfsfreiheit seiner Handlung. Das heißt, grade aus der Sicht einer wertenden Beurteilung der Zurechnung, erscheint die zusätzliche Bewertung „das ist rechtswidriger Angriff" entbehrlich. Ob im Einzelfall einer Notwehrhandlung eine Haf-

[34] Damit wird nicht etwa die Bewertungsaufgabe wieder zurückgenommen; vielmehr wird auf eine Unterscheidung der Ebenen Wert gelegt: Für das Urteil, „hier ist Schaden zu vergüten", erscheint das andere Urteil, „hier ist Unrecht geschehen", als Urteil auf der meta-Ebene.

tung gegeben ist, hängt also einzig und allein vom Gewicht der Haftungsgründe ab, die durch das Gewicht der Gegengründe des Angreifers gemindert werden. Also: Nicht weil Notwehr die Rechtswidrigkeit einer Handlung ausschließt, sondern weil keine ausreichenden Haftungsgründe vorliegen, kann ein Ersatzanspruch ausgeschlossen werden.

Bleibt danach nur noch das Problem der bereits vorhandenen Schutznormen und ihres Verhältnisses zu dem von uns bevorzugten Rechtsgüterdenken, das die richterliche Wertungsaufgabe deutlicher hervortreten läßt. Nun ich glaube, niemand kann einen Richter zwingen, in einer Schutznorm mehr als Indiz für eine typische Gefährlichkeit zu sehen. Das heißt, der Gesetzgeber informiert den Richter einfach, daß er in gewissen Lebenslagen oder Situationen mit einer typischen Gefährlichkeit rechnen kann. Meines Erachtens entbindet das den Richter aber nicht davon, sein eigenes Urteil über das Maß der konkreten Verletzungsgefährlichkeit abzugeben. Schutznormen haben für ihn also nur Signalfunktion und dienen keineswegs dazu, jemanden von vornherein ins Unrecht zu versetzen.

3. Die Reduktion der „Adäquanz“

Wilburg unterscheidet zwischen einer Adäquanz, die er als Voraussehbarkeit in einigen seiner Handlungselemente wieder findet, und jener überkommenen „Adäquität des Zusammenhanges“ zwischen Erstverletzung und den weiteren Folgen. Nur die erstere hat für Wilburg Bedeutung. „Die Voraussehbarkeit erscheint im Schadensrecht in mehrfacher Gestalt. Sie fragt zunächst nach der Verletzung des fremden Rechtsgutes und dann nach den weiteren Schadensfolgen[35].“

„Die Wahrscheinlichkeit einer Verletzung, die mit einem Handeln sich verbindet, stellt das Element der Gefährdung, der Inanspruchnahme fremden Gutes dar[36].“ „Die Voraussehbarkeit, die nur fiktiv unter der Annahme gegeben ist, daß der Beurteiler alle Umstände auf seiten des Haftenden kennt, bildet das Haftungselement der inneren Ursächlichkeit, des Veranlassens der Verletzung[37].“

Anderes gilt für die herkömmliche Anwendung der Adäquanz. „Die Adäquität des Zusammenhanges ist als Erfordernis jedoch entbehrlich, wenn man die besprochenen Haftungselemente auch für die weiteren Folgen der Verletzung benutzt.“ Wilburg zeigt nochmals, daß sich der Haftungsumfang eben stets aus dem Zusammenspiel aller be- und entlastenden Haftungselemente ergibt.

---

[35] *Wilburg*, Elemente, 243.

[36] Ebenda, 243.

[37] Ebenda, 243.

Dem ist sicher voll beizupflichten. Nur läßt sich die Adäquität als „Voraussehbarkeit" gänzlich mit der Idee der „Gefährlichkeit" identifizieren. Erkennt man noch, daß die sogenannte „innere Ursächlichkeit" nur der Nullwert in der Wertungsreihe der Gefährlichkeit ist, so kann man die Adäquität als zusätzliches Wertungselement ersatzlos streichen.

Bestenfalls stellt sie jenes Verfahren dar, das zum Beispiel Deutsch als „Adäquanzprüfung" zur Messung seiner „erforderlichen Sorgfalt" benützt: Er läßt nach dem Urteil eines „zu sachgemäßen Verhalten fähigen, einsichtigen Beobachters und Standpunkt des Handelnden" aus dessen Gefährlichkeit prüfen[38]. Für den hier vertretenen Aufbau bestimmt die Adäquanzprüfung das Haftungselement „Gefährlichkeit", und zwar nicht nur als „Höchstmaß der Voraussehbarkeit" wie bei Deutsch, sondern in allen seinen Abstufungen[39].

4. Die Reduktion der Theorie des Rechtswidrigkeitszusammenhanges und des Schutzzweckes der Norm

Ähnlich wie die Adäquität will auch die Theorie des Rechtswidrigkeitszusammenhanges den Haftungsumfang bestimmen. Manche Schriftsteller sind der Meinung, daß zwischen beiden Instrumenten kein Unterschied auszumachen sei[40]. Während nun Wilburg die Adäquität als zusätzliches Begrenzungsinstrument der Haftung vom Standpunkt seines Zusammenspiels konsequent für entbehrlich hält, übernimmt er die Lehre vom Rechtswidrigkeitszusammenhang in vollem Ausmaß.

„Für die Bestimmung des Haftungsumfanges in dem hier vorgeschlagenen Sinn, hat die Lehre besonderen Wert, die zwischen Ursache und Schaden anstelle der Adäquität einen rechtlichen Zusammenhang fordert. Die Ersatzpflicht setzt nach dieser Lehre voraus, daß die durch ein Verhalten verletzte Norm gegen den eingetretenen Schaden schützen wollte." „Diese Auffassung geht zutreffend von dem Zweck des Rechtes aus."

„Das Erfordernis des rechtlichen Zusammenhanges führt somit auf eine Norm zurück. Diese liegt in der Zuweisung bestimmter Güter an einen Berechtigten und in Verboten, die bestimmten Interessen gegen Eingriff zu schützen[41]."

---

[38] *Deutsch*, Fahrlässigkeit und erforderliche Sorgfalt (1963) 404.

[39] Eine gänzlich andere Bedeutung hat die Adäquanz bei *Widmer*. „Adäquat ist eine Haftung schlicht dann, wenn der Schaden genausoweit auf den Schädiger bzw. den zur Verantwortung gezogenen überwälzt wird, wie der maßgebende Haftungs- oder Zurechnungsgrund reicht." *Widmer*, Die abenteuerliche Wissenschaft vom Haftpflichtrecht, ZBJV 1976, 208. Diese Deutung der Adäquanz entspricht jener der hier vertretenen Proportionalität; scharf gegen die herkömmliche Adäquanzlehre nun auch *Lanz*, Alternativen zur Lehre vom adäquaten Kausalzusammenhang (1974) passim.

[40] Vgl. die Zusammenstellung bei *Larenz*, Schuldrecht I 318 f.

[41] *Wilburg*, Elemente, 244.

Auch Wilburg sieht, daß sich die Theorie des Rechtswidrigkeitszusammenhanges damit der Adäquität „nähert", meint aber: „Verschieden ist jedoch der Ausgangspunkt der Betrachtung. Für die Adäquität kommt es auf eine gewöhnliche Voraussehbarkeit im Augenblick des Handelns, für den Rechtswidrigkeitszusammenhang dagegen nur auf die Voraussehbarkeit bei der Setzung der Norm an[42]."

Diese Unterscheidung scheint mir aber nur die unterschiedliche Konkretheit der Gefährlichkeitsbeurteilung wiederzugeben. Tatsächlich kann ein Gesetzgeber die Gefährdungen nur viel oberflächlicher und genereller abschätzen, als der Richter im einzelnen konkreten Fall. Es kann hier also nochmals alles gegen jene Unsitte der wuchernden Schutzgesetzgebung vorgetragen werden, was wir schon im Zusammenhang mit der Rechtswidrigkeit an sich gesagt haben. Zuzugeben ist freilich, daß es sehr konkrete Normen gibt, die einen nur vom Rechtsgut her präzisierten Schutz noch näher bestimmen können. Das ist ganz sicherlich der Fall bei vertraglichen Normen[43], vielleicht auch bei manchen sehr speziellen Verwaltungsnormen. Mit anderen Worten, überall dort, wo sich eine über das normale Rechtsgutschutzurteil hinausgehende konkrete Information über die Einschätzung spezieller Gefahren aus einer Norm ergibt, ist diese Information bei der Beurteilung der Gefährlichkeit im Einzelfall in Anschlag zu bringen. Wenn also beispielsweise bei enem Ringkampf ausdrücklich „alles erlaubt" wird, und diese Vereinbarung ohne sichtbaren Zwang erfolgte, so wird man diese Vereinbarung bei der Prüfung der Schadenersatzfolgen einer Verletzung natürlich einkalkulieren.

Dasselbe gilt für den umgekehrten Fall, das heißt für jenen, da eine Norm eine ganz spezielle Gefahr zum Beispiel in einem Atomreaktor signalisiert. Aber zu all dem bedarf es keiner eigenen Theorie. Das sind im Grunde „faktische" Voraussetzungen für die Prüfung der Gefährlichkeit, die als Zurechnungsbedingung den Rang realer Gegebenheit annehmen: Eine Tafel mit der Aufschrift „Achtung schwere Wasser" signalisiert dieselbe Gefahrdrohung, wie ein reißender Gebirgsbach, über den nur ein schmaler Steg führt.

Im übrigen ist der Ertrag der Rechtswidrigkeitszusammenhangstheorie durchaus problematisch. Daß der Holzfäller im Ehrenzweig-Beispiel[44] nicht schon deshalb für den Tod des Waldbesuchers haftet, weil er gegen das Forstrechtsgesetz verstoßend Bäume fällt, ist weniger ein überzeu-

---

[42] Ebenda, 244.

[43] Es ist daher auch nicht verwunderlich, daß die Theorie des Rechtswidrigkeitszusammenhanges gerade im Vertragsrecht „geboren" wurde, vgl. *Rabel*, Das Recht des Warenkaufes I (1936) 495 ff.

[44] *Ehrenzweig*, System II/1, 48 (Das Beispiel stammt eigentlich von *Becker*; vgl. *Ehrenzweig*, System II/1 48, Anm. 58).

gender Gewinn der Theorie von Rechtswidrigkeitszusammenhang, sondern als Problem überhaupt nur durch die herkömmliche Tatbestands- und Rechtswidrigkeitssicht provoziert: Einer unbefangenen, sprich: rechtsgutbezogenen Betrachtung, würde es ja überhaupt nie in den Sinn kommen, das Forstrechtsgesetz mit dem Unfall des Waldbesuchers in Verbindung zu bringen. Dasselbe gilt auch für das Fahren ohne Führerschein. Wer als juristisch unverbildeter Beobachter das Verhalten eines Kfz-Lenkers bei einem Unfall prüft, wird nach allem Möglichen fragen, nur nicht nach einer Lenkerberechtigung. Mit einem Wort, die Rechtswidrigkeitszusammenhangstheorie ist entweder banal oder unfruchtbar. Banal, wenn sie nur bestätigt, was unbefangene Betrachtung ohnehin erwartet, unfruchtbar, wenn die Normen immer allgemeiner werden, so daß der Beurteiler praktisch alles aus ihnen herauslesen kann, was er für sein Ergebnis braucht.

Vom hier vertretenen Aufbau aus, bestimmen immer und ausschließlich die Haftungsgründe selbst auch den Umfang. Spezielle Normen über die Einschränkung oder Erweiterung der Gefährlichkeit, werden bei dieser Prüfung genauso in Betracht gezogen, wie Erscheinungen der Außenwelt, die zusätzliche Gefahren oder zusätzliche Einschränkungen solcher Gefahren signalisieren.

Beides, Adäquität und Rechtswidrigkeitszusammenhang können daher restlos im Element der Gefährlichkeit aufgehen.

III. Das Problem der Basiswertung

Die Reduktion der Verursachung als selbständiges Haftungselement und ihre Erklärung als „Nullwert" der Wertungsreihe Gefährlichkeit hat die Zahl der zu kombinierenden Elemente von 4 auf 3 gesenkt, ohne den Erklärungswert zu beeinträchtigen. Dadurch wird die Operationalisierbarkeit des Wilburgschen Systems zweifellos erhöht: Drei Elemente lassen sich leichter kombinieren, als vier. Die Erkenntnis der Entbehrlichkeit von Adäquanz und Rechtswidrigkeitszusammenhang als zusätzliche Begrenzungsinstrumente, helfen den herrschenden Begriffsdschungel nochmals erheblich zu lichten.

Die Reduktion, oder besser gesagt die Eliminierung des Begriffes Rechtswidrigkeit aus der Wertungsreihe „Mangel-Vorwurf" und ihre Gleichsetzung mit der Wertungsreihe „Gefährlichkeit" bringt schließlich für die Operationalisierung den Vorteil klarer Zuordnungen: Die Wertungsreihe „Mangel" kennzeichnet nur noch persönlich vorwerfbare Verhaltensweisen — vom Nullpunkt des objektiven Fehlers bis hin zum höchsten Grad des Vorsatzes. Umgekehrt ist mit der Eliminierung des „Unrechts" als einer schadenersatzrechtlich irrelevanten Kategorie die Wertungsreihe „Gefährlichkeit" auf rein objektive Zurechnungen eingeschränkt. Damit stehen sich beide Wertungsreihen etwa im Sinne Steinbachs als Ausdruck der individuellen und der objektiven Zurechnung gegenüber[45].

In den einzelnen Schadensfällen wird diese „idealtypische" Trennung freilich häufig vermischt erscheinen. So setzt der Vorwurf fahrlässigen Handelns in aller Regel ein gewisses Maß an objektiver Gefährlichkeit voraus. Der individuelle Vorwurf „anders handeln zu können" wird meist auf der Basis objektiv gefährlichen Handelns formuliert. Dieses Zusammentreffen von objektiver und individueller Zurechnung ist nicht zuletzt für die Annahme der Basiswertung interessant. Man könnte nämlich eine solche Basiswertung einfach als „Festsetzung", das heißt, als eine nicht weiter begründbare logische Voraussetzung einführen. Das Vorbild wäre hier zum Beispiel die Grundnorm Kelsens. Der Preis einer solchen Festsetzung kann freilich hoch sein: Die inhaltliche Lebensfremdheit. Daher dürfte sich empfehlen, nicht irgendeine Festsetzung zu wählen, sondern eine Wertungskonvention zu suchen, die einige Chancen hat, der Praxis zu entsprechen.

In diesem Zusammenhang erinnern wir uns an die Kontroverse zwischen Rümelin und Müller-Erzbach bezüglich der Reichweite einer Haftung von gefährlichen Betrieben. Rümelin stellte dabei darauf ab, was ein „vernünftiger Mann" voraussehen kann[46]. Das ist ungefähr das „Typische", der üblicherweise voraussehbare Schaden. Steinbach hat gezeigt, daß solche „Normalschäden" vor allem im genormten Verkehr (Post, Bahn) eine große Rolle spielen. Aber auch im Handelsrecht hat sich eine solche abstrakt-typische Betrachtungsweise herausgebildet[47].

Diese Ausrichtung des Schadenersatzes auf das Typische und Erwartbare, entsprach durchaus der natürlichen kaum je näher reflektierten Auffassung vor dem BGB. Untypische Schäden wurden damals auch nicht für kausal gehalten.

Ja sogar Mommsen, der Erfinder der wertfreien Differenzhypothese, wollte den Verletzer eines anderen nicht für dessen Tod haften lassen, wenn dieser infolge der ärztlichen Behandlung eintritt. Das erschien ihm zu ungewöhnlich. Nur „ausnahmsweise", nämlich bei „Wissentlichkeit" meinte Mommsen, könne man „ohne Unbilligkeit sagen, daß er (der Täter) die Gefahr für alle Eventualitäten übernimmt"[48].

---

[45] So nunmehr auch *Schäfer*, in: Soziale Sicherung gegen Unfälle im Straßenverkehr (1975) 159: „Man müßte bei der Belastung des Schädigers beides im Auge behalten, bie Betriebsgefahr und das verwerfbare individuelle Fehlverhalten."

[46] *Rümelin*, Schadenersatz ohne Verschulden, 10.

[47] Vgl. *Steindorff*, Abstrakte und konkrete Schadensberechnung, AcP 158 (1960) 431.

[48] *Mommsen*, Interesse, 163.

Derselben Auffassung ist man auch schon im römischen Recht bei Fällen der inscientia medici, aber auch bei der negligentia domini im Falle der Verletzung eines Sklaven.

Celsus entscheidet ausdrücklich, daß derjenige, der einen fremden Sklaven verletzt, nur für die gewöhnlichen Folgen dieser Verletzung einsteht, nicht aber für occiso servo, wenn ein anderer den verletzt daliegenden Sklaven tötet. Eine Ausnahme macht er nur wiederum im Falle des dolus[49].

Man kann also sicher davon ausgehen, daß vor den pseudowissenschaftlichen Kausalitätstheorien des Liberalismus der „typisch vertretbare" Schaden eine natürliche Grenze bildete. Sie kehrt auch heute in den verschiedensten Formen des normativen Schadens, am deutlichsten wohl im objektiven Schaden Wilburgs, Bydlinskis und Steiningers in das „entpönalisierte" Schadenersatzrecht zurück. Es scheint naheliegend, diesen „typischen Schaden" in die Basiswertung des komperativen Systems aufzunehmen.

Für diese Basiswertung ist freilich noch die Verknüpfung des typischen Schadens mit den Haftungsgründen im Normalfall notwendig. Dem „Prinzip der Verschuldenshaftung" folgend, wird man wohl von der Annahme ausgehen dürfen, daß der zumindest fahrlässig, mit mittlerer Gefährlichkeit Handelnde grundsätzlich den typischen Schaden zu ersetzen hatte. Damit wäre auch schon eine Basiswertung gefunden, die relativ konkret und nachvollziehbar ist, ohne im Einzelfall festzulegen, was ein typisch erwartbarer Schaden ist.

Im folgenden soll nun versucht werden, mit Hilfe dieser Basiswertung, in einem einfachen, nach den Kriterien der subjektiven Vorwerfbarkeit und der objektiven Gefährlichkeit aufbauenden System die Erklärungskraft der herkömmlichen Verschuldenstheorien exakter zu prüfen, als das bisher möglich war.

---

[49] Vgl. dazu *Mommsen*, Interesse, 142 Anm. 7.

B. Die traditionellen drei Typen der Schadenersatzentwicklung und der zunehmende Erklärungsschwund der Theorie

I. Der Archetypus der individuellen Schadenszurechnung (Proportionaler Verschuldenstyp)

Man kann die oben gewählte Basiswertung als Archetypus des individuellen Schadensausgleichs sehen: Haftung des zumindest leicht fahrlässigen Schädigers bei mittlerer Gefährlichkeit für typische Schäden (Grundsatz der Proportionalität). Dieser Typus läßt sich graphisch etwa folgendermaßen darstellen:

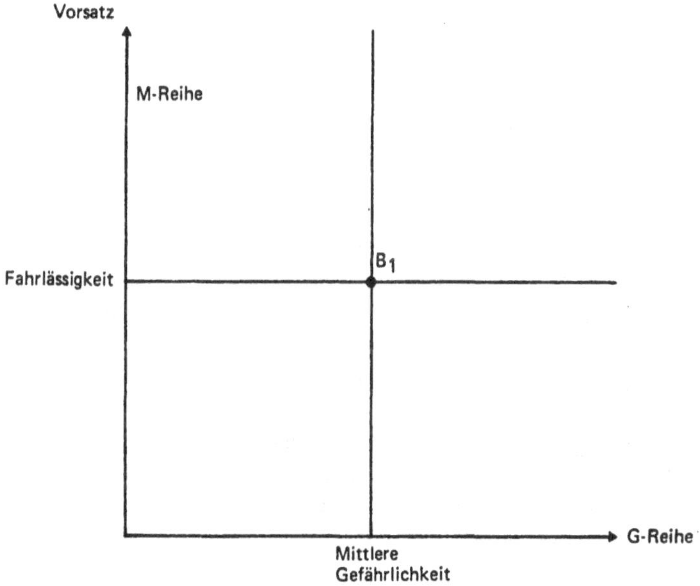

In der Wertungsreihe „Mangel-Vorwurf" (M-Reihe) war und ist der herrschenden Lehre bestenfalls die Abstufung nach Fahrlässigkeit und Vorsatz bekannt.

In der Wertungsreihe „Gefährlichkeit" (G-Reihe) kannte man in Entsprechung zum „typischen Schadenersatz" vor allem die mittlere Gefährlichkeit.

B 1 bezeichnet nunmehr die Basiswertung 1, die den Archetypus der individuellen Schadenszurechnung charakterisiert.

Mit Hilfe dieser Basisentscheidung B 1 lassen sich nun im Archetypus folgende Haftungsfälle eindeutig erklären:

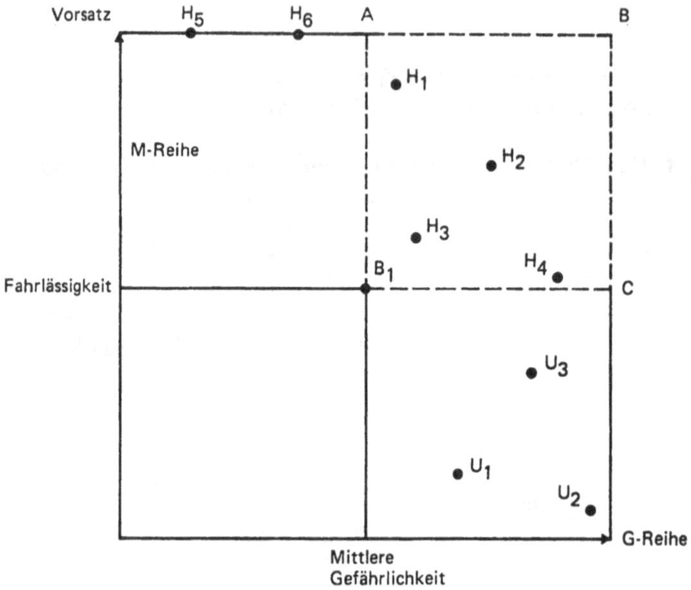

Im strichlierten Quadrat B 1 - A - B - C lassen sich alle Haftungsfälle H 1, H 2, H 3, H 4 . . . H n schon aus der Basiswertung B 1 erklären: Jeder Haftungsfall liegt über diesen Basisvoraussetzungen. Also ist entweder ein höherer Verschuldensvorwurf oder eine größere Gefährlichkeit oder beides gegeben.

Die Haftungsfälle H 5, H 6 . . . H n erklären sich aus der Zusatzannahme, daß bei dolus selbst Schäden ersetzt werden, die durch ungewöhnliche Verkettungen von Umständen entstehen, wo also die Gefährlichkeit der Haftung unter der Basisentscheidung B 1 sinkt. Hierher gehören die erwähnten Fälle der „inscientia medici" und andere mehr. Hier gehören aber auch die sogenannten „Anlagefälle": A beleidigt B, dieser begeht Selbstmord.

Aber schon im Archetypus treten Fälle auf, die weder aus der Basisentscheidung B 1, noch mit Hilfe der Zusatzannahme über „Dolushaftungen" begründet werden können. Es sind dies die in unserer Graphik als U 1, U 2, U 3 . . . U n eingezeichneten Fälle. Also beispielsweise die Haftung der Unzurechnungsfähigen, die Haftung bei Zufall, oder die Haftung bei der alten actio de effusis vel deiectis.

Derartige Fälle hielten sich jedoch in Grenzen, die „Normalentscheidung" scheint durch sie — bei allerdings geringer Aufwendung an wissenschaftlicher Grundsätzlichkeit — wenig gestört worden zu sein.

II. Der ökonomische Produzententypus (der nicht-proportionale BGB-Typus)

Der Archetypus wird im Zuge der Umstrukturierung des Schadenersatzrechts durch die liberale Doktrin vom „ökonomischen Typus" oder BGB-Typus abgelöst. Im Mittelpunkt des Interesses steht dabei der „tüchtige Unternehmer".

Charakteristisch für den Typus sind:

Die Basiswertung B 1 bleibt mit der — sehr wesentlichen — Einschränkung, daß nicht mehr der typische Schaden sondern der „verursachte" ersetzt wird (Aufgabe der Idee der Proportionalität).

Die schon im Archetypus bekannten „Ausnahmen" werden in zwei Richtungen hin entscheidend erweitert

1. Schäden, die mit geringer Gefährlichkeit (unwahrscheinliche Kausalverläufe, cascade de dommage) verursacht werden, werden auch ohne Vorliegen von dolus ersetzt. Letztlich genügt sogar bereits leichte Fahrlässigkeit. Darunter wird zunächst noch nicht gegangen.
2. Die schon bekannten „Ausnahmen" von der Verschuldenshaftung werden nun spezialgesetzlich beträchtlich erweitert. Dabei bleibt man allerdings im Bereich der „erhöhten Gefährlichkeit".

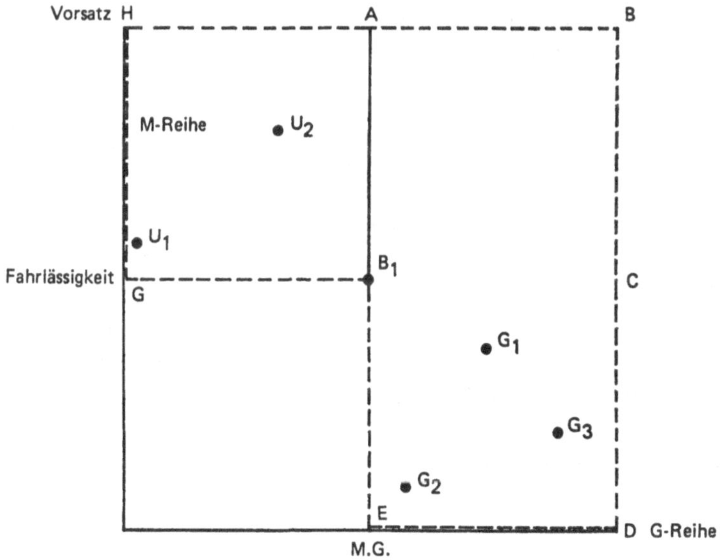

Bei gleichbleibendem Angebot an Erklärungsinstrumenten aber einen auf das dreifach gestiegene Bereich der zu klärenden Fälle, tritt der Erklärungsschwund bereits drastisch zutage. Denn theoretisch bekennt man sich immer noch zum Vorrang der Verschuldenshaftung. Damit wird aber alles unterhalb der Linie G - B 1 - C zur unerklärbaren „Ausnahme“. Dazu gehören nun vor allem G 1, G 2, G 3 ... G n, die einfach jeweils kasuistische „positiv rechtliche“ Erklärungen durch irgendein Gesetz erhalten. Faktisch lassen sie sich nur durch den gleichzeitigen Ausbau der kollektiven Versicherungsvorsorge erklären.

U 1, U 2 ... U n gelten offiziell als noch vom Verschuldensgrundsatz umfaßt. Sie weichen aber bereits sowohl von der Basis der Entscheidung B 1 als auch von der Zusatzannahme der Dolushaftung ab: Entgegen B 1 wird schon bei geringerer als mittlerer Gefährlichkeit gehaftet; entgegen der Dolushaftung genügt bereits leichte Fahrlässigkeit. U 1 könnte z. B. der Prothesenfall sein: Eine leicht fahrlässige Verletzung — ein unwahrscheinlicher Kausalverlauf — geringe Gefährlichkeit — dennoch volle Haftung. Damit setzt der Prozeß der Entnormativisierung ein: Die Fahrlässigkeit wird bereits zum bloßen Auslösemechanismus der Haftung, dessen Umfang nur noch durch den jeweils eingetretenen Erfolg begrenzt ist.

III. Der sozialisierungsreife Konsumententypus (Entnormativisierte Typus)

Der gesellschaftliche Einstellungswandel vom individuellen liberalen Haftungsverständnis, das vor allem den Produzenten schützt, zum sozialen Haftungsverständnis, das den Konsumentenschutz in den Vordergrund stellt, wirkt sich auch auf den Schadenersatztypus aus. Er ist vor allem bestimmt durch die enorme Verbreitung kollektiver Schadensvorsorge.

Charakteristisch für den sozialisierungsreifen Konsumententypus sind:

1. Die faktische und zum Teil auch schon juristische Preisgabe der Basisentscheidung B 1 durch Aufnahme der „Produzentenhaftung“, also einer Haftung bei rein objektivem Mangel und für weniger als mittlere Gefährlichkeit.

2. Durch ständige Objektivierung des Verschuldens, die ihrerseits eine Folge der sozialen Konsumentschutzhaltung in Verbindung mit dem Ausbau der kollektiven Vorsorge ist.

3. Die vollständige Preisgabe der Idee der normativen Zurechnung durch Beseitigung selbst des Mitverschuldens als Anspruchsminderung sowie durch rein betriebswirtschaftlich motivierte Regreßabwicklungen bei Vorsorgekollektiven.

Der Bereich der erklärungsbedürftigen Fälle hat sich seit der Basisentscheidung B 1 vervierfacht. Das Erklärungspotential ist hingegen gleichgeblieben. Der Erklärungsschwund ist demnach proportional der Bereichsvergrößerung.

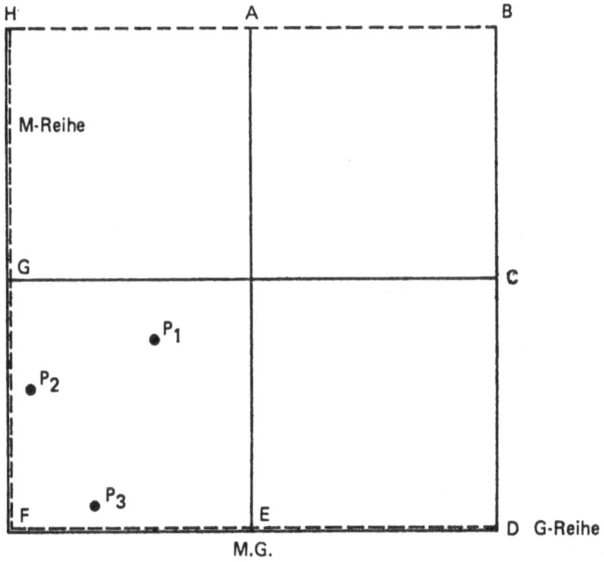

Die Fälle P 1, B 2, P 3 ... P n sind Fälle der sogenannten Produzentenhaftung. Diese wird nun im Gegensatz zur älteren Haftung bei besonders gefährlichen Betrieben auch schon bei geringer und geringster Gefährlichkeit, sowie bei rein objektiven Mängeln angenommen. Ein Fahrrad von Hunderttausenden einer Serie hat einen Fehler. Die Haftung läßt sich weder auf Verschulden, noch auf hohe Gefährlichkeit gründen. Sie ist vom Standpunkt der Basisentscheidung B 1 vollkommen unerklärlich geworden. Damit ist aber auch die Theorie kraftlos: Die totale Sozialisierung erscheint nur noch als konsequenter Schritt.

3. Kapitel

Das soziale Element im Haftungsrecht

A. Zur Entwicklung des sozialen Elements im Haftungsrecht

I. Der Stand der sozialen Abwägung bis zum Wilburgschen System

Auch das Wilburgsche System kann zunächst den Erklärungsschwund der Theorie nicht auffangen. Denn selbst wenn man sich die Mangelreihe (M-Reihe) nicht nur im Vorsatz und Fahrlässigkeit geteilt vorstellt, sondern durchgehend gestuft; und wenn man auch die G-Reihe einer solchen komparativen Stufung unterzieht, ändert sich nichts daran, daß alle Fälle außerhalb des Erklärungsquadrates in Archetypus das heißt außerhalb der Basisentscheidung B 1 unerklärlich bleiben.

Das ließe sich nun theoretisch leicht ändern. Man brauchte die Basisentscheidung nur zum Beispiel in den Schnittpunkt der M-Reihe und der G-Reihe zu verlegen. In diesem Augenblick würden sofort alle Haftungsfälle theoretisch erklärbar sein. Der Preis für diesen Erklärungsgewinn, ist aber gerade was, was man offensichtlich nicht will: Die totale Sozialisierung des Schadensrechts. Denn wenn im Normalfall bereits ohne die Spur des persönlichen Vorwurfs und bei aller geringster Gefährlichkeit gehaftet wird, so wäre die Basisentscheidung letztlich der völligen Entnormativisierung des Ersatzrechtes angepaßt. Was nun wieder nur erklärlich ist, wenn man den Schaden vollkommen auf Kollektive verteilen kann.

Nun haben aber bereits die ABGB-Redaktoren, wie wir sahen, einen ganz anderen Vorschlag gemacht. Sie führten neben der Idee des Verschuldens (Mangelreihe) und der Gefährlichkit auch noch die ökonomische Tragfähigkeit eines Ersatzes ins Treffen. Jedenfalls in jenen Fällen, in denen unterhalb der Basisentscheidung B 1 Haftungen angemessen erschienen: Bei Zurechnungsunfähigen und bei sogenannten willkürlichen Handlungen. Ja selbst die Haftung des Gebäudebesitzers für den vom Sturm losgerissenen Ziegel haben schon die Römer mit dem Hinweis auf seine Wohlhabenheit bei gleichzeitiger Armut des Geschädigten zu erklären versucht.

Diese dritte Komponente des „Vermögens“ wird bei Unger bereits stark verallgemeinert. Er versucht sie auch auf die Gehilfenhaftung auszuweiten. Der Umfang der Haftung eines Unternehmers wird damit „billigerweise“ erweitert. Mit diesem Schritt ist bereits ein gewissr Übergang vom rein individuellen privaten Gedanken des Vermögens zu jenen sozialen Gesichtspunkten erreicht, den dann vor allem Steinbach und Mataja betont haben: Die soziale Verantwortlichkeit des Unternehmens.

Steinbach ging sogar soweit, diesen Bereich als „gemeinwirtschaftliches Schadensverteilungsgebiet“ vom traditionellen individuellen abzugrenzen. Wobei er freilich mit der komparativen Formel: je weniger Verschulden desto mehr Rücksicht auf das Vermögen, eine Verbindung beider Bereiche andeutete.

Nähere Hinweise auf die Funktion dieses Zusammenspiels zwischen beiden Bereichen und vor allem auf die Frage, wie sich diese Zusatzannahme der Vermögensabwägung auf die Basisentscheidung auswirkt, finden sich bei Steinbach nicht[1].

II. Die soziale Abwägung als Haftungselement

Wilburg hat nun wie schon gesagt „die wirtschaftliche Kraft des Haftenden oder die Zumutbarkeit, sich gegen Haftung zu versichern“, als selbständiges Haftungselement in sein bewegliches System eingebaut[2]. Operationalisierungsanweisungen dazu fehlen aber fast vollständig. So meint Wilburg zunächst nur, daß die Veranlassung und die wirtschaftliche Kraft (Elemente 2 und 4) „bei entsprechender Intensität ... eine Verantwortlichkeit begründen“ können[3].

Ein weiterer Hinweis findet sich im Zusammenhang mit Wilburgs Sphären-Theorie: „Eine Haftung des bloßen Eigentümers kommt ausnahmsweise aus dem Gedanken der besonderen Zahlungsfähigkeit bei wertvollen Sachen in Betracht[4].“

Bei der Begründung der Haftung von Unzurechnungsfähigen meint Wilburg, daß sich diese „zunächst auf dem Gesichtspunkt der Verursachung und des Mangels“ ergebe. „Als weiteres Haftungselement kommt unter Umständen die Gefährdung hinzu.“

„Schließlich spielt, wie schon in den Gesetzen, die Vermögenslage der Beteiligten eine Rolle. Alle diese Gesichtspunkte sind bei der Bestimmung der Ersatzpflicht zu erwägen[5].“

---

[1] Vgl. dazu auch *Bienenfeld*, Die Haftung ohne Verschulden (1933), 110. *Esser*, Grundlagen und Entwicklung der Gefährdungshaftung (1969), 145; *Hannak*, Die Verteilung der Schäden aus gefährlicher Kraft (1960), 8. *Weyers*, Unfallschäden, 526, rechtsvergleichend zum „deepest pocket“ Argument: *Calabresi*, Some thoughts on Risk Distribution and the Law of Torts, 70, Yale L. J. (1961) 499 ff. (530).

[2] *Wilburg*, Elemente, 29.

[3] Ebenda, 29.

[4] Ebenda, 41.

[5] Ebenda, 82 f.

Bei der Frage der Tierhaftung bemerkt Wilburg: „In letzter Linie kann auch eine allgemeine Abwägung der Vermögensinteressen des Geschädigten und des Tierhalters Beachtung finden[6]."

Im Zusammenhang mit einer Neuordnung der Gefährdungshaftung legt Wilburg eine Reihe von Thesen vor[7]:

„Bestehen und Größe des Ersatzes sind durch das Maß bestimmt, in welchem

1. ein Unternehmen des Beschädigers das Rechtsgebiet durch Eingriff oder Gefährdung in Anspruch nimmt;
2. die Umstände, die zur Verletzung führen, auf Seite des Beschädigers liegen;
3. bei der Verletzung die Seite des Beschädigers der Vorwurf des Mangels trifft.

Diese Gesichtspunkte sind in ihrem Zusammenspiel im einzelnen Fall zu würdigen. Belasten sie die Seite des Geschädigten, so fallen sie gegen die Haftung ins Gewicht: Das Gericht kann bei der Entscheidung auf die Interessen der Gesellschaft und auf die wirtschaftliche Lage der Beteiligten Rücksicht nehmen."

Für die Frage der Haftung des Hausbesitzers, dem „Verwaltungsnormen" die Obsorge für den Gehsteig auferlegen, meint Wilburg, daß dies nur zur Verbilligung der Kosten geschehe. „Es besteht aber kein ausreichender Grund, mit der Überwälzung von Arbeit auch noch ein Risiko zu verbinden."

„Die Ablehnung der Verantwortlichkeit entspricht sowohl dem Rechtsempfinden, als auch insbesondere der Erwägung, das nicht der Hausherr, sondern überwiegend die Mieter ihre Last zu tragen haben. Es kann daher auch nicht der Gesichtspunkt des Vermögens für die Haftung sprechen[8]." Schließlich meint Wilburg bei der Zusammenfassung seiner Grundsätze als These IV:

„Der Richter hat bei der Bestimmung der Ersatzpflicht das Interesse der Allgemeinheit zu beachten.

Er kann in seiner Entscheidung auch auf die Vermögensverhältnisse der Beteiligten Rücksicht nehmen[9]."

Es fällt zunächst auf, daß die Formulierung des Haftungselementes mit Fortschritten des Werkes immer „fakultativer" wird. Steht die wirtschaftliche Tragfähigkeit zunächst als vollkommen gleichrangiges Haf-

---

[6] Ebenda, 87 f.

[7] Ebenda, 101 f.

[8] Ebenda, 228.

[9] Ebenda, 285.

tungselement neben den übrigen, das sogar allein mit der Verursachung „bei entsprechender Intensität“ eine Verantwortlichkeit „zu begründen vermag“ so ist es letztlich im Belieben des Richters gelegen, ob er die Vermögensverhältnisse berücksichtigt oder nicht. Ebenso wird im Laufe der Arbeit nicht mehr betont, daß es Wilburg zunächst gleichwertig neben dem Vermögen auf die Idee der Versicherbarkeit ankam. Deshalb scheint auch seine Auffassung zur Haftungsfreiheit des Hausherrn bei mangelnder Gehsteigpflege in einem gewissen Widerspruch zu ursprünglichen Formulierung des Elements der wirtschaftlichen Tragfähigkeit zu stehen: Gerade der Hausherr, der die Prämienlast auf die Mieter verteilen kann, scheint doch als Zurechnungssubjekt naheliegend. Dagegen bleibt die ökonomische Tragfähigkeit als bloße Abwägung der privaten Vermögensverhältnisse ein rein individuales Zurechnungselement. Schließlich bekommt die wirtschaftliche Tragfähigkeit in den Abschlußthesen Wilburgs die Gestalt eines subsidiär und fakultativen Haftungsgrundes, der sozusagen nur noch als Zünglein an der Waage wirkt.

III. Die Weiterentwicklung des Wilburgschen Ansatzes

1. Die Bedeutung des Unternehmerbegriffes für die soziale Abwägung

Von zentraler Bedeutung, aber mit den einzelnen Elementen nur lose verbunden, ist der Begriff des Unternehmens im Wilburgschen System.

Diese Idee ist im Grunde uralt. Sie folgt in ihrer Ausgestaltung der jeweiligen gesellschaftlichen Verfassung. Die feudale Agrarstruktur von der römischen Klassik angefangen, bis herauf in die Neuzeit, stellte Grund und Boden in den Mittelpunkt des Interesses. Die vielfältigen und fein durchdachten nachbarschaftlichen Rechte und Pflichten sind Ausdruck der konzentrierten Zurechnung auf das agrarische Eigentum. Der Immissionenschutz, die Enteignungsbeschränkungen, die Haftung aus enteignungsgleichen Eingriffen und dergleichen mehr, beweisen auch heute noch die bedeutsame Stellung von Grund und Boden.

Im Zuge der Industrialisierung wurde dem agrarischen Unternehmer vor allem der gewerbliche und industrielle zur Seite gestellt. Seiner schadensersatzrechtlichen Verantwortlichkeit war in erster Linie das Werk Matajas gewidmet. Er sah in der Konzentration von Kapital und Arbeit einen Grund für erhöhte Verantwortlichkeit, vor allem dann, wenn das Unternehmen eine Gefährdung für seine Umgebung bedeutete.

Diese Vorstellung ist von der liberalen BGB-Doktrin geradezu auf den Kopf gestellt worden: Der tüchtige Unternehmer bekam ein Haftungsprivileg auf Kosten der Konsumenten.

Wilburg hat die ursprünglichen Verhältnisse wieder hergestellt: Nicht Privilegierung, sondern gesteigerte Verantwortlichkeit zeichnen den

Unternehmer aus. Gleichzeitig erweiterte Wilburg, wie gesagt, den Unternehmensbegriff beträchtlich über die agrarischen und gewerblich-industriellen Dimensionen hinaus. Bei ihm sind gefährliche Tätigkeiten wie Tennisspielen, Schießen usw. Unternehmungen.

Ich glaube, daß in diesem Unternehmensbegriff eine „soziale" Fortsetzung des individualistisch gefärbten Abwägungselements der „Vermögensverhältnisse" zu suchen ist. Die verbindende Idee liegt dabei in der „Tragfähigkeit" von Verantwortung: Demnach ist die Zurechnung zur Person, wie auch die Zurechnung zum Unternehmen nur dann und nur insoweit sinnvoll, als die Person bzw. das Unternehmen die Folgen der Zurechnung tatsächlich tragen kann. An die Stelle der liberalen Fiktion des tüchtigen und ökonomisch wohlausgestatteten Individuums bzw. Unternehmers, muß die realistische Frage nach der aktuellen Leistungsfähigkeit treten.

2. Das Verhältnis der individuellen und sozialen Tragfähigkeit von Verantwortung

Die herrschende Lehre kümmert sich um die Tragfähigkeit weder im individuellen noch im sozialen Bereich. Die Schadenersatzforderung besteht vollkommen unabhängig davon, ob der Schuldner sie auch jemals leisten kann. Dasselbe gilt für die Zurechnung von Fehlern an ein Unternehmen im Sinne der Produzentenhaftung.

Hinzu kommt weiters, daß der Bereich des Sozialen nahezu gänzlich aus der Betrachtung der Schadenersatzdoktrin ausgeklammert ist.

Demgegenüber versucht der hier vertretene Aufbau zweierlei:

- Einmal, den Schadenersatzanspruch stets mit der Idee der individuellen Tragfähigkeit abzuwägen;
- zum zweiten, den Gesichtspunkt der sozialen Tragfähigkeit nicht aus der Betrachtung auszuklammern, sondern mit jenem der individuellen zu verzahnen.

Eine solche Verzahnung hat nun schon Steinbach versucht. Er meinte: Je weniger Verschulden, desto mehr Rücksicht auf die Vermögensverhältnisse. Tatsächlich gibt es nun Bereiche, die sehr individuell-subjektive Rechtsgüter betreffen: Den Genuß eines Bildes, die Freude an einer Tätigkeit, die Lust frei zu leben, und dergleichen.

Die Rechtsordnungen regieren auf derartige Werte unterschiedlich. Wir haben gesehen, daß die Rangordnung der Intensität des Rechtsschutzes ein bezeichnendes Licht auf die in einer Gesellschaft vorherrschenden Wertvorstellungen wirft. Gemeinsam ist den Rechtsordnungen, daß sie derartige Rechte teils wegen ihrer leichten Verletzbarkeit, teils wegen der stark subjektiven Eigenheiten, nur gegen persönlich stark vorwerfbare Handlungen schützen[10]. Das heißt, der Ersatz wird nur bei grobem Verschulden und bei relativ hoher Gefährlichkeit gewährt.

Je konventioneller und je banal-existenzieller die Rechtsgüter werden (Eigentum, Gesundheit, Leben), desto stärker wird auch der Schutz und desto geringer das Gewicht der Haftungselemente.

Tatsächlich hängt nun damit auch die Steinbachsche Beobachtung zusammen: Ob ein Millionär ein Buch entwendet oder ein armer Schlucker, ob das einem Millionär passiert oder dem Bezieher einer Notstandshilfe, berührt das Rechtsgefühl wenig: Bei solchen Rechtsgütern und bei Eingriffen in solche Rechtsgüter, spielt die Vermögensabwägung tatsächlich eine geringe Rolle. Das ändert sich aber sofort, wenn das Buch nicht nur entzogen wird, sondern auch beschädigt. Dasselbe gilt für den beschmutzten Anzug, oder die leichte Verletzung durch eine Unachtsamkeit. Hier setzt die Frage nach der „Tragfähigkeit" der Verantwortung bereits ein.

Diese Beobachtungen legen nun schon den Gedanken nahe, zwischen der Größe des Mangels, der Gefährlichkeit und den betroffenen Rechtsgütern einerseits, und der Beachtlichkeit der Tragfähigkeit von Zurechnung andererseits, ein komparatives Verhältnis zu sehen. Die Frage ist nur, wie man diese komparativen Prädikate näher bestimmt und auf welche Weise sie eine ähnliche Wertreihe entstehen lassen, wie das beim „Mangel" und bei der „Gefährlichkeit" möglich ist.

Ich möchte dafür im Sinne Ottes vorschlagen, folgende Kriterien der „individuell-sozialen Tragfähigkeit von Verantwortung", kurz: der sozialen Verantwortlichkeit, anzunehmen:

a) Die finanzielle Ausstattung. Sie trifft Einzelpersonen genauso wie Unternehmungen im weitesten Sinne.
b) Die Stellung des „Unternehmens" im Verkehr bezüglich seiner Möglichkeiten, Schäden weiter zu verteilen bzw. zu versichern (Marktposition).
c) Die Unternehmensgröße.

Auf diese Weise läßt sich der Begriff der sozialen Verantwortlichkeit durch folgende komparative Relationen operationalisieren:

Je größer das Unternehmen,
je verteilungswirksamer seine Position,
und je finanzkräftiger,
desto größer seine soziale Verantwortlichkeit.

Für Einzelpersonen kommt in aller Regel freilich nur das dritte Element in Frage: Die Finanzkraft. In Größe und Verteilungswirksamkeit werden Individuen kaum differieren.

[10] Vgl. *Steindorff*, AcP 158, 479 f.

3. *Das Verhältnis des hier vertretenen (Unternehmens)Begriffs der „sozialen Verantwortlichkeit" zum „Cheapest Cost Avoider" im Economic Approach*

Die Parallelen der hier vertretenen „sozialen Verantwortlichkeit" mit dem „cheapest cost avoider" als Verteilungsinstrument bei Calabresi fällt ins Auge. Calabresi will, wie gesagt, demjenigen die Haftung auferlegen, der die beste „risk bearing capacity" hat. Das ist nun in der Regel jemand, der das Risiko überblicken und kontrollieren kann, der es leichter zu versichern vermag und dessen Marktposition eine möglichst totale „Pulverisierung" des Schadenspräventionsaufwandes über den Preis ermöglicht[11].

Dazu kommt noch das „deepest pocket"-Argument, wonach auch noch die Finanzkraft eine Rolle spielt[12]. Damit ist die Verwandtschaft zwischen dem economic approach und der hier vertretenen Auffassung augenscheinlich.

Dennoch existiert ein entscheidender Unterschied. Er liegt, abgesehen von der sozialen Blindheit des rein marktwirtschaftlichen risk spreading in der dogmatischen Verwendung: Während Calabresi und andere Schadensökonomen in erster Linie den Markt über die Schadensverteilung entscheiden lassen, stellt die „soziale Verantwortlichkeit" im hier vertretenen Aufbau nur ein Element neben zwei weiteren dar.

Dadurch entgeht der komparative Schadensaufbau nach dem beweglichen System einer Reihe von Vorwürfen, die gegen den economic approach erhoben wurden. So vor allem der Vorwurf der monokausalen Erklärung durch die Fixierung auf das marktwirtschaftliche risk spreading[13]. Tatsächlich soll eben auch die Idee der objektiven Gefährlichkeit und des subjektiven Mangels mit erwogen werden. Das steigert gleichzeitig die Erklärungskraft der Theorie und ihre Lebensnähe: Die zahlreichen Fallgestaltungen des täglichen Lebens müssen nicht in „Sonderbegründungen" und zusätzlichen „Systemen" eingefangen werden, sondern erhalten eine durchgehende Erklärung.

4. *Das Verhältnis der komparativen sozialen Verantwortlichkeit zur Basiswertung*

Vollen Informationsgehalt erhält die komperative Struktur der sozialen Verantwortlichkeit freilich erst wieder in Verbindung mit einer Basiswertung.

---

[11] *Calabresi,* Costs of Accidents, 166.

[12] *Calabresi,* Costs of Accidents, 39 ff.; *Weyers,* Unfallschäden, 517 ff.

[13] Siehe dazu noch näher unten 238 ff.

Den Vorwurf der „monokausalen Erklärung" erhebt vor allem auch *Buchanan,* Good Economics-Bad Law, 60 Virginia L. R. (1974) 483 ff.

Zurechnungssubjekt der liberalen Schadensdoktrin war, wie wir sahen, der selbstverantwortliche ökonomisch wohl fundierte Bürger, bzw. Unternehmer, dem Haftungen ohne weiteres zumutbar waren. Die Crux dieser Basiswertung lag nun darin, daß sie in der großen Mehrzahl der Fälle eine reine Fiktion darstellt: 80 % aller Schadenersatzforderungen waren um die Jahrhundertwende mangels Liquidität des Schädigers obsolet. Darum hatte sich der Liberalismus aber kraft seiner Hausphilosophie nicht zu kümmern: Das war im Sinne der Arbeitsteilung bestenfalls Aufgabe des Vollstreckungsbeamten[14].

Es war hier nicht anders, als in den allgemeinen Bereichen des bürgerlichen Rechtsschutzes: Freiheit, Gleichheit vor dem Gesetz und dergleichen, waren Formeln, deren Inhalt nicht real geprüft wurde, sondern die als bloße Postulate in den Raum gestellt wurden. Wie in allen diesen Bereichen scheint nun auch im Schadenersatzrecht die weitere Entwicklung das Interesse auf den konkreten Inhalt der proklamierten Rechte zu konzentrieren. Das heißt, an die Stelle der liberalen Fiktion der ökonomischen Tragfähigkeit, muß die real-empirische Feststellung treten. Im Sinne unserer Basiswertung B 1 formuliert, heißt das: Die schadenersatzrechtliche Verbindlichkeit für den typischen Schaden, tritt bei dem fahrlässigen, mit mittlerer Gefährlichkeit handelnden Schädiger nur dann ein, wenn dieser ein durchschnittliches Maß an sozialer Veranwortlichkeit erreicht. Dieses Maß bestimmt sich in komparativer Weise nach der Größe des Unternehmens, seiner Verteilungswirksamkeit und seiner Finanzkraft. Für die Basiswertung B 1 genügt jeweils ein mittleres Maß.

Damit scheint nun ein vollausgereiftes drittes Erklärungsinstrument zur Verfügung zu stehen. Ich möchte dieses Element die Wertungsreihe der sozialen Verantwortlichkeit bezeichnen. Ihren höchsten Grad erreicht es in der Organisationsform des Staates: Er bietet den größtmöglichen Umfang, die höchste Verteilungswirksamkeit und nahezu unbeschränkte Finanzkraft. Am anderen Ende der Wertungsreihe steht das vermögenslose, isolierte, verteilungsunfähige Individuum. Die Mitte wird durch die Basisentscheidung B 1 gebildet.

---

[14] Vgl. *Schäfer*, in: Soziale Sicherung gegen Unfälle im Straßenverkehr? (1975), 89, wo er verlangt, das Axiom aufzugeben, „daß mit dem Urteil über die Zahlungspflicht eines bestimmten Schädigers bereits darüber entschieden sei, was der Geschädigte bekommen kann“.

B. Der vierte Typus: Das individuell soziale Schadensverteilungsmodell

I. Die grafische Darstellung

Für diesen Typus stehen nunmehr drei komparative Wertreihen als „Elemente“ der Haftung zur Verfügung.

(1) Die Wertungsreihe der objektiven Gefährlichkeit, die von der bloßen Verursachung bis zum Eingriff reicht (G-Reihe).

(2) Die Wertungsreihe des individuellen Mangel-Vorwurfs, die vom objektiven Fehler bis zum Vorsatz reicht (M-Reihe).

(3) Die Wertungsreihe der sozialen Verantwortlichkeit, die vom vermögenslosen, isolierten, verteilungsunfähigen Individuum bis zum Staat als Zurechnungsträger reicht (SV-Reihe).

Die Basiswertung für diesen Schadenstypus B 1 lautet: Der fahrlässige, mit mittlerer Gefährlichkeit handelnde Schädiger haftet für den typischen Schaden, sofern er eine mittlere soziale Verantwortlichkeit erreicht. In der grafischen Darstellung sieht das etwa folgendermaßen aus:

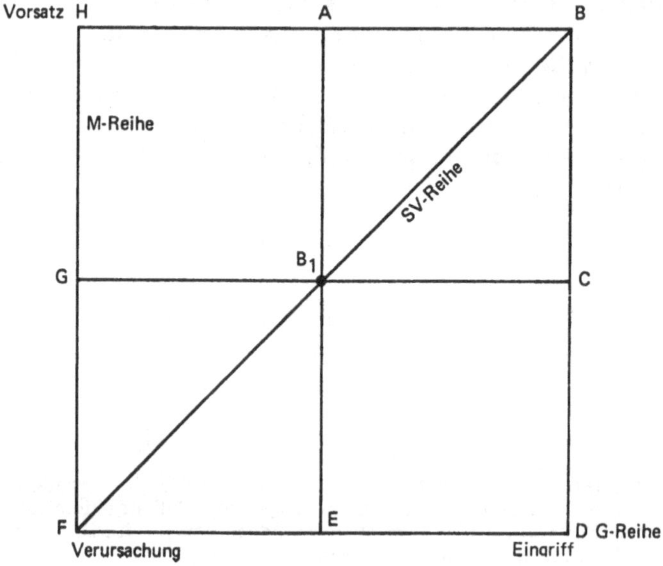

In Punkt F schneiden sich:

(a) Der objektive Fehler als „Nullpunkt“ der individuellen Mangel-Vorwurfsreihe.

(b) Die bloße Verursachung als „Nullpunkt“ der objektiven Gefährlichkeitsreihe.

(c) Der Staat als höchster Grad der sozialen Verantwortlichkeit.

In Punkt B schneiden sich:

(a) Vorsatz als höchster Grad der individuellen Mangelvorwurfsreihe.

(b) Der Eingriff als höchster Grad der objektiven Gefährlichkeitsreihe.

(c) Das vermögenslose, isolierte, verteilungsunwirksame Individuum als „Nullpunkt“ der sozialen Verantwortlichkeitsreihe.

Auf diese Weise können nun eine Reihe von Fällen erklärt werden, für die die traditionelle Theorie keine Begründung hatte. Eine Haftung in Punkt F beispielsweise, das wäre etwa der schon mehrfach erwähnte Impfschadenfall, erklärt sich bei bloßer Verursachung und rein objektivem Fehler allein durch den höchsten Grad der sozialen Verantwortlichkeit, die in der Institution des Staates verkörpert ist. Das heißt, ein kleineres Unternehmen als der Staat, würde eine derartige Haftung für den typischen Schaden nicht mehr rechtfertigen.

Eine Haftung im Punkt B erklärt sich bei geringster sozialer Verantwortlichkeit vor allem aus der Größe der Gefährlichkeit und der Schwere des Vorsatzvorwurfs: Zum Beispiel ein wohlüberlegter geplanter Mord.

Die weitere Ableitungstechnik erfolgt im üblichen Koordinatenverfahren:

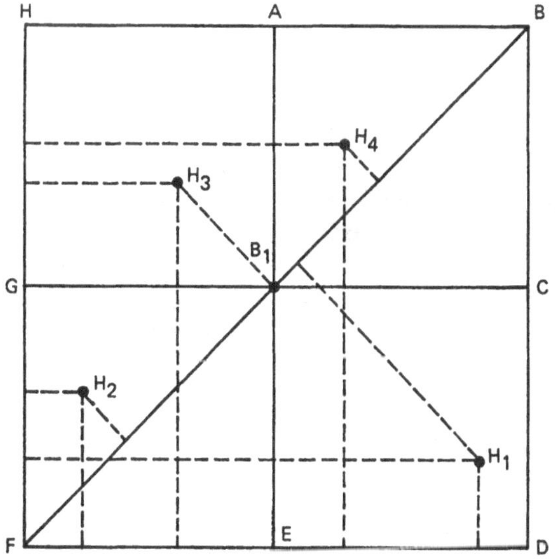

Erklärung für den Punkt H 1: Der Schädiger in H 1 haftet bei sehr hoher Gefährlichkeit und geringem individuellen Vorwurf nur, wenn er eine, nur etwas unter dem Durchschnitt (Kreuzung der strichlierten Linie mit der SV-Reihe) liegende soziale Verantwortlichkeit aufweist.

Konkreter Fall: Das spielende sechsjährige Kind, (geringer Vorwurf), das selbst ein kleines Vermögen besitzt (durchschnittliche soziale Verantwortlichkeit) verletzt durch einen Pfeilschuß (sehr hohe Gefährlichkeit) ein anderes Kind am Auge.

Erklärung für H 2: Der Schädiger in H 2 haftet für geringe Gefährlichkeit bei geringem individuellen Vorwurf nur, wenn er eine sehr hohe soziale Verantwortlichkeit aufweist (zum Beispiel großer Unternehmer).

Konkreter Fall: Haftung einer großen Fahrradfabrik für einen sehr selten vorkommenden technischen Mangel, der zu einem Schaden führt.

Erklärung für H 3: Der Schädiger haftet bei unterdurchschnittlicher Gefährlichkeit, aber grobem Verschulden nur dann, wenn er die durchschnittliche soziale Verantwortlichkeit erreicht.

Konkreter Fall: Die grob fahrlässige Verletzung eines anderen, der durch einen Fehler des Arztes eine Verschlimmerung seines Zustandes erleidet (der ärztliche Fehler darf freilich nicht ganz unerwartbar sein — was zum Beispiel bei sehr grobem Verschulden der Fall wäre).

Erklärung für H 4: Da hier die Schadenersatzhaftung völlig im Bereich des individuellen Archetypus liegt, genügt bereits geringe soziale Verantwortlichkeit.

Erklärung für den Punkt D: Haftung eines durchschnittlich sozialen Verantwortungsträgers (kleinerer Unternehmer, finanziell ausreichend gesichertes Individuum) bei bewußtem, aber vorwurfsfreiem, weil erlaubtem Eingriff, zum Beispiel Enteignung nach dem Wasserrechtsgesetz oder Eingriff nach § 364 a ABGB.

Erklärung für den Punkt H: Haftung eines durchschnittlichen sozialen Verantwortungsträgers bei ziemlich unvorhersehbarem „Kausalverlauf“ sprich „geringer Gefährlichkeit“, aber Vorsatz: Zum Beispiel Tod des Bluterkranken durch eine Ohrfeige, die eine innere Blutung hervorruft.

II. Überwindung der „Dreispurigkeit“ durch die Kombination der drei Wertungsreihen?

1. Praxisbezogenheit

Die traditionelle Ansicht trennt Verschuldenshaftung, Gefährdung und Versicherung bzw. soziale Vorsorge gänzlich voneinander. Im hier vertretenen Aufbau hingegen erfolgt eine systematische Integration dieser drei „Systeme“ in einem umfassenden Modell. Der Schadenersatz wird so in jedem Fall das Ergebnis einer Kombination der drei Wertungsreihen.

Trotz seiner idealtypischen Konstruktion ist dieses Modell zunächst schon einmal erheblich lebensnäher. Denn es stimmt einfach nicht, daß sich „Unglücksschäden“ und „Unrechtsschäden“ in der Praxis genauso säuberlich getrennt ereignen, wie sich das die herrschende Lehre vorstellt. In aller Regel wird nicht nur gefährlich gehandelt, sondern auch fehlerhaft. Selbst das EKHG, das als Prototyp der Gefährdungshaftung gilt, rechnet in § 9 ausdrücklich mit „Fehlern in der Beschaffenheit“ des Kfz. bzw. der Eisenbahn oder mit einem „Versagen der Verrichtungen“.

Gleichzeitig trägt der hier vertretene Aufbau dem allgemeinen Bedürfnis Rechnung, eine Haftung auch vom Grad der sozialen Verantwortlichkeit des Haftungsträgers abhängig zu machen. Das heißt, er macht das offen, was die Praxis bislang mehr oder weniger verdeckt gemacht hat — er berücksichtigt die Größe und Finanzkraft eines Unternehmens, seine Versicherbarkeit und Distributionsstärke.

2. *Umfassender Erklärungsanspruch*

Mit dieser erhöhten Lebensnähe steigt aber auch die theoretische Erklärungskraft des Modells. Eine ganze Reihe von Fällen, die bislang nur mit einem hoffnungslos überdehnten Verschuldensbegriff, mit abenteuerlichen Beweislastspielen oder sonstigen Kunstkniffen (siehe Produzentenhaftung oder Impfschäden) unter den Hut der Verschuldenshaftung gebracht werden konnten, finden nun ebenso eine Erklärung wie die als bloße „Sonderfälle“ apostrophierten „Gefährdungshaftungen“, „Aufopferungsansprüche“, „Eingriffshaftungen“, „soziale Entschädigungen“[1], oder jene Gruppen, die Hedemann pauschal unter das Prinzip der konkreten Billigkeit gestellt hat: §§ 1310 und 1306 a ABGB bzw. § 829 BGB.

Das gilt für den Notstand genauso wie für die erlaubten Immissionen, für die Impfschäden, Produzentenhaftungsfälle, Enteignungen und enteignungsgleiche Eingriffe. Der erwähnte Punkt D im Schaubild zeigt, daß es zumindest eines durchschnittlich potenten Unternehmens bedarf, um eine Eingriffshaftung zu rechtfertigen. Wobei die Versicherbarkeit des Risikos eben auch ein konstituierendes Merkmal der SV-Wertungsreihe darstellt.

3. *Verbindung zwischen „kausaler“ und „finaler“ Betrachtung des Schadenersatzes*

Besonderes Interesse verdient der Punkt F. In ihm vollzieht sich nämlich der Übergang von der traditionell kausalen Sicht des Schadener-

[1] Vgl. dazu oben S. 47 ff.

satzes zur finalen Betrachtung. So läßt sich ein Impfschaden, wie gesagt, immer noch kausal erklären: Der Staat „verursacht“ den Schaden über den Impfzwang. Dasselbe gilt vielleicht auch noch für die oben erwähnten Schäden infolge von defekten Verkehrsampeln oder geborstenen gemeindlichen Wasserleitungen[2]: Da der Betroffene in beiden Fällen zur Benützung gezwungen ist (dort kraft „hoheitlicher“ Gestaltung, hier wegen des faktischen Monopols), kann man noch durchaus von einer Verursachung sprechen.

Schwieriger wird eine solche kausale Erklärung aber schon im Fall der Entschädigung für Verbrechensopfer[3]. Hier zu sagen, der Staat habe die Verletzungen der Opfer „verursacht“, weil er die Verbrechen nicht verhindern konnte, wirkt doch ziemlich lebensfremd. Ganz deutlich wird das schließlich bei der eigentlichen Unfallversicherung: Daß der Staat hier etwa den Arbeitsunfall oder Wegeunfall „verursacht“ hat, weil er zuwenig gegen mangelhafte Betriebssicherheit und schlechte Autofahrer unternimmt, wird kaum jemand behaupten wollen. Damit bleibt als Erklärung nur noch ein Element: Die soziale Verantwortlichkeit des Staates.

Auf diese Weise leistet das hier vertretene Modell eine bedeutsame „Brückenfunktion“: Durch die Offenlegung der sozialen Verantwortlichkeit als Haftungselement erhalten die kausale Haftungserklärung und die finale Betrachtungsweise der reinen Unfallversicherung ein wichtiges Bindeglied.

4. Die dogmatische Erklärung der „Grundversorgungstheorie“ (Deutsch, Stoll)

Die jüngere Schadenersatzlehre empfindet die Notwendigkeit einer solchen Verbindung ganz offenkundig, wenn sie, wie z. B. Deutsch, von der Kombination einer unfallversicherungsrechtlichen Grundversorgung mit dem traditionellen Haftungsrecht spricht[4]. Nur gibt es im herkömmlichen Aufbau keine systematische Verbindungslinie: Da die soziale Verantwortlichkeit im überkommenen dogmatischen System fehlt, muß die Basisversorgung ein Fremdkörper im individuellen Zurechnungsrecht bleiben[5].

5. Proportionalität auch im „finalen Bereich“?

Im übrigen ist die Idee einer Grundversorgung in mehrfacher Hinsicht aufschlußreich. Sie zeigt zunächst, daß die Unfallversicherung nur ge-

---

[2] Vgl. dazu oben S. 47.

[3] Vgl. dazu oben S. 47.

[4] *Deutsch*, Haftungsrecht I (1976), 415 ff.

[5] Wie ja auch die ganze Behandlung des Komplexes „Versicherung statt Haftung“ z. B. bei *Deutsch* keinerlei Verzahnung mit der übrigen Darstellung findet.

eignet ist, Personenschäden zu ersetzen, und auch diese nur bis zu einer bestimmten Höhe. Zum andern sieht es so aus, als würde diese Grundversorgung in einem richtig verstandenen Zusammenhang eigentlich nur die Funktion eines Schutzes vor existentiellen Gefährdungen haben[6]. Damit steht aber auch diese Basisvorsorge unter einem gewissen Proportionalitätsdruck: Wo sich eine Vergütung nur noch aus dem Gesichtspunkt der sozialen Verantwortung des Staates rechtfertigen läßt, dort muß es sich um Personenschäden handeln (also Ausschluß von Sachschäden) die existenzgefährdend sind[7]. (Hier liegt der Unterschied etwa zu den Impfschadensfällen, bei denen auch noch der Mangel und die, wenn auch sehr geringe Gefährlichkeit in Betracht hommen.)

6. Reform des Regresses

Nicht geklärt ist vor allem auch die Frage, wie die Entschädigungsleistung des Staates auf die Verantwortung eines Dritten wirkt. Entlastet sie diesen Dritten oder nicht?

Da es in unserem Zusammenhang nicht um eine detaillierte Klärung dieser entscheidenden Frage geht, müssen einige Striche einer Skizze genügen. So kann zunächst die Überlegung nützlich sein, daß die Grundversorgung durch den Staat auch mit den Mitteln aller Staatsbürger finanziert wird. (Was exakt dann zutreffen wird, wenn die Volksunfallversicherung verwirklicht ist.) Daher sollte die Grundversorgung jedenfalls den nur objektiv fehlerhaften, gering gefährlichen Durchschnittsbürger von der Vergütung weiterer Personenschäden entlasten[8].

Wie das alles im einzelnen aussehen soll, kann hier freilich nicht gezeigt werden. Dazu sind zweifellos noch weitere eingehende Forschungen notwendig.

III. Vom Schadenersatz zur Schadensverteilung

Schon diese letzteren Überlegungen zur Verzahnung von Haftpflichtrecht und sozialer Vorsorge über die durchgehende Idee der sozialen Verantwortung haben so nebenbei bereits eine Schwäche des hier vertretenen Modells gezeigt: Es verharrt immer noch bei der überkommenen Vorstellung einer Schadensüberwälzung. Der beim Geschädigten eingetretene Schaden soll auf den Schädiger überwälzt werden. Doch zeigen schon hier nähere Betrachtungen, daß sehr wohl Umstände im Bereich

---

[6] Richtig verstanden dürfte das System der sozialen Sicherheit als Ganzes nur den Sinn eines existentiellen Mindestschutzes haben.

[7] Was im Konzept der Proportionalität bedeutet: Hohe Schutzwürdigkeit des Rechtsgutes — daher genügt für die „Haftung" bereits ein (nicht sehr soziales) Element: Die soziale Verantwortung des Staates.

[8] Also jedenfalls Beseitigung des Regresses bei den üblichen „Gefährdungsfällen".

des Geschädigten mit zu erwägen sind, vor allem eben die Frage, welches Rechtsgut (Person, Sache) eigentlich verletzt wurde.

Diese zweiseitige Betrachtung gilt nun aber ganz allgemein. Die Sicht der „Schadensüberwälzung" ohne Rücksicht auf die Umstände und Verhaltensweisen beim Geschädigten widerspricht nicht nur dem fundamentalen Prinzip der Interessenabwägung, sondern auch dem Gleichbehandlungsgrundsatz. Demnach hat auch der Schädiger das Recht, daß seine Position, seine Interessenlage überprüft und mit abgewogen wird. Das heißt, eine gerechte Theorie des Schadensrechts muß ihren bisherigen, rein parteiischen Ansatzpunkt beim Interesse des Geschädigten aufgeben und sozusagen in die neutrale Mitte verlegen. Dorthin, wo im Grunde stets die Position des unabhängigen Richters sein müßte: Der Schaden wird daher nicht mehr länger „ersetzt", in dem Sinn, daß er vom Geschädigten auf den Schädiger abgewälzt wird, sondern zwischen dem Schädiger und dem Geschädigten „verteilt"[9].

1. Zur Dogmatik des „typischen" Schadens

Die herschende Ansicht trägt diesem Gebot der Schadensverteilung nur sehr begrenzt Rechnung. Sie gestattet „ausnahmsweise" eine Beachtung der Schädigerinteressen im Rahmen des „Mitverschuldens", oder teilt die Vorstellung des deutschen Referentenentwurfes von einer „billigen Reduktion" außergewöhnlich hoher Schäden.

Vom hier vertretenen Aufbau aus gibt es weder ein derartiges „Ausnahme-Denken", noch eine so enge Beschränkung der beachtlichen Schädigerinteressen auf das Mitverschulden und die Billigkeit bei außergewöhnlichen Lagen. Vielmehr müssen in jedem Fall ausnahmslos alle Gründe (Wertungsreihen) auf der Seite des Geschädigten wie des Schädigers gegeneinander abgewogen werden. Die Verteilung des Schadens erfolgt nach dem Ergebnis dieser Abwägung.

Im einzelnen liefert die Basiswertung dafür einen wichtigen Ausgangspunkt. Wir haben schon oben festgehalten, daß diese Basiswertung keine freie „Festsetzung" ist, sondern daß sie den Anspruch erhebt, einer jahrhundertlangen Wertungskonvention zu entsprechen: Wer typisch gefährlich und typisch vorwerfbar handelt, soll auch für die typischen Folgen einstehen. Das entspricht dem Empfinden und darin steckt auch schon eine erste Abwägung. Untypische Schäden trägt grundsätzlich einmal der Geschädigte selbst.

Diese zunächst noch recht rohe Schadensverteilung bedarf einer genaueren Erfassung ihrer Grundlagen. Am Anfang der Abwägung steht

---

[9] Ähnlich schon *Hannak*, Die Verbreitung der Schäden aus gefährlicher Kraft (1960) passim; *Esser*, Grundlagen und Entwicklung der Gefährdungshaftung (1969) 120 ff. *Calabresi*, Risk Distribution, 517.

die Frage nach dem Rechtsgut und seiner Verletzung: Was hält man für schutzwürdig? In welchem Umfang hält man es für schutzwürdig? Will man also z. B. nur Leben, Gesundheit und Eigentum schützen oder auch „Freiheit" und „Ehre"? Sollen nur die sogenannten „absoluten" Rechtsgüter ersatzfähig sein oder genügen schon schwächere Rechtspositionen? Ist also beispielsweise ein Eingriff in ein Forderungsrecht schutzwürdig? Das sind alles Fragen, die mit den allgemeinen gesellschaftlichen Wertungen eng verbunden sind. Amerikanische Gerichte sind bei der Verletzung „immaterieller" Rechtsgüter ungleich sensibler als europäische. Österreichische Gerichte reagieren, wie wir sahen, bei der Verletzung von Freiheitsrechten in der Regel überhaupt nicht.

Bis vor kurzem waren auch Forderungsrechte aus der Schadensersatzbetrachtung so gut wie ausgeschlossen. Bestenfalls gewährte man bei „sittenwidrigen" Eingriffen eine Vergütung. Heute zeigt sich ein steigendes Bedürfnis nach schadensersatzrechtlichem Schutz jener bloß obligatorisch berechtigten „Wohnungseigentümer", die schon jahrelang in ihren Wohnungen leben ohne im Grundbuch zu stehen und deren Wohnungen z. B. ein zweites Mal verkauft werden[10].

Schon diese Beobachtungen zeigen, daß die Frage, was denn nun eigentlich ein ersatzfähiger Schaden ist, von der herrschenden Ansicht viel zu stiefmütterlich behandelt wird. Vor allem kommt der klare Bewertungscharakter nicht ausreichend zum Vorschein. Ebenso hat man der Tatsache zuwenig Beachtung geschenkt, daß die Intensität des Schutzes einzelner Rechtsgüter und rechtlicher Positionen durchaus unterschiedlich ist. So reagiert die erwähnte „Grundversorgung" nur bei existenzgefährdenden Personenschäden, nicht aber bei Sachschäden. Ebenso erfordern nicht verletzbare und schwer erkennbare Rechte wie z. B. Forderungsrechte oder Immaterialgüterrechte, Wettbewerbspositionen u. dgl. schwere Eingriffe. Man kann sagen: Je leichter verletzbar die Rechtsposition, desto schwerer muß der Eingriff wiegen, um eine Haftung zu erzeugen[11]. Unter Umständen spielt auch die äußere Erkennbarkeit einer Rechtsposition eine Rolle (z. B. durch Besitz verstärkte Obligation).

Diese interessante Verbindung zwischen Rechtsgut und Eingriff hat aber auch für die Frage des „typischen" Schadens Bedeutung. Wer mit einem mittelgroßen Auto bei einer Geschwindigkeit von 50 km/h auf ein vergleichbares Kraftfahrzeug auffährt, erzeugt damit einen fast schon mathematisch exakt programmierbaren Schaden. Denn dafür gibt es zahllose Erfahrungen.

---

[10] Vgl. dazu *Schilcher/Holzer*, Der Schadenersatzrechtliche Schutz des Traditionserwerbers bei Doppelveräußerung von Liegenschaften, JBl 1974, 445 ff. und 512 ff.

[11] So auch *Schilcher/Holzer*, JBl 1974, 513.

Aber auch sonst weiß man ungefähr, was eine „typisch" gefährliche Handlung bewirken kann und was nicht. Wer einem anderen mit mittlerer Kraft eine Ohrfeige gibt, bewirkt damit einen voraussehbaren Schaden. Stirbt das Opfer an der Ohrfeige, so ist diese Folge nicht mehr typisch. Sie erscheint als „überproportional" im Vergleich zur Gefährlichkeit der Handlung. Das bedeutet aber, daß diese Folge ihren Grund woanders haben muß: So z. B. in der besonderen Konstitution des Geschädigten oder in einer besonders unglücklichen „Verkettung" von Umständen. Der Geohrfeigte rutscht etwa auf einer Bananenschale aus und fällt mit dem Hinterkopf auf einen zufällig dort liegenden spitzen Metallgegenstand.

Derartige außergewöhnliche Schadensfolgen können auch bei jenem erwähnten Autoauffahrunfall entstehen. Dann etwa, wenn eines der Autos z. B. Dynamit geladen hat, das einen riesigen Brand verursacht.

Aber auch harmlosere Fallkonstellationen können zu untypischen Folgen führen. So wenn sich jemand mit einer besonders wertvollen chinesischen Vase in das Gedränge eines Festzuges mengt: Auch hier hat man das Gefühl, daß eine typische Unachtsamkeit in einem solchen Gedränge die Zerstörung dieser Vase nicht tragen kann. So wenig, wie ein außergewöhnliches Einkommen des Verletzten, eine besondere Schadensneigung — z. B. schwache Nerven oder Blutereigenschaft.

2. *Schadensbegrenzung durch normative Risikoverteilung*

Die herrschende Ansicht bürdet alle diese Konstellationen dem Schädiger auf. Von dem hier vertretenen Standpunkt aus ist das keineswegs selbstverständlich. Die Wertvorstellung der Proportionalität verlangt vielmehr, daß die Haftung des Eingreifers jeweils nur soweit reicht als das Gewicht der 3 Wertungsreihen trägt. Anders ausgedrückt: Der Schädiger hat das Recht, bei ungefähr gleich schwerem Eingriff mit einer ungefähr gleich schweren Ersatzbelastung rechnen zu dürfen. Klettert der „eingetretene" Schaden über das Maß des typischen hinaus, so müssen auch die Haftungsgründe über die Basiswertung hinausreichen, um diese Folgen zu erfassen: Besonders hohe Gefährlichkeit und besonders schwerer Vorwurf, oder besonders hohe soziale Verantwortlichkeit und besondere Gefährlichkeit bzw. eine Kombination aller 3 Wertungsreihen, die über B_1 hinausreicht.

Daher haftet derjenige, der einem anderen eine Ohrfeige gibt, an deren Folgen er stirbt, nicht automatisch für den Tod. Nur wenn der Schädiger die besonders anfällige Gesundheit kannte, oder wenn er gar Bananenschale und Metallgegenstand in der Absicht „arrangierte", daß sie zu dem gewünschten Erfolg führen möchten, dann kann sich sein Ersatz auch auf diese Folgen erstrecken. Die besondere Finanzkraft des Schädigers ist allerdings nur bei krassen Divergenzen (Millionär — armer Schlucker) beachtlich: Es ist ja zu bedenken, daß die finanzielle Abwägung nur ein Kriterium der sozialen Verantwortlichkeit bildet; Verteilungswirksamkeit und Größe des „Unternehmens“ fallen bei Individuen in aller Regel weg.

Nach meiner Auffassung trägt auch der Beförderer des Dynamits diese „Gefährdung“ selbst. Ebenso wie jeder für „außergewöhnliche“ Einkommen, wertvolle Gegenstände im gewöhnlichen Verkehr — nicht zuletzt aber auch für ungeschickte Gehilfen, für Fehler in der Betriebsorganisation, für „äußere“ Zufälle (Unwetter, Steinschläge) und schließlich für alle gefährdenden Handlungen einstehen muß, die er selbst setzt. (Handeln „auf eigene Gefahr“, „Mitverschulden“.)

Mit einem Wort, die hier vertretene Auffassung kehrt die traditionelle Sicht geradezu um: Dort wird ohne Rücksicht auf das Gewicht der Zurechnungselemente jedes Risiko dem Schädiger aufgebürdet und nur „ausnahmsweise“ bei „außergewöhnlich hohem Schaden“ wieder reduziert[12]. Hier bekommt der Schädiger von vornherein nur soviel Ersatz zugerechnet, als das dem Gewicht seiner Haftungsgründe entspricht. Über das „Typische“ hinausgehende Vergütungen sind nur bei „außergewöhnlich“ schwerwiegenden Haftungselementen möglich, zu denen freilich auch die hohe soziale Verantwortlichkeit zählen kann.

Die Basiswertung kann freilich nicht nur überschritten, sondern auch unterschritten werden. Hier zeigt sich die Geschmeidigkeit einer nicht tatbestandlichen Lösung besonders deutlich. Dort, wo dem Schädiger nur sehr geringe Gefährlichkeit und ein geringer Vorwurf gemacht werden können, wird das starre Entweder-Oder der überkommenen Doktrin besonders unerträglich. Angenommen, jemand bohrt einen großen Staudamm an, um damit heimlich einen kleinen Garten zu bewässern. Unter normalen Umständen würde diese kleine „Zapfung“ überhaupt nicht auffallen. Kommt es aber in der Folge zu ungewöhnlichen Regengüssen, die den Staudamm bersten lassen, so kann die herrschende Lehre den „Beitrag“ desjenigen, der den Damm angezapft hat, nur entweder vollkommen ignorieren, oder zur Basis der Haftung für den gesamten Schaden machen. Beides ist unausgewogen: Keinerlei Haftung entspricht nicht der Erhöhung der Schadensgefährlichkeit, dem vorwerfbaren Verhalten und dem Nutzen, den der „Schädiger“ u. U. schon lange aus seiner heimlichen Bewässerung zieht (beachtlich im Rahmen der SV-Reihe). Volle Haftung bürdet dem Schädiger wieder das Risiko der „cause etrangère“ auf, ohne daß dafür ein einsichtiger Grund vorhanden wäre. Richtiger erscheint ein „Teilersatz“ nach Maßgabe der Gewichte der Haftungselemente auf seiten des Schädigers und des Geschädigten.

---

[12] So jedenfalls nach dem Willen des deutschen Referentenentwurfs.

IV. Grafische Darstellung der Schadensverteilung

1. Die Umsetzung der bisherigen Darstellung

Um vom Idealtypus der komparativen Schadensverteilung zu den „Realtypen" zu gelangen, muß man zunächst die Darstellungsweise ändern. Das bisherige Verfahren eignet sich nicht zur Abbildung der Gegengründe auf der Seite des Geschädigten und des Schadensmaßes, das über den typischen Schaden hinausgeht, bzw. unter diesem Schaden bleibt. Wir wählen daher eine sehr einfache Darstellung: (Annahme: Hohe Gefährlichkeit $G = 10$, mittlerer Vorwurf, $M = 5$ und unterdurchschnittliche soziale Verantwortung $SV = 3{,}5$.

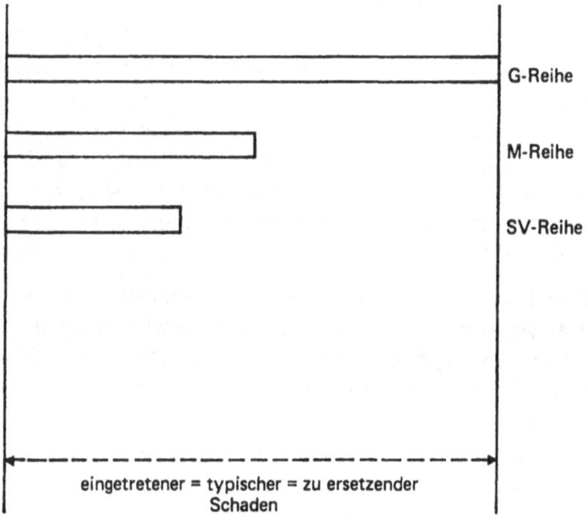

G = 10
M = 5
SV = 3,5

2. Berücksichtigung der Gegengründe: Der zu ersetzende Schaden liegt unter dem eingetretenen und typischen Schaden

Annahmen: a) Typischer und eingetretener Schaden sind gleich

b) Die Gefährlichkeit des Schädigers G_1 sinkt auf 6,5, Vorwurf und soziale Verantwortlichkeit bleiben gleich ($M_1 = 5$, $SV_1 = 3{,}5$).

c) Auf der Seite des Geschädigten wirkt eine Gefährlichkeit $G_2 = 3{,}5$ mit. Ebenso trifft ihn ein geringer Vorwurf $M_2 = 0{,}5$ und eine geringe soziale Verantwortlichkeit $SV_2 = 1$.

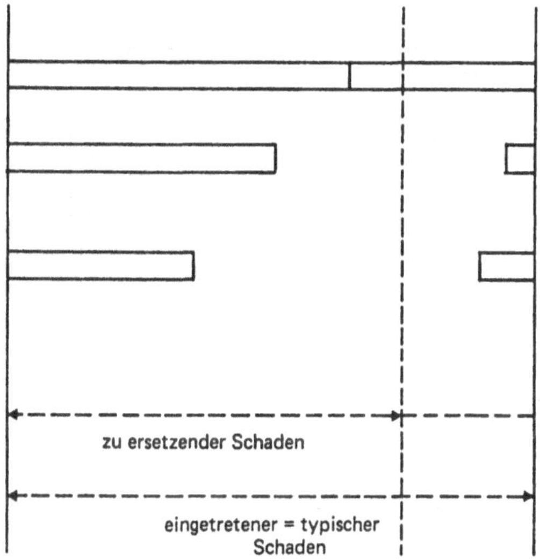

G_1	= 6,5		G_2	= 3,5	
M_1	= 5		M_2	= 0,5	
SV_1	= 3,5		SV_2	= 1	
Ersatz	15	:		5	= 3 : 1

3. Mitwirkende hohe Selbstgefährdung

Annahmen: a) Typischer und eingetretener Schaden sind gleich.

b) Alle drei Wertungsreihen beim Schädiger sinken stark $G_1 = 2{,}5$; $M_1 = 2$; $SV_1 = 1{,}5$.

c) Beim Geschädigten steigt nur die Selbstgefährdung sehr hoch ($G_2 = 7{,}5$), die beiden übrigen Elemente bleiben gleich, d. h. also unter den Werten des Schädigers ($M_2 = 0{,}5$; $SV_2 = 1$).

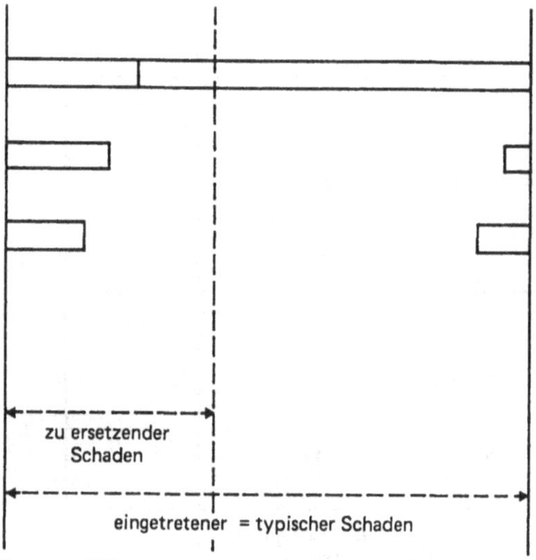

G_1	= 2,5	G_2	= 7,5
M_1	= 2	M_2	= 0,5
SV_1	= 1,5	SV_2	= 1
Einsatz	6 :		9 = 2 : 3

4. Wirkung einer „äußeren Ursache“: eingetretener, typischer und zu ersetzender Schaden fallen auseinander

Annahmen: a) Der eingetretene Schaden wächst durch eine äußere Ursache über den typischen hinaus. (In der Zeichnung durch den Abstand zwischen *A* und *B* gekennzeichnet.)

b) Die übrigen Haftungsvoraussetzungen bei Schädiger und Geschädigtem bleiben gleich.

c) Dadurch trägt der Geschädigte den über den typischen Schaden hinausgehenden Schaden im vollen Umfang selbst.

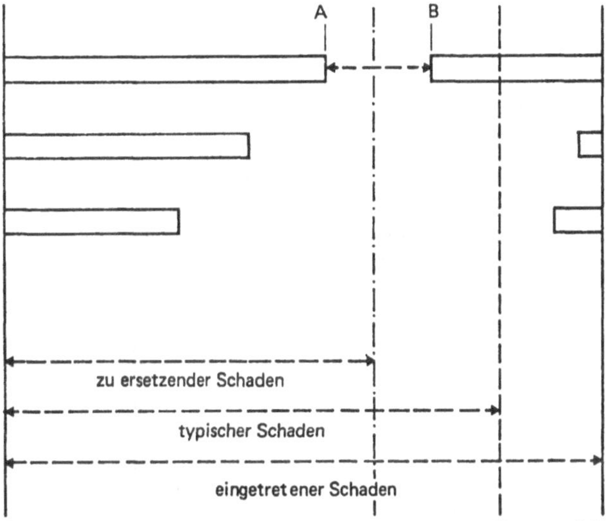

G_1	= 6,5		G_2	= 3,5	
M_1	= 5		M_2	= 0,5	
SV_1	= 3,5		SV_2	= 1	
Ersatz	15	:		5	= 3 : 1

5. Haftung des Schädigers für die untypische Schadensentwicklung: Nur bei besonders hoher Intensität der Wertungsreihen

Annahmen: a) Die Wertungsreihen beim Geschädigten bleiben gleich wie im vorigen Beispiel.

b) Um die Differenz zwischen dem eingetretenen Schaden und dem typischen Schaden ungefähr im gleichen Verhältnis zwischen Schädiger und Geschädigtem aufteilen zu können wie den typischen Schaden selbst, muß bei gleichbleibender Gefährlichkeit (G_1 = 6,5) sowohl der Vorwurf als auch die soziale Verantwortlichkeit stark gesteigert werden.

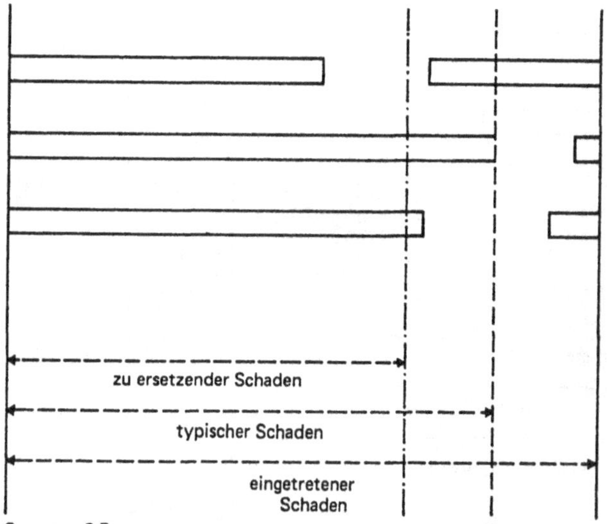

G_1 = 6,5 — G_2 = 3,5

M_1 = 10 — M_2 = 0,5

SV_1 = 8,5 — SV_2 = 1

Ersatz 25 : 5 = 5 : 1

6. Konkurrenz zwischen geringem Eingriff und starker äußerer Ursache: Der Ersatz sinkt beträchtlich ab

Annahmen: a) Der eingetretene Schaden weicht durch eine starke äußere Ursache (z. B. Unwetter im Dammfall) erheblich vom typischen Schaden ab.

b) Die Haftungsvoraussetzungen beim Schädiger sind schwach: $G_1 = 2$; $M_1 = 4$; $SV_1 = 2$. Beim Geschädigten liegt eine hohe Selbstgefährdung vor (Damm!).

c) In diesem Fall muß der Geschädigte die Auswirkungen der äußeren Ursache (Regengüsse) voll tragen. Der Ersatz wird verhältnismäßig klein.

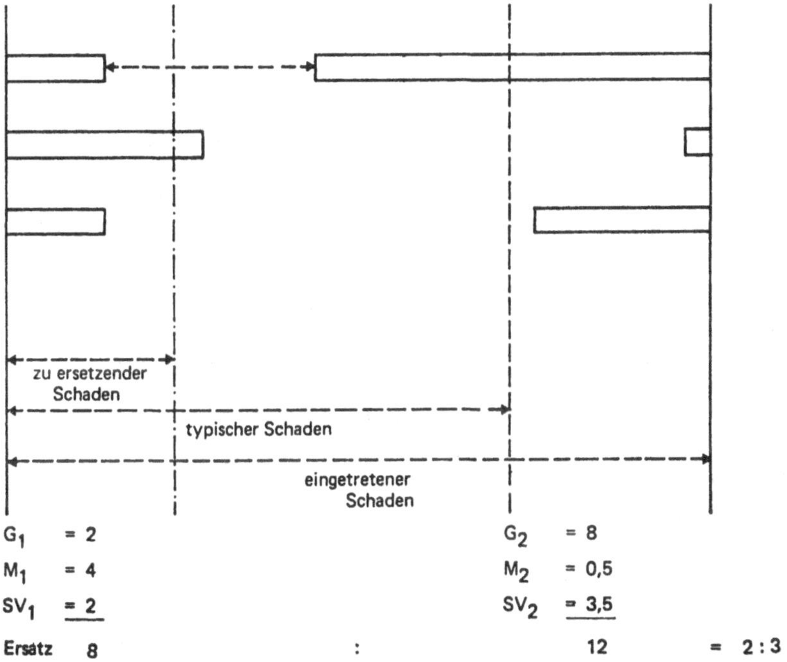

V. Die Offenheit der Theorie der sozialen Schadensverteilung und ihr Verhältnis zum positiven Recht

1. *Offenheit als theoretisches und praktisches Postulat*

Die drei Wertungsreihen auf seiten des Schädigers und des Geschädigten erhoben zunächst einmal den Anspruch, im Rahmen eines komparativen Systems ausreichende Erklärungen für die denkbaren Fallgestaltungen der Praxis zu liefern. Wie die Probleme der Produzentenhaftung, der Ersatzpflicht Unzurechnungsfähiger, des Impfschadensfalles, der „Aufopferung“, der „Eingriffshaftung“ usw. gezeigt haben, kann auch tatsächlich mit einem höheren Erklärungswert gerechnet werden. Vor allem finden aber auch jene neuen Vorschläge einer Verzahnung von (sozialstaatlicher) Grundversorgung und (individuellem) Haftungsrecht eine dogmatische Begründung: Die Idee der „sozialen Verantwortlichkeit“ ist im hier vertretenen Aufbau des Schadensrechts kein Fremdkörper, keine „Ausnahme“, sondern eine durchgehende Wertungsreihe zur Erklärung aller Schadensfälle.

Soweit jedenfalls der Anspruch: Ob die vorgeschlagene Theorie der sozialen Schadensverteilung auch in der Praxis jeden Fall wird „lösen“ können, zeigt sich natürlich erst im Rahmen dieser praktischen Erprobung.

Es könnte sich z. B. ohne weiteres herausstellen, daß die 3 Wertungsreihen nicht ausreichen, daß also doch unter Umständen eine vierte eingeführt werden muß, bzw., daß das Element der „sozialen Verantwortlichkeit“ zu wenig homogen ist und möglicherweise einer Teilung in 2 getrennte Wertungsreihen bedarf. Die Erörterung möglichst vieler Fälle, die das vorgeschlagene System aus den verschiedensten Richtungen kritisch überprüfen können, muß freilich einem „besonderen Teil“ der Theorie der sozialen Schadensverteilung vorbehalten bleiben. Hier kann man nur schon soviel sagen, daß ein komparatives System auf Widerlegungen durch die Praxis elastischer zu reagieren vermag als ein tatbestandlich-deduktives. Denn komparative Systeme sind grundsätzlich offen: Die Anzahl der Wertungsreihen, bzw. der „Kriterien“ für eine erklärungskräftige Zurechnung von Schadensfolgen ist keineswegs vorweg fixiert und starr. Vielmehr lassen sich folgende komparative Sätze zum Verhältnis von Zahl der Wertungsreihen und den verschiedenen Zielen eines Systems formulieren:

Je kleiner die Anzahl der Kriterien einer beweglichen Zurechnung, desto „operabler“ das System; je größer die Zahl, desto exakter, umfassender und nachprüfbarer ist die Theorie. Zwischen diesen Werten muß also offenbar eine Mittellösung gefunden werden, die für die vorgeschlagene Theorie zunächst einmal mit 3 Wertungsreihen bestimmt wurde. Daß es sich dabei nicht um reine Willkür handelt, wird schon durch die unbestrittene Tatsache der gegenwärtigen „Dreigliedrigkeit“ des Haftungsrechts nahegelegt: Das hier vertretene Modell versucht lediglich eine wissenschaftslogisch einwandfreie Integration dieser bislang in drei verschiedenen „Systemen“ abgelagerten Grundelemente. Dennoch sind Änderungen jederzeit möglich.

„Dieses System“, meint Wilburg im Zusammenhang mit der Erörterung eines beweglichen Systems überhaupt, „kann alle denkbaren Fälle in ihrer Eigenart umfassen. Es ist gegenüber den bisherigen Grundsätzen elastisch und zerbricht nicht wie ein Werk aus Glas, wenn sich das Werturteil über die Kraft der einzelnen Elemente zum Beispiel über die Gefährlichkeit eines Betriebes, im Laufe der Zeiten ändert. Auch das Hinzutreten neuer Gesichtspunkte und Kräfte ist möglich[13]." Das alles gilt freilich nur für die theoretische Bildung des Systems. Als Handlungsanleitung für den Richter bleibt es „geschlossen": Dieser darf nur die drei Wertungszeichen prüfen und nicht etwa von sich aus eine vierte einführen.

2. *Das Verhältnis zum positiven Recht*

Eine wichtige Frage betrifft schließlich die Stellung der vorgeschlagenen Theorie zum positiven Recht. Entsprechend unserem Eingangs-Bekenntnis, daß die lex lata keinen bindenden Rahmen für die wissenschaftliche Forschung ziehen kann, haben wir zunächst verhältnismäßig frei von „positiven Zwängen" versucht, ein erklärungskräftiges und praktikables Modell für die Schadensverteilung zu finden. Das Interesse an der Erklärungskraft der Theorie war dabei zweifellos größer als das Interesse an der völligen Übereinstimmung mit dem geltenden Recht.

Allerdings vermag gerade der Wunsch nach Erklärung und Begründung realer Erscheinungen eine völlige Loslösung eines Systems vom positiven Recht kaum zu bewerkstelligen: Schließlich muß es doch wohl auch Ziel der Beschäftigung mit dem positiven Recht sein, solche Erklärungen und Begründungen zu geben. Das heißt also konkret gesprochen, daß wir durchaus meinen, mit der vorgeschlagenen Theorie die Fälle der Produzentenhaftung etwa oder der Gefährdungshaftung auch im Rahmen des geltenden Rechts besser zu lösen als das augenblicklich möglich ist. Denn wenn dort die Gefährdungshaftung nur wegen der überdurchschnittlichen Gefährlichkeit „ausnahmsweise" vom Verschulden abweichen darf, so liegt darin nur ein sehr beschränkter Begründungswert. Gewährt man zudem aber auch noch Ersatz in Fällen, wo die Gefährlichkeit eklatant unter den mittleren Wert absinkt (ein Automobil unter hunderttausenden hat einen kleinen Fehler, der zu einem Unfall führt), so ist selbst die „ausnahmsweise" Begründung über die besondere Gefährlichkeit wieder verlassen. Demgegenüber vermag die Einführung der Idee der sozialen Verantwortlichkeit eine durchgehende Erklärung zu liefern.

Und für diese Idee gibt es zumindest beachtliche Ansätze im ABGB selbst[14]. So lassen sich die Fälle der sogenannten „unwillkürlichen Handlungen" in den §§ 1310 und 1311 ABGB mit den Redaktoren des bürger-

[13] *Wilburg*, Entwicklung eines beweglichen Systems im bürgerlichen Recht (1950), 14.

[14] Das betont auch *Koziol*.

lichen Gesetzbuches selbst als Kombination von geringem Verschuldensvorwurf und zusätzlicher Vermögensabwägung deuten. Derselbe Gedanke trägt auch die Haftung bei Notstand nach § 1306 a ABGB. Der Begriff des Notstands umschreibt offensichtlich eine Situation, in der ein sonst vorwerfbares Verhalten nicht oder nur im geminderten Umfang zugerechnet werden soll. Also verlangt eine Haftung bei derartig „verdünnten" subjektiven Zurechnungselementen nach einer ergänzenden Beachtung der beiderseitigen Vermögensverhältnisse.

Von hier bis zu dem „komparativen Gesetz" Steinbachs, wonach die Vermögensabwägung um so bedeutsamer wird, je geringer der subjektive Vorwurf ausfällt, ist nur noch ein kleiner Schritt[15].

Aber auch unsere Basiswertung scheint eine Stütze im geltenden Recht zu finden. So ordnet § 1332 ABGB bekanntlich an, daß der Schaden bei einem „minderen Grade des Versehens" nach dem „gemeinen Wert" zu berechnen sei. Es liegt nahe, diesen gemeinen Wert in Verbindung mit dem Begriff der „eigentlichen Schadloshaltung" als einen positivrechtlichen Hinweis auf den „typischen Schaden" zu verstehen: Bei mittlerer Gefährlichkeit und leichtem Versehen, soll nur der voraussehbare Schaden ersetzt werden ohne Rücksicht auf die besonderen Verhältnisse beim Geschädigten.

Weiters kommt in der Abstufung von „eigentlicher Schadloshaltung" und „voller Genugtuung" je nach dem Grad des Vorwurfs (§§ 1323, 1324) ein beachtlicher Wunsch des Gesetzgebers nach Proportionalität zum Ausdruck: Es soll nicht der „eingetretene Schaden" schlechthin ersetzt werden, sondern jener, der mit dem Gewicht des Verschuldens in Beziehung steht.

In § 1304 ABGB findet sich das Prinzip der Abwägung zwischen den Interessen des Schädigers und des Geschädigten normiert, wenn auch nur eingeschränkt auf den Fall des „Mitverschuldens". In Spezialgesetzen, vor allem in § 11 EKHG ist diese Abwägung auf die Größe der „mitwirkenden" Betriebsgefahr ausgedehnt.

Das österreichische Dienstnehmerhaftpflichtgesetz und die deutsche Rechtsprechung berücksichtigen weiters die „Schadensneigung" einer Arbeit und räumen dem Richter ein weitgehendes Ermessen in der Abwägung verschiedener Elemente ein (§ 2 Abs. 1 DHG). Es ist jetzt schon durchaus fraglich, ob diese Abwägung nur auf die Fälle abhängiger Arbeit beschränkt bleiben sollte: auch ein Student, der z. B. durch die einmalige Überstellung eines Kraftfahrzeuges ein wenig Geld dazu verdienen möchte, sollte in den Genuß einer solchen Abwägung kommen, wenn er aus leichtem Versehen den ihm anvertrauten Pkw beschädigt.

---

[15] Vgl. oben S. 175.

3. *Abwägung und Rechtssicherheit*

Ob freilich die Form der Abwägung, vor allem der Hinweis auf die Billigkeit im Dienstnehmerhaftpflichtgesetz ausreichend ist, scheint eine andere Frage zu sein.

Jedenfalls finden sich im positiven Recht sowohl Hinweise auf inhaltliche Wertungen, die dem hier vertretenen Aufbau entsprechen (Basiswertung B_1, Proportionalität zwischen Haftungsgrund und Haftungsumfang, Verbindung von geringem subjektiven Vorwurf und sozialer Abwägung) als auch Ansätze einer Interessenabwägung, die dem Prinzip der Schadensverteilung nahekommt.

Was sich allerdings nicht findet, sind explizite Anordnungen, den Schadenersatz im Wege einer komparativen Zurechnung, also im Wege eines „beweglichen Zusammenspiels" durchzuführen. Eine solche Entscheidung muß durch einen bewußten legistischen Akt erfolgen. In dieser Frage hat es keinen Sinn, den historischen Gesetzgeber in irgendeiner Norm sozusagen „überführen" zu wollen, also festzustellen, daß er im Grunde immer schon der komparativen Logik verpflichtet war.

Dennoch ist es nicht überflüssig zu betonen, daß eine elastische Abstufung der Ersatzpflicht, wie sie das ABGB andeutungsweise kennt, dem natürlichen Empfinden weit eher entspricht als das starre Entweder-Oder des traditionellen Tatbestandsdenkens. Sofern also ein Gesetzgeber Wert darauf legt, eine lebensnahe Regelung des Schadenersatzes zu treffen, scheint ein bewegliches System angemessener als die bisherigen Methoden zu sein. Und das betrifft nicht nur die innere Angemessenheit der Ergebnisse. Lebensnahe juristische Lösungen, also solche, die die Beteiligten erwarten können, sind auch bessere Beiträge zur Rechtssicherheit[16]. Das heißt, der hier vertretene Aufbau weicht auch nicht zuletzt von der überkommenen Auffassung ab, wonach die innere Angemessenheit einer Regelung und die Rechtssicherheit geradezu in einem natürlichen Gegensatz stehen.

Wo der Rechtsuchende von der jeweiligen juristischen Lösung nicht geradezu überrascht wird, sondern das Resultat erwarten konnte, weil es einer unbefangenen Wertung entspricht, dort steigt auch die „Rechtssicherheit". Je integrierter das juristische System in der gesellschaflichen Wertung ist, desto vertrauter und vertrauenswürdiger erscheint es dem einzelnen Rechsgenossen.

Die Rechtssicherheit steigt aber auch noch in dem Sinne, daß ein komparatives System überprüfbarer ist, als ein tatbestandliches: je exakter und abgegrenzter die einzelnen Tatbestände, desto größer die Wahr-

[16] Zu dieser inhaltlichen Sicht der Rechtssicherheit nun *Schilcher*, Der rechtspolitische „Reduktionismus" und das *Wilburg*sche System, in: Assistenten FS-Wilburg (1975) 20 f.

scheinlichkeit, daß sich die realen Fälle des Lebens gerade zwischen diesen Idealtypen abspielen. Und das heißt, daß der Richter in den meisten Fällen erst durch mehr oder weniger gewagte Analogien und Auslegungskünste zu einer Lösung gelangt[17] Nicht selten muß die Wertung, die hinter einem Tatbestand steht, mit archivarischem Fleiß oder durch kühne Selbsteinschätzung seitens des Richters ermittelt werden[18]. Ein komparatives System hingegen legt von vornherein die Wertungen offen und erspart daher allen Beteiligten die oft mühselige Suche nach den eigentlichen Zurechnungsgesichtspunkten. Auch in diesem Sinne ist also ein bewegliches System „offen".

[17] So auch *Wielinger*, Gesetz und Urteil, in: Assistenten FS-Wilburg, 42.

[18] Auch in diesem Punkt trifft sich der hier vertretene Aufbau mit der „policy-oriented" Jurisprudenz *McDougals*.

Literaturverzeichnis

Acham: Ideologie und Aufklärung, in: Vernunft und Engagement. Sozialphilosophische Untersuchungen (1972).

Adler: Unverschuldetes Unrecht (1910).

Albert, Hans: Probleme der Theoriebildung, in: *Albert,* Theorie und Realität (1964), 48.

— Erkenntnis und Recht, in: Konstruktion und Kritik (1972), 239.

Atiyah: Accidents, Compensation and the Law (1960).

Bartsch: Die Harmonisierung des Kfz-Haftpflichtrechts als Beispiel europäischer Rechtspolitik, ZRP 1975, 240.

Bauerreiss: Zur Auslegung der §§ 1301 und 1032 ABGB, in: GedS-Gschnitzer (1969), 53.

Baumann: Soziale Sicherung gegen Unfälle im Straßenverkehr, Vierteljahresschrift für Sozialrecht 3 (1975), 1.

Baur: Entwicklung und Reform des Schadensersatzrechts, 1935.

— Einige Bemerkungen zum Stand des Schadensausgleichsrecht, in: Funktionswandel der Privatrechtsinstitutionen, FS Ludwig Raiser (1974), 122.

Bienenfeld: Die Haftung ohne Verschulden (1933).

Bischof: Das Teilungsabkommen als wechselseitige Rückversicherung, VersR 1974, 217.

Bloembergen: Auf dem Wege zur Abschaffung der Haftpflicht bei Verkehrsunfällen?, DRiZ 1968, 34.

Blomeyer: Die Umkehr der Beweislast, AcP 158, 97.

Blum / Kalven: Public Law Prospectives on a Private Law Problem — Auto Compensation Plans (1965).

Bötticher: Zur Ausrichtung der Sanktion nach dem Schutzzweck der verletzten Privatrechtsnorm, AcP 158, 385.

Boettinger: Überwindung der Haftpflichtversicherung?, VersR 1952, 306.

Bogs: Die sozialrechtliche Stellung der nichtberufstätigen Hausfrau, NJW 1968, 1649.

— Die Sozialversicherung im Staat der Gegenwart (1973).

Bombough: The Department of Transportation's Auto Insurance Study on Auto Accident Compensation Reform, 71 Col.L.Rev. (1971), 207.

Borgmann: Soll unser System der Zuteilung von Unfallschäden reformiert werden?, ZRP 1973, 53.

Bosonnet: Haftpflicht- oder Unfallversicherung? Ersatz der Haftpflicht des Motorfahrzeughalters durch eine generelle Unfallversicherung der Verkehrsopfer (1965).

Brecht, Arnold: Politische Theorie (1961).

Prather Brown, J.: Toward an Economic Theory of Liability, 2 J. Leg. St. (1973), 323.

Brunner: Die Zurechnung der Schadenersatzpflicht bei Verletzung eines „Schutzgesetzes" gem. § 1311 ABGB, ÖJZ 1972, 113 ff.

Brünner/Proske/Schilcher: Ein Ordnungsrechtsgesetz für Studenten (1972).

Bühnemann: Gedanken zum Alles- oder Nichtsprinzip im deliktischen Haftungsrecht, in: Grundprobleme des Versicherungsrechts, FS Hans Möller (1972), 135.

Buchner: Der Versicherungsgedanke im Schadensrecht, VersR 1967, 1030 ff.

Burgstaller: Das Fahrlässigkeitsdelikt im Strafrecht (1974).

Buxbaum: Solidarische Schadenshaftung bei ungeklärter Verursachung im deutschen, französischen und anglo-amerikanischen Recht (1965).

Bydlinski: Mittäterschaft im Schadensrecht, AcP 158, 411.

— Zum gegenwärtigen Stand der Kausalitätstheorie im Schadensrecht, JBl 1958, 2.

— Haftung bei alternativer Kausalität, JBl 1959, 1.

— Vertragliche Sorgfaltspflichten zugunsten Dritter, JBl 1960, 365.

— Probleme der Schadensverursachung nach deutschem und österreichischem Recht (1964).

— Der Ersatz ideellen Schadens als sachliches und methodisches Problem, JBl 1965, 173 und 237.

— Der unbekannte objektive Schaden, JBl 1966, 439.

— Privatautonomie und objektive Grundlagen des verpflichtenden Rechtsgeschäfts (1967).

— Zur „Reduktionsklausel" des deutschen Referententwurfs, JBl 1968, 330 ff.

Calabresi: Some Thoughts on Risk Distribution an the Law of Torts, 70 Yale L. J. (1961), 499.

— The Decision for Accidents: An Approach to Nonfault Allocation of Costs, 78 Harvard L. R. (1965), 713.

— The Costs of Accidents. A Legal and Economic Analysis (1970).

— Optimal Deterrence and Accidents, 84 Yale L. J. (1975), 656.

Canaris: Ansprüche wegen „positiver Vertragsverletzung" und Schutzwirkung für Dritte bei nichtigen Verträgen, JZ 1965, 475.

— Die Produzentenhaftpflicht in dogmatischer und rechtspolitischer Sicht, JZ 1968, 494.

— Systemdenken und Systembegriff in der Jurisprudenz (1969).

— Vertrauenshaftung im deutschen Privatrecht (1971).

Cantzler: Die Vorteilsausgleichung beim Schadensersatzanspruch, AcP 156, 32.

Caspar: Juristischer Realismus und politische Theorie im amerikanischen Rechtsdenken (1967).

Claessens/Schrader/Höbich/Zietschmann: Straßenverkehrsunfälle als Massenphänomene. Soziale Konsequenzen tödlicher Verkehrsunfälle (1970).

v. Caemmerer: Das Problem des Kausalzusammenhangs im Privatrecht (1956).

— Wandlungen des Deliktsrechts. Hundert Jahr Deutsches Rechtsleben. Festschrift zum hundertjährigen Bestehen des Deutschen Juristentages (1960).

— Das Problem der überholenden Kausalität im Schadensersatzrecht (1962).

— Reform der Gefährdungshaftung (1971).

— Reformprobleme der Haftung für Hilfspersonen, ZfRV 1973, 241.

Coase: The Problem of Social Cost, in: 3 J. of Law and Economics (1960), 1.

Cohnfeldt: Die Lehre vom Interesse nach Römischem Recht (1865).

Conrad: The Economic Treatment of Automobile Injuries, 63 Mich. L. Rev. (1964), 279.

Coombs: The Massachusetts Experience under No-Fault, ins. L. J. (1973), 69.

Däubler: Die Entwicklung des Eigentumsbegriffs im Kapitalismus, in: Eigentum und Recht (1976), 156.

Degenkolb: Der spezifische Inhalt des Schadenersatzes, AcP 76 (1890), 79.

Deutsch: Fahrlässigkeit und erforderliche Sorgfalt (1963).

— Begrenzung der Haftung aus abstrakter Gefährdung wegen fehlender adäquater Kausalität, JZ 1966, 556.

— Grundmechanismen der Haftung nach Deutschem Recht, JZ 1968, 721.

— Generelle Gefährdungshaftung und Ablösung der Haftung durch Versicherung, Tutzinger Studien 1 (1969), 140.

— Methode und Konzept der Gefährdungshaftung, VersR 1971, 1.

— Gefahr, Gefährdung, Gefahrerhöhung, Larenz-FS (1973), 885.

— Haftungsrecht 1 (1976).

Diederichsen: Topisches und systematisches Denken in der Jurisprudenz, NJW 1966, 697.

— Die Haftung des Warenherstellers (1967).

— Argumentationsstrukturen in der Rechtsprechung zum Schadensersatzrecht, in FS Klingmüller (1974), 65.

— Die Flucht des Gesetzgebers aus der politischen Verantwortung im Zivilrecht (1974).

Dolinar: Bemerkungen zum Prima-facie-Beweis, ÖJZ 1968, 431.

Dulckeit: Die Verdinglichung obligatorischer Rechte (1951).

Edlbacher: Gedanken zur Vereinheitlichung des Rechts der Haftung für Betriebsgefahren, ZVR 1956, 4.

— Schadensersatzrecht im Umbruch?, ZVR 1961, 241.

— Wandel und Krise des Haftungsgrundes des Verschuldens, Wilburg-FS (1965), 90.

Ehrenberg: Die beschränkte Haftung des Schuldners nach See- und Handelsrecht (1880).

Ehrenzweig, Albert: Die Schuldhaftung im Schadenersatzrecht (1936).

— „Full Aid“, Insurance for the Traffic Victims — A Voluntary Compensation Plan, Berkely (1954).

Engisch: Die Idee der Konkretisierung in Recht und Rechtswissenschaft unserer Zeit, 2. Aufl. (1968).

Ent: Die Organhaftpflicht (1969).

Eörsi: Die zivilrechtliche Verantwortlichkeit im ungarischen Zivilgesetzbuch, in: Das Ungarische Zivilgesetzbuch in fünf Studien (1963), 261.

Esser: Theorie und System einer allgemeinen deutschen Schadensordnung, DRWiss 1942, 65.

— Grundfragen der Reform des Schadensrechts, AcP 148, 121.

— Die Zweispurigkeit unseres Haftpflichtrechts, JZ 1953, 129.

— Grundlagen und Entwicklung der Gefährdungshaftung, 2. Aufl. (1969).

Fenyves: Angehörigenklausel im Interessenwiderstreit, VersR 1976, 353.

Fenzl: Der Anspruch des Ehemannes aus einem Unfall der Ehefrau auf Schadenersatz wegen Entgangs der Mithilfe, ÖJZ 1961, 7.

Ficker, H. Cl.: Interference with contractual relations und deliktsrechtlicher Schutz der Forderungen, H. G. Ficker-FS (1967).

Fikentscher: Methoden des Rechts II (1975).

Fischer, H. A.: Der Schaden nach dem Bürgerlichen Gesetzbuch für das deutsche Reich (1903).

— Die Rechtswidrigkeit mit besonderer Berücksichtigung des Privatrechts (1910).

Fleming: The Law of Torts, 4. Aufl. (1971).

Friedmann: Recht und sozialer Wandel (1969).

Frotz: Die rechtsdogmatische Einordnung der Haftung für culpa in contrahendo, Gschnitzer-GedS (1969), 163.

Fuller: The Law in Quest of Itself (1940).

Gamillscheg-Hanau: Die Haftung des Arbeitnehmers (1974).

Geigel: Der Haftpflichtprozeß (1972).

Gernhuber: Haftung bei alternativer Kausalität, JZ 1961, 148.

Gessner/Kötz: Verkehrsunfälle vor Gericht. Eine rechtstatsächliche Untersuchung, JZ 1973, 85.

Gitter: Schadensausgleich im Arbeitsunfallrecht (1969).

— Probleme bei der Kodifizierung des deutschen Sozialrechts, FS E. Fechner (1973), 223.

— Welche rechtlichen Maßnahmen sind vordringlich, um die tatsächliche Gleichstellung der Frau mit den Männern im Arbeitsleben zu gewährleisten?, Gutachten D zum 50. Deutschen Juristentag (1974), D 121 und 151.

Gitter/Schnapp: Erhöhte Verantwortung der Allgemeinheit für Personenschäden als Problem sozialer Sicherung, JZ 1972, 474.

Guhl/Merz/Kummer: Das Schweizerische Obligationenrecht (1972).

Grunsky: Aktuelle Probleme zum Begriff des Vermögensschadens (1968).

Großfeld: Die Privatstrafe (1961).

Güllemann: Ausgleich von Verkehrsunfällen im Lichte internationaler Reformprojekte (1969).

Hagen: Die Drittschadensliquidation im Wandel der Rechtsdogmatik (1971).

Hagen: Funktionale und dogmatische Zusammenhänge zwischen Schadens- und Bereicherungsrecht, in FS Larenz (1973), 877.

Hainmüller: Der Anscheinsbeweis und die Fahrlässigkeit im heutigen Schadenersatzrecht (1966).

Hamann: Methoden und Problematik der Schadensberechnung (1972).

Hanau: Die Kausalität der Pflichtwidrigkeit (1971).

Hannak: Die Verteilung der Schäden aus gefährlicher Kraft (1960).

— Die Schadenersatzpflicht des Arbeitnehmers, JBl 1962, 120.

Harris: Accident Compensation in New Zealand: A Compensation Insurance System, 37 Mod. L. Rev. (1974), 361.

Hartl: Die Schadensminderungspflicht, ZVR 1967, 29.

Hauss: Entwicklungslinien des deutschen Schadensersatzrechtes, ZVersWiss 1967, 157.

Heck: Grundriß des Schuldrechts (1929).

Hellner: Tort Liability Insurance (1962).

— Skadestandsrattensreformering (1967).

— The New Swedish Tort Liability Act, 22 Am. Cop. L. (1974), 1.

Hempel/Oppenheim: Der Typusbegriff im Lichte der neuen Logik (1936).

Hempel: Typologische Methoden in den Sozialwissenschaften, in: Topitsch, Logik der Sozialwissenschaften (1965), 85.

Henckel: Prozeßrecht und materielles Recht (1970).

Herz: Die Haftung für den Erfüllungsgehilfen nach § 1313 a ABGB, ÖTZ 1947, 341.

Hillinger: Zum Begriff der „Minderung der Erwerbsfähigkeit" nach § 1325 ABGB, ÖJZ 1970, 511.

Hippel, Eike v.: Haftung für Schockschäden Dritter, NJW 1965, 1890.

— Schadensausgleich bei Verkehrsunfällen, Haftungsersetzung durch Versicherungsschutz (1968).

— Nochmals: Der Versicherungsgedanke im Schadensrecht, VersR 1968, 231.

— Staatliche Entschädigung für Verbrechensopfer?, ZRP 1971, 5.

— Rezension in RabelsZ 36 (1972), 199.

Hofmann: Die Umkehr der Beweislast in der Kausalfrage (1972).

Hofmeister: Frühe Ansätze einer Lehre über die Beeinträchtigung fremder Forderungsrecht, JBl 1972, 523.

Holzer: Die Urlaubsentschädigung als Schadensersatz-, Bereicherungs- oder Erfüllungsanspruch, in: Assistenten-FS Wilburg (1975), 91.

Honoré: Causation and Remoteness of Damage. International Encyclopedia of Comparative Law XI 7 (1971).

Hopt: Schadensersatz aus unberechtigter Verfahrenseinleitung (1968).

Horn: Zur ökonomischen Rationalität des Privatrechts, AcP 1976, 329.

Hubmann: Die Methode der Abwägung, in: FS Schnorr von Carolsfeld (1973), 173.

Ison: The Forensic Lottery, A Critique on Tort Liability as a System of Personal Injury Compensation (1967).

Jacobi: Ausgleich von Verkehrsunfallschäden im Licht internationaler Reformprojekte, VersWirtschaft 1970, 252.

Jayme: Die Familie im Recht der unerlaubten Handlungen (1971).

Jhering: Theorie der juristischen Technik, in: Geist des Römischen Rechts auf den verschiedenen Stufen seiner Entwicklung II (1858), 334.

— Das Schuldmoment im römischen Privatrecht (1867).

Jørgenson: Ersatz und Versicherung, VersR 1970, 196.

Kahrs: Kausalität und überholende Kausalität im Zivilrecht (1969).

Kaser: Römisches Privatrecht (1974).

Keeton/O'Connell: Basic Protection for the Traffic Victim — A Blueprint for Reforming Automobil Insurance (1965).

Kelsen: Hauptprobleme der Staatsrechtslehre, entwickelt aus der Lehre vom Rechtssatz (1910).

Keßler: Die Fahrlässigkeit im nordamerikanischen Deliktsrecht (1932).

Keuk: Die Solidarität der Nebentäter, AcP 168, 183.

— Vermögensschaden und Interesse (1972).

Knappe: Das Problem der überholenden Kausalität (1954).

Kötz: Haftung für besondere Gefahr, AcP 170, 1.

— Verbrechensopfer als Staatsrentner?, ZRP 1972, 139.

— Sozialer Wandel im Unfallrecht (1975).

Koller: Möglichkeiten und Grenzen eines beweglichen Rechtssystems, in: Assistenten-FS Wilburg (1975), 1.

Kollhosser: Anscheinsbeweis und freie richterliche Beweiswürdigung, AcP 165, 46.

Konzen: Aufopferung im Zivilrecht (1969).

Koziol: Naturalersatz und Schadensberechnung beim Problem „neu für alt", JBl 1965, 342.

— Die Beeinträchtigung fremder Forderungsrechte (1967).

— Zum Begriff des Vermögensschadens im bürgerlichen Recht, ZfRV 1969, 26.

— Ersatz der Haftpflicht bei Verkehrsunfällen durch Unfallversicherung?, ZfRV 1970, 19.

— Die Schadensminderungspflicht, JBl 1972, 234.

— Österreichisches Haftpflichtrecht I (1973).

— Umfassende Gefährdungshaftung durch Analogie?, Wilburg-FS (1975, 175.

— Österreichisches Haftpflichtrecht II (1975).

Kraft: Die Grundlagen einer wissenschaftlichen Wertlehre, 2. Aufl. (1951).

Kramer: Das Problem der überholenden Kausalität im österreichischen Schadensersatzrecht, DRdA 1969, 137.

— Schadenersatz bei Lohnfortzahlung, ZAS 1970, 207.

Kramer: Noch einmal: zu Bydlinskis Lehre von der Haftung für potentielle Kausalität, DRdA 1970, 70.

— Das Prinzip der objektiven Zurechnung im Delikts- und Vertragsrecht, AcP 171 (1971), 422.

— Der überflüssige „mittelbare" Schaden, ZVR 1971, 141.

— Gebrauchsentbehrung und Verwendungsanspruch, ÖJZ 1972, 90.

— Noch einmal: Zum Problem des „mittelbaren" Schadens, ZVR 1974, 131.

Krasser: Der Schutz vertraglicher Rechte gegen Eingriffe Dritter (1971).

Krause: Das Risiko des Straßenverkehrsunfalls, Zuordnung und Absicherung (Bd. 12 der Schriftenreihe des Deutschen Sozialgerichtsverbandes (1974).

Krawietz (Hrsg.): Theorie und Technik der Begriffsjurisprudenz (1976).

Krejci/Schmitz: Der Verschuldensbegriff in der sozialen Sicherheit, Österr. Landesberichte zum VII. Internationalen Kongreß für das Recht der Arbeit und der sozialen Sicherheit in Warschau (1970), 50.

Krejci: Haftpflicht- und Regreßprobleme des neuen Entgeltfortzahlungsrechts, Vers.Rdsch. 1974, 192.

Kriele: Theorie der Rechtsgewinnung (1967).

von Kries: Über den Begriff der objektiven Möglichkeit und einige Anwendungen derselben, Vierteljahresschrift für wissenchaftliche Philosophie 12 (1888), 179.

Lange, Hermann: Zum Problem der überholenden Kausalität, AcP 152, 153.

— Begrenzung der Haftung für schuldhaft verursachte Schäden? Verhandlungen des 43. Deutschen Juristentages (1960).

— Herrschaft und Verfall der Lehre vom adäquaten Kausalzusammenhang, AcP 156, 114.

— Vom alten zum neuen Schuldrecht (1934).

Lanz: Alternativen zur Lehre vom adäquaten Kausalzusammenhang, Schriftenreihe Rechtswissenschaft I (1974).

Larenz: Hegels Zurechnungslehre und der Begriff der objektiven Zurechnung (1927).

— Culpa in contrahendo, Verkehrssicherungspflicht und „sozialer Kontakt", MDR 1954, 515.

— Die Prinzipien der Schadenszurechnung, JuS 1965, 373.

— Nutzlos gewordene Aufwendungen als erstattungsfähige Schäden in Revolution der Technik — Evolution des Rechts, FS Oftinger (1969).

— Methodenlehre, 3. Aufl. (1975).

Lasswell/McDougal: Legal Education and Public Policy: Professional Training in the Public Interest, 52 Yale L. J. (1943), 203.

Lautmann: Justiz — die stille Gewalt. Teilnehmende Beobachtung und entscheidungssoziologische Analyse (1972).

Lemhöfer: Die überholende Kausalität und das Gesetz, JuS 1966, 337.

Leenen: Typus und Rechtsfindung (1971).

Lieb: „Wegfall der Arbeitskraft" und normativer Schadensbegriff, JZ 1971, 358.

Lindenmaier: Adäquate Ursache und nächste Ursache, ZHR 113, 207.

v. Liszt: Die Deliktsobligationen im System des BGB (1898).

Löwisch: Der Deliktsschutz relativer Rechte (1970).

Lorber: Zum Begriff der Minderung der Erwerbsfähigkeit, ÖJZ 1971, 291.

Lorenz: Die Haftung des Warenherstellers (1966).

Lüer: Die Begrenzung der Haftung bei fahrlässig begangenem unerlaubten Handlungen (1969).

Luhmann: Rechtssystem- und Rechtsdogmatik (1974).

Marschall von Bieberstein: Reflexschäden und Regreßrechte (1967).

— Haftungsbefreiung im dreispurigen Schadensausgleich, VersR 1968, 509.

Marton: Versuch eines einheitlichen Systems zivilrechtlicher Haftung, AcP 162 (1963), 1.

Mataja: Das Recht des Schadenersatzes vom Standpunkt der Nationalökonomie (1888).

Maucka: Der Rechtsgrund des Schadenersatzes (1904).

Maurer: Drittverschulden und Drittverursachung im Haftpflichtrecht, Abhandlungen zum schweizerischen Recht, Bd. 434 (1974).

Mayer/Maly: Die Wiederkehr der culpa levissima, AcP 163 (1963), 114.

— Zivilistische Kausalitätstheorie in Bewegung, JBl 1965, 441.

— Schadenersatz für Gebrauchsentbehrung?, ZVR 1967, 281.

— Das Bewußtsein der Sittenwidrigkeit (1971).

— Die Außenwirkung von Obligationen und das Arbeitsrecht, ZFA 1971, 199.

Mazeaud-Tunc: Traité théorique et pratique de la responsabilité civile délictuelle et contractuelle, Bd. I (1965), Bd. II (1970), Bd. III (1960).

McDougal: The Comparative Study of Law for Policy Purposes: Value Clarification as an Institute of Democratic World Order, 61 Yale L. J. (1952), 915.

— Law as a Process of Decision, A Policy-ariented Approach to Legal Study, Natural Law Forum (1956), 53.

— Law and Minimum World Order (1961), 56.

Medicus: Besitzschutz durch Ansprüche auf Schadenersatz, AcP 165, 117.

Menger: Das bürgerliche Recht und die besitzlosen Volksklassen (1889).

Mertens: Der Begriff des Vermögensschadens im Bürgerlichen Recht (1967).

Meyer/Harter: Die Stellung der Frau in der Sozialversicherung, Lageanalyse und Reformmöglichkeit (1974).

Migsch: Ist die Theorie vom mittelbaren Schaden überwunden?, VersRdSch 1975, 109.

— Zum schadenersatzrechtlichen Stellenwert der Sozialversicherung in Österreich, ZVR 1976, 101.

Möller: Summen- und Einzelschaden (1937).

Mommsen: Zur Lehre von dem Interesse (1855).

Moser: Beweiserleichterungen im Haftpflichtrecht, ÖJZ 1967, 589.

Moser: Umweltschutz als Aufgabe des Zivilrechts, ÖJZ 1974, 378.

Motive zu dem Entwurfe eines Bürgerlichen Gesetzesbuches für das Deutsche Reich, Amtliche Ausgabe, 2. Aufl. (1896).

Mugdan: Die gesamten Materialien zum Bürgerlichen Gesetzbuch für das Deutsche Reich II (1899).

Müller, Max L.: Die Bedeutung des Kausalzusammenhanges im Straf- und Schadenersatzrecht (1912).

— Individuelle und soziale Sicherung gegen die Notfälle des Lebens in einer sozialen Marktwirtschaft aus der Sicht des Privatversicherers, ZVersWiss 62 (1973), 119.

Müller/Erzbach: Gefährdungshaftung und Gefahrtragung, AcP 106, 309.

Münzberg: Verhalten und Erfolg als Grundlagen der Rechtswidrigkeit und Haftung (1966).

Myrdal: Objektivität in der Sozialforschung (1971).

Neumann-Duesberg: Rückgriffanspruch des Sozialversicherungsträgers nach § 1542 RVO beim Unfalltod eines Rentners, VersR 1968, 709.

Neuner: Interesse und Vermögensschaden, AcP 133, 277.

Nipperdey: Reform des Schadensersatzrechts (1940).

— Rechtswidrigkeit, Sozialadäquanz, Fahrlässigkeit, Schuld im Zivilrecht, NJW 1957, 1777.

Nowakowski: Zur Lehre von der Rechtswidrigkeit, ZStW 63 (1951), 287.

Nußbaum: Die Rechtstatsachenforschung (1914).

O'Connel/Grunwald: No-Fault Kfz-Versicherung für Deutschland?, ZVersWiss 1974, 277.

Ofner: Der Urentwurf und die Beratungsprotokolle des österreichischen allgemeinen bürgerlichen Gesetzbuches (1888/89).

Oftinger: Schweizerisches Haftpflichtrecht, Bd. I (1969).

Opp-Peuckert: Ideologie und Fakten in der Rechtsprechung, eine soziologische Untersuchung über das Urteil im Strafprozeß (1971).

Ostheim: Organisation, Organschaft und Machthaberschaft im Deliktsrecht juristischer Personen, Gschnitzer-GedS (1969), 317.

— Weisungsdelegation als Haftungsgrund, JBl 1969, 535.

— Die Weisung des Arbeitgebers als arbeitsrechtliches Problem, Gutachten für den 4. österreichischen Juristentag (1970), 39.

Otte: Komparative Sätze im Recht. (Zur Logik eines beweglichen Systems), in: Rechtstheorie als Grundlagenwissenschaft der Rechtswissenschaft (1972), 301.

Pawlowski: Der prime-facie-Beweis bei Schadensersatzansprüchen aus Delikt und Vertrag (1966).

Pfaff: Zur Lehre vom Schadenersatz und Genugtuung nach österreichischem Recht, Ein Gutachten (1880).

— Zur Lehre vom Schadenersatz und Genugtuung nach österreichischem Recht. Eine Replik (1881).

Pfersche: Die Irrtumslehre des österreichischen Privatrechts (1891).

Pichler, Josef: Pisten, Paragraphen, Skiunfälle (1970).

Picker: Der negatorische Beseitigungsanspruch (1972).

Piegler/Veit: Die Schmerzensgeldbemessung des OGH in den Jahren 1960 und 1961, ZVR 1962, 253.

Piegler: Die „abstrakte Rente" im österreichischen Schadenersatzrecht, VersR 1965, 103.

Planck: Zur Kritik des Entwurfs eines bürgerlichen Gesetzbuches für das deutsche Reich, AcP 75, 327.

Planiol/Ripert/Esmein: Traité pratique de droit civil français, Bd. VI (1952).

Plumeyer: Reform des Schadensausgleichs bei Verkehrsunfällen, in: 11. Deutscher Verkehrsgerichtstag (1973), 47.

Popper: Logik der Forschung, 4. Aufl. (1971), 12, 13.

Posch: Der ungeschützte Strombezieher als Fall des „mittelbaren Schadens" in der Rechtsprechung des OGH, JBl 1973, 564.

— Zur Haftung des Kaufhausunternehmers für seine Angestellten, ZfRV 1974, 165.

— Zum Stand der Reform der Gefährdungshaftung, Assistenten-FS Wilburg (1975).

Posner: Economic Analysis of Law (1973).

Prosser: Law of torts (1971).

Prölls: Die Beweisverteilung nach Gefahrenbereichen, VersR 1964, 901 ff.

— Beweiserleichterungen im Schadenersatzprozeß (1966).

Raape: Die Beweislast bei positiver Vertragsverletzung, AcP 147 (1941), 217.

Rabel: Umstellung der Beweislast, RheinZ 1923, 428.

Rabel: Die Grundzüge des Rechts der unerlaubten Handlungen. Deutsche Landesreferate zum 1. Internationalen Kongreß für Rechtsvergleichung (1932).

Raber: Gebrauchsentzug und gemeiner Wert, in: FS Hämmerle (1974), 269.

— Fragmente zum allgemeinen Teil des Haftpflichtrechts, JBl 1977, 24.

Raiser, Thomas: Adäquanztheorie und Haftung nach dem Schutzzweck der verletzten Norm, JZ 1963, 462.

Randa: Die Schadenersatzpflicht nach österreichischem Rechte (1908).

Rechberger: Der Anscheinsbeweis in der österreichischen Judikatur, ÖJZ 1972, 425.

Rehbein: Die Verletzung von Forderungsrechten durch Dritte (1968).

Reinecke: Objektive Verantwortung im zivilen Deliktsrecht (1960).

Reinhardt: Der Ersatz des Drittschadens (1933).

— Beiträge zum Neubau des Schadensrechts, AcP 148 (1942), 167.

— Die subjektiven Rechte in § 823 I BGB, Karlsruher Forum 1961, 3 = JZ 1961, 713.

Reischauer: Der Entlastungsbeweis des Schuldners (§ 1298 ABGB) (1975).

Rokes: No-Fault Insurance (1971).

Rosenberg: Die Beweislast (1965).

Rother: Haftungsbeschränkung im Schadenrecht (1965).

Rottleuthner: Richterliches Handeln. Zur Kritik der juristischen Dogmatik (1973).

Rummel: Erfolgshaftung im Nachbarrecht?, JBl. 1967, 120.

— Ersatzansprüche bei summierten Immissionen (1969).

— Unlauterer Wettbewerb, in: *Koziol*, Österr. Haftpflichtrecht II (1975), 200.

Rüfner: Empfiehlt es sich, die soziale Sicherung für den Fall von Personenschäden, für welche die Allgemeinheit eine gesteigerte Verantwortung trägt, neu zu regeln? Gutachten E zum 49. Deutschen Juristentag (1972), E 10.

Rümelin, Max: Die Gründe der Schadenszurechnung und die Stellung des deutschen BGB zur objektiven Schadensersatzpflicht (1896).

— Das Verschulden im Straf- und Zivilrecht (1909).

— Schadensersatz ohne Verschulden (1910).

Savatier: Traité de la responsabilité civile en droit français civil (1951).

Schäfer: Sozialer Schaden, soziale Kosten und soziale Sicherung (1972).

Scheffenacker: Die Versicherungspflicht, ZVR 1972, 97.

Schilcher: Die Preisgefahr beim Kauf, JBl 1964, 295.

— Der rechtspolitische „Reduktionismus" und das Wilburgische System, Assistenten-FS Wilburg (1975), 181.

— Erbrecht und Bewegliches System, JBl 1977, 57.

Schilcher/Holzer: Der schadenersatzrechtliche Schutz des Traditionserwerbers bei Doppelveräußerung von Liegenschaften, JBl 1974, 445, 512.

Schmeer: Haftungsersetzung durch Versicherungsschutz?, VersR 1973, 390.

Schmidt, Eike: Grundlagen des Haftungs- und Schadensrechts, in: Grundlagen des Vertrags- und Schuldrechts (1972).

— Zur Dogmatik des § 278 BGB, AcP 170, 502.

Schmidt, Reimer: Die Obliegenheiten (1953).

Schlechtriem: Vertragsordnung und außervertragliche Haftung (1972).

Schrammel: Die Haftung des Dienstgebers für Arbeitsunfälle bei Teilnahme des Versicherten am allgemeinen Verkehr, ZAS 1970, 209.

Schuhmacher: Schadenersatz und soziale Sicherheit, ÖJZ 1976, 477.

— Die Beeinträchtigung der Erwerbsfähigkeit als Problem des Schadensbegriffs, ZAS 1977, 43.

Seiffert: Einführung in die Wissenschaftstheorie I (1971).

Seiler: Der strafrechtliche Schutz der Geheimsphäre (1960).

Selb: Schadensbegriff und Regreßmethoden (1963).

— Kritik formaler Drittenschadensthesen, NJW 1964, 1765.

— Individualschaden und soziale Sicherung im Bereich des ABGB und DBGB, ZfRV 1964, 195.

Selb: Ein Problem der „mittelbaren Schädigung" im deutschen und österreichischen bürgerlichen Recht, in: Rechtsvergleichung und Rechtsvereinheitlichung, Festschrift zum 50jährigen Bestehen des Instituts für ausländisches und Internationales Privat- und Wirtschaftsrecht, Heidelberg (1967), 261 ff.

— Das Quotenvorrecht der Sozialversicherungsträger (1969).

— Kausalität in der dogmengeschichtlichen Betrachtung, in: FS Herdlitczka (1972), 215.

Sieg: Zur französischen Kausalitätslehre im Zivilrecht, Karlsruher Forum 1959, 66.

Simitis: Grundfragen der Produzentenhaftung (1965).

Steinbach: Die Grundsätze des heutigen Rechts über den Ersatz von Vermögensschäden (1888).

Steindorff: Abstrakte und konkrete Schadensberechnung, AcP 158, 431.

Steininger: Schadenersatz bei Lohnfortzahlung, JBl 1959, 469.

— Schadenersatz wegen Unterlassung der Hilfeleistung bei Verkehrsunfällen, JBl 1961, 253.

— Verkehrsunfälle und Amtshaftung, ZVR 1962, 225.

— Minderung der Erwerbsfähigkeit ohne Verdienstentgang, Wilburg-FS (1965), 186.

— Zur abstrakten Rente, JBl 1966, 543.

— Schadenersatz bei Arbeitsunfällen, Gschnitzer-GedS (1969), 393.

Stoll: Das Handeln auf eigene Gefahr, 1961.

— Empfiehlt sich eine Neuregelung der Verpflichtung zum Geldersatz für immateriellen Schaden? Verhandlungen des 45. Deutschen Juristentages (1964).

— Die Beweislastverteilung bei positiven Vertragsverletzungen, Hippel-FS (1967), 517.

— Kausalzusammenhang und Normzweck im Deliktsrecht (1968).

— Abstrakte Nutzungsentschädigung bei Beschädigung eines Kraftfahrzeuges?, JuS 1968, 504.

— Die Reduktionsklausel im Schadensrecht aus rechtsvergleichender Sicht, RabelsZ 34 (1970), 481.

— Reform des Kraftfahrzeughaftpflichtrechts?, RabelsZ 36 (1972), 285.

— Begriff und Grenzen des Vermögensschadens (1973).

Stone: Liability for Damage Caused by Things. International Encyclopedia of Comparative Law XI 5 (1972).

Strasser: Der immaterielle Schaden im österreichischen Recht (1964).

Street: The Law of Torts (1963).

Strohal: Gutachten, in: Drei Gutachten über die beantragte Revision des 30. Hauptstückes im II. Teil des ABGB (1880), 139.

Thiele: Gedanken zur Vorteilsausgleichung, AcP 167, 193.

Titze: Unerlaubte Handlungen. Rechtsvergleichendes Handwörterbuch, Bd. VI (1938).

Tomandl: Arbeitsrecht und Sozialrecht im Wohlfahrtsstaat, JBl 1969, 577.

Traeger: Der Kausalbegriff im Straf- und Zivilrecht (1904).

Tunc: Grundlagen und Funktion der Haftpflicht nach französischem Recht, in: Haftpflicht-Colloquium, 24.

— La sécurité routière. Esquisse d'une loi sur les accidents de la circulation, Paris (1966).

— Traffic Accident Compensation: Law and Proposals. International Encyclopedia of Comparative Law XI 4 (1971).

— Torts: Introduction. International Encyclopedia of Comparative Law XI 1 (1974).

Unger: Handeln auf eigene Gefahr (1904).

— Beiträge zur Lehre vom Schadenersatz nach österreichischem Recht, GrünhutsZ 8, 209.

Venzmer: Mitverursachung und Mitverschulden im Schadenersatzrecht (1960).

Viehweg: Topik und Jurisprudenz (1974).

Voigt/Helms: Die gesamtwirtschaftliche Problematik steigender Verkehrsunfälle (1970).

Waldherr: Merkantiler Minderwert und Abzug „neu für alt", ZVR 1961, 219.

— Ersatz von Mietwagenkosten, ZVR 1962, 281.

Wannagat: Die unfallversicherungsrechtliche Gefährdungshaftung im allgemeinen Haftungssystem, NJW 1960, 1597.

— Lehrbuch des Sozialversicherungsrechts I (1965).

Wannapert: Zum Versicherungsschutz der Arbeits- und Straßenverkehrsopfer, in: FS Schnorr v. Carolsfeld (1972), 497.

Weber, Max: Die „Objektivität" sozialwissenschaftlicher und sozialpolitischer Erkenntnisse, in: Max Weber, Gesammelte Aufsätze zur Wissenschaftslehre (1968).

Weinberger: Bemerkungen zur Grundlegung der Theorie des juristischen Denkens, in: Jahrbuch für Rechtssoziologie und Rechtstheorie 2 (1972), 134.

— Ist ein rationale Erkenntnis des Naturrechts möglich?, ÖZöffR 23 (1972), 96.

— Topik und Plausibilitätsargumentation, ARSP 59 (1973), 26.

— Über die Offenheit rechtlicher Normensysteme, in: FS Wilburg (1975), 439.

— Zur Theorie der Gesetzgebung, in: Mokre/Weinberger, Rechtsphilosophie und Gesetzgebung (1976), 173.

Weis: Schadenersatz bei Aufwendungen des Geschädigten vor dem Schadensereignis (1967).

— Der Rückgriff im Schadenersatzrecht, JBl 1947, 529.

Weitnauer: Aktuelle Fragen des Haftungsrechts, VersR 1970, 585.

— in deutsch-französisch-schweizerisches Colloquium über die Grundlagen und Funktionen des Haftpflichtrechts (1973).

Welser: Zur solidarischen Schadenshaftung bei ungeklärter Verursachung im deutschen Recht, ZfRV 1968, 42.

— Schadenersatzrechtliche Grundfragen bei Berechnung des entgangenen Unterhaltes, JBl 1968, 342.

Welser: Vertretung ohne Vollmacht, Zugleich ein Beitrag zur Lehre von der culpa in contrahendo (1970).

— Das Verschulden bei Vertragsabschluß im österreichischen bürgerlichen Recht, ÖJZ 1973, 283.

— Das Zivilrecht und das Dreiecksverhältnis zwischen Sozialversicherungsträger, Arzt und Patient, in Sozialversicherung: Grenzen der Leistungspflicht (1975), 108.

— Der OGH und der Rechtswidrigkeitszusammenhang, ÖJZ 1975, 1 und 37.

Weyers: Unfallschäden, Praxis und Ziel von Haftpflicht und Vorsorgesystemen (1971).

Widmer: Standortbestimmung im Haftpflichtrecht, ZBJV 1974, 289.

Wielinger: Gesetz und Urteil,: Assistenten-FS Wilburg (1975), 34.

Wiethölter: Der Rechtfertigungsgrund des verkehrsrichtigen Verhaltens (1960).

Wilburg, Max: Haftung für Gehilfen, ZBl. 1930, 641 ff., 721 ff.

Wilburg, Walter: Zur Lehre von der Vorteilsausgleichung, JherJB 82 (1932), 51.

— Die Elemente des Schadensrechts (1941).

Wochner: Einheitliche Schadensteilungsnorm im Haftpflichtrecht (1972).

Wolf, Joseph Georg: Der Normzweck im Deliktsrecht (1962).

Wolff, Karl: Verbotenes Verhalten (1923).

Wussow: Das Unfallhaftpflichtrecht (1972).

— Teilungsabkommen (1975).

Zacher: Individuelle und Soziale Sicherung gegen die Notfälle des Lebens in der sozialen Marktwirtschaft, ZVersWiss 62 (1973), 135.

Zachert: Gefährdungshaftung und Haftung aus vermuteten Verschulden im deutschen und französischen Recht (1971).

Zeiller: Das natürliche Privatrecht, 2. Aufl. (1808), 3. Aufl. (1819).

— Kommentar über das allgemeine bürgerliche Gesetzbuch II (1812).

Zeuner: Zum Problem der überholenden Kausalität, AcP 157, 441.

— Schadensbegriff und Ersatz von Vermögensschäden, AcP 163, 380.

— Gedanken zum Schadensproblem, in: GedS Dietz (1973), 100.

FSC
www.fsc.org
MIX
Papier | Fördert
gute Waldnutzung
FSC® C083411

Kolibri 360 GmbH
Ferdinand-Jühlke-Straße 7
99095 Erfurt, Deutschland
produktsicherheit@kolibri360.de

Druck:
CPI Druckdienstleistungen GmbH
im Auftrag der
Kolibri 360 GmbH
Ferdinand-Jühlke-Str. 7
99095 Erfurt